教师教育系列教材

心理学原理与应用

郑 红 樊 洁 倪嘉波 等编著

清华大学出版社

北 京

内 容 简 介

　　本书针对公共心理学课程既要服务于师范生自身需要又要满足未来职业要求的双重教学目标，结合当代教师教育的新理念和学生实际需求设计教学内容，着重体现心理学课程的应用价值。全书以心理学基本理论为主线，融合了普通心理学、教育心理学、发展心理学等多学科的知识并着重阐明理论在实践中的应用，在强调科学性、学术性的基础上，突出应用性和趣味性，力求使学生学会利用心理学的基本知识和原理去认识、解决教育教学和日常生活中的实际问题，真正达到学以致用的目的。

　　本书适合用作高等院校师范专业本、专科学生公共心理学课程教材，也可用作教师资格证培训、中小学教师继续教育培训教材和自学者的参考书。

图书在版编目(CIP)数据

　　心理学原理与应用/郑红，樊洁，倪嘉波等编著. --北京：清华大学出版社，2011.3(2019.8 重印)
(教师教育系列教材)
　ISBN 978-7-302-24844-6

　Ⅰ. ①心…　Ⅱ. ①郑…　②樊…　③倪…　Ⅲ. ①心理学—师资培训—教材　Ⅳ. ①B84

　　中国版本图书馆 CIP 数据核字(2011)第 015782 号

责任编辑：孙兴芳
装帧设计：山鹰工作室
责任校对：王　晖
责任印制：丛怀宇

出版发行：清华大学出版社
　　　　网　　　址：http://www.tup.com.cn, http://www.wqbook.com
　　　　地　　　址：北京清华大学学研大厦 A 座　　　邮　　编：100084
　　　　社 总 机：010-62770175　　　　　　　　　　邮　　购：010-62786544
　　　　投稿与读者服务：010-62776969, c-service@tup.tsinghua.edu.cn
　　　　质量反馈：010-62772015, zhiliang@tup.tsinghua.edu.cn
印 装 者：北京国马印刷厂
经　　销：全国新华书店
开　　本：185mm×260mm　　印　张：22.75　　　字　　数：546千字
版　　次：2011 年 3 月第 1 版　　　　　　　　　印　　次：2019 年 8 月第 7 次印刷
定　　价：49.00 元

产品编号：035321-02

前　言

随着基础教育改革的深入，对教师教育专业化发展的呼声也越来越高。作为教师教育的重要基础——公共心理学课程也要适应时代的要求，改革教学内容，更好地满足基础教育的现实需要，提高师范生的自身素质。其中，公共心理学教材建设是课程改革的核心。本书正是在这种背景下，结合公共心理学精品建设课程的成果和地方院校一线教师长期的教学实践经验而精心编写的。

现代公共心理学课程教学既要着眼于师范生未来职业的需求，使心理学教学内容能够为师范生提高教学质量服务，也要满足师范生自身发展的基本需要，为促进师范生的心理发展服务，只有这样，心理学教学才能实现教师教育课程的基本要求。公共心理学课程教材要达到培养合格师范生的教学目标，提高人才培养质量，必须以真正为学生服务为基本出发点，体现现代教师教育以学生为本的教学理念。因此，本书主要体现了两个方面的基本特色：一是在强调心理学知识的科学性、基础性的前提下，重点突出心理学知识、原理的应用性，解决长期以来心理学教材与学生自身需求和教学实践应用脱节的问题；二是在力求摆脱传统公共心理学教材的弊端的前提下，致力于使公共心理学教材既保持学术性，又适合没有心理学专业知识基础的学生学习。传统公共心理学教材的弊端体现在两个方面，要么过于高深不适合学生学习理解，要么过于肤浅失去学术性，这种现状已经严重影响了心理学教学的效果和学生对心理学课程的认可度。本书在内容选取方面主要以普通心理学中与教学实践密切相关的心理过程和个性心理内容为主，辅之以教育心理学中的学习者和教育者心理的讲解和心理健康教育的内容，注重原理与应用结合，更好地为学生未来从教服务。全书以案例导入为开篇，吸引学生的注意力和兴趣；以原理讲解为主体，帮助学生掌握科学的心理学知识，并运用原理分析案例，让学生知其所以然，更好地学以致用；以拓展阅读资料和推荐阅读书目，扩大学生视野，并为有能力进一步加深学习的学生提供更好的资源。

本书是作者们在长期一线教学实践基础上的思考和探索的凝练，也是哈尔滨学院、红河师范学院、黑龙江省绥化学院三校心理学教师共同协作的成果。本书整体构思比较适合一般本科院校公共心理学课程的教学要求和实际，是教师指导师范生学习心理学知识和师范生自主获取较为系统的公共心理学知识的较好的依据，也适于作为在职教师教育的教材。

本书由郑红教授、樊洁副教授、倪嘉波副教授等编著。全书各章具体的执笔人是：陶钧编写第一章、第五章；郑红编写第二章，第四章第一节、第三节，第八章；樊洁编写第三章、第十章；倪嘉波编写第六章、第七章；刘亨荣编写第四章第二节、第九章、第十一章、第十二章；刘柏桥编写第十三章。全书由郑红统稿，刘亨荣协助统稿和校订，并进行了大量的排版工作。

全书在编写过程中引证了国内外许多心理学教材中的成果和资料，没有相关作者的出色研究工作，本书也就失去了许多支撑，在此全体作者向各位原作者表示敬意和谢忱。

由于编者学识、水平和视野的限制，本书在编写过程中难免有许多不足之处，恳请广大读者批评指正。

编　　者

目 录

在冯特创立他的实验室之前，心理学像个流浪儿，一会儿敲敲生理学的门，一会儿敲敲伦理学的门，一会儿敲敲认识论的门。1879 年，它才成为一门实验科学，有了一个安置之处和一个名字。

——墨菲

第一章　绪　　论

本章学习目标

➢ 心理学的概念。
➢ 心理学是一门科学。
➢ 心理现象的结构。
➢ 学习心理学对教育教学的积极意义。
➢ 心理学的主要研究方法。
➢ 心理学的主要流派。

核心概念

心理学(psychology)　心理过程(mental process)　观察法(observation method)　实验法(experimental method)　调查法(survey method)　测量法(measurement method)　行为主义心理学(behavioristic psychology)　格式塔心理学(gestalt psychology)　精神分析(psychoanalysis)认知心理学(cognitive psychology)　人本主义心理学(humanistic psychology)

引导案例

身边的心理学

　　新学期开始，大学生小章打算购买一台新的 MP3 播放器，于是在一个星期天的下午，他来到了人来人往的商场。商场里种类繁多的 MP3 播放器让他看得眼花缭乱，可是究竟哪一个才是自己喜欢的呢？小章走到一个柜台前，看到了一台蓝色的 MP3 播放器，他觉得似乎在广告中看到过这款 MP3 播放器。营业员开始向小章介绍这款机器的性能，可是他觉得这台并不适合自己，于是又选中了其他型号，因为他的同学使用过同样的播放器，而且据说质量和音效都不错。这时，新的问题又出现了，因为小章这个月的生活费已经捉襟见肘，但是他觉得如果能将买衣服的钱省下来，还是足够生活了。这样小章就买到了这台自己所喜欢的 MP3 播放器。

在上面的这个例子中，小章的心理都发生了哪些有意思的变化呢？本章将简要介绍究竟什么是心理学以及与心理学有关的一些知识。

在正式开始学习心理学之前，思考这样几个问题：你知道冯特吗？你知道弗洛伊德吗？你听说过催眠吗？你听说过系列位置效应吗？你相信心理学家已经洞悉你在想些什么吗？如果你想对这一切有所了解，就让我们走进心理学的世界吧。

第一节　心理学的研究对象

自从科学心理学诞生的那一天起，心理学家们就开始了关于心理学研究对象的争论，这种争论甚至一直存在至今，那么心理学究竟应该研究些什么？

一、什么是心理学

在当代社会，心理学已经是人们较为熟悉的名词了。很多人从不同渠道已经接触过一些心理学的知识，也有人曾尝试运用心理量表、心理知识去处理自己或者他人所遇到的一些问题，无论成功与失败都增加了心理学的神秘感，那么心理学到底是一门什么样的科学呢？

(一)心理学的概念

从心理学的起源看，现在所说的心理学在英文中被表述为 psychology，它是由两个希腊文词根 psyche 和 logos 组合而成的，psyche 的意思是灵魂或者思想，而 logos 则意味着对某种事物的研究。顾名思义，心理学可以理解为对灵魂或者思想的研究。然而，这样的定义并不能让人们全面地理解心理学。事实上，从心理学诞生的那一天起，心理学家们对心理学所采用的定义就没有统一过。这是因为心理现象的复杂程度远远超过人们的想象。心理学的研究对象和研究的范围随着时代和不同学派研究的进展不停地发生着变化。

现代心理学创始人之一，美国心理学家詹姆斯(William James)认为，心理学是关于心理生活的科学，涉及心理生活的现象及其条件[①]。按照詹姆斯的观点，心理学研究的是人的意识。然而这一观点在 20 世纪 20 年代受到了挑战。由于意识是看不见摸不着的，行为主义心理学的创始人华生(John Watson)提出心理学研究的对象应该是行为而不是意识，只有研究可以被客观观察到的行为，心理学才能是一门科学。

无论是意识还是行为，都可以被清楚地觉察。而在复杂的心理现象中还有很大一部分是人们无法觉察到的，所以精神分析派的创始人弗洛伊德(Sigmund Freud)认为，心理学的研究对象应该包括人所不能觉察到的无意识或潜意识。可以说，心理学所涉及的对象非常广泛，除了上述的意识、行为和无意识，一些心理学家对动物心理也非常感兴趣。于是，对心理学下一个令所有人都满意的定义就变得非常困难。

虽然心理现象异常复杂，但任何事物都有其发生发展的规律，科学研究的目的也在于

---

① [美]威廉·詹姆斯. 心理学原理. 田平，译. 北京：中国城市出版社，2003

揭示这些规律，作为科学大家庭一员的心理学，同样也担负着揭示规律的任务，从这一角度出发，人们习惯性地将心理学(psychology)定义为研究人的心理现象发生、发展、变化规律的一门科学。

如前所述，心理学家们对心理学研究对象的认识不同，他们心中的心理学定义也不同。而且随着对心理学研究对象探讨的深入，在将来可能会出现更完善的心理学定义。目前在本书中之所以采用这一定义，主要基于以下两个方面的原因。

第一，心理学是研究人的心理现象的科学。人有哪些心理现象，人的心理现象是如何产生、发展的，心理的发展变化受哪些因素的影响等，都是心理学研究的问题，弄清这些问题，有利于把握人类自身的心理发展。

第二，心理学是揭示人的心理规律的科学。规律是客观存在的、不以人的意志为转移的事物之间的内在的必然的联系。规律不同于经验，规律一经揭示，则带有普遍意义。心理学的任务就是认识与发现规律，并更好地利用规律为人类服务。

(二)心理学是一门科学

心理学是一门科学，表现在其具有完整的知识理论体系和严格的研究方法。从知识体系看，心理学发展至今，已经形成了以基础理论研究为取向的基础心理学和以基础理论研究成果为依托的应用心理学两大体系。

基础心理学包含了对心理现象各方面的研究，如普通心理学、实验心理学、心理测量学、生理心理学、发展心理学、社会心理学、认知心理学、人格心理学、变态心理学、动物心理学等。这些学科的研究面向心理现象的各个层面，关心的是理论的形成并应用理论来解释现象。正是由于基础心理学研究的不断深入和发展，使得我们能够更深刻地理解我们神秘的心理到底是以什么样的方式工作的。

应用心理学则与心理学在不同领域中的应用密切相关，这些心理学分支学科以基础理论研究为中心，辐射至各个领域，并与之相结合，形成心理学覆盖各层次应用研究的体系结构，如教育心理学、临床心理学、咨询心理学、工业心理学、管理心理学、广告心理学、消费心理学、环境心理学、法律心理学等。应用心理学的研究就是要把基础心理学研究所揭示的一般规律应用到具体领域中的过程，从而更好地实现心理学实用价值。

心理学的研究方法是非常严格的，包括观察法、调查法、问卷法、实验法以及先进的神经科学研究方法，这些研究方法将在本章第二节中具体介绍。正是这些严格的实验方法使心理学摆脱了过去形而上学的特征，形成了以实证研究为主要方式的研究取向。同时，严谨的研究方案和完善科学的数据统计分析方法让研究者的结论具有极高的可信性，规范化的研究方法还使得研究者们能够相互验证或修正彼此的结论，增强了心理学的科学性，也使得心理学的研究成果更利于被心理学家和广大民众所接受，心理学的科学地位被逐步确立。

二、心理现象的结构

世间最复杂的事物莫过于人的心理现象，你可以看到五彩缤纷的大千世界，你可以听到周围的谈话声或者是那些令你心跳加速的重金属音乐，你可以清楚地记得你刚刚走进大学校门的那一天，你甚至在考虑进入大学之后是否要谈恋爱，你的能力和性格是否与众不同。事实上，这里的每一个问题至少都会涉及心理现象的某一个方面。为了研究的方便，心理学家已经把个体心理(作为单独存在个体而具备的心理现象，而非团体心理或社会心理)区分为两个大的方面，即心理过程和个性心理。

(一)心理过程

心理过程(mental process)是指心理现象的动态过程，即人脑对客观现实的反映过程，包括认知过程、情绪和情感过程以及意志过程。

认知过程是指个人获取知识和运用知识的心智活动，是人最基本的心理过程。从人的心理过程发生的角度看，认知过程是开端，包括感觉、知觉、记忆、思维和想象等心理现象。人在接触客观事物时，首先通过各种感官来认识它，如看见颜色、闻到气味、听到声音、触到软硬和粗细等。这种人对当前存在的客观事物个别属性的反应就是感觉。人在认识当前事物时，往往根据已有的知识经验反映事物各个属性间的关系，将各个属性综合成一个整体。例如，看到一朵红花时，不仅看到花的形状、颜色，同时还闻到花的芳香，并将各个属性综合起来，形成花的整体映像，这种对当前客观事物整体属性的反映便是知觉。现实中，人们感知过的经验并不立即消失，它能存储在头脑中，必要时还能提取出来。例如，曾经的同学，现在不在面前，但如果有人提到他的名字，其形象仍然历历在目，这种对过去经历的反映就是记忆。人不仅能记住过去经历过的事物，还能对记忆的形象进行加工、改造，从而创造出新的形象，这个过程叫做想象。作家根据生活体验创作新作品，建筑师根据经验进行新的建筑设计等都是想象活动。人在感知、记忆和想象客观事物的同时，还能利用思维间接地、概括地认识事物，并揭示事物的本质和规律。如根据气象特征进行天气预报，根据古代化石的研究推论古代动物和人类的活动情景等，思维使人的认识摆脱了表面的感性认识，深化为深刻的理性认识。而且，在认识事物的过程中注意始终伴随。注意是对认知对象的指向和集中，它能够帮助人们把有限的认知资源投入到自己所感兴趣或者需要关注的对象上，并能维持相当一段时间。缺少了注意的参与，心理活动将无法深入，也无法有效率。

情绪和情感过程是人对客观事物能否满足需要而产生的态度体验过程，因为人不仅是理智性动物，还是情感性动物。人在认识客观事物的同时，总是以某种态度来对待它们，内心会产生一种特殊的体验。或兴奋或沉醉，或愉悦或沮丧，还有我们通常所说的喜、怒、哀、惧，以及美感、理智感、自豪感、自卑感等，这种态度的体验称为情绪和情感。情绪和情感也是心理过程的重要表现形式。

意志过程是人在活动中为了实现某一目的对自己行为的自觉组织和自我调节的过程。人在认识事物、体验情绪和情感的同时，还能在认识的基础上及情绪和情感的推动下对客观事物发挥能动作用，有目的、有计划地改造世界。这种自觉地确立目的，克服困难，以便实现预定目的的心理过程称为意志过程。

心理过程是一个统一的过程。认知过程、情绪和情感过程及意志过程之间既有区别又相互联系。认知过程是最基本的心理过程，它是情绪和情感过程及意志过程的基础。情感过程是认知过程和意志过程的动力。意志过程对人的认知过程和情感过程具有调控作用。心理过程是人们心理活动的共性过程，并且有注意始终伴随。

📖 **引导案例分析**

还记得本章开头小章去购买 MP3 的经历吗？这个例子中主要说明的是人的认知过程究竟是什么。这个例子包括了小章获得并加工信息以及利用信息的所有阶段。具体地说，小章动用认知过程中的注意、知觉、记忆、回忆、推理等多种心理活动。注意是从心理上关注一些刺激而忽略其他刺激。例如：小章从种类繁多的 MP3 播放器中看到那台蓝色的；知觉是将感觉提供上来的刺激信息解释为有意义的资讯，即能够将柜台上的商品解释为用来播放音乐的机器；当然，成功地从这些商品中确认 MP3 播放器，还需要使用记忆，也就是认知的信息存储和提取的过程。接下来的认知操作主要集中在信息的提取和利用。对信息的提取包括再认(小章记得在广告上看过蓝色的播放器)和回忆(小章试图确定自己所购买的 MP3 播放器与他的同学的是一样的)。

当然，这个活动中还包括了其他的认知加工过程，小章还可能运用某些不同的推理、问题解决的策略和技巧，来决定购买哪一台机器，而且还不至于因花钱过多而饿肚子。这一任务的成功或失败其实取决于小章如何对已有的知识进行心理组织的效果，即自己的知识表征。为了与营业员进行交流，还需要运用语言和其他一些非语言的线索和符号。最后，小章必须对自己的行动加以决策，也就是购买或者不购买。

在日常生活中包含了大量的认知，而且这些日常生活中的认知活动还相当复杂，往往包含了多个认知加工过程。本书将介绍一些基本的认知过程：感知觉、记忆、思维、想象和注意。

(二)个性心理

个性心理(individual mind)是个体在心理过程的发展与进程中经常表现出来的比较稳定的倾向与心理过程的特点。个性心理是心理现象的又一重要组成部分，是一个人在心理层面区别于其他人的特征，主要包括个性倾向性和个性心理特征两个组成部分。个性倾向性和个性心理特征相互联系、相互制约，使得个性心理结构构成为一个有机的整体。

个性倾向性是指决定一个人的态度、行为和积极性的选择性的动力系统。个性倾向性是人的个性结构中最活跃的因素，它是一个人进行活动的基本动力。个性倾向性决定了人对现实的态度，决定了人对认识活动的对象的趋向和选择。个性倾向性主要包括需要、动机、兴趣、理想、信念和世界观。它较少受生理、遗传等先天因素的影响，主要是在后天的培养和社会化过程中形成的。个性倾向性中的各个成分并非孤立存在的，而是互相联系、互相影响和互相制约的。其中，需要是个性倾向性乃至整个个性积极性的源泉，只有在需要的推动下，个性才能形成和发展。动机、兴趣和信念等都是需要的表现形式。而世界观属于最高指导地位，它指引着和制约着人的思想倾向和整个心理面貌，它是人的言行的总动力和总动机。由此可见，个性倾向性是以人的需要为基础、以世界观为指导的动力系统。

个性心理特征是个人身上经常表现出来的本质的、稳定的心理特征。它包括能力、气质和性格，其中以性格为核心。这些特征影响着个人的言行举止，反映个人的基本精神面貌和意识倾向，集中地体现了个人心理活动的独特性。比如：有的人善于观察事物的细节，有的人却易忽略细节；有的人思考问题细致，有的人却粗心大意，这是能力在认识上的差异体现。此外，每个人都能产生情绪活动，但情绪产生的速度和强度却因人而异，有的人脾气暴躁，一触即发；有的人却是慢性子，不易发脾气，这是气质上的不同所致。再者，不同的人在活动中做什么、怎么做也表现出各不相同的心理特性，有的人好公忘私、助人为乐，有的人损公肥私，以个人利益为重；有的人勤劳、勇敢，有的人懒惰、怯懦，这是性格上的差异。个性心理特征作为个性结构中比较稳定的成分，反映着个人展开的心理活动和行为。但是，它并非孤立存在的，它和个性的其他组成部分相互联系着，受其他方面的制约，特别是受动机、理想、信念、世界观等个性倾向的制约。个性心理特征是在心理过程中形成的，它又反过来影响心理过程的进行。个性心理特征是以一定的素质为前提，在后天生活实践中形成和发展起来的。

尽管把个体心理现象区分为心理过程和个性心理两大部分，但并不代表现实生活中我们的心理现象是孤立存在的。事实上，心理过程和个性心理都是构成一个人完整心理世界必不可少的部分，人的心理活动具有高度的整体性。无论是心理过程还是个性心理，本身就是一个整体。认知过程、情绪和情感过程以及意志过程是人的整个心理过程的不同方面。情绪和情感过程、意志过程是在认知过程的基础上才能产生，又随着认知过程的深化而不断变化发展。此外，个性倾向性和个性心理特征也总是密切相关的，两者从总体上合理地反映出一个人完整的个性。个性倾向性渗透于各种心理特点之中，个性特点本身也反映着个人的倾向。当然，人的个性心理也是建立在心理过程的基础之上，受到心理过程的制约，也影响到心理过程，使得每个人的心理过程都带有鲜明的个人特征。

三、心理学在教育教学中的重要作用

一切与人有关的活动都会涉及心理学。教育教学活动是教师与学生的动态互动过程，同样遵循着心理学的规律。心理学研究的成果揭示了在教育教学中教师与学生心理发生、发展的一般规律。作为未来的教师，掌握教师及学生在教学过程中的心理规律，可以有效地提高教学的效果[①]。

(1) 可以激发学生内在的潜力，提高教育教学效果。教师对学生积极的期望可以激发学生内在的潜力，这种现象称为期望效应(又称皮格马利翁效应或罗森塔尔效应)。教师掌握了这种规律，有意识地对学生寄予某种期望时，会用赞赏的目光看待学生，给予更多的关心、指导、鼓励，这种期望会成为一种外在的行为目标的诱因，唤醒学生内心潜在的自我价值意识和对高尚目标的追求。

📖 **知识拓展 1-1**

皮格马利翁效应提高学习成绩

在希腊神话中，有一个叫做皮格马利翁的著名雕刻家，他雕刻了一座栩栩如生的女人雕像，并深深陷入到对这个美丽女人的爱慕之中。于是他精心照顾自己创作的雕像，每天都向神祈求，让雕像变成真正的人。由于皮格马利翁的真诚，阿佛洛狄忒被感动，成全了他的愿望，让这个雕像变成了真正的女人，并与皮格马利翁结婚，过上了幸福的生活。皮格马利翁效应就是指由于积极的期待而让愿望最终实现，所以也叫做期望效应。

---

① 杨倩茜，周红. 心理学理论在教育教学中的运用. 读与写杂志(教育教学刊)，2007(4)：31

1968 年，哈佛大学社会心理学教授罗森塔尔(Robert Rosenthal)和小学校长雅各布森(Lenore Jacobson)在一所小学以全校学生为对象进行智力测验。测验结束后，他们挑选了几名孩子，并告诉班主任老师这些孩子是优秀的、有前途的学生。由于罗森塔尔教授的权威身份，班主任老师对他的话深信不疑。而事实上这些孩子是通过随机的方式选取的。8 个月以后，这个学校实施了第二次智力测验，结果显示，原先被选中的优秀、有前途的学生所取得的成绩相比其他学生有明显的进步。

为什么仅仅依靠教师的期盼，这些学生就可以提高成绩呢？理由是人会受到自己"期盼"的影响，态度和行为会在不知不觉中发生明显的变化。参加罗森塔尔教授实验的老师认为自己对待学生的态度没有发生什么变化，但是经过观察后发现，老师对待那些被选中的学生时，受到了自己的期待的影响。这种影响表现为教师的表情、预期以及行为等方面出现了变化。教师的这种期待最终会被学生所领会，并努力按照老师期待的方向去行动，最终提高成绩。

(资料来源：李志. 学校心理学教程(中等学校部分). 哈尔滨：东北林业大学出版社，2004: 311~312)

(2) 有助于提高学生的信心。美国著名心理学家韦纳提出的归因理论指出，个人对成功和失败的原因解释不外乎以下 4 种因素：自身的能力、个人所付出的努力程度、任务的难度以及运气的好坏。心理学的研究表明，如果个体将自身的成功原因归结为自身的能力以及努力程度，那么将会极大提高个体的自信。根据这一理论，在教育教学工作中，教师在与学生分析成功的原因时，要引导学生尽量从积极方面分析，从而有助于增强学生信心，促进学生心理发展。

(3) 能够增强学生的学习动机。心理学研究发现，条件反射的建立以及行为的形成都是为了获得强化物、得到补偿，从而满足个体的内心需要。在学习活动中也是如此。学生之所以进行学习，是因为在学习过程中可以得到奖赏、赞扬、优秀的学习成绩等。因此教师可以通过奖励、等级评定这些外部强化手段来激发学生的学习动机，也可以通过强化学生的内在需求，培养学生的内在动机，强化学生学习的动力。

(4) 有利于巩固学生的学习效果。德国心理学家艾宾浩斯对遗忘现象做了大量研究，提出遗忘规律：遗忘进程是先快后慢的，在学习停止以后的短时间内，遗忘特别迅速，以后逐渐减慢，过了一段时间后，几乎就不再遗忘了。根据遗忘的规律，可以采用适当的复习策略来克服遗忘。例如，优秀教师的教育实践已经证明，有意识地利用及时复习等克服遗忘的策略(参阅第四章)进行教学，不仅可以使教师的教学更有效率，而且也利于学生学习效果的巩固。

第二节 心理学研究的原则和方法

心理学的研究历史久远，其研究原则和研究方法一直跟随着人类科学研究的发展轨迹。随着心理学研究的深入和科学的进步，心理学的研究任务逐渐清晰明确，研究方法也经历了早期的思辨方式和现代的实证方式，正逐渐变得成熟起来。

一、心理学研究的任务

影响心理的因素有很多，那么这些因素究竟是以怎样的方式对心理产生影响？总体来说，心理学的研究任务就是要解决这个问题。心理学研究的基本任务主要体现在描述、理解、解释和调控心理现象三个方面。

(1) 揭示和描述人的心理现象。人的心理活动的本质和发展规律若不能被揭示，就不能被理解和控制，有时甚至会被看成任意发生的、主观自决的、不受因果规律支配的。为此，心理学的大量工作是测量、描述和揭示人的行为以及心理如何调节和支配人的活动的规律性。比如，心理学通过大量的测量揭示了人类遗忘的规律，这样就可以理解为什么有的人记得又快又好，而有的人则记忆效果较差，同时心理学研究也总结了很多提高记忆的方法。

(2) 理解和说明人的心理活动。理解和说明人的心理活动，实际上就是找出产生所观察到的某些心理现象的原因。这个过程既包括了把已知事实组织起来形成与事实相符的说明，也包括了就事件之间的关系提出需要证明的假设。目前对人类的心理现象解释的各种理论和假说，就是在完成这方面的任务。例如，根据人们注意时为什么有的信息能注意到、有的注意不到，而在嘈杂的环境中对自己的名字何以较为敏感的现象，心理学家就提出了注意的过滤器理论，并以实验方式来分析和说明注意的机制。

(3) 预测和控制人的心理活动。心理学研究的另一项重要任务就是预测和控制人的心理活动。人们掌握了心理活动的规律，就能根据客观现实的需要去预测和控制心理活动。例如，通过研究了解到学生的网络成瘾行为的影响因素，就可以根据这些因素的作用程度来预测某个学生是否会出现网络成瘾，同时通过积极的教育来控制这些不利因素的影响作用，从而避免学生最终网络成瘾。

二、心理学研究的基本原则

(一)客观性原则

客观性原则就是实事求是的原则，要求研究任何心理现象都必须以事物本来的面目进行研究。贯彻客观性原则，应该提供可靠的确实材料，并对所得的全部事实材料和数据做出全面的分析，研究所得的结论应该是分析全部材料的成果。人的心理是对客观事实的反映，并通过人的实践活动，以外显行为表现出来。心理学研究者在研究心理现象时，不能依靠个人的主观臆想和揣测，而要根据心理现象产生、发展的客观条件的外部表现来进行研究。做到这一点并不容易，人们往往倾向从某一理论假设出发，对调查或实验资料有主观好恶之分，人们往往喜欢支持自己假设的资料而忽略或轻视和自己假设不一致的资料，这样做的结果就是歪曲事实。有时，人们也会对心理现象进行主观的猜测，而不去寻找证据，用臆想来代替事实，这也是违背客观性原则的。

(二)发展性原则

发展性原则要求在研究心理现象时不能使用静止的观点，而要把心理现象看作一个不断变化的过程，用发展的观点去认识心理活动。任何心理现象都处于不断的发展变化中，即便是较稳定的心理特征，在较长一段时间内，由于各种因素的作用也可能发生变化，因此，在研究心理现象时，不仅要研究和阐明已经形成的心理特征，也要阐明那些正在形成和刚刚表现出来的新的心理特征，并且还要预测可能会出现的心理特征，以便创造有利条件，使其顺利发展和形成。

(三)教育性原则

由于心理学的研究对象是人，所以在进行心理学研究时应该遵循教育性原则。教育性原则要求在进行心理学的研究时，不能损害被试的身心健康，而应从有利于教育、有利于个体身心健康的角度来设计和实施研究。心理学研究的初衷是为了更好地了解心理世界，掌握其发生、发展的规律，以便指导人更好地发展。因此，在进行研究时不仅要在课题选择上考虑教育意义，使其结果有助于被试更好地发展，而且在研究方案的设计上和实际进行的过程中也应考虑对被试的良好教育影响，不能有损于被试的身心健康发展。这一原则在教育教学领域中显得尤为重要。

(四)系统性原则

系统性原则是指在进行心理学研究的时候要以系统论为基础，把人的心理现象作为一个整体，各种特殊的心理现象是心理整体系统中的一个组成部分，各种心理现象之间存在动态的联系，从而进行全面的分析和研究。人的心理现象是一个多层次、多因素的复杂系统，只是单纯考察某个或某几个因素对整个全局的影响是不准确的，因此，在心理学的研究中必须在各个因素的相互作用中去认识整体，考虑各种内、外因素相互之间的关系和制约作用，在多层次、多因素和多维度的系统中进行分析。反对片面、孤立、静止地研究人的心理现象。

三、心理学研究的方法

心理学研究的基本方法有观察法、实验法、调查法和测验法。每种方法都涉及对所要解决的问题进行研究设计，采用合适的搜集资料的方法，并按照一定的研究程序进行统计检验。

(一)观察法

观察法(observation method)是指由研究者直接观察和记录被试的行为活动，从而探究两个或多个变量之间存在何种关系的方法。例如，研究者想研究单亲家庭学生的攻击性行为，那么首先就要界定什么是攻击性行为，并对这种行为进行系统的分类以及确立程度等级表，确定记录方法。攻击性行为可以分为言语攻击和行动攻击两类，言语攻击又可以分为骂人、挖苦、讽刺等，行动攻击可以分为推人、打人等。研究者还要对攻击的严重性做出等级评定。通过这样的观察和记录，可以较为客观地掌握单亲家庭学生的攻击性行为，并以此与正常家庭学生的同类行为进行对比，最终帮助研究确定家庭环境与学生攻击性行为之间的关系。

观察法主要包括自然场所的现场观察和人为场所的情境观察，分别称为自然观察法和控制观察法。在自然观察法中，观察者在自然场所对被试的日常活动进行观察，对所感兴趣的行为进行观察和记录，从而获得有关行为变化的规律。此种方法所获得的结果具有较高的真实性，因为被试在自然条件下所进行的反应是最真实自然的，但由于研究者不能直接引发所要观察的行为，故可能出现所要观察的行为一直不出现，从而浪费时间的情况。控制观察是在预先设置的情境中进行观察，这种预先设置好的情境可以主动地引起被试的某种行为。例如，班杜拉(Albert Bandura)为了研究儿童攻击性行为，将儿童分为三组，并给三组儿童播放一段录像片，这段录像中，一个成年人攻击了一个玩偶。不同之处在于，第一组儿童看到的是成年人攻击玩偶后受到了惩罚，第二组儿童看到的是成年人攻击玩偶后受到了表扬，第三组儿童只看到成年人攻击玩偶，没有任何结果。看过录像片之后，班杜拉把这些儿童带到录像片拍摄的实验室，实验室里摆放着儿童在录像片中所看到的那个玩偶。结果发现，第二组儿童在实验室中表现出更多的攻击性行为，第一组儿童的攻击性行为最少，而第三组处于随机水平。控制观察可以让研究者主动引起自己所感兴趣的行为，但同时也降低了研究结果的真实性。

观察法还可以根据观察者身份分为参与观察和非参与观察。在参与观察中，观察者参加被观察者的活动，作为被观察者的一员，将所见所闻随时加以观察记录。参与观察还可以分为完全参与观察和非完全参与观察，完全参与观察要求观察者隐藏自己的真实身份，非完全参与观察不要隐藏真实身份。在非参与观察中，观察者以旁观者的身份随时观察并记录其所见所闻，这种观察通常被用于对儿童、动物的研究。在实施非参与观察时，为了避免被观察者受到干扰，常在实验室设置单向玻璃观察墙，观察者可以在玻璃墙的一边观察另一边被观察者的活动，而被观察者看不见观察者在观察自己。无论是参与观察还是非参与观察，原则上都要尽量客观，不应使被观察者发现自己被别人观察而影响观察的效果，为此，一些观察室或教室都安装有监视摄像头来暗中记录被观察者的活动。

观察法的主要优点是被观察者在相对自然的条件下的行为反应，具有较高的真实性。然而由于观察法中缺少系统严格的控制，所取得的资料容易受到观察者能力以及其他心理因素的影响。所以，观察法只能帮助研究者了解事实现象或对事实进行一般性的描述，而很难明确产生此类事实的原因是什么。这就是说，使用观察法，只能回答"是什么"的问题，而不能回答"为什么"的问题。所以，观察法一般用来作为科学研究的前期研究，用来发现问题，在此基础上，还需要使用其他方法才能对问题有更深入的了解。

(二)实验法

实验法(experimental method)是在控制的条件下系统地操纵某种变量的变化，来研究这种变量的变化对其他变量所产生的影响，以便探求某种心理现象发生的原因或起作用的规律性的结果。它是心理学研究的主要方法之一，在心理学研究中的应用最为广泛。

研究者在进行实验研究时，要考虑到三个变量。由研究者(心理学研究中通常称为主试)所操纵变化的变量是实验中的自变量，而由自变量的变化所引起的被试(参加实验的人)的某种特定反应称作因变量。在实验研究中，最终的目的就是探索自变量的变化是如何影响到因变量的。换句话说，就是研究自变量的变化与因变量的变化之间存在何种关系。然而，在实验中，能够影响到因变量变化的变量并不仅仅是自变量，有很多其他变量都会影响到因变量的变化，这些变量并不是研究者所感兴趣的，那么就需要对实验条件进行严格的控制，这些被控制的变量就是无关变量。例如，研究者想研究汉字的字体与大小对汉字识别速度的影响，那么在这个研究中，汉字的字体和大小是研究者所感兴趣的，需要研究者来系统地控制其变化的范围与幅度，那么汉字的字体和大小就是该研究中的自变量，而被试的识别速度就是因变量。然而能够影响识别速度的并不只有字体和大小，还包括其他因素，如汉字的颜色和背景颜色，被试看到汉字时的视角大小，实验室的照度、温度、噪音等，这些变量都会给实验结果带来误差，需要研究者采用一定的手段进行控制，这些就是无关变量。与观察法不同，在实验法研究中，实验者系统控制和变化自变量，客观地观测自变量与因变量之间的因果关系，因此，实验法不仅能够帮助研究者揭示"是什么"的问题，还能进一步探究问题的根源——"为什么"。一旦揭示了变量之间的因果关系，以后对同类现象进行处理时，根据其前因，可以推知其后果，根据其结果也可了解其原因，甚至可以根据原因制造出结果。所以，通过实验法，可以实现心理学描述、解释、预测和控制行为的目的。

实验法主要通过两种形式进行——实验室实验和自然实验。

实验室实验是借助专门的实验设备，在对实验条件严加控制的情况下进行的。例如前面所谈到的汉字的字体和大小对识别速度的影响的研究，就是让被试看到不同字体和大小的汉字，然后测定其识别速度，这样研究者就可以知道汉字的字体和大小是如何影响识别速度的。由于对实验条件进行了严格的控制，运用实验室实验法有助于发现事件的因果联系，并允许人们对实验的结果进行反复验证，其最大的优点就是对无关变量进行了严格的控制，对自变量和因变量做了精确测定，精确性程度最高。当然，实验室实验法也存在缺点。由于主试严格控制实验条件，使实验情境带有很大的人为性质，被试处在这样的情境中，又意识到自己正在接受实验，就有可能干扰实验结果的客观性质。除此之外，在严格控制条件下的实验忽略了日常生活中诸多影响因素，所以直接将实验结果应用于日常生活中存在一定的困难。

自然实验也叫做现场实验，这种实验的方法在某种程度上克服了实验室实验的缺点。自然实验虽然也对实验条件进行适当的控制，但却是在人们正常和工作的情境中进行的。例如，在教学条件下，由教师向两组学生传授相同的材料。其中甲组学生在学习以后完全休息，而乙组学生继续进行另外的工作。一小时后，再比较他们的回忆成绩，结果发现甲组学生的成绩要比乙组学生的成绩好，说明学习后适当地休息有助于知识的保持。这种实验的方法一方面对实验条件有所控制，因此能够继续保持实验室实验的某些优点，比如能够主动获取和探究原因；另一方面，实验条件有所放松，使之在自然状态下进行，能体现出观察法的某些优点，例如，减少人为性，提高真实性。但是自然实验容易受到无关因素的影响，不容易严密控制实验条件，精确性较差，在很多情况下还需要由实验室实验来加以验证和补充。

(三)调查法

调查法(survey method)就是以被调查者所了解或关心的问题为范围，预先拟就问题，让被调查者自由表达其态度或意见的一种方法。根据研究的需要，调查者可以向被试本人(如学生)进行调查，也可以向熟悉被试的人(如教师、父母等)进行调查。

调查法可以采用两种不同的方式进行，一种方式是问卷调查，也称问卷法，这种调查是调查者事先拟好问卷，由被调查者在问卷上回答问题，发放问卷的方式可以是邮寄，也可以是集体发放或个人发放，因此可以同时调查很多人。调查问卷由两部分构成，一部分是有关个人资料的问题，即个人属性变量，其中的项目一般包括性别、年龄、教育程度、职业等。为了增强调查结果的真实性，一般社会调查不填写姓名，项目的具体名称和数量也要根据研究目的而定。另一部分是所要填写的问题，被调查者的答题方式有是非法、选择法、简答法等，被调查者在各个问题上的回答就是其反应变量。调查研究的主要目的之一就是研究分析被研究者的属性变量与反应变量之间的关系，即在问卷中各种问题上，不同性别、年龄、教育程度、职业等各类人员在态度或意见上是否存在显著差异。

另一种方式是访谈调查，也称访谈法，这种调查是调查者对被调查者进行面对面的提问，然后随时记录被调查者的回答或反应。采用这种方法要注意以下几点：研究者要事先拟好提纲，交谈时要注意把握内容与方向；谈话应在轻松的情况下进行；对被试的回答(包括反应的快慢、伴随的表情与动作、具体的内容等)要详细记录。谈话法的优点是简便易行，但得出的结论有时带有主观片面的成分。

调查法的优点是能够同时收集到大量的资料，使用方便，并且效率高，故而被广泛应用于教育心理学或社会心理学研究中。调查法的缺点是研究结果难以排除某些主客观因素的干扰。为了进行科学的调查，得出恰当的解释，必须有经过预先检验的问卷，有受过培训的调查者，有能够代表总体的样本，还要采用正确的资料分析方法。调查法与观察法一样，只能有助于了解事实现象是什么，不能解释为什么，因此还需要采用其他方法，例如实验法，来弥补其不足。

知识拓展 1-2

心理学家如何探索人的心理

人的心理，看不见、听不到、摸不着，因而人们常常把心理比喻为"黑箱"。对于这个黑箱，作为探索心灵奥秘科学的心理学，是通过哪些途径对它进行探测的呢？

第一条途径是通过言行来探测人的心理。个人的言行总是受其心理支配的。可以根据人的言行表现去了解其心理。"诗言志"，通过一个人写的诗可以了解其志向。又如，一个学生考试考得好与不好，通常会产生不同的心理变化并表现在行为上：考得好感到欢欣鼓舞，而考得不好则行为沮丧。通过这个学生的情绪变化，大致可以推测出其心理上的变化。

第二条途径是通过生理变化来推测人的心理活动。任何心理活动都会有生理变化的线索。有些是很容易观察到的，如人紧张时会出汗、害羞时脸红等，但更多的心理活动则需要借助于精密的仪器来探测。例如，有些人说他们睡觉时从来不做梦。研究者可以使用一种叫做脑电仪的仪器来记录他们睡眠时的脑电波。如果脑电图出现快波时，把那些说自己从来不做梦的人弄醒，他们就会生动地回忆出刚刚做的梦。这说明，运用精密的生理仪器可以检测到人们在睡眠时是否做梦、是否有心理活动。

第三条途径是通过研究者的推论来推测人的心理。比如，学生考试成绩的好坏可能会表现在其言行上，如果进一步了解到这个学生是一个一贯刻苦努力的学生，因而大致可以推断，他(她)这次考得好会进一步增强其学习热情和信心，这次考得不好会激发他(她)加倍努力，以便取得更好的成绩。这种类似的推断在日常生活中是经常出现的。

(资料来源：黄希庭. 心理学十五讲. 北京：北京大学出版社，2005：2)

(四)测验法

测验法(measurement method)是通过运用标准化的心理测量工具对被试的某些心理特点进行测量，以研究其心理活动的方法。测验法通常被用来确定被试某些心理品质的存在水平。例如，采用测验法来研究个体行为或心理特征在某一层面上的个别差异，或者研究被试两种或多种心理特征之间的关系。测验的种类繁多，可以从不同角度加以区分。

从测验的内容上划分，可将测验划分为学绩测验、能力测验和人格测验。学绩测验用于考察被试的学业成绩，学校里的各种考试都属于学绩测验，包括教师自编测验和标准化考试两种。能力测验包括一般能力测验、特殊能力测验和创造性测验，例如智力测验中的韦克斯勒智力量表(幼儿、儿童和成人)、瑞文标准推理测验等。人格测验用于测量个性中除能力以外的部分，常用的有卡特尔16种因素人格量表、青年性格问卷等。

从测验材料上划分，可将测验划分为文字测验和非文字测验。文字测验通常采用填空、选择、是非、问答等文字性材料的测验题，要求被试用口头或文字的形式作答。非文字测验则通常采用图形、符号、仪器、模型、工具等实物性材料的测验题，要求被试用操作形式作答。韦克斯勒智力量表包括文字测验和非文字的操作测验两个部分，而瑞文系列推理测验量表则属于非文字测验。

从测验的方式上划分，可分为个别测验和团体测验。个别测验是对一个被试单独进行的测验。团体测验是在同一时间里对多个被试进行的测验。

心理测验的最大优点是能数量化地反映人的心理发展水平和特点，它不仅能作为一种研究方法，使研究更趋精确、科学，而且还能为因材施教、人才选拔、职业指导、心理诊断和咨询提供客观资料。必须明确，各种测验量表尚在完善之中，对测验结果的态度不能绝对化。同时测验对使用者的要求也比较高，测验的使用者必须受过专门训练，解释结果要谨慎全面，不能偏颇、妄断。

心理学研究的方法远不止这些，除了上述的4种研究方法，还包括内省法、个案法等。每种研究方法都有各自独特的优点，但也都有局限性。由于人的心理活动非常复杂，因此研究人的心理现象不能单独采用某一种方法，而应该根据研究课题的需要，选用几种方法兼而用之，使之能互相补充，这是心理学研究达到更高科学水准的条件之一。

第三节　心理学的历史与现状

艾宾浩斯曾经说过，心理学有着漫长的过去，却只有短暂的历史。心理学的历史源远流长，人们一直都在思考着自己的内心世界。然而真正的科学心理学却是近代才发展起来的。在心理学成为一门独立学科之前，一直依附于其他学科。虽然这个时代的心理学以思辨方式作为主要研究手段，但其丰富的思想对现今的生活仍然有着重要的影响。

一、心理学古老的过去

自从人类能够思考的时候，便开始了对心理现象的研究。在心理学这一术语产生之前，无数的智慧先人就已经开始了对这一现象的思考和研究。在中国，孔子、荀子等先贤都曾经提出过许多心理学思想。在欧洲，心理学的历史可以追溯到古希腊柏拉图(Plato)和亚里士多德(Aristotle)的时代。首先要了解西方心理学发展的路程及心理学主要流派,在本节的第三部分,将会专门讨论中国的心理学发展问题。

亚里士多德生活在古希腊,博学多闻,他曾对灵魂的实质、灵魂与身体的关系、灵魂的种类等问题进行了探讨,并著有《论灵魂》一书,这是历史上第一部论述各种心理现象的著作。亚里士多德把人的心理功能分为认知功能和动求功能。认知功能包括感觉、意象、记忆和思维。外界刺激通过感官产生的是感觉和感觉意象。人的经验就是由感觉意象所构成,经验经过概括又会产生概念,最后形成的就是人的思维。动求功能包括情感、欲望、意志、动作等。如果人的活动是自由且不受阻碍的,将会产生愉快的情感,这种情感有积极的作用。相反,活动受到阻碍将引起不愉快的情感,其作用是消极的。亚里士多德的这些思想影响到后来心理学的发展,对当代心理学思潮也有重要的影响。

然而,亚里士多德及之后相当长的一段时间里,心理学一直都依附于哲学。心理学真正成为一门独立学科是在19世纪末,从这以后的心理学被称作现代心理学。现代心理学的诞生和发展有三个重要的历史渊源。

(一)近代哲学思潮的影响

近代哲学主要是指法国17世纪的唯理论和英国17~18世纪的经验论。唯理论(rationalism)的著名代表是17世纪法国著名哲学家笛卡儿(Rene Descartes)。笛卡儿认为只有理性是真实的,只有理性才是真理的唯一尺度。在身心关系的问题上,笛卡儿承认灵魂与身体有密切的关系。如感知觉、想象、某些情绪活动等心理现象都离不开身体的活动。身体就像是一部自动的机械,其活动受力学规律的支配。笛卡儿用反射(reflex)的概念来解释动物的行为和人的某些无意识简单行为。虽然承认身心的密切关系,但笛卡儿认为,用身体的原因不足以解释全部的心理活动,只有灵魂的参与,才能引起人的心理活动。所以笛卡儿把统一的心理现象分成了两个方面,即一方面心理依赖于身体组织,而另一个方面是独立于身体组织之外的,因而陷入了二元论。笛卡儿持有"天赋观念"的思想,即人的某些观念不是由经验产生的,而是先天所赋予的。笛卡儿关于身心关系的思想推动了解剖学和生理学的研究,这对现代心理学的诞生有直接的影响。他对理性和天赋观念的重视也影响到现代心理学的理论发展。

经验主义(empiricism)的代表性人物是洛克(John Locke),他被认为是经验主义哲学的奠基人。洛克反对笛卡儿的"天赋观念"说。洛克认为人的心灵最初像一张白纸,没有任何观念。一切知识和观念都是后天从经验中获得的。洛克把经验分成外部经验与内部经验两种。外部经验叫感觉,来源于客观的物质世界。人的经验来源于物质世界的属性或特性对外部感官的作用。而内部经验叫做反省,是人们对思维、意愿、好恶等个体的内部活动的观察。洛克的思想摇摆在唯物主义和唯心主义之间,他重视外部经验,承认客观的物质世界是外部感觉的源泉,这是唯物的;但他同时承认反省和外部感觉一样,是观念的独立源泉,这种思想又摇摆到唯心主义的方面去了。

随着经验主义的不断发展,出现了联想主义的哲学思想。代表人物有詹姆士·穆勒(James Mill)、约翰·穆勒(John Mill)、培因(Alexander Bain)等。他们用联想的原则来解释人的全部心理活动。联想主义认为所有复杂的观念都是由简单观念借助联想而形成的。我们有关"砖头"的观念,借助联想的功能就会形成"墙"的观念;"泥灰"的观念借助联想而形成"地面"的观念；"玻璃"和"木条"的观念借助联想会形成"窗户"的观念；"墙壁"、"地面"和"窗户"的观念借助联想形成"房屋"的观念等。人的心理世界就是由观念按联想的原则建构起来的。

哲学上唯理论与经验论的斗争一直持续到现代，并表现在现代心理学各种理论派别的斗争中。例如，在个体发展的问题上存在遗传决定论和环境决定论的争论，这种争论实际上反映了唯理论与经验论的斗争。同样，联想主义对现代学习、记忆和思维的理论也产生了深远的影响。接下来的章节将介绍巴甫洛夫的条件反射说和华生的行为主义，这些学说和理论都受到了联想主义的影响。

(二)生理学的影响

19 世纪 30 年代，生理学已成为一门独立的实验科学。生理学的发展，特别是神经生理学和感官生理学的发展，对心理学走上独立发展的道路产生了重要的影响。

19 世纪，西班牙人卡哈尔(S. R. Cajal)根据前人神经解剖学的知识和自己显微镜内染色切片研究的结果，提出了神经元学说。1819 年，法国著名生理学家马戎第(F. Magendie)通过动物实验发现传导感觉信息和运动信息分别由不同的神经所分担。1840 年，德国人雷蒙德(Du Bois Reymond)发现了神经冲动的电现象。1850 年，德国著名科学家赫尔姆霍茨(H. Von. Helmholtz)用青蛙的运动神经测量了神经的传导速度，这项研究为在生理学和心理学中应用反应时的测量方法奠定了基础。1861 年，法国医生布洛卡(Paul Broca)从尸体解剖中发现，严重的失语症与左侧额叶部分组织的病变有关，从而确定了语言运动区(布洛卡区)的位置。1869 年，英国神经学家杰克逊(H. Jackson)提出了大脑皮层的基本机能界限：中央沟前负责运动，中央沟后负责感觉。1870 年，德国生理学家弗里茨(G. Fritsch)与希兹(E. Hitzig)用电刺激法研究大脑功能，发现动物的运动性行为是由大脑额叶的某些区域支配的。这些研究不仅加深了人们对大脑机能分区的认识，而且为研究心理现象和行为的生理机制开辟了广阔的前景。这个时期生理学家和物理学家在感官生理学方面的一系列重要发现，也为心理学用实验的方法研究感知觉问题奠定了基础。

(三)物理学的影响

物理学以其严谨精确的研究方法在科学界取得了巨大的成功。19 世纪中叶，心理学研究开始借鉴物理学的科学研究方法。例如，第三章第一节中会学到韦伯(Ernst Weber)第一次用实验证明和测量了两点阈限，并提出心理学上第一个定量的差别阈限的定律，即韦伯定律。另一位贡献巨大的人物为费希纳(Gustav Fechner)，费希纳在韦伯定律的基础上提出说明心理量和物理量之间关系的定律，即感觉强度与刺激强度的对数成正比，这就是心理学中著名的费希纳定律(Fechner's law)。费希纳把物理学的数量化测量引入心理学，提供了感觉测量和心理实验的方法和理论，为冯特建立实验心理学奠定了基础。

二、心理学流派及其发展

1879 年，冯特(Wilhelm Wundt)在德国莱比锡大学建立了世界上第一个心理学实验室，主张用自然科学的方法研究各种心理现象，分析人的心理结构。从此，心理学从哲学中脱离出来，成为一门独立的科学，冯特因此被称为心理学的始祖，从此标志着科学心理学的诞生。然而关于心理学研究对象以及如何研究的问题，自心理学独立以来，一直在探索，一直在争论，形成了不同的学派，以下介绍主要的几个学派。

(一)构造主义心理学

构造主义心理学(structural psychology)主要代表人物是冯特和他的学生铁钦纳(Edward Bradford Titchener)，是自心理学独立后的第一个心理学派。该学派诞生于德国，后来在美国得到发展。构造主义心理学主要研究的是意识的结构，认为意识的内容可以被分解为基本的要素，就如化学可把各种物质分解成各种元素，如"水"可以分解成"氢"和"氧"，那么心理学应该也可以同样通过实验方法分解出心理的基本元素。把心理分解成这样的一些基本元素后，再找出它们如何结合成各种复杂心理过程的规律，就可以达到了解心理实质的目的。从这个角度说，构造主义有时又被称作心理化学论。

构造主义心理学主张应该用实验内省法研究意识经验的内容或构造，强调心理学是一门纯科学，基本任务是理解正常人的一般心理规律。构造主义并不重视心理学的应用。

构造主义心理学使用实验法独立研究心理学问题，促进了西方心理学派的兴起和美国心理学的发展。它的研究成果已经成为现代心理学的组成部分。但由于构造主义心理学研究对象过于狭窄，陷入了元素主义与内省主义的境地，因而遭到许多心理学家的反对。到20世纪20年代构造主义心理学的影响逐渐衰落。

(二)机能主义心理学

机能主义心理学(functional psychology)是19世纪末20世纪初产生于美国本土的第一个心理学派，虽然该学派比较松散，但却代表了当时美国心理学的主流和传统。该学派受到了达尔文进化论的影响和詹姆斯实用主义思想的推动，主张心理学应该研究个体适应环境的心理机能，强调意识活动在人类的需要与环境之间起重要的中介作用，因此机能主义心理学也被称为适应心理学。

美国机能心理学的先驱是詹姆斯(William James)，创始者是杜威(John Dewey)，重要代表人物包括安吉尔(James Rowland Angell)、卡尔(Harvey Carr)等人。机能主义心理学的主要观点是，反对把意识分解为各个元素，主张意识是一个连续的整体；反对把心理视为毫无作用的副现象，强调心理的适应功能；反对把心理学当做纯科学，重视心理学的实际应用；反对心理学只研究一般成人的正常心理，主张把心理学的研究范围扩大到动物心理、儿童心理、教育心理、变态心理、差异心理等领域。

机能主义心理学的主要贡献在于克服了构造主义心理学的元素主义把心理学研究过于狭隘化和封闭化的危险，使心理学在从主观主义走向客观主义研究的道路上前进了一大步。此外，机能主义心理学扩大了心理学的研究领域，推动了心理学在各个领域中的实际应用。但机能主义具有主观唯心主义的倾向和生物主义的倾向。

(三)行为主义心理学

行为主义心理学(behavioristic psychology)是整个西方心理学中影响最为广泛的一个学派，于1913年产生于美国，其创始人是华生(John Watson)，代表性人物还包括斯金纳(Burrhus Frederick Skinner)和托尔曼(Edward Chase Tolman)等人。行为主义心理学主张心理学的研究对象不应该是意识，而是可以被客观观察到的行为，心理学研究的目的就是寻求预测与控制行为的途径与方法。

行为主义心理学主张心理学是一门研究外显行为的纯客观的自然科学，而不能是看不见摸不到的意识。由于不再对意识进行研究，行为主义摒弃了主观内省法，代之以客观观察法、实验法、条件反射法和测量法等。行为主义使用刺激-反应(S-R)的联结来解释行为的原因，他们认为特定的刺激会引起特定的行为，人的行为就是受到了特定的刺激而引起的。因此，行为主义心理学坚持环境决定论，认为除了最简单的反射，一切行为都是后天通过条件反射过程而获得的，否认内发性的动机和个体的自由意志，强调外在控制的训练价值。

行为主义心理学的产生和发展对心理学产生的影响是极其深远的。首先，行为主义使心理学从主观的唯心主义转向客观的唯物主义，这是心理学向科学发展的重要进步。其次，行为主义心理学使动物心理学、儿童心理学尤其是实验心理学和学习心理学取得重大成果。此外，行为主义的一些基本观点和方法技术在心理学大部分领域甚至很多人文科学和各种艺术活动以及社会生活中得到广泛的应用。但行为主义心理学抹杀了人与动物的本质差别，把人归结为动物，陷入了生物主义；行为主义抹杀心理、意识与行为的差别，把心理、意识归结为行为，陷入了客观主义；行为主义抹杀行为不同层次的差别，把行为归结为简单的 S-R 模式，陷入了机械主义；行为主义抹杀社会与自然的本质差别，把心理现象归结为纯粹的自然现象，陷入了还原主义。

(四)格式塔心理学

格式塔心理学在 1912 年创建于德国，创始人包括韦特海默(Max Wertheimer)、考夫卡(Kurt Koffka)、苛勒(Wolfgang Kohler)，是西方现代心理学的主要流派之一。

格式塔心理学(Gestalt psychology)主张研究心理现象的整体、形式或形状，Gestalt 在德文中的意思是"整体"、"完形"，所以，格式塔心理学也称为完形心理学。韦特海默等人主张心理现象最基本的特征是在意识经验中所显现的结构性或整体性，他们反对构造主义心理学的元素主义和行为主义的 S-R 联结，认为整体并不等于部分之和，意识经验不等于感觉和感情等元素的总和，行为也不等于反射弧的集合，思维也不是观念的简单联结。格式塔心理学有两个主要特征：第一，格式塔心理学强调整体，认为心理现象是个整体，而不是彼此独立元素的拼合；第二，主张对心理现象进行描述，而不是分割现象以追求心理现象的构造。

格式塔心理学彻底反对元素主义和机械主义，确立了心理的整体观，具有重要的科学方法论的意义。格式塔心理学的某些研究，如知觉特性及组织原则(参阅第三章)、顿悟学习理论等对心理学理论的发展起到了重要的作用。但该学派忽视以往知识经验的作用，企图用主观内在规律解释心理形成的完整性，具有主观唯心主义的倾向。格式塔心理学过度重视整体，而忽视部分，重视定性分析，忽视定量研究，具有形而上学的嫌疑。此外，格式塔心理学的某些概念较为模糊，缺少实证证据。

(五)精神分析

精神分析学派(psychoanalysis)产生于 19 世纪末期，创始人是奥地利精神病学家弗洛伊德(Sigmund Freud)。精神分析既是治疗神经症的一种方法，又是一种潜意识心理学的理论体系。经过半个多世纪的发展，精神分析扩展为无所不包的人生哲学，被称为弗洛伊德主义，影响力相当广泛。精神分析学派可以粗略分为以弗洛伊德为代表的早期精神分析理论和以霍妮(Karen Horney)为代表的新精神分析理论。

精神分析采用的方法通常包括自由联想、移情、释梦、解析等。弗洛伊德认为，人的心理可以分为两部分：意识与潜意识。潜意识包括原始的盲目冲动、各种本能以及出生后被压抑的动机与欲望。然而，潜意识不能被本人所意识，潜意识中的冲突就是产生各种精神疾病的原因。他强调潜意识的重要性，认为性本能是人的心理的基本动力，是摆布个人命运和决定社会发展的永恒力量。他把人格分为本我、自我、超我三部分，其中：本我与生俱来，包括先天本能与原始欲望；自我由本我分出，处于本我与外部世界之间，对本我进行控制与调节；超我是"道德化了的自我"，包括良心与理想两部分，主要职能是指导自我去限制本我的冲动。三者通常处于平衡状态，平衡被破坏，则导致精神病。

精神分析学派重视潜意识与心理治疗，扩大了心理学的研究领域，并获得了某些重要的心理病理规律，但他们的一些主要理论遭到许多人的反对。20世纪30年代中期，霍妮为代表的一批心理学家反对弗洛伊德的本能说、泛性论和人格结构论，强调文化背景和社会因素对精神病产生和人格发展的影响，在美国形成了新精神分析学。新精神分析学派仍然保留着弗洛伊德学说中的一些基本观点，尽管在其理论中有不同的概念名称，但归根结底，仍然是潜意识的驱力和先天潜能起主要作用。

精神分析心理学首创潜意识心理学，开辟了心理学研究的新纪元，拓宽了心理学的研究领域，促进了如动力心理学、人格心理学、变态心理学等新的心理学研究分支的出现和发展。但精神分析忽视实证研究，存在非理性主义、心理主义和神秘主义倾向。

(六)认知心理学

认知心理学(cognitive psychology)是西方现代心理学的一种新的思潮、范式和研究取向，始于20世纪50年代末，60年代正式形成，70年代成为美国和整个西方心理学的主流，现在几乎遍及世界各国心理学研究的一切领域。认知心理学不同于其他心理学派，不是由某个人单独创立，也不简单地否定历史上各派心理学的理论，而是受到多种因素的影响，逐步发展而成的。因此，认知心理学是当代心理学的一种新思潮、新范式和新的研究取向。1967年，奈瑟(Ulric Neisser)出版了《认知心理学》一书，标志着认知心理学自成体系。

认知心理学有广义和狭义之分。广义的认知心理学是以人或动物的认知或认知过程为研究对象，主要探讨认知所包含的心理现象以及这些心理现象所要经历的过程，如知觉、注意、记忆、思维和语言及其心理过程。狭义的认知心理学专门是指信息加工心理学(information processing psychology)，即用信息加工的观点和术语来说明人的认知过程。它所研究的认知过程就是人接收、存储和运用信息的过程。

认知心理学反对行为主义理论，认为不一定必须在搞清心理的生理基础后，才能研究心理现象。他们把人看成计算式的信息加工系统，认为人脑的工作原则与计算机的工作原则相同，因而可以在计算机和人脑之间进行类比。他们强调人的已有知识结构对行为和当前认知活动的决定作用，并力求通过计算机模拟等方式发现人们获取和利用知识的规律，达到探究人类认知活动规律的目的。他们还承认人的主观能动性、意识的能动作用，强调对人的认知过程进行整体综合分析。

认知心理学的理论含有辩证法的因素，对反对行为主义的机械论、弗洛伊德主义的非理性主义有积极的意义，对扩大心理学的研究方法、促进心理学的现代化、发展人工智能和计算机科学等均有贡献，而且成为当前心理学研究的主要方向。但他们把人的心理看成计算机的信息加工系统加以研究，在心理学界依然存在争论。

(七)人本主义心理学

人本主义心理学(humanistic psychology)是20世纪50年代兴起于美国的西方心理学思潮和革新运动，是西方心理学发展的一种新的取向。人本主义心理学反对行为主义环境决定论和精神分析生物还原论的思想，主张研究人的本性、潜能、经验、价值、创造力和自我实现等，所以人本主义心理学也被称作心理学的第三势力。

人本主义心理学并不是一个思想完全统一的学派，而是一个由许多观点相近的心理学家所组成的松散联盟。其中马斯洛(Abraham Maslow)、罗杰斯(Carl Rogers)等人是该学派的主要代表人物。人本主义心理学坚持以人的经验为出发点，强调人的整体性、独特性和自主性；坚持以机体潜能为基础，强调人的未来发展的可能性及其乐观前景；坚持以人的价值和人格发展为重点，强调把自我实现、自我选择和健康人格作为人生追求的目标。

人本主义心理学抨击了传统心理学的生物还原论和机械决定论，把人的本性和价值第一次提到了心理学研究对象的首位，开拓了心理学研究人类许多高级精神生活的新领域。人本主义心理学提出以人为中心，发展出如马斯洛的需要层次理论(参阅第八章)、来访者中心疗法等，对当今的组织管理以及心理治疗等领域具有重要的应用价值。然而，人本主义过分强调人性的自然因素，忽视了社会环境和社会实践对人性发展的重要作用，此外人本主义的研究方法客观性程度较低，导致人本主义受到了许多批评。

三、我国心理学的发展

中国历史文明悠久，曾经在人类历史上创造过无比辉煌的成就，同样在世界科学技术发展史中也发挥了重要的作用。我国古代心理学思想极为丰富，但并没有形成有关心理学的专著。中国当代的心理学是在西方心理学的基础上发展起来的。作为世界心理学的一部分，下面简单介绍我国心理学的发展历程。

(一)中国古代的心理学思想

中国古代的心理学思想在许多哲学家、思想家和教育家的著作中可以看到。从先秦到清末，中国人对心理现象的探索就没有停止过。

在中国先秦时代，儒、墨、道、法等各派著名思想家如孔丘、墨翟、孟轲、荀况等讨论过天人关系、人兽关系、身心关系、人性的本质和发展以及知行关系等，提出过一些重要的心理学思想。例如，荀况在《天论》中提出"形具而神生"，认为精神现象是依赖于形体而存在的；他主张人性"恶"，"其善者伪也"，充分肯定了环境和教育在人性改变中的作用。荀况还称"好、恶、喜、怒、哀、乐谓之情"，对人的情绪进行了分类。墨翟主张"知，接也"，认为人的感知觉是感官接触外物的结果，并区分了"五路"，即5种不同的感觉。

到秦、汉和魏晋南北朝时期，中国心理学思想的发展继续围绕"天人关系"和"神形关系"而展开。在这个时期，董仲舒站在唯心主义的立场上，提出了天人感性的思想，认为天与人之间有一种神秘的关系，人的情感、道德和行为都必须与天数相符，化天数而成。从现代科学来看，这种主张是不正确的。王充提出"形朽神亡"的主张，认为精神离开肉体就不复存在。他根据自己的观察，描述了空间知觉和时间知觉的一系列现象，并设法解释了"太阳错觉"的成因。刘劭在《人物志》中讨论了"才"、"性"的关系，对人的才能和性格进行了系统的分类，并提出人的才性可以通过9种外部表现(九征)来诊断。

唐宋时期是我国心理学思想论述较多的时期。在这个时期，柳宗元、刘禹锡坚持了唯物主义的天人观，并对感知和思维两种认识活动进行了分析。韩愈继承了董仲舒的性三品说，认为"性"是与生俱来的。他的《师说》一问，提出教师的职责是"传道、授业、解惑"，在历史上成为传世之作。宋朝以后，理学在思想界占统治地位。理学在天人关系和心物关系上坚持了不正确的观点，但在教育心理学和学习心理学方面提出了许多有价值的主张。如程颐重视学习的作用，认为人的智能、性格、道德品质基本上是在幼年时期形成的；朱熹提倡"胎教"，认为母亲受胎以后的一举一动、一言一行都对胎儿有直接影响。

随着科技和医学知识的发展，明清以后的医学家对脑及其功能的认识有了很大的进步。刘智是17世纪我国的一位著名学者。他提出"百体之知觉运动"都依赖脑，脑的不同部位有不同的功能。王清任是清代的一位医生。他根据自己的解剖经验，发展了"脑髓说"，认为人的感觉和记忆是脑的功能，而不是心脏的功能。王清任所处的时代和法国著名学者、医生布洛卡的时代很近，他提出的"脑髓说"对科学地认识人的心理活动有重意义。

(二)心理学在中国的早期传播

前面讲过，中国古代有丰富的心理学思想，但没有独立的心理学著作。心理学作为一门独立的学科，是在欧美一些国家产生的。心理学在中国的传播，始于明末耶稣会传教士利马窦著的《西国记法》、艾儒略著的《性学确述》等书。1840年鸦片战争以后，留美学者颜京出任上海圣约翰书院院长，开设了心理学课程，并于1889年出版了译著《心灵哲学》一书。1907年王国维的译著《心理学》出版，该书是丹麦心理学家霍普夫丁的著作。在这个时期，一批留美或留日的中国学者对传播心理学起了重要的桥梁作用。

中国现代心理学的开创始于1917年，它的标志是北京大学首次建立了心理学实验室。1918年陈大齐出版了《心理学大纲》一书。1920年南京高师(东南大学)建立了中国第一个心理学系。1921年中华心理学会在南京正式成立。1922年中国第一种心理学杂志——《心理》由张耀翔编辑出版。这一切都标志着中国有了自己的心理学组织，并开始培养心理学方面的人才。

20世纪二三十年代，心理学在中国有所发展。现代心理学的许多理论流派开始通过归国的中国学者介绍到中国来。一些在海外学习的中国留学生开始了一些重要的实验研究，如：哺乳动物和鸟类胚胎行为发生和发展的研究；汉字心理的研究；智力及其测量的研究；阅读中文时眼动的分析；比奈-西蒙智力测验的修订等。其中有些研究在国际上是有影响力的。20世纪30年代以后，由于日寇的入侵，中国的心理学发展进入了停滞时期。

(三)1949年以后的中国心理学

新中国成立标志着中国的心理学进入了一个新的时期。半个世纪以来，中国心理学的发展走过了一个曲折的道路。对于解放以后的我国心理学发展，上海师范大学燕国材教授将其归纳为 6 个阶段，如下。

(1) 奠基时期(1949—1957 年)。这个时期中国心理学主要以介绍和引进前苏联的心理学为主，提出了在辩证唯物主义和巴甫洛夫学说的基础上改造心理学的任务。心理学家以很高的热情投入了这场学习运动，努力使自己的学术思想适应社会的变革。在这个时期，心理学有所发展，主要表现在建立了中国心理学会，学校经过院系调整，在北京大学哲学系建立了心理学专业，在北京师范大学开办了一系列心理学高级研讨班，系统介绍了前苏联的心理学成就，出版了大量的心理学译著。

(2) 受挫时期(1958—1959 年)。在这个时期，心理学遭受到了不应有的批判。心理学的一些正确的研究方向被指责为"超阶级"、"抽象化"和"生物学化"。心理学被视为资产阶级伪科学而受到严重批判，教学与研究工作也被迫停顿。

(3) 恢复时期(1960—1965 年)。20 世纪 60 年代初，心理学经过"甄别"，纠正了某些错误，心理学工作者在教育心理学、医学心理学和工程心理学等应用领域开展了研究，为教育改革和社会生活的许多方面作出了贡献。这个阶段开展了很多心理学问题的讨论和学术活动，心理学的教学与研究工作也逐步得到恢复。

(4) 重挫时期(1966—1976 年)。这一时期中国经历了 10 年左右的国内政治大动荡时期，中国的心理学也遭受到灾难性的破坏。心理学被当成伪科学受到批判，心理学的研究机构被关闭，心理学人才的培养也被迫中断了。

(5) 重建时期(1977—1980 年)。主要表现是心理学在政治上得到了解放，开始着手在思想、学术与组织等各方面的调整与清理工作，以便为下阶段心理学的大发展打下必要的基础。

(6) 大发展时期(1980 年以后)。主要表现是心理学无论在教学、科研或为社会服务方面都取得了巨大的成就。

进入大发展时期以后，中国的心理学发展可谓日新月异。1985 年初，时任中国心理学会理事长的荆其诚教授召集中国心理学界老、中、青代表举行春节座谈会，畅谈中国心理学的未来，当时全国高校只有 4 个心理学系，全国会员不足 1000 人。而到 21 年后的 2006 年，荆其诚教授召集举行中国心理学会论坛时，我国高校已有 100 多个心理学系或研究所，全国会员约 6000 人。在这期间，1999 年科技部将心理学列入 18 个优先发展的基础学科之一，2000 年心理学被国务院学位委员会确定为国家一级学科，而在 2006 年国务院公布的"国家中长期科学技术发展规划纲要"中心理学的主干学科内容"脑科学与认知科学"被列入国家 8 个科学前沿问题之一。

🔑 **拓展阅读**

你对心理学还有误解吗

学完本章，你是否对心理学已经有了初步认识？原来所认识的心理学和现在所理解的心理学有什么不同？下面是一些常见的对心理学的误解。

(1) 心理学家知道你在想什么。大多数以心理学为专业的学者都会有过这样的经历，当周围人得知了你的专业时，马上会好奇地问："你知道我在想什么吗？"人们总是以为心理学家能够透视眼前人的内心活动，和算命先生差不多。"研究心理"就是揣摩别人的所思所想。其实，这是对心理学的误解。心理活动不只是人在某种情境下的所思所想，它具有广泛的含义，包括人的感觉、知觉、记忆、思维、情绪和意志等。心理学家的工作就是要探索这些心理活动的规律，即它们如何产生、发展，受到哪些因素影响以及相互间有什么联系。心理学家通常是根据人的外显行为和情绪表现等来研究人的心理，也许他们可以根据你的外在特征或测验结果来推测你的内心世界，但再高明的心理学家也不可能具有所谓的知心术。

(2) 心理学就是心理咨询。现在心理咨询作为一个新兴的行业非常火热。很多人听到的第一个与心理学有关的名词就是心理咨询，并把它当做了心理学的代名词。此外，人们关注一门学科，更容易从实际应用角度去认识它。心理学最为广泛的应用就是心理咨询或心理治疗，所以更为大家所熟知，因此很多人会把心理咨询和心理学等同起来。其实，这是片面的理解。心理咨询只是心理学的一个应用分支。咨询心理学家的工作对象可以是一个人或一个团体。心理咨询的目的是为了帮助人们应对生活中的困扰，更好地发展，增加生活的幸福感。一般来说，心理咨询是面向正常人的，来访者有心理困惑，但没有出现严重的心理偏差。如果是严重的精神疾病，就要由临床心理学家或精神病学家来处理。心理咨询并不是心理学的全部。

(3) 心理学家只研究变态的人。很多人都说他们走进心理咨询室需要很大的勇气，怕别人认为自己是精神病。其实，这也是对心理学的误解。大多数心理学研究都是针对正常人的。有些人把心理学家和精神病学家混淆了。精神病学是医学的一个分支，精神病学家主要从事精神疾病和心理问题的治疗，他们的工作对象是所谓的变态的人，即心理失常的人。精神科医生在治疗精神疾病的时候可以使用药物。与精神病学家不同，虽然临床心理学家也关注病人，但他们不能使用药物。除此之外，大多数研究都探讨正常人的心理现象，如性别差异、智力、老年人心理等。

(4) 心理学家会催眠。在很多人眼中，催眠术是一种很玄妙的技术，让人感兴趣。而知道催眠术的人，又往往把它与心理学家的工作联系起来。其实这主要是因为弗洛伊德的影响力实在是太过广泛和巨大。事实上，催眠术只是精神分析心理学家在心理治疗中使用的一种方法，并非心理学家的"招牌本领"，而且大多数心理学家的工作并不涉及催眠术，他们更喜欢严谨的科学研究方法，如实验和行为观察。

日常生活中对心理学的误解还有很多，但只要你知道心理学是一门很严谨、涵盖范围非常广泛的科学，就不会被这些误解所困扰了。

(资料来源：崔丽娟. 什么是心理学. 北京：北京大学出版社，2002：5～7)

本 章 小 结

心理现象包罗万象，心理学就是对这种复杂现象进行科学研究的学科。个体心理现象可以分为心理过程和个性心理两个部分，这两个部分构成了一个人的全部心理世界。心理学是一门科学，这主要体现在其科学的研究方法上，常见的心理学研究方法包括观察法、实验法、调查法、测验法等。心理学的历史久远，但科学心理学却是在1897年才正式确立。在心理学发展的历程中，不同的学者所持的观点不同，形成了众多的学派。我国心理学的发展正处于大发展阶段，并逐渐缩小与世界先进水平的差距。

思考与练习

1. 通过本章的学习，你对心理学有什么新的认识？
2. 设想你现在是一名心理学家，你会用什么样的方法来研究你所感兴趣的课题？
3. 心理学的历史上出现过诸多的流派，这些流派的主要观点是什么？你是否同意他们的观点，为什么？

推 荐 阅 读

1. 彭聃龄. 普通心理学. 第 2 版. 北京：北京师范大学出版社，2008
2. [美]墨顿·亨特. 心理学的故事. 李斯，译. 海口：海南出版社，2002
3. [美]威廉·詹姆斯. 心理学原理. 田平，译. 北京：中国城市出版社，2003
4. 崔丽娟. 心理学是什么. 北京：北京大学出版社，2002

人的大脑和肢体一样，多用则灵，不用则废。

——茅以升

第二章　心理的本质

本章学习目标

➤ 中枢神经系统的结构和功能。
➤ 反射、反射弧的概念。
➤ 条件反射的种类和作用。
➤ 脑功能保护和开发的策略。
➤ 心理是客观现实的反映。
➤ 个体心理发展的规律及促进。

核心概念

神经系统(nervous system)　脑(brain)　大脑皮层(cerebral cortex)　反射(reflex)　条件反射(conditioned reflex)　客观现实(objective reality)　心理发展(mental development)

引导案例

奇异的裂脑人

人体大脑的两个半球中间是由被称为"胼胝体"的神经纤维束连接起来的，这样可以保证左右两半球在功能上的统一。历史上，把因割裂大脑两半球联合部分而使其成为具有"两个独立脑半球"的病人称为"裂脑人"。美国著名脑科学家斯佩里(S.U.Sperry)博士长期潜心于"裂脑人"的实验研究，并于1981年获得了诺贝尔医学生理学奖。

斯佩里通过一系列特殊的实验，发现了"裂脑人"的许多新奇现象。例如，让"裂脑人"用左眼注视着一个美元符号，而用右眼注视着一个问号。当要他用左手画出他看到的东西时，他很快地画出美元符号；但当问他看到什么时，他却立即回答说"一个问号"。

同样，斯佩里博士在测试"裂脑人"用触觉再认物体的能力的实验中，也发现病人的反应十分有趣。在实验中，斯佩里博士给病人某个物体，当病人把物体握在右手时，能叫出物体的名称并描述物体；而当物体被放在左手时，他却不能用语言描述物体，但能够在非语言的测验中确认它。例如，病人可以将左手中的物品与各种物品组合中的同样物品相匹配，如果让病人左手拿着积木，他虽然不能说出物体的名称，但可以根据积木的颜色把积木排列成某种图形。

为什么"裂脑人"会出现这么奇异的现象？它说明了人类大脑两半球与我们的心理现象有什么关系？让我们一起来学习本章的内容，真正领悟人的心理的实质。

(资料来源：全国十二所重点师范大学联合编写. 心理学基础. 北京：教育科学出版社，2007：44～45)

在人类漫长的发展历史中，从来就没有停止过对自身心理现象的探索。为什么人会有丰富的心理活动，为什么人与人的心理活动会有那么大的差异，到底是哪些因素影响了人的心理？人类这种对自身心理的关注催生了一个个理论解释，包括从远古的灵魂说一直到现代的科学心理观，都在努力地揭示心理的实质。如今人们终于领悟了心理的实质，即心理是人脑的机能，是人脑对客观现实的反映。

第一节　心理是人脑的机能

无论是东方还是西方，人们对心理产生器官的认识是受到科学技术发展水平的制约的，尤其是受医学和解剖学发展进程的直接影响。早期，由于缺乏解剖学的支撑，无论是科学家、思想家还是平民百姓都认为人的心脏是产生心理的器官。例如，汉字中凡与心理活动有关的字都带"心"字旁，就可以说是这种认识的一种体现。近代，随着医学和解剖学的发展，尤其是随着认知神经科学对大脑定位与功能研究的深入，人们终于认识到脑是产生心理的器官，心理是人脑的机能。

一、神经系统的结构和功能

人的神经系统(nervous system)是由大量神经细胞形成的神经组织与结构的总称，它包括中枢神经系统和周围神经系统。神经细胞也称神经元，是构成神经系统的最小的结构和功能单位。

(一)神经元的结构和功能

1. 神经元的结构

神经元(neuron)即神经细胞，是神经系统结构和功能的基本单位，它一般是由细胞体和突起的两部分组成，突起又分为树突和轴突，如图2-1所示。

细胞体的中央有细胞核，它是细胞的能量中心。通过化学反应，细胞体为神经活动提供能量，并大量制造用于传递信息的化学物质。自胞体伸出两种突起被称为树突和轴突。呈树枝状的、短而多的是树突，它接收其他神经元的信息并传至胞体。一个神经元通常有数百个树突，如果把所有神经元的树突连在一起，全长可达10万英里，这就大大增加了其接受信息的能力。轴突是一根细长的突起，一个神经元只有一个轴突，它把冲动由胞体传至远处，传给另一个神经元的树突或肌肉与腺体。轴突外面包裹着髓鞘，它由胶质细胞构成，起着保护作用。一个神经元的轴突有许多分支末梢膨大，呈葡萄状，称为突触小体，它是传递信息给另一个神经元的发放端。

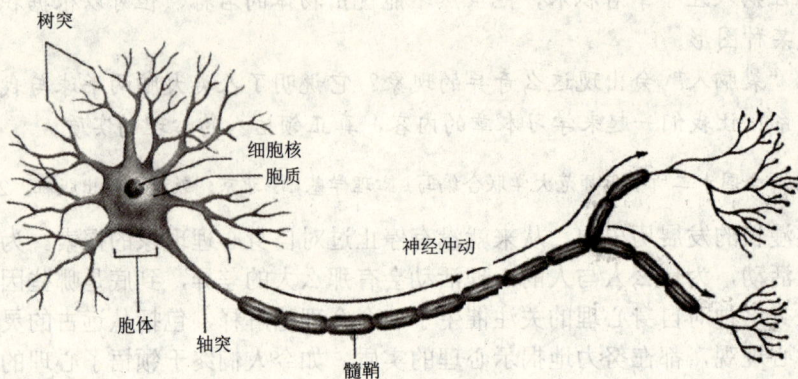

图 2-1　神经元示意图

图中标注：树突、细胞核、胞质、神经冲动、胞体、轴突、髓鞘

2. 神经元的功能

神经元的基本功能是接受信息，传递信息。神经元具有两个最主要的特性，即兴奋性和传导性。神经元的兴奋性具有一种很特殊的现象，当刺激强度未达到某一阈限值时，神经冲动不会发生，而当刺激强度达到该值时，神经冲动发生并能瞬时达到最大强度，此后刺激强度即使再继续加强或减弱，已诱发的冲动强度也不再发生变化。这种现象称为全或无定律。

神经元之间是靠突触传导来实现接收和传递信息的功能的。神经元的传导功能在性质上类似电流传导，但作用机制不同。电流靠接触传导，而相邻神经元则靠其间一小空隙进行传导。这一小空隙，叫做突触(synapse)。突触的作用在于传递不同神经元之间的神经冲动，这种传递过程极为复杂，速度却极快，可达 352 千米/小时。

3. 神经元的种类

按神经元的功能表现划分神经元的种类，可以把神经元分为感觉神经元(传入神经元)、运动神经元(传出神经元)和中间神经元(联络神经元)三大类。

(1) 感觉神经元(传入神经元)的树突的末端分布于身体的外周部，接受来自体内外的刺激，将兴奋传至脊髓和脑。

(2) 运动神经元(传出神经元)的轴突与肌肉和腺体相连，它的兴奋可引起肌肉和腺体的活动。

(3) 中间神经元(联络神经元)是介于上述两种神经元之间的神经元，它可以把感觉和运动神经元联系起来或组成复杂的网络，起着神经元之间机能联系的作用，多存在于脑和脊髓里。

(二)中枢神经系统

人类的中枢神经系统(central nervous system，CNS)是人体神经系统的主体部分，由脑和脊髓两部分组成。人的中枢神经系统是传递、储存、加工信息，产生各种心理活动，支配并控制人的全部行为的中枢。

1. 脊髓的结构和功能

脊髓(spinal cord)位于椎管内，略呈圆柱形，上接延髓，下端止于一根细长的终丝，外连周围神经，31 对脊神经分布于它的两侧。脊髓由灰质和白质构成，内含中央管，中央管内有脑脊髓液，与大脑第四脑室相通。

脊髓具有传导功能，可以将脑和外周神经联系起来，成为脑神经传入和传出的中间站。脊髓也是人体的低级反射中枢，可以对一部分躯体运动进行调节，完成一些基本的反射活动，如膝跳反射、排泄反射、防御反射等。

2. 脑的结构与功能

脑(brain)是中枢神经系统的高级部位，也是中枢神经系统最重要的结构。脑位于颅骨内，由脑膜所包裹，并悬浮于脑脊液中。人脑的结构大体上可以分为脑干、间脑、小脑和大脑等几个部分，如图 2-2 所示。

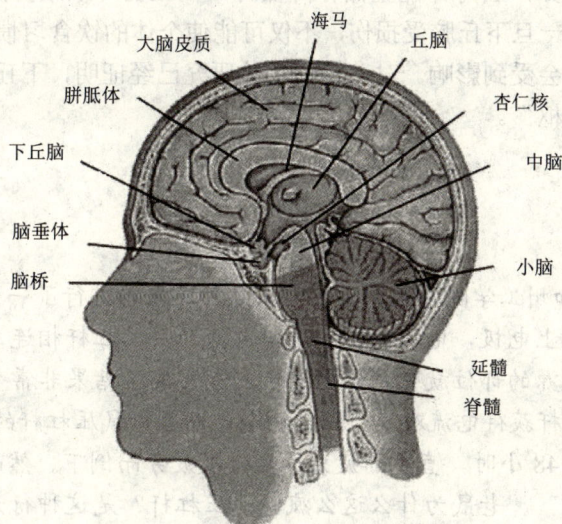

图 2-2 脑部构造示意图(纵切面)

1) 脑干

脑干(brain stem)是位于人脑最深层的奇异而复杂的部分，是综合调节机体内部状态的脑结构，对维持人体基本的生命活动起着重要作用。脑干由延髓、脑桥和中脑构成。

➤ 延髓(medulla)下与脊髓相连，上接脑桥，是呼吸、血压、循环、心跳、吞咽、排泄、呕吐等的调节中枢。由于延脑的特殊功能，其损伤必将影响个体的生命，因此被称为人体的"生命中枢"。

➤ 脑桥(pons)位于延脑之上，是由神经纤维构成的比延脑更为肥大的管状体。脑桥上接中脑，下连延髓，它提供传入纤维到延脑、中脑和小脑之中，如果脑桥受损，有可能会导致睡眠失常。

➤ 中脑(midbrain)位于脑桥之上，恰好处在整个脑的中间。中脑是视觉和听觉的反射中枢。在中脑的中心有一个网状的神经组织，称为网状结构(reticular formation)，它是一类致密的神经细胞网络，能唤醒大脑皮层去注意新刺激，甚至在睡眠中也保持着脑的警觉反应。这一区域的主要功能是控制觉醒、注意、睡眠等意识状态，其大面积损伤会导致人的昏迷。

2) 间脑

间脑位于大脑两半球之间，连接大脑两半球和中脑。间脑主要由丘脑和下丘脑组成。

➤ 丘脑(thalamus)是卵形的神经组织，其位置在胼胝体的下方，是神经通路的中转站。除嗅觉外，从身体传来的所有感觉信息，都先经过丘脑，然后再由丘脑分别传送至大脑皮质的相关区域进行进一步加工。如丘脑受损，将使感觉扭曲，无法正确了解周围的世界。

➤ 下丘脑(hypothalamus)位于丘脑之下，由几个神经核团和更小的神经元群组成，它是脑内很小的结构，但在日常生活中具有十分重要的功能。下丘脑是自主神经系统的主要控制中心，它的主要功能是调节和控制内分泌系统、维持新陈代谢、调节体温，并与饥、渴、性唤起等生理性动机及情绪有关。下丘脑维持着身体内部的平衡，例如，当身体能量储存降低时，下丘脑可以维持兴奋并激发机体寻找食物和进食。一旦下丘脑受损伤，不仅可能使个体的饮食习惯与排泄功能受到破坏，而且情绪也会受到影响。对动物的实验研究已经证明，下丘脑中具有"愉快中枢"和"痛苦中枢"。

📖 知识拓展 2-1

快乐中枢

1954 年，美国加州工学院年轻的生物学家欧兹及米勒进行了一系列老鼠实验。他们在老鼠的下丘脑背部埋上电极，电极的另一端与电源开关的杠杆相连，老鼠只要压杠杆，电源立即接通，在埋电源的部位就受到轻微的电刺激。实验结果非常令人难以置信！老鼠不仅学会了通过按压杠杆获得电流对下丘脑的刺激，而且老鼠压杠杆的频率每小时可达 8000 多次，并能持续 26~48 小时，直至筋疲力尽，过度疲劳而倒下。然而，当它醒来后又立即以高频率投入"工作"。老鼠为什么这么疯狂地压杠杆？是这种行为能引起老鼠的快乐和满足吗？带着这样的疑问，研究者在下丘脑的其他部位埋上电极，老鼠并没有表现上述情形。

于是，研究者认为老鼠的下丘脑存在"快乐中枢"，并且用同样方法还找到了"痛苦中枢"。这一实验结果一出现，便在社会上引起了强烈的反应，人们开始思考："人的下丘脑中是否也有快乐和痛苦中枢呢？"20 世纪 60 年代，美国两位医生用电极刺激病人下丘脑的有关部位时，惊讶地看到，被刺激的病人面带笑容，表示感觉良好。这说明在人的下丘脑部位似乎也存在"快乐中枢"，这一发现引起了人们对情绪的脑机制进行更深入的研究。

(资料来源：全国十二所重点师范大学联合编写. 心理学基础. 北京：教育科学出版社，2007：40)

3) 小脑

小脑(cerebellum)位于头骨基底部脑桥之后，形似两个相连的皱纹半球，其功能主要是协调身体的运动，控制身体的姿势并维持平衡。如果小脑受损伤，就会阻断平滑性运动的信息流，造成不协调，即丧失身体自由活动的能力。最新研究还表明，在学习能力方面，如控制身体运动和动作技能的学习上，小脑也有重要作用。

4)　大脑

人类的大脑(cerebrum)是控制人类全部心理活动的重要结构，它不仅重量占据全部脑重量的 2/3，而且作用也远远超过脑的任何其他部分。大脑分为左、右两个半球，由大脑皮层及其覆盖着的边缘系统和基底神经节构成。

大脑皮层(cerebral cortex)是中枢神经系统中最重要的部分，平均厚度为 2.5～3.0 毫米，面积约为 2200 平方厘米，上面布满了下凹的沟和凸出的回。分隔左右两半球的深沟称为纵裂，纵裂底部由胼胝体相连。大脑半球外侧面，由顶端起与纵裂垂直的沟称为中央沟。在半球外侧面，由前下方向后上方斜行的沟称为外侧裂，半球内侧面的后部有顶枕裂。中央沟之前为额叶，中央沟后方、顶枕裂前方、外侧裂上方为顶叶，外侧裂下方为颞叶，顶枕裂后方为枕叶，如图 2-3 所示。每一个脑叶都有一定的功能区分。

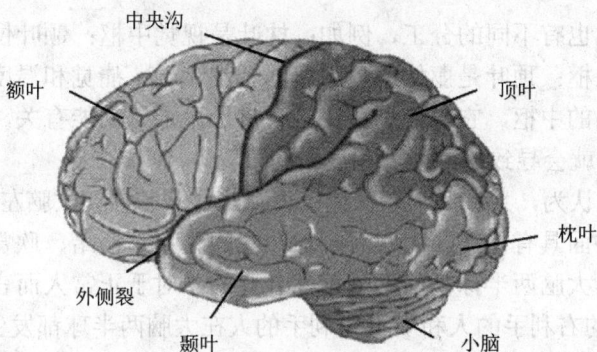

图 2-3　人脑的主要结构

胼胝体(corpus callosum)是连接大脑两半球的较厚的神经纤维，它在两半球之间发送和传递信息，使两半球的信息可以共享，一旦切断胼胝体，就会损伤两半球间信息的交流。边缘系统(limbic system)是位于胼胝体之下包括多种神经组织的复杂神经系统。边缘系统的构造与功能尚不能十分确定，在范围上除包括部分丘脑和下丘脑之外，还包括海马和杏仁核等。海马(hippocampus)是边缘系统中最大的脑结构，在外显记忆获得中具有重要作用。海马损伤的病人能够学到一些新任务，但却不能记住它，也不记得发生了这件事，即它们失去了把新信息存入长时记忆的能力，但并不妨碍获得意识觉知之外的内隐记忆(见第四章)。杏仁核(amygdala)的功能与动机、情绪有关。

基底神经节位于大脑半球深部，主要包括尾状核和豆状核，合称为纹状体。其机能主要是调节肌肉的张力来协调运动。

大脑是所有信息的高级中枢，它的功能十分复杂。医学和解剖学的研究已经发现，大脑皮层的不同部位与特定的功能相连。大脑部分功能分区如图 2-4 所示，下面将简要地介绍大脑一些重要的机能。

法国医生布罗卡 1861 年在尸体解剖时发现，患者大脑左半球病变损伤，导致病人的"失语症"，这证明脑的左半球是言语中枢。布洛卡发现的区域是额叶的后下部，被称为"布洛卡区"或运动性言语中枢，这一区域受损伤，人可以理解句子，但不能表达出来。随后人们又发现了听觉性言语中枢、视觉性言语中枢和书写中枢等相应部位，使言语中枢更为清晰。

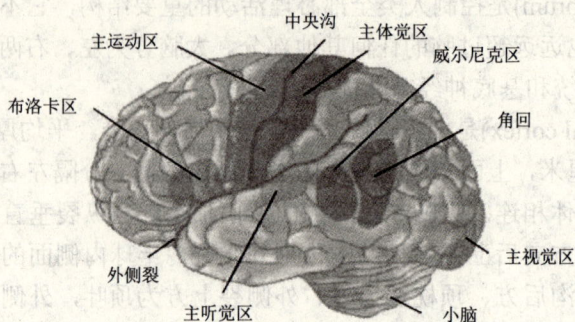

图2-4 大脑左半球分区功能

大脑的其他部位也有不同的分工，例如：枕叶是视觉中枢；颞叶位于大脑两半球的外侧裂下面，是听觉中枢；顶叶是躯体感觉中枢，负责触觉、痛觉和温度觉；而额叶是运动控制和进行认知活动的中枢，它与筹划、决策、目标设定等功能有关，一旦因意外伤害导致额叶功能的毁坏，就会导致行为能力和人格的改变。

现代脑科学研究认为，大脑两半球在机能上存在显著差异。大脑左半球在言语、书写、运算、逻辑推理等方面具有优势，大脑右半球在空间关系、情绪、欣赏、艺术、音乐等方面具有优势。但是，大脑两半球功能不是截然分开的，对于正常人而言，左右半球是协同工作的，而且有5%的右利手的人和15%左利手的人在大脑两半球都发生言语加工过程。研究还显示，大脑皮层不同区域的功能还具有代偿作用，一些部位受到损伤，其他脑皮层的部位经过训练可以在一定程度上代替原有部位工作。因此，既要正视大脑两半球的机能差异，也要重视脑的全面开发。目前，学术界比较流行"全脑开发"的理念，即强调大脑左右半球虽有不同分工，但也有协同功能。要重视全面开发两半球的协同功能，最大限度地发掘大脑的潜能，实现脑功能发展的最优化。

📖 引导案例分析

在篇首案例中，斯佩里对"裂脑人"的研究结果证明人脑两半球在功能上的高度分化。一般而言，人的右侧视野信息到达左半球，左侧视野的信息到达右半球。正常情况下，到达两个大脑半球的信息很快通过连接两半球的胼胝体实现信息共享，使我们的左右手都可以作出一致的反应。但是"裂脑人"由于割裂了两半球相连部位，就无法实现功能上的协调，因此，就出现了在左侧或右侧视野的信息仅仅停留在右侧或左侧半球的现象。

由于大多数人的言语中枢在左半球，因此，"裂脑人"利用左半球可以把看到的信息告诉研究者，而右半球则不能。研究者与病人右半球的交流可以通过病人手上的动作完成，不通过言语进行。如病人可以划出美元符号，却只说看到了问号，这种反应和表达的不一致的原因就是由于"裂脑人"左右脑连接的通路被切断所致。

(三)周围神经系统

周围神经系统(peripheral nervous system，PNS)从中枢神经系统发出，导向人体各部分，可分为躯体神经系统和自主神经系统。周围神经系统担负着与身体各部分的联络工作，具有传入和传出信息的作用。

1. 躯体神经系统

躯体神经系统(somatic nervous system)是调节身体骨骼肌动作的系统，起着使中枢神经系统与外部世界相联系的作用，包括脑神经和脊神经两部分。脊神经发自脊髓，穿椎间孔外出，共 31 对，主要分布于躯干和四肢，其中颈神经 8 对、胸神经 12 对、腰神经 5 对、骶神经 5 对、尾神经 1 对，它的主要功能是实现反射过程中神经中枢与运动系统的联系。脑神经由脑部发出，共 12 对，主要分布于头面部，包括嗅神经、视神经、动眼神经、滑车神经、三叉神经、外展神经、面神经、听神经、舌咽神经、迷走神经、副神经和舌下神经，分别负责传递嗅觉、视觉、听觉、平衡觉，支配眼球运动、面部感觉、面部表情、面部肌肉运动、舌的运动、颈部活动和脏器活动等多项功能。通常认为，躯体神经系统是受意识调节控制的。

2. 自主神经系统

自主神经系统(autonomic nervous system，ANS)是维护身体的基本生命过程的系统，也被称作植物性神经系统，它分布于内脏器官、心血管、腺体及其他平滑肌之中，主要由下丘脑控制。自主神经系统包含感觉(传入)神经纤维和运动(传出)神经纤维。传入纤维传导体内脏器的运动变化信息，这种刺激的感受对机体内环境的调节起着重要作用。而分布于各脏器的传出神经纤维，在正常情况下它们保持相对平衡和有节律性的内脏活动，如呼吸、心跳、消化、排泄、分泌等，以调节机体的新陈代谢；当环境发生紧急变化时，促使机体发生应付紧急情况的一系列内脏活动。内脏活动一般不由意识直接控制，并且也不在意识上发生清晰的感觉。

自主神经系统又可分为交感神经系统(sympathetic nervous system)和副交感神经系统(parasympathetic nervous system)。这两类神经都几乎向所有的腺体和内脏发放神经冲动。交感神经支配应付紧急情况的反应，是危急情况或紧张状态下处理麻烦的系统，它唤醒脑结构产生兴奋以适应环境的变化，如心跳加快、氧气传递增加、血压升高、呼吸加深变快、消化减慢等一系列反应。副交感神经的作用正好相反，具有保持身体安静时的生理平衡的功能，如恢复消化活动、心搏变慢、呼吸减弱等。这两种系统在许多活动中具有拮抗作用，又是相辅相成的。例如，交感神经使心搏加快，而副交感神经则使之减慢；副交感神经使胃的消化功能增加，交感神经就使其降低；交感神经使身体出汗，副交感神经就会抑制出汗等，正是这种活动，维持了机体的平衡。一旦这种平衡受到破坏，机体就会出现非自主不良反应，如更年期妇女的不良反应等。

二、条件反射

现代医学和解剖学以大量无可辩驳的研究事实证明了脑是产生心理的器官，是产生人的心理现象的物质基础，没有人脑这块物质基础，无论对动物怎样进行训练，它都不可能产生人的心理。那么大脑是怎样产生心理现象的呢？

(一)反射和反射弧

最早对反射过程进行描述的是 17 世纪法国哲学家笛卡儿，他认为人的动作是对环境刺激的机械反射活动。随后，生理学家谢灵顿等众多学者在科学实验的基础上证明了行为和心理就其产生方式而言，是脑的反射活动，反射是脑或神经系统的基本活动方式。

反射(reflex)是有机体借助神经系统对体内、外刺激所作的规律性的应答反应。一般在现实生活中，所有的行为反应都可以称作反射。防止眼中进异物的眨眼、手被扎痛或烫着时的缩回、空中飞来危险物时的快速躲避以及吃食物分泌唾液等，都是反射。人的反射行为既可以自动发生，也可以通过训练表现出来。

实现反射的神经通路被称为反射弧(reflex arc)，它包括感受器、传入神经、神经中枢、传出神经和效应器五部分。从感受器到效应器之间，不仅可以有正向传递，也可以有逆向的信息反馈。反馈是指反射并不真正中止于效应器的活动，效应器的活动本身又会成为新的刺激，引起新的神经过程，并返回传达到神经中枢的过程。由于反馈的存在，机体的反射活动得以连续进行，并使神经中枢更好地感知和调节效应活动，从而保证人的行为的连续性、完整性和准确性。

(二)反射的种类

人和动物的反射既有与生俱来的，也有后天习得的，因此，反射可以分为无条件反射和条件反射两大类。

1. 无条件反射

无条件反射(unconditioned reflex)是个体在种族发展过程中形成并通过遗传而获得的、不需要任何学习和训练就可以实现的反射。无条件反射是与生俱来的，其神经联系是固有的，而且借助于中枢神经系统的低级部位——脊髓就可以实现。例如，咳嗽、眨眼、吸吮等反射都是不学而会的无条件反射，它们无须经过大脑来控制。复杂的无条件反射就叫本能。食物反射、防御反射、性反射是人类的三大本能。

无条件反射是人与动物共有的反射，它与种族延续有关。保持无条件反射有助于机体躲避危险和延续种族，因而，能够世代遗传。

2. 条件反射

条件反射(conditioned reflex)是有机体在后天生活过程中学会的、只在一定条件下出现的反射。条件反射是个体为了适应环境，在无条件反射基础上经过学习和训练建立起来的反射。例如，过马路红灯停、绿灯行，学生听见上课铃就回教室上课等，这些行为都是条件反射。条件反射的形成过程就是在大脑皮层建立暂时神经联系的过程。就条件反射建立的神经过程而言，它是生理现象，而就其揭示的刺激物的意义的信号作用而言，则是心理现象。因此，人的心理活动是与条件反射相联系的。

条件反射可以分为经典性条件反射和操作性条件反射两大类。

1) 经典性条件反射

经典性条件反射理论是俄国生理学家、诺贝尔奖获得者巴甫洛夫在一系列动物实验的基础上提出的。在条件反射形成的实验中，巴甫洛夫用狗做实验对象。实验前，将狗固定在架子上，在它的脸颊上做个手术，安插上导管，并用试管来收集狗的唾液。实验时，先使用一个与食物无关的中性刺激作用几秒钟，如呈现铃声或灯光几秒钟，然后给狗一个无条件刺激，即喂狗食物，并使两者共同作用一定时间，这样多次结合后，中性刺激(铃声)单独作用，狗也能分泌唾液。这时，条件反射就形成了。在这一过程中，本来与分泌唾液无关的铃声或灯光成了喂食的"信号"，即成为条件刺激，起到了和无条件刺激物(食物)一样的效果，使狗分泌唾液。

经典性条件反射的建立需要一定的条件，首先，条件反射的建立要以无条件反射为基础；其次，条件刺激(铃声)必须与无条件刺激(食物)在时间上多次结合，这种结合次数越多，形成的条件反射越稳固；最后，实验动物必须是健康的，而且实验时要排除强烈额外刺激的干扰。

经典性条件反射在日常生活中应用较为广泛，"望梅止渴"、"一朝被蛇咬，十年怕井绳"等都是经典性条件反射。利用经典性条件反射的原理，大学生可以学会对刺激做出特定反应，以求得与环境的平衡。例如，自觉利用经典性条件反射形成良好的作息规律、饮食规律以及恰当的反应等，这对大学生自身发展极为有利。

2)　操作性条件反射

操作性条件反射是美国心理学家斯金纳提出的。斯金纳针对经典性条件反射并不能解释人的所有后天习得行为的现状，通过自制的"斯金纳箱"完成了动物操作性条件反射形成的实验，从而为条件反射理论的发展做出极大的贡献。"斯金纳箱"是一种特制的控制箱，箱内隔光、隔音，装有自动控制和记录的光、声系统，还有一套杠杆和喂食器。动物在箱内只要按压杠杆，喂食器就会自动提供一粒食物丸。实验时，将禁食一段时间的小白鼠放入箱内。开始时小白鼠在箱内乱跑并向四周攀附，当它偶然触压了杠杆，就得到了一粒食物，不久在记录器上就可以看到小白鼠越来越经常地触压杠杆以获得食物。这说明小白鼠掌握了压杠杆与得到食物之间的联结，即形成了操作性条件反射。

在日常生活中，人的绝大多数行为都是操作性条件反射行为。影响行为巩固或再次出现的关键因素是行为后所得到的强化。斯金纳认为，在行为实验中，强化方式是最容易控制的、最有效的变量。强化可以分为正强化与负强化两种。以老鼠压杠杆行为为例，饥饿的老鼠压杠杆得到了食物，老鼠压杠杆的概率就增加，这时食物就是正强化物；老鼠处于轻微的电击中，压杠杆电击就解除，老鼠也会增加压杠杆的概率，这时电击就是负强化物，电击的减少，也会导致行为反应概率的增加。因此，强化是塑造行为的有效手段。

对于师范生而言，利用操作性条件反射原理，一方面可以塑造自己良好的行为和心理品质，另一方面也可以从未来教学的角度，学习塑造学生的良好行为与心理品质的方法。例如，对经常表现出积极乐观情绪的学生给予肯定，那么就有助于其积极情绪的形成，反之亦然。

经典性条件反射和操作性条件反射的基本原理是一致的，都是建立在无条件反射的基础上，条件反射建立之后都必须利用强化才能巩固，若不强化，条件反射便会逐渐消退。二者也是有区别的(见表 2-1)，经典性条件反射更利于原有行为的改造，操作性条件反射更有助于塑造新行为。

表 2-1 经典性条件反射与操作性条件反射比较

内容 ＼ 形式	经典性条件反射	操作性条件反射
研究者	俄国生理学家巴甫洛夫	美国心理学家斯金纳
研究过程	狗在铃声与唾液分泌之间建立联系	老鼠在压杠杆与摄取食物之间建立联系
不同之处	①动物是被动地适应； ②先有刺激后有反应； ③机体反应是不随意的； ④没有塑造新行为	①动物是主动操作； ②先有反应后有刺激； ③动物的反应可控、随意； ④塑造了新行为

(三)两种信号系统

根据信号刺激的特点，巴甫洛夫把大脑皮质的功能分为第一信号系统活动和第二信号系统活动。

第一信号系统是以直接作用于各种感觉器官的具体事物作为信号刺激而建立起的条件反射系统，这是人类和动物共有的反射系统。其中个体看到、听到、闻到、尝到的具体刺激物，如山川河流、花草树木、游人美食等，都可以成为第一信号刺激物。

第二信号系统是由语词作为信号刺激而建立起的条件反射系统，它是人类特有的条件反射系统。如"谈虎色变"、"谈梅生津"等，虎、梅两个词都是对现实的具体事物的概括，代表具体的事物而起信号作用，所以是第一信号的信号，即为第二信号。

由于人类有了语言文字，形成了第二信号系统，两种信号系统的活动就密不可分地联系在一起了。人的第二信号系统是在第一信号系统基础上形成的，只有掌握了语词所代表的具体意义，第二信号系统才能够形成。反过来，虽然第一信号系统是人与动物共有的，但人类的第二信号系统一旦形成就可以成为第一信号系统活动的调节者，控制着第一信号系统的活动。

三、脑功能保护与开发

无论从结构上还是功能上，人的大脑都是十分复杂的。人类正是靠着自身高度发达的大脑，才成为大自然的主宰。大脑是人的心理活动赖以实现的物质基础，是指挥一切行为的最高司令部，正因如此，保护、利用并开发大脑的功能，就显得意义重大。

(一)脑功能的保护和利用

健康的大脑对于个体身心发展及其行为活动具有重要意义。从一个受精卵开始，遗传、环境等众多因素都会影响大脑的健康发育和功能的完整，因此，注意用脑卫生，保护大脑的正常功能也需要注重多方面因素的共同作用。

1. 保障大脑营养，为大脑正常运转提供能量

从大脑的形成到发育和发展，一刻也离不开良好的营养供应。对怀孕母亲及新生儿的研究显示，无论是妊娠期还是出生后，缺乏营养都会对儿童大脑发育造成不良影响，这不仅表现在营养不良新生儿脑平均重量要比正常新生儿低 15%，而且神经细胞总数也明显少

于正常儿。假如营养不良发生在妊娠的最后三个月至出生后 24 个月，且持续时间较长，不能及时补充营养，对大脑发育所造成的影响将是严重而不可逆转的。

研究显示，大脑为了提高工作效率、维持正常活动，同样需要充足的能量供应。对于正常成人来说，脑重量约占体重的 2%，但他所消耗的氧气量却占全身需氧量的 20%，它所接受的血流量占心脏排出量的 20%，因此，只有提供充足的营养，人脑才能投入正常工作，否则，就会产生疲劳或受到损伤。研究还表明，饮食不当(不是缺乏)也会导致大脑的营养不良，包括偏食、饮食不规律等都容易引起注意涣散、抑郁、恐慌以及困倦等。因此，为了使大脑能够精力充沛地工作，必须注重科学饮食，给大脑提供足够的营养。在日常生活中，不仅要做到膳食平衡，饮食规律、科学，还要注意为大脑随时提供其需要的营养物质，包括水、氧、蛋白质、糖类、脂类物质、微量元素等，保证其每天的需求。

2. 养成良好的作息习惯，合理调动大脑资源

注重用脑卫生，合理分配利用大脑资源，也是大学生保护脑功能、提高用脑效率的重要环节。从现有的研究看，合理使用大脑，脑子可以越用越灵，否则超负荷动用大脑，则会使脑细胞代谢产生的自由基、乳酸等有害物质大量淤积，阻塞大脑的营养吸收通路，使大脑由于缺氧和循环不流畅而产生疲劳，这时再用脑，大脑就会产生罢工现象，以求自我保护。因此，大学生每周睡眠不能少于 40 小时，要注意劳逸结合，合理地分配用脑时间，才能维护大脑的正常机能，保证脑的工作效率。

符合用脑规律、有节奏的生活，会给个体学习生活带来充沛的精力，而当个体用脑时经常感到疲乏、精神不振、思维不灵活时，就应当检查一下自己的活动安排是否符合规律，是否适宜自己的生物钟。对于"猫头鹰型"的人，晚上神经系统活跃、精神饱满；而"百灵鸟型"的人则习惯凌晨工作，这时他们的思维更活跃，情绪更高涨。人群中大约 90%的"混合型"个体没有太明显的时间偏向，这种类型的人全天用脑效率差不多。因此，个体应该认识和利用自己的特点，学会按大脑的生物节律合理安排高效时段从事学习和工作，以达到较好的用脑效果。

3. 形成健康的行为模式，维护大脑的功能

健康行为模式实际上就是个体在现实情境中运用心理学的知识提升自身健康水平的所有的行为，这些行为能够增进人一生的健康，包括坚持锻炼、营养饮食、没有不良嗜好、适当娱乐等。健康的行为模式对维护大脑的正常功能是极为重要的。例如，体育锻炼既是一种良好有效的健脑方法，也是大脑的一种积极休息方式，对维护大脑功能具有积极意义。研究发现，散步和慢跑等有氧运动不仅可以增加脑的氧气供应，使动脉通畅，而且可以锻炼神经系统对疲劳的耐受能力，促使大脑思维活跃、机能增强，并延缓大脑功能的衰退。锻炼的过程中，控制身体运动的脑细胞处于兴奋状态，大脑中进行紧张思考的部分得到休息，也有助于缓解大脑疲劳。

此外，不良嗜好对脑功能的损伤也被研究证实。过量吸烟和饮酒对脑的危害都是巨大的。烟中的有害物质进入脑组织后，会损害脑细胞，引起脑血管坏死，使大脑血液循环的正常状态遭到破坏，营养物质得不到充分供应。脑部缺氧和能量不足，会导致脑的运转速度减慢，思维变得迟钝，思维能力下降。研究表明，经常饮酒的人，脑神经细胞会受到影响，大脑萎缩、体积减小，而且酒精会抑制大脑皮层的活动，影响辨别力、记忆力、理解

力和判断力。因此，现代人只有摆脱不良行为习惯、保持健康的行为模式才更有利于维护大脑的功能。

📖 **知识拓展 2-2**

生活经历如何影响你的脑

初次接触现代神经科学的学生们经常感到奇怪，生活经历怎么会影响脑呢？

罗森茨韦格及其同事完成的一项经典研究结果表明，养在恶劣和优越环境下的大白鼠脑发育不同。恶劣环境是指把大白鼠单笼饲养，只是一个小小的笼子，除了食物和水没有什么别的玩具。优越环境是指几只大白鼠生活在宽大笼内，多种玩具每天轮流放在笼中，让这些大白鼠共享。经不同时期，从数天到数月后，实验者分别检查两种环境下鼠脑的不同，结果非常显著。生活在优越环境中的鼠脑，平均大脑皮层重量和厚度均大于恶劣环境生活的鼠。这种测量差异十分显著，甚至生活在优越环境下仅数天的鼠也不同。超过"儿童期"的鼠也会出现这种差异。这就是说，即使老年鼠也会在改变为优越环境的生活中受益。虽然这一研究是用大白鼠进行的，但研究者们相信，这一结果可以很好地用于人类被试。优越的生活环境对脑的发育和脑功能的维护会有好的影响。

利用脑成像技术，可以测量出与个体生活经验相关的很特殊的脑差异。想象一下，一位钢琴演奏家需要十分精确地控制左手指的力。脑扫描发现，钢琴演奏家左手指的皮层代表区比非钢琴演奏者明显增大(Elbertetal，1995)。而右手指由于在钢琴演奏中不需要太多感觉作用，他的大脑皮层代表区也没有明显增大。对于 12 岁以前就学习弹钢琴的演奏家，其左手指的大脑皮层代表区格外增大。可能你已猜到，一些生活经验对脑功能的影响是不良的。前面已经说过，脑内海马对于外显记忆的获得是重要的结构。研究家们发现，慢性应激引起海马神经元树突明显萎缩(McEwen，1999；Sapolsky，1996)。慢性应激状态是一种机体的生理和心理资源持久性耗竭状态，它不仅造成海马细胞树突萎缩，记忆能力也受损。例如，大白鼠在慢性应激之后，丧失了成功习得的迷津导航能力(Conrad et al.，1996)。神经科学现代研究的重要目标，是设计一些方法对抗不良生活经验对脑的影响后果。我们大家都会从这类研究中受益。

(资料来源：[美]理查德·格里格，菲利普·津巴多. 心理学与生活. 第16版. 王垒，等译. 北京：人民邮电出版社，2007: 69)

(二)大脑功能的开发

现代科学的研究似乎展示了一个事实：人类的脑潜能还具有超乎想象的可开发性。据大脑研究方面的权威温·威格估计，人类只利用了不到1%的大脑功能。这说明对大多数人而言，大脑还有大部分潜能是未被开发的。那么，作为个体，如何在学习生活中学会开发大脑的潜能呢？

首先，要让大脑在健康、良好的环境中自由创造。脑功能的开发也需要心理环境，缺乏必要的环境基础，充分利用大脑就几乎不可能。临床心理学家研究发现，当安全、爱以及尊重得到满足时，机体的潜能就会更好地发挥作用，人的感觉会更灵敏、思维更敏捷、大脑更灵活；相反，缺少这种爱的环境，人的心灵就被孤独与恐惧包围，脑功能就不能很好地开发，个人的智慧就不能发展。开发脑功能的过程中，个体在适宜的环境下就可以敞开心灵大门，沐浴爱的阳光，不断激励自己大胆创新、勇于冒险、热爱想象、增强自信、发展兴趣、保持好奇心，养成爱思考、擅猜想、有毅力、敢挑战的创造性个性品质，使自己大脑功能最大限度地得以发挥。对大脑而言，优良的学习环境一般是指充足的空气、适宜的温度和光线，安静的室内环境和优雅的室内装饰，包括绿色植物、蓝色和绿色的窗帘、适宜的装饰等都有助于让个体心平气和，头脑清醒。而且，适当地散步，看看蓝天、绿树、远山，也有利于大脑的放松和创造性发展。

其次，要勤用脑，增加刺激，在学习刺激中开发脑功能。大脑功能的开发也符合"用进废退"的基本原则，让学习、活动为大脑持续充电，就可以使大脑不断获得有益刺激，促进脑潜能的开发。一位日本科学家发现，勤于用脑的人，脑血管经常处于舒张状态，使神经细胞得到良好的营养，大脑也就不会过早衰老。动物实验研究还表明，经常用脑可使智力水平提高。因此，大学生要利用在校学习这段集中充电的黄金时段，有意识地提高大脑存储的信息量，充分利用各种时间和机会，多接触新事物、获取新知识、增长阅历和经验，从而能够利用无意识过程潜移默化地积累信息量，促进大脑机能的发展。

最后，要有意识地利用多种渠道强化大脑训练，使大脑更积极地工作。训练对大脑的开发也是十分有利的，而且通过多种形式的训练也可以更好地促进大脑潜能的开发，提高效率。目前，已有的脑开发研究证实，肢体运动、音乐训练、绘画、书法练习、计算机操作、珠算等形式，对个体脑高级功能的开发都具有积极的促进作用，是可以利用的手段和方法。美国心理学家曾在费城建立了人类脑潜能开发研究所，帮助那些因脑损伤而造成身体功能障碍的儿童。他们采用集中训练儿童父母的方式，教他们如何帮助孩子活动。这种方法使许多瘫痪孩子学会了爬行和走路，使有些哑巴孩子学会说话，许多孩子的智商分数戏剧性地增加，而且还使一个缺乏整个脑半球的孩子，训练后达到了同龄孩子的心理和行为水平。对脑部有问题儿童的训练都可以使大脑机能得到发展，那么，正常学生自觉地有意识训练不可以更好地促进脑潜能的开发吗？除此之外，利用现代设备仪器也可以对脑功能进行训练，如有的研究者通过仪器来诱发人脑电波的形式，提高大脑工作效率，这种方法更利于学习时产生灵感、提高学习效率，在有条件的情况下，也可以进行尝试。

第二节　心理是客观现实的反映

心理是人脑的机能，脑是产生心理的器官，但是仅有脑本身是无法产生心理活动的。无论简单的心理现象还是复杂的心理现象，都是人脑对客观现实的反映，人的心理就是人脑对客观现实的反映。

一、心理是物质世界的一种反映形式

辩证唯物主义认为，心理是人脑的机能，是客观现实的反映。心理的产生与发展一方面依赖于种族发展过程中脑的不断完善提供的物质基础，另一方面也依赖于个体的脑成熟。只有在人脑健全完善的基础上，才能实现对客观现实的反映，产生正常的心理。

(一)从物种进化的角度看，人的心理是物质发展到高级阶段的反映形式

反映是物质的普遍属性，是物质之间相互作用留下痕迹的过程。心理作为一种反映形式，是动物神经系统进化的结果。

任何事物之间相互作用都会有反映。无机物的反映形式是物理或化学的形式，如水滴石穿、铁氧化生锈等。随着生命物质的出现，开始有感应性这种高级的反映形式，如植物的向光性等。最低等的单细胞动物，如草履虫、变形虫等，没有专门的神经系统，而是由一个细胞执行着各种机能。随着物质世界的不断进化，动物由低级向高级发展，出现了协调身体各部分机能的神经系统，动物便有了更高级的心理反映形式。从低等动物一直到人类，由于神经系统发展水平不同，其心理反映水平也不相同。

无脊椎动物中的腔肠动物已经出现了神经细胞，如水螅、水母、海葵等，它们的神经细胞呈网状，没有占优势的神经中枢，这种网状神经系统的动物不能形成对刺激的稳定反映，因此，刺激它们身体的任何一点所引起的反应基本上都是一样的。环节动物的神经细胞已经开始聚集成为神经节，神经节发出的神经遍布全身，形成了链状神经系统，并具有了最简单的心理反映形式，可以形成条件反射。例如，蚯蚓经过训练就能形成条件反射，能学会走 T 型迷宫。节肢动物的神经系统得到了进一步发展，形成了节状神经系统，并有了心理反映形式——感觉。人类生活中的蜜蜂、蜘蛛等都具有感觉，能对事物的个别属性进行反应。

随着低等脊椎动物神经系统的发展，真正的脑出现了。鱼类的神经系统已经分化出中枢神经和周围神经两部分，具有了真正意义上的脑。鱼类的脑包括前脑、间脑、中脑、延脑和小脑几部分，能够形成知觉。哺乳类动物的大脑新皮层继续发展，其表面已经形成了沟回结构，使大脑皮层成为神经系统的最高部位，这类动物如狗、马等已经有了记忆，而且它们的行为对脑的依赖更强。哺乳类动物发展到高级阶段，出现了灵长类动物。它们的神经系统已经相当完善，其结构和机能都较接近人脑，因此，心理反映形式出现了思维萌芽。这类动物可以解决简单的问题。

🏳 知识拓展 2-3

类人猿的语言学习实验

类人猿的语言学习潜力如何曾引起许多学者的研究兴趣。教黑猩猩学习语言，从20世纪50年代以来主要有三次大的尝试。

第一次尝试是海斯夫妇饲养的一头雌性黑猩猩(从出生后 6 个月开始饲养，饲养了约 6 年)。他们教会了它在适当的场合说三个词(mama、papa、cup)。由于类人猿的发音器官与人有很大区别，它不能发出人类语言的主要元音"a"、"i"、"u"以及其他一些要用舌头进行调解的音。教黑猩猩口语没有取得成功。

第二次尝试是普雷马克使用一些形状、大小和颜色各不相同的塑料片，使每一片代表一个词来教黑猩猩学习语言。她教的程序是：准备一个水果，把一张塑料片放在离黑猩猩比离水果更近的地方，要求它把这张塑料片放到一块符号板上，然后给它这个水果。经过 2～3 年的训练，黑猩猩学会了由不同塑料片组成的 100 多个词汇，并且用它们来与人进行交往。

第三次尝试是加德诺夫妇于 1966 年开始的。他们用美国聋人的手势语教一只 10 个半

月的雌性黑猩猩，让人们经常用手势语与它交往。学习结果表明，到它 14 个月时能够理解 9 种手势，到 18 个月时能懂得 32 个不同手势语并能做出 5 种手势，到 22 个月时它能把手势组合起来，例如"再给我一些(give me more)"。到 32 个月时它会使用大约 29 个不同的两个手势的组合、4 个不同的 3 个手势的组合。在 44 个月时它掌握了 77 个不同的单词。到 1975 年，它已掌握 160 多个手势，其中主要是名词，还有动词，甚至还有代名词、介词、形容词等。它能把四五个手势语组成句子，比如"you me go out"(你从我这走开)，"you me go out hurry"(你快点从我这走开)，也能正确排列"主—谓—宾"的语序。它似乎还能把学到的手势语创造性地组合起来用于不同的场合。比如，它在"开门"这个具体情境下学会"开"字后能把"开"字用到"开水龙头"、"开冰箱"、"开抽屉"、"开箱子"上。

(资料来源：黄希庭. 心理学导论. 北京：人民教育出版社，2005：60)

到了人类，我们的脑得到了高度发展，不仅脑重量增加，而且脑功能也不断完善。与灵长类动物的脑比较，人类脑细胞的体积比类人猿更大，结构更复杂，细胞间隙也更大，神经胶质细胞的数量也随体积的增大而增加，作为高级心理机能的基础的联合区在大脑皮层中所占的比例也越来越大。而且由于人类在劳动的过程产生了语言，使得人类的大脑皮层具有了动物没有的新的机能区——言语中枢，这一切恰好是人的心理反映形式更加全面的物质基础，所以，人脑是物质进化的产物，人的心理是物质发展到高级阶段的反映形式。

(二)从个体成长的视角看，个体心理的发展依赖于脑成熟

人的大脑在个体成长的过程中是不断成熟的，其心理也与这种脑成熟相对应，逐渐完善。脑的成熟主要表现在以下两方面。

1. 儿童成长过程中脑神经细胞的数量不断增长，脑重量增加

个体自胎儿期至出生后 6 个月，脑细胞数量增长最为迅速。第一次脑细胞激增发生于妊娠第 10～18 周，这段时间要增长数十亿的神经细胞。第二次脑细胞激增是从出生后开始的，神经细胞开始延伸，长出节点，形成突触，其速度之快可达每分钟 5 万个。一直到 6 岁左右，儿童的脑细胞都会不断成熟发展，如表 2-2 所示。

表 2-2　儿童脑重量变化情况

时　期	脑重/克	相当于成人脑重的比例/%
胎儿期(6~7 个月)	200～300	20
出生时	300～39	25
6 个月	650	50
1 岁	800～900	60
2 岁	1000～1150	80
7 岁	1280	95

注：按成人平均脑重为 1350 克计算。

正是由于儿童这种脑神经细胞的快速增长，为儿童心理发展提供了生理基础，使儿童心理也得以迅速发展。

2. 儿童成长过程中脑皮层结构逐渐发育完整

从个体成长的角度看，人脑结构各部分的发育有一定顺序。一般胚胎发育到后期大脑皮层各区域才开始分化和形成。胎儿生长到6~7个月时，脑的基本结构已经具备，大脑皮层的6层已经分化出来，皮层表面的沟、回、裂开始出现。个体出生时，枕区、顶区和颞区的分化逐渐发展，并从一级区向二级扩展。出生半年到一年内，大脑的三级联络区各区的划分逐渐明显，如颞顶枕联合区、额区等，但各区内的分化和生成仍在进行。这时期婴儿的感知觉迅速发展起来。3岁左右婴儿小脑发育基本完成，动作技能有了明显的增强；6岁左右完成大脑神经纤维的髓鞘化。儿童的心理也随脑的成熟不断发展，无论感知觉、记忆、语言和思维都有了快速的进步。

二、客观现实在心理发展中的作用

无论什么样的心理活动，都有自己的反映对象，无论是简单的感觉还是复杂的思维，它的基本成分都是客观现实，因此，客观现实是心理产生的源泉。

(一)客观现实的基本成分

客观现实(objective reality)是指客观存在的一切事物，可以是被人的意识所反映的客观物质世界，也可以是意识之外存在的客观事物。人类的客观现实不依赖人的意识而存在，它一般包括自然现实、经过人类加工改造的现实、社会现实，这些客观现实是心理活动的内容和源泉。

自然现实就是我们生活的自然世界，包括山川河流、树木花草、日月星辰、四季气候等，这是人类赖以生存的最古老的环境，也是最重要的影响心理产生的因素。2000年，罗顿和科恩对美国达拉斯市和明尼阿波利斯市两年内的气温和身体攻击记录(取自每天中的三个小时)进行研究。结果发现，攻击随气温的升高而增多，但气温增到一定的点时，即使超过这个温度，攻击行为也不随气温的升高而增加。他们的研究还发现夏季月份比同年的其他月份的攻击行为要多。在棒球运动中，热天比赛比冷天比赛的攻击行为要多。这说明气温对人的心理也有明显影响。

在现代社会中，自然现实还包括很多新的因素，如空气质量、噪声、拥挤和自然灾害等，对人们的心理与行为具有较大影响。国外研究表明，长期处于空气污染严重的环境下的个体，会产生头疼、疲劳、失眠、消沉、烦躁、眼睛发炎和肠胃炎等空气污染综合征(air pollution syndrome)的症状。而长期的噪声则可能伤害人的一般性认知。如果长期处于噪音环境下，试图转移对噪声注意的儿童可能会造成一般性的认知障碍，导致他们难以辨别哪些声音要注意，哪些要摒弃。有些学生学习能力低、挫折容忍力低和不愿帮助他人，就与噪声造成的损害有关。拥挤是一种感到空间不够大的主观感受，当个体心情愉快时，拥挤会产生正面情绪。但城市长期的拥挤会导致气温升高、环境污染、噪音等有害影响加剧，人就会出现头痛、记忆失调、视觉和听觉削弱、身体易疲劳等症状。突发的自然灾害(natural disaster)也是一种不可忽视的自然现实，如海啸、火山爆发、地震、飓风与龙卷风、洪水、暴风雪等都是极具破坏性的，会引起身体伤害、心理创伤和家庭离散的巨大痛苦。

经过人类加工改造的客观现实是指人类生存过程中创造的现实，包括高楼大厦、粮田耕地、水库大坝、工厂学校、文化艺术、科技发明等，这些都是人类在与自然相处过程中创造的客观现实，这种经人类改造的环境已经成为人类生活的重要部分，它在给人们生活带来便利的同时，对人的心理也具有重要影响。高楼大厦的增加、空调的使用、过度地砍伐森林导致温室效应加剧，各种疾病增多。美国研究表明，城市生活中贫民区的过度拥挤可能是导致一系列社会问题的根源之一。长期生活在城市贫民区高社会密度环境里，人们会出现大脑皮质调节功能紊乱、情绪高度紧张、焦虑不安与心态失衡等。

社会现实是指人类生活过程中形成的社会生活的现实，包括家庭生活现实、人际交往现实、劳动工作现实等，这种现实是人类独有的，是人的心理发展的决定因素。社会文化作为人心理发展的重要影响因素，对心理形成具有重大影响。国外学者曾通过现场调查，探讨民族文化特质和其成员心理特征之间的关系。结果发现，在相同的环境中受相同文化影响的成员，会产生某种共同的心理特征；如果地理条件大致相近而文化类型不同，则形成不同的心理特征。因此，从古至今，有识之士都注重为学生提供良好的社会现实，以促进个体心理的健全发展。从古代"孟母三迁"的故事到现代家长为子女"择校盛行"，在某种程度上都是想为子女提供良好的社会现实，从而促进个体心理发展。

(二)客观现实是心理产生的源泉

健康正常的人脑是心理产生的基础，而人的心理内容则来自客观现实，没有客观现实，心理就是无源之水、无本之木。

从对客观现实的直接反应的感知觉、抽象的思维到超越时空的想象，都可以在客观现实中找到依据。例如，在中国四大名著之一《西游记》中，作者吴承恩充分发挥想象力塑造了孙悟空、猪八戒等脍炙人口的形象，其中孙悟空的形象是人和猴的合体，其腾云驾雾的本领是人类对鸟遨游太空的向往；猪八戒的形象是人和猪的合体，作者描绘他时突出猪的贪图享受和懒的特点，而且其所用兵器——九齿钉耙，也源自当时农民种菜常用的农具。可见，即使是现实生活中不存在的荒诞形象，其构成的原始材料依然是来自客观现实。

从心理产生来看，人脑类似于一个加工厂，客观现实好似原材料，只有给人脑这个"加工厂"提供足够的原材料，它才能够产生出好的心理产品。否则，只有人脑这个工厂，而缺乏原料，再好的人脑基础也不可能产生正常的心理现象。由此足以说明心理的内容来自客观现实，客观现实是心理产生的源泉。

三、人的实践活动对心理形成的影响

人既是自然实体，也是社会实体。自然的一面为心理产生提供了物质基础，而社会性的一面直接制约着人的心理的正常与健康程序。正如恩格斯所说的那样，"人的智力是按照人如何学会改变自然界而发展的"[①]。正是有了人在改造自然中的实践活动，才能使客观现实作用于人的大脑，导致相应心理活动的发生和发展。人类特有的社会实践活动对人心理的形成和发展具有重要的制约作用。

从古代狩猎劳动方式的学习，到现代学校、家庭教育的操作，无不强调个体实践的重要性。学习知识、参加丰富多彩的活动有助于个体智力的发展和心理潜能的开发，这已经

---

① 恩格斯. 自然辩证法. 北京：人民教育出版社，1971：209

被现代心理学研究所证实。

　　人的心理是在实践中发生和发展的，缺乏人类特有的社会实践，人的心理就不可能发生发展，也不可能健康完善。印度"狼孩"的心理发展之路就是一个经典的例子。

📖 知识拓展 2-4

印度狼孩

　　1920年，在印度加尔各答东北的山地，辛格等人在狼窝里发现了两个孩子，随后就把她们送到附近的孤儿院。大的取名为卡玛拉，约8岁；小的取名为阿玛拉，约2岁。第二年，阿玛拉死了，而卡玛拉一直活到1929年。这就是曾经轰动一时的"印度狼孩"。狼孩的生理结构和身体生长发育同一般儿童没有多大差别，心理与行为却相差甚远。卡玛拉和阿玛拉刚从狼窝返回人类社会时完全是"狼性"的表现：四肢行走，昼伏夜行，用双手和膝盖着地歇息，吃食和饮水总是像狗那样趴在地上舔，害怕强光，夜间视觉敏锐，每到深夜就号叫，怕火、怕水，喜好蜷伏在墙角，即使天气寒冷，也撕掉衣服，摆脱毯子。后来，经过辛格等人的悉心照料与教育，卡玛拉2年学会了站立，4年学会了6个单词，6年学会了直立行走，7年学会了45个单词，同时还学会了用手吃饭，用杯子喝水，并逐渐适应人类的社会生活。但到17岁死时，卡玛拉仍只有相当于4岁儿童的心智发展水平。

（资料来源：黄希庭. 心理学导论. 第2版. 北京：人民教育出版社，2009：97）

　　"印度狼孩"的例子充分说明，一个身体健全的人类儿童，虽然有心理发展的可能性，但是，如果出生后出于某种原因不与人类文化环境接触，不参加人类的实践活动，就不可能产生人的心理与行为。

　　那么没有完全脱离人类生活、人类疏于照顾的儿童，他们的心理会正常吗？对这类儿童的训练和恢复会比狼孩更有效果吗？1984年，在我国辽宁省农村发现一个"猪孩"，该儿童由于父亲病逝、母亲大脑炎后遗症生活无法自理，致使其长年无人照料。出于生存本能，她经常爬进猪圈吸吮猪奶，与小猪为伴生活至9岁。被发现时，她只能发一些简单的语音，但却会做猪的各种动作，发出嘶叫声等。经中国医科大学考察组测试，其智力水平只相当于3岁儿童。中国医大和鞍山市心理测量科研所的有关人员组成课题组，对"猪孩"进行行为矫正、动作技能、人际交往、社会适应能力和文化学习等多方面的训练和教育，使其逐渐获得心理上的发展，其智商由原来的39分提高到68分，认识600多个汉字，学会了简单的加减法。又经过三年，她的心理基本上达到正常儿童的发展水平，期末语文、数学考试分别达到88分和85分。[①]

　　"猪孩"例子，一方面说明缺乏人类应有的实践活动，尤其是早期教育的缺乏对儿童心理发育的不良影响；另一方面也表明，并未完全脱离人的实践环境的猪孩，她那简单的实践对心理恢复也具有积极作用。与"狼孩"相比，对"猪孩"及时增加实践活动，训练到位还有恢复其心理发展的可能。由此可见，早期的社会实践活动对儿童心理产生具有重要影响，无论家庭、学校还是社会教育，都要重视为儿童提供丰富的交往、学习和实践机会，促进儿童心理的发展。

---

① 卢家楣，等. 心理学基础理论及其教育应用. 上海：上海人民出版社，2000：27

那么，成年后脱离人类的社会实践活动，缺乏与人的接触，是否就不会影响心理的正常发展了？劳工刘连仁的经历说明，只要离开人的实践活动，就会影响心理的健康发展。

📖 知识拓展 2-5

劳工刘连仁的故事

1944 年 9 月 2 日，山东省高密县井沟镇草泊村村民、31 岁的刘连仁正在田间劳作，突然被一群日本鬼子抓住，投入了劳工行列。十几天后，他们被日本兵押送到青岛，跟着在青岛大港码头上了日本 "普鲁特" 号轮船，开往日本。6 天之后，轮船到达北海道，刘连仁被分到位于雨龙郡沼田村的 "明治矿业股份公司昭和矿业所"，在矿井里做苦工。

对于这批中国劳工，日本方面的指令是： "不必有仁慈爱护之心；用不着洗澡设备；宿舍方面，坐下后头上有一两寸的空隙即可。" 黑暗的矿洞里没有光明，更没有安全设备，空气弥漫着脏臭味。每天干 16 小时就算幸运了。完不成定量，不但不让吃饭、休息，还要挨皮鞭抽、皮靴踢，劳工们经常被打得皮开肉绽，鲜血直流。矿井塌方掉煤块砸死砸伤人是常有的事，轻伤逼你照常上工，断腿折腰的把你拖在一边，不给治疗，更不准假休息，许多人就这样被活活折磨死了。身高 1.81 米的刘连仁在家时体重 90 公斤，到了这里很快就变成了 50 公斤。

在地狱般的井下被奴役了近一年之后，1945 年 7 月 31 日的晚上，不堪折磨的刘连仁和另外 4 名难友从厕所里钻坑逃了出去，但其他 4 位伙伴都被日本人抓了回去，只有刘连仁侥幸逃脱，躲到了北海道人迹罕见的深山野林中。

夏天，山里的野韭菜、野蒜、野梨、野葡萄、榆树皮，都是他赖以充饥的食物。有时他到山脚下的海边弄来一些海带，那就算是珍贵的食品了。冬天，这些海带就是他一个季节的食粮。寒冷的北海道，6 月才化完雪，9 月又飞起雪花来，冬天的温度常在零下 40℃ 以下，连树木也冻裂了皮。在如此恶劣的环境下，如何生存？归国无望的刘连仁就地挖了一个洞，洞穴仅能容身，他双手抱膝蹲坐在里面，浑身蜷缩，像动物那样，处于半昏迷的 "冬眠" 状态，饿极了吃几口海带、舔几口雪水……就这样过着与世隔绝的孤独、凄惨的野人生活。每年在洞中靠一捆海带过六七个月，等到春天出来，他都是先在地上爬，过了几天以后才会走路。

其实就在刘连仁进山以后不到一个月，日本就宣布战败投降了。可他哪里知道？他在山中度过了 13 个难熬的冬天。

1958 年 2 月 8 日，北海道一个叫夸田清治的小杂货店主上山打猎，偶然发现了厚厚积雪下面刘连仁藏身的洞穴，当时夸田清治不知道里面藏着何物，就向洞侧开了一枪，然后走了。呆在雪洞中的刘连仁知道已被人发现，就背了一捆干海带向深山逃去。六七天后，干海带吃完了，冰天雪地，天寒地冻，万般无奈之下，刘连仁又潜回原来的洞穴。回去后不到一个时辰，一大群日本警察和村民团团围住了他的洞穴。当刘连仁出现在日本人面前时，他们都被这个 "野人" 吓得倒退了几步。刘连仁不想再落到日本人手里，趁天擦黑，拼命向山里跑去，日本人紧紧追赶。逃到一处悬崖边，刘连仁想都没想便滚了下去，谁料被一根树桩挡住。他被抓住了。

当时的日本政府不但不设法救济刘连仁，札幌入国管理事务局竟要以 "非法逗留者" 的罪名处罚他。当时北海道华侨总会事务局长席占明先生得知消息后，前往探望刘连仁。

席占明问了他很多问题，可表情焦灼的刘连仁就是发不出音来。原来，十多年的孤独生活，他没和任何人有过语言交往，舌头已经僵硬，几乎不会说话了。后来，席先生灵机一动，对他说："我问你话，你若认为对了就点头，不对就摇头。"席先生问他是不是中国人，刘连仁点头。席先生又问他是什么地方人，刘连仁终于费劲地说出一个"山"字。几经猜测，席先生说出了"山东"两个字，刘连仁泪如泉涌……随后，席先生每天教他说话，刘连仁的口齿慢慢恢复了正常。从此，事情真相大白。这位中国劳工举世罕见的苦难经历在中日两国及全世界爱好和平的人们当中引起极大轰动。

在中国政府的强烈要求下，迫于国际舆论以及日本众多民间组织的压力，日本首相岸信介在众议院外务委员会会议上表示，日本政府将设法尽早把刘连仁送回中国。

1958年4月15日，飘零异国14年的"穴居野人"刘连仁终于回到祖国的怀抱。在天津新港码头，刘连仁与含着热泪来迎接他的妻子、弟弟和儿子刘焕新聚首团圆。当天的《人民日报》发表了题为"日本政府应对刘连仁事件做出负责交代"的社论，向全世界公布了刘连仁事件真相。

1995年，抗日战争胜利50周年之际，82岁的刘连仁向日本东京地方法院提起索赔诉讼。其实，早在1958年刘连仁就提出了索赔问题，同年3月26日，刘连仁在东京火车站举行的记者招待会上说，他要向日本政府提出严正抗议，并且要求赔偿他在过去14年所遭受的精神上和物质上的损失。自1995年提起诉讼，共进行法庭辩论18次，刘连仁曾两次出庭陈述。在法庭上，日本法官对事件的前因后果、时间地点、细枝末节询问得非常仔细，1998年那次，共问了刘连仁187个问题。刘连仁对所有问题一一作答，对半个世纪前的往事回忆得清清楚楚，对问到的时间能回答到年、月、日。望着这位85岁的老人，满庭皆惊。只有他的儿子刘焕新不感意外，他这样解释父亲惊人的记忆力：因为烙印太深了、刺激太强了、仇恨太大了，他永远也忘不了！

日本法官不相信老人是个文盲，就问："你有文化吗？"回答："有！""什么文化程度？"回答："我认得'刘连仁'和'中国'这五个字。"事后儿子说"文盲就是文盲，不必避讳"，刘连仁却说："在日本人面前，我再也不愿意服一点输了。"

(资料来源：http://www.rwabc.com/default.asp)

在现代社会，人类的实践活动又出现了新的时代的特点，包括传媒、网络世界等对人心理的影响也成为心理学家关注的话题。研究表明，大众传媒、虚拟的网络世界都成为当代青少年实践活动的一部分，大众传媒传递信息的快捷性、信息渠道的多样性、虚拟的网络世界活动的丰富性对当代青少年心理的产生和发展具有一定的影响。电视、广播、网络、书报、杂志、电影、光碟等大众传播媒体所构成的现代人的信息世界，对人的心理与行为产生着独特的影响。如果人们接受了良好的大众传播，就可以受到教育，获得知识，陶冶情操；相反，则可能受到蛊惑去犯罪，或受到消极暗示而颓废、堕落。传媒的作用在很大程度上仍取决于个体自身的需要、价值观乃至意志品质，因此存在很大的个别差异。网络则以其特有的方式与丰富的内容向人们展示出一个全新的虚拟世界。互联网所特有的广泛性、开放性和即时性，对人们的教育、生活方式和价值观念产生了深刻影响，迅速拓展了原有社会化的环境空间。它在给人们带来便利的同时，也带来了问题。例如，网络身份的虚拟性，致使有些人在网络中可以毫无顾忌地宣泄被压抑的情绪，获得一定的心理治疗效果，可以让人虚拟尝试新的角色，起到"角色扮演"的作用。但这种虚拟性可能会使人丧失现实感，混淆虚拟世界和真实世界，对青少年心理健康成长和道德心理的培养可能产生不良影响。近年来网上流行的"偷菜"游戏，是否有一天会演变成"偷不算偷"的青少年的现实困惑，仍值得教育者深思。因此，实践活动不仅是人的心理发生、发展的基础，同时也是检验人对客观现实反映是否正确的标准。正是通过实践活动，人的心理才能正确反映客观现实，认识世界的本质和发展规律。

四、心理对客观现实的反映具有主观性

心理对客观现实的反映都是经过个体的主观世界折射而形成的，是一种主观的反映。正是由于心理对客观世界的反映是一种主观映像，才显示出人心理的千差万别和丰富多彩。心理反映的主观性主要表现在以下三个方面。

首先，从反映的形式看，心理是主观的。心理与其所反映的客观事物是不同的，客观现实是客观的，以物质的形式存在于现实中，心理是主观的，以观念的形式存在于人的头脑中。心理与其反映的客观事物是相像的，但却不能等同，就像我们在镜子中看到的自己和真实的自己不同一样，心理是物体的映像，是观念性的东西，自己可以操控，而物体是实在的事物，是我们无法用自身的意识来改变的客观存在。

其次，从个体心理反映的差异看，心理是主观的。在现实情境中，不同国家、不同民族、不同个体对同一个事物的反映会不一样，这恰好体现了心理的主观性。每个人的心理都受个人的知识经验、需要、动机、个性特征等因素的影响，而个人内在的差异也使其对同一事物的反映带有个人的特点，呈现出明显的主观特色。因此，不同民族对同一事物的反映可以不同，不同的人对同一事物的反映可以不同，甚至同一个人在不同时期对同一事物的反映也可以不同。同样的客观现实可以引起人们不同的心理反映，这说明人的心理反映具有主观性。例如，唐代大诗人李白在《陪族叔刑部侍郎晔及中书贾舍人至游洞庭》中写道："帝子潇湘去不还，空馀秋草洞庭间。淡扫明湖开玉镜，丹青画出是君山。"而在《陪侍郎叔游洞庭醉后》中又写道："划却君山好，平铺湘水流。巴陵无限酒，醉杀洞庭秋。"面对同样的君山，前者表达对君山美的欣赏，后者却要铲除君山，这正是李白心情不同导致的心理反映不同的表现。

正是由于人的心理反映具有主观性的特点，因此，在教育教学中就要考虑到学生的个别差异，考虑学生心理反映的主观性，并根据学生的心理特点预期学生的心理反映，因人施教，才能发挥教育的积极作用。

最后，从反映的作用看，人的心理具有主观能动性。人对客观现实的反映不是被动消极的，而是积极主动的，人不仅能认识客观现实，也能有目的地调控、改造客观现实，从而发挥人的能动性。具体而言，人的主观能动性表现在活动前的目的选择、活动中的调节和控制、活动后的认识深化和反馈方面。人对客观现实的反映，总是按自身的需要、兴趣、经验、信念等有目的、有选择地进行，就像有些脑血栓后遗症的病人，他总能看到同类病人中经锻炼成功的范例，进而自己也积极锻炼改善自身状况，这是主观能动性的反映。新东方创始人俞敏洪在连续两次高考失败后依然能够坚持并最终考上北大，也是他对目的的坚持、对行为的控制、对学习的调整的体现，是主观能动性的反映。人的心理如果失去主

观能动性，就只能消极地接受现实，无法真正认识客观事物的规律，也无法利用规律为自身服务。因此，教育必须要让受教育者懂得认识和利用规律，发挥人的主观能动性。

第三节　青少年心理发展的促进

从教育教学的角度看，引导每一个学生心理健康发展是教师的必然责任。了解青少年心理发展的一般特点和规律，有助于教师有的放矢地对学生进行科学的教育，真正促进学生心理的发展。

一、个体心理发展的规律

人的毕生发展(life span development)是指人从胚胎发育到死亡这个过程中系统的连续性和变化。这里的变化是指生理和心理有序的、模式化的和相对持久的变化，包括生理机能的逐渐成熟和心理的日臻完善。其中，促进个体心理发展无论是对个体成长还是对社会发展都具有重要意义。

(一)心理发展的含义

心理发展(mental development)是指人一生所发生的心理变化的过程，广义上讲，不仅包括从出生到成年的逐渐成熟过程，也包括老年那种衰退、消亡的过程。而狭义的心理发展主要指个体随着年龄的增长，在相应环境的作用下，整个反应活动不断得到改造、日趋完善、复杂的过程，是个体内部连续而稳定的积极变化。教育教学领域中所指的这种心理变化，更强调从不成熟到成熟的心理成长，不包括疾病、疲劳等因素引起的暂时的、偶尔的心理后退，也不包括年龄因素导致的心理能力的衰减。

(二)心理发展的一般规律

从生理角度看，人的发展是有规律的。个体的身体发育遵循下列模式：从上到下、由近及远、先粗后细，即身体的发展从头、身体的中心、粗大简单的活动开始，逐渐到四肢和手脚的复杂技能。同样，个体的神经系统尤其是脑的发育也是有规律的，体能和性机能也随年龄增长而逐渐发育成熟。正是这些规律性的生理发展，为心理发展提供了基础。那么个体的心理发展又具有哪些共同的规律呢？

1. 心理发展的连续性和阶段性

个体心理发展是一个连续的过程，前后发展之间具有密切联系。一般而言，个体前面的发展为后来的发展奠定基础，而后续的发展是前期发展的延承，这就是心理发展的连续性。虽然有人在回顾自己成长过程时会说，"那一天我忽然长大了"，但他的成长也是从昨天到今天，不会有跳跃，心理发展不会被割裂，仍是一个连续的过程。同时，心理发展也是一个由量变到质变的过程，量变积累到一定程度就会产生质的"飞跃"，使心理发展呈现阶段性的特点。瑞士儿童心理学家皮亚杰就把个体认知的发展划分为 4 个阶段，并具体表述了每个阶段的心理特点。

(1) 感觉运动阶段(0~2 岁)。这一阶段的主要特点是婴儿依靠感知动作适应外部世界，构筑动作模式。对婴儿来说，当一个玩具不再被看见、触摸到时，它就不存在。到了第二年末，婴儿才认识到滚入床下的玩具仍然在床下，只是眼睛看不见而已。按皮亚杰的解释，这表示 2 岁的婴儿已经获得并理解了物体永存性的概念。到该阶段后期，婴儿开始获得语言，并迅速从感觉运动期向下一个阶段发展。

(2) 前运算阶段(2～7 岁)。这一阶段，直观形象思维与表象思维成为主导，思维具有明显的自我中心特点。皮亚杰用守恒实验的结果证明，这一阶段的早期儿童更多依据的是感觉而不是逻辑进行判断，他们会依据装有同样水的两个不同大小容器的水面高、矮来判断水的多少；而"三山实验"证明儿童总是从他自己的视角看世界，不能从别人的角度知觉事物，具有明显的自我中心特点。

(3) 具体运算阶段(7～12 岁)。儿童能依据具体事例进行推理思考，个体思维具有了内化性、可逆性、守恒性和整体性等特性。他们已经懂得虽然物体形状有所改变，但该物体所形成的质与量仍然保持不变。在这一年龄阶段，尽管儿童已经有了运算性的心理操作，但这些心理运算仍需要以具体对象为依托。

(4) 形式运算阶段(12 岁以后)。形式运算阶段也叫命题运算阶段，这一阶段的最大特点是青少年能运用抽象的、符合形式逻辑的(演绎的或归纳的)推理方式去思考解决问题。因此，这一时期的思维更具灵活性、系统性和抽象性。

由此可见，个体心理发展既有阶段性特点又有连续性表现，在每一个新阶段开始时心理发展总会带有上一个阶段的痕迹，而在每一个阶段即将结束时，下一个阶段的心理特点已经萌发，人的心理就在这种连续性与阶段性的统一过程中不断发展。

2. 心理发展的顺序性

研究表明，个体心理发展会有一些共性的特点，表现在同一年龄段个体发展水平的相似性，而且正常个体的心理发展具有一定的方向性和顺序性，既不能逾越，也不能逆向发展。例如，儿童思维的发展是从具体到抽象，不可能倒转。所以，过于强调早期开发，对 3 岁儿童进行高难度抽象数学训练是不符合规律的，而且效果也极差。但个体之间心理发展的速度和水平是有差异的，符合规律的科学的教育可能会对儿童的心理发展起促进作用。

3. 心理发展的不均衡性

在人的成长过程中，心理发展与生理发展一样，并不是按相同的速度直线进行的，而是呈现出不同发展阶段不均衡的特点。从总体看，个体心理发展有两个加速期，第一个加速期在幼儿期出现，然后是儿童期的平稳发展；第二个加速期是青春发育期，然后又是平稳发展，直至老年期的衰退。正是由于心理发展的不均衡性，所以要对加速发展时期的个体心理予以特别的关注，帮助其顺利地度过。

4. 心理发展的关键期

所谓的心理发展的关键期一般是指人或动物的某些行为或能力等心理特性发展的重要时段，在这一时段里给予适当的良性刺激，会促使其行为与能力得到更好的发展，反之，会阻碍发展甚至导致相应能力的缺失。一般认为，鸟类的印刻、恒河猴的社会性发展、人类语言的习得和哺乳类动物的双眼视觉 4 个领域的研究可以证明关键期的存在。研究表明，人的心理在早期发展迅速，关键期也更为明显。斯拉金(W.Sluckin)在综合了许多的研究文献基础上认为人类心理发展确实存在关键期，人类的许多心理和行为，如音乐学习、人际关系的建立、语言的发展等，经早期学习更为有效。表 2-3 列举了人类一些心理发展的关键期，这可以为教育工作者进行有效的教育提供一定的依据。

表 2-3　心理发展关键期列举[①]

心理发展的内容	关　键　期
口语学习	1～3 岁
书面语言学习	4～5 岁
形象视觉发展	0～4 岁
掌握数概念	5 岁左右
外语学习	10 岁以前
音乐学习	5 岁以前

但是也有学者认为，个体心理发展的关键期的缺失所造成的负面影响，通常在极端的情况下才是难以修复的，对人类的大部分心理功能而言，也许用敏感期这一概念更合适。敏感期(sensitive period)是指某种心理功能迅速形成与发展过程中对外界刺激特别敏感的时期，这一时期个体比较容易接受某些刺激的影响，比较容易进行学习。但错过这一时期，某种心理功能也具有发展的可能性，只是比较困难而已。

(三)青少年心理发展的特点

青少年(adolescence)是指青春期开始到身心渐臻成熟的发展阶段，是从儿童期向成年期过渡的时期。青少年期的年龄范围很难明确划定，大体上从十一二岁进入青春期到 20 岁左右进入成年期。青少年时期，个体无论在认知、情感、自我意识、人际交往和性心理方面都有发展，形成了明显的自身特点。

1. 青少年认知发展日臻成熟

青少年时期，个体的认知水平有了长足发展，无论是感知觉、记忆还是思维水平都开始逐渐完善。在感知觉方面，伴随着有意注意的发展和注意稳定性、注意广度的增强，感知和观察水平都有了较大发展。一方面表现在观察的目的性、计划性增强，观察的方法更为有效；另一方面也表现在青少年知觉事物时能够更加完整、系统和精确。在记忆方面，青少年有意记忆的比重加大，意义识记能力、抽象逻辑记忆能力明显提高，在高中阶段后期，青少年的记忆力已达到成熟水平，记忆效率大大提高，甚至超过成人。在思维方面，青少年的抽象逻辑思维发展起来，思维开始具有批判性、独立性和深刻性，他们认识事物本质的能力增强，有了独立意识和独立的见解。但这一阶段尤其是早期，青少年思维发展还不完全成熟，时常会有片面、偏激的观点，需要教师家长耐心引导，促进其思维发展成熟。

---

① 全国十二所重点师范大学联合编写. 心理学基础. 北京：教育科学出版社，2007：201

2. 青少年情绪、情感发展迅速但不稳定

青少年时期，随着个体认知能力的发展，情绪、情感也有了较大发展。个体的情绪、情感体验越来越丰富，对行为的影响也越来越大。但青少年时期的情绪依然以兴奋性、冲动性占优势，且情绪易波动起伏，不稳定，经常会有大喜大悲的表现。一般而言，青少年情绪表现比较外化，但由于青少年时期自我意识的增强，也会经常有意识地掩饰内心情绪体验，使教育者难以捉摸。在情感方面，这一时期个体自尊感强烈，道德感、理智感和美感都有了相当发展，尤其是理智感中的求知感表现强烈，但面对考试失败或考试情境也会有挫败感或较高焦虑等负性体验，需要引起家长和教师的关注，防止影响健康情绪的发展。

3. 青少年自我意识增强

自我意识是指主体的我对客体的我的认识和觉察，包括自我认知、自我体验和自我控制。其中自我认知中的自我评价对心理发展具有重大影响。从少年期到青年初期，个体的自我意识在不断增强。少年从意识到自我"形象"、有"成人感"开始，到自我评价能力的增强，他们在不断地规划自己心目中的自己，对自己的不满也是一种表现。一项对美国女孩的研究发现，女孩在13～18岁对自己身体的不满意程度不断上升，这种不满几乎与其他青少年对她们的外貌评价没有什么关系。进入青年初期的个体更加关心自我个性的塑造和发展，更注意他人眼中自己的形象，自尊心迅速发展，自我评价能力日渐成熟，能够较为恰当地进行自我评价，同时他人的评价对自我评价、自我体验有重要影响。这时如果对青少年教育引导得法，就会促进个体心理的健康发展，反之，会使青少年自我评价降低，体验不良，自我控制丧失而出现"破罐子破摔"的现象。

4. 青少年人际交往增多

人际交往是指人与人之间通过一定的方式进行接触，从而在心理和行为上发生相互影响的过程。人际交往不仅是人的需要，也是个体社会化的方式之一。良好的人际交往对个体心理发展具有重要的影响。青少年交往特点主要表现在同伴友谊感发展迅速、稳定，与成人的交往尤其是与教师、家长的交往出现冲突。青少年非常重视同伴友谊，这种友谊以精神上的默契和交流为基础，较少考虑长相、经济条件、社会地位等外在因素，是一种较为"纯粹"的友谊。随着年龄的增长，青少年时期的友谊甚至可以维系终生。由于青少年时期思维和自我意识水平的提高，他们对交往有了自己的认识和态度，也有了对成人的批判和反抗，一旦教师和家长管理不合理或他们不认可，心理冲突就产生了。

例如，在对香港家庭中父母及其青少年子女冲突的研究结果发现，13～17岁的青少年和他们的父母的冲突，37%是关于活动选择和管理(打电话、看电视、上床睡觉的时间)的冲突，16%是做家务的冲突，另有16%是写作业的冲突。父母将这些冲突视为有违社会习俗的结果，而青少年却将这些冲突视为对个人自主性的不同观念所致。他们正试图发展自己做决定的权利，而不像以前那样自动地让父母做主。因此，如果父母抵制青少年自主性的要求，那么即使是由鸡毛蒜皮的小事所引起的冲突也可能导致亲子之间亲密度的降低。这一时期亲子冲突在"几点钟睡觉"的问题上相当突出。同样，教师管理不符合青少年的需要也会引起冲突。因此，教师和家长要尊重学生的合理心理需求，引导学生学会与成人交往，

减少心理冲突，促进心理健康发展。

5. 性意识的觉醒与性心理的快速发展

性心理(psychosexual)是指人类个体伴随着性生理发育而出现的一系列与性有关的心理现象，主要是指性意识及其在此基础上产生的性情感、性兴趣和性兴奋。其中性意识的觉醒是重要特点。性意识是指青少年领悟两性差异和两性关系并产生特殊的性心理体验的现象。这种特殊体验是青少年进入青春期后的独特反映。青少年时期的性意识不是停留在对性别差异的认知上，更有了性兴奋和性情感体验，包括体验到对异性的倾慕、向往之情。但许多青少年也会对自身的性兴奋和情感体验产生自责、不安的矛盾心态，从而影响着这一时期学生的心理的全面发展。一般而言，大多数青少年会随着年龄增长，性生理和心理日益成熟，对性意识的矛盾心理会逐渐消除，顺利渡过青春期。但个别学生由于处理不好内心矛盾，性心理发展会出现问题，需要引导和帮助。

二、青少年心理发展的引导与促进

个体心理发展是有规律的，而且影响心理发展的因素也是多方面的。从影响心理发展的因素和青少年心理发展的特点入手，对青少年实施引导，有利于青少年心理发展。

(一)影响青少年心理发展的因素

影响个体心理发展的因素大致可以划分为两类，一类是生物因素，包括遗传、生物成熟的影响；另一类是环境因素，包含自然环境和社会环境两大方面。个体与生俱来的遗传素质、后天发展的生理成熟度为心理发展提供了自然条件，而个体早期的营养、母亲的身心健康程度、生长环境的气候、人群以及教育等环境因素又规定了心理发展的现实性，制约着心理发展的程度。同样，青少年心理发展也受生理和环境两大因素的共同影响，但仍显示出其独有的特点。青少年时期生理发展迅速，身高、体重、体力增长迅速，神经系统发育接近成人，第二性征出现并进入性成熟期，这一系列生理变化直接影响青少年的心理发展。一方面，生理的成熟为心理发展提供了物质基础，使青少年有充沛的精力参与学习、运动、社会实践等活动，促进心理发展；另一方面，快速的生理成熟，尤其是性成熟，也为青少年带来困惑，如果不能帮助青少年正确认识生理变化及其影响，这一时期就可能成为制约青少年心理发展的"瓶颈"。同时，青少年时期也是环境对个体心理影响最大的时期。家庭教育、朋友交往、学校教育以及社会文化、传媒、时尚等，都会在他们身上打上烙印，影响他们的心理发展。网瘾少年、青少年网络犯罪等不良行为的产生，都说明青少年对环境的易感性。因此，控制包括家庭、学校教育在内的大环境，为青少年心理发展提供良好保证就成为全社会共同的责任。

(二)促进青少年心理发展的教育对策

从个体毕生发展来看，环境因素的作用是决定性的，其中人类有意识的教育行为，对青少年心理发展的深远影响既不可逆也无法替代，因此，按规律科学施教，真正促进而不是损害青少年的心理发展，就成为促进青少年发展的重要原则。

1. 重视规律，科学引导

对青少年心理发展的促进必须以青少年心理发展的规律和特点为依据，实施科学引导，真正发挥教育的效能。这一方面要求家庭、学校和社会各方教育工作者和决策者要加强学习，努力认识规律，并结合具体的学生实际，树立促进学生心理发展的教育理念，制定有助于学生发展的教育政策，引导实施有效的教育行为，只有这样才能真正避免教育失误给青少年心理发展带来的负面影响。例如，在家庭教育中，有些家长不考虑学生心理发展规律，一味提倡"早教"，揠苗助长，导致学生过早学习兴趣低下，内在动机不足，这对青少年心理发展极为不利，甚至可能导致许多学生出现学习障碍，一直影响学生的学习和心理发展。因此，无论是教师还是家长，都要尊重规律、注重科学引导，并在实践中不断总结经验，探索青少年心理发展促进的策略，为更有效地促进青少年心理发展进行实践摸索。

2. 因材施教，促进发展

每个人心理发展的不同时期特点不同，而同一时期心理发展的速度快慢、水平又有差异，这就要求促进青少年心理发展的教育必须因材施教，只有这样才能取得良好的效果。因材施教是以个人的特点为基础进行引导进而促进心理发展的一种教育策略。孔子在这方面给后人做出了很好的示范。

子路问："闻斯行诸？"子曰："有父兄在，如之何其闻斯行之？"冉有问："闻斯行诸？"子曰："闻斯行之。"公西华曰："由也问闻斯行诸，子曰：'有父兄在'，求也问闻斯行诸，子曰：'闻斯行之。'赤也惑，敢问。"子曰："求也退，故进之，由也兼人，故退之。"

这里讲的是子路和冉有都向孔子提出"闻斯行诸"的问题，即"得到真理就马上干起来吗？"孔子的答案竟完全相反，引起在场的公西华的疑问。孔子回答说：求(冉有)平日做事，过分谨慎，所以我鼓励直接去做；仲由(子路)的胆量却有两个人的大，勇于作为，所以我要压压他，防止冒失。这是典型的因材施教。

3. 创设条件，积极训练

促进青少年心理的发展不能仅仅停留在认识水平，还要付诸行动，为青少年心理发展提供机会。根据不同年龄段青少年的心理需求和身体发育特点，设计有利于心理发展的活动，可以促进青少年心理发展。在少年期，通过引导学生读书、模仿榜样人物、参加角色扮演活动等，可以帮助青少年提高认知能力，体验并学会控制情感；通过参观、旅游、实验等活动可以培养学习动机和学习兴趣；通过有选择的影视观看讨论、身边榜样交流可以培养积极的个性和认知评价能力等。到青年初期，可以发挥学生自我意识强的特点，创设各种活动，包括演讲、公益、志愿者、讨论等形式，促进学生心理发展。运用训练的策略，也可以借助国外大学的经验，把学生自主活动纳入到学分中，为学生提供各种展示自己、训练自己的机会，也要求学生在组织、参与中发展自己各方面的能力。这种训练有助于青少年心理的成熟和发展，对培养他们的责任感也有益。相比之下，我国传统教育中过于强调对学生学习能力的培养，忽视在实践和训练中促进学生心理的全面发展，可能是导致青少年心理成熟普遍滞后的原因之一。

🔑 **拓展阅读**

大脑功能与利手

利手(handedness)是指一个人使用右手或左手的偏向。约占77%的人属于绝对右利手或绝对左利手，其余的人则习惯在一些活动中使用一只手，而在另一些活动中使用另一只手。习俗上人们普遍认为，以右手为利手是正确的，而习惯使用左手则是错误的。在英语中，"右"和"正确"都是right。左撇子的右手不像多数人的右手那样灵活，所以被认为"笨拙"。如果他们拒绝改用右手为利手，则又被指责为"固执"。左利手者真的不如右利手者吗？

实际上，人的两只手本身在运动潜能方面并没有任何差异，左利手者的能力和右利手者一样强，并且，这一点也在心理学研究中得到了证实。左利手者有时会显得笨拙，这是因为他们生活在一个主要为右利手者建造的世界上造成的。例如，许多物品的把手、旋钮、按键或移动方向都是为右利手者设计的，甚至上厕所左利手者都会感到不方便。事实上，利手现象反映的只是大脑中高级运动控制中枢所在一侧的表达方式。在右利手者中，约97%的人言语加工中枢在左半球，左半球是优势半球。在左利手者中，约68%的人与右利手者一样，他们的言语加工中枢也在左半球。只有大约19%的左利手者和3%的右利手者使用右脑处理语言。此外，还有大约12%的左利手者使用大脑两半球同时进行语言加工。总体来看，有94%的人是使用左半球加工语言的。

如何判断一个人的优势半球在哪一侧？这有一个小窍门，就是看这个人写字时握笔的方式。如果语言加工的优势半球在左脑，一个右利手者握笔用的是直握方式，而一个左利手者则用钩握方式，如图2-5所示。反之，当半球优势在右脑时，右利手者一般采用钩握方式，而左利手者采用直握方式。当然，这只是一种普遍现象。要想确切知道一个人的脑优势半球在哪一侧，还需要进行医学检查。

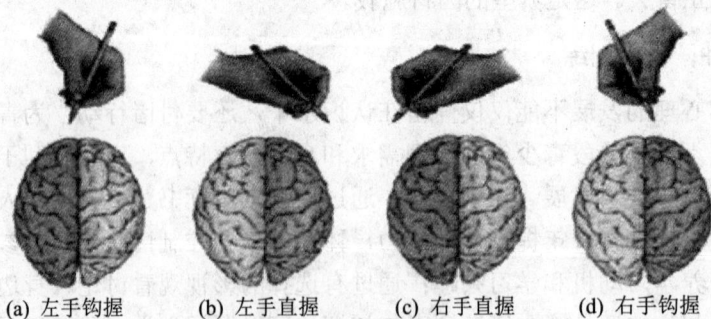

(a) 左手钩握   (b) 左手直握   (c) 右手直握   (d) 右手钩握

图2-5　握笔姿势与优势半球

在猴子中，左利手者和右利手者数量之比基本上是1:1，大部分其他动物都是如此。但在人类中，左利手者和右利手者数量之比是1:9，大部分人都是右利手。人类右手优势恰好反映了大脑左半球的语言功能专门化发展。过去，成人经常强迫左利手儿童改用右手写字、吃饭和做其他事情。一项研究发现，根据胎儿超声波图像，利手是在出生之前形成的。这表明，利手并不是习得的。因此，父母不要强迫左利手的孩子改用右手，否则，有可能导致语言和阅读困难。

　　大部分人的左利手与遗传有关，但与智力发展无关。值得重视的是，左利手者有着许多明显优点。历史上，有很多伟大的艺术家都是左利手，如：达·芬奇、米开朗琪罗、毕加索等。由于右半球在表象和视觉能力方面的功能比左半球更强，左利手画家在绘画方面的优势不难理解。在处理三维物体的表象方面，左利手者的能力无疑超过右利手者，这也可能是为什么许多著名建筑师、艺术家和棋手都是左撇子的一个原因。一侧化的脑功能反映了半球在能力方面的专门化，而左利手者的一个显著特征是他们脑的一侧化程度低于右利手者。右利手者脑的两个半球在大小和形状上相差较大，而左利手者脑的两个半球则更相像。此外，左利手者身体两侧生长得更为平衡，一侧视力的优势不那么明显，甚至双手的指纹和双脚的大小都更为对称。在许多情况下，一侧化程度相对较低反而会表现出优越性。例如，音调记忆是一种基本的音乐能力，而左利手者或双手同利者比大多数右利手者音调记忆能力更强。这也许是音乐家中双手同利者比例较大的一个原因。再有，数学能力也可能得益于对右脑的充分使用。数学学习优秀的学生中许多人是左利手或双手同利。左利手的优势甚至在基本算术技能中即可表现出来。此外，左利手最明显的优点，是在大脑损伤后具有更强的功能恢复能力。正因为左利手者大脑的一侧化程度较低，因此，任何一侧半球损伤之后都不会完全丧失语言功能。

　　总之，右撇子有右撇子的长处，左撇子有左撇子的优点。

　　(资料来源：黄希庭. 心理学导论. 第2版. 北京：人民教育出版社，2009：60～62)

本 章 小 结

　　心理是人脑的机能，是客观现实的反映。神经系统尤其是脑的结构和功能为心理产生提供了生物基础，客观现实为心理产生注入了原料并通过条件反射实现生理与心理的结合，缺少任何一方面的参与，人健全的心理都不能产生。在个体心理发展的关键时期——青少年时期，通过教育的积极影响，可以促进青少年心理的全面发展。

思考与练习

　　1. 结合本章的学习，你认为应该如何来保护和利用自己的大脑？
　　2. 学习了经典和操作条件反射的原理，你能利用它们来改善自己日常行为、养成良好的行为习惯吗？如果你是老师，你怎样利用这一原理塑造学生的行为？
　　3. 简要论述当代大学生缺乏实践锻炼机会对其心理发展有何负面影响。

推 荐 阅 读

　　1. 理查德·格里格，等. 心理学与生活. 第16版. 王垒，等译. 北京：人民邮电出版社，2007
　　2. 全国十二所重点师范大学联合编写. 心理学基础. 北京：教育科学出版社，2007

3. 黄希庭. 心理学导论. 第 2 版. 北京：人民教育出版社，2009

4. 彭聃龄. 普通心理学. 第 2 版. 北京：北京师范大学出版社，2008

5. 卢家楣，等. 心理学——基础理论及其教学应用. 上海：上海人民出版社，2001

感知觉是人类认识世界的开端，是一切知识的源泉，是人的心理活动的基础。在现实生活和学习中，大学生只有遵循和把握感知觉的规律，才能更准确地认识客观世界。

——题记

第三章　感　知　觉

本章学习目标

- ➢ 感知觉概念。
- ➢ 感知觉的种类。
- ➢ 感觉的变化性。
- ➢ 知觉的特性。
- ➢ 感知觉规律的应用。
- ➢ 良好感知觉能力的培养。

核心概念

感觉(sensation)　知觉(perception)　感受性(sensitivity)　感觉的适应(sensory adaptation)　感觉的对比(comparison of sensory)　知觉的选择性(perceptual selective)　知觉的整体性(perceptual integration)　知觉的理解性(perceptual comprehension)　知觉的恒常性(perceptual constancy)

引导案例

生命的奇迹

1998 年 5 月 20 日晚，内蒙古乌海市巴彦乌素煤矿发生洪水冲灌的矿难，本可安全撤离的矿工杭平因主动下井通知同伴而遭洪水围困。他靠吃一头骡子的肉和喝井下的污水，在黑暗、饥饿、寒冷、恐惧中顽强支撑了 34 天，奇迹般地被救并成为唯一幸存者。上海吉尼斯总部授予他 1998 年度"中国被困矿井下生存时间最长者"称号。获救后的杭平在很长一段时间内变得感觉迟钝，时常出现幻觉，难以和人正常交往。而且，杭平在家休养的一年中，常感到"头晕"、"记忆力下降"、"身体发软"。为什么会出现这样的情况呢？本章将探讨这种现象——感知觉。

（资料来源：阳红，等. 心理学新编. 武汉：华中师范大学出版社，2006：103）

人们生活在一个千变万化的世界中，每时每刻都在感受光、热、压力、振动、分子、辐射和其他物理能力的刺激。如果没有感觉，人就像生活在一个黑暗和寂静的真空世界里，不能感受到阳光的温暖，无法看到美丽的鲜花，无法听到朋友的笑声。

人们对世界的认识是从感觉开始的。很难想象，如果没有对客观事物的认识，这个世界将变成什么样子。人类只能产生生理的本能，将不会有其他心理活动的出现。学习有关感知觉的内容，可以让人们更好地了解和认识世界。

第一节　感　觉

每一种事物都是由各种属性、各个部分所组成的，人对事物的认识首先是从对事物的个别属性、各个组成部分开始的。正是有了感觉和知觉，人类开始认识和了解这个世界，才能对周围的事物有了相应的反应。

一、感觉的概念

在客观现实生活中，人对各种事物的认识活动是从感觉开始的。那么感觉究竟是什么呢？

(一)感觉的定义

感觉(sensation)是人脑对直接作用于感觉器官的客观事物的个别属性的反映。例如，看到的颜色、听到的声音、嗅到的气味等都是感觉。任何具体事物都有很多属性。当这些属性直接作用于人的眼、耳、鼻、舌、皮肤等感觉器官时，都会在头脑中引起相应的视、听、嗅、味、触等感觉。感觉不仅反映事物的外部属性，还反映有机体的变化和内部器官的状况，例如，人体的运动姿势、饥饿、疼痛等。总之，客观事物的外部和内部刺激首先作用于人的感觉器官，并产生客观事物的刺激模式，感觉器官将适宜刺激转换成神经冲动，经过传入神经到达大脑皮层的相应区域，从而产生相应的感觉。

(二)感觉的特征

感觉不同于其他心理过程，表现出以下特点。

1. 直接性

感觉反映的是当前直接作用于感觉器官的客观事物，而不是过去的或间接的事物。因此，那些记忆中再现的事物属性或幻觉中各种类似于感觉的体验等都不是感觉。

2. 个别属性

感觉反映的是客观事物的个别属性，而不是事物的整体属性。例如，看到一个苹果，通过感觉只能知道它的颜色、尝到它的味道以及光滑的果皮等个别属性，还不能把这些个别属性整合起来进行整体反映，也不知道它的意义。对客观事物的整体反映以及对其意义的揭示，是由比感觉更高级的心理过程来完成的。然而，一切较高级、较复杂的心理现象都必须在感觉的基础上产生，感觉是人类认识世界的开端，是一切知识的来源。

3. 统一性

感觉是客观内容与主观形式的统一。从感觉的对象和内容来看，它是客观的，即反映着不依赖于人的意识而独立存在的客观事物。从感觉的形式和表现来看，它又是主观的，即在一定的主体身上形成、表现和存在着，人的任何感觉都受到了人的知识经验、身体状况、个性等主体因素的影响。可见，感觉是以客观事物为源泉，以主观解释为形式，是主客观联系的重要渠道，是人脑反映客观事物个别属性的主观映像。

(三)感觉的意义

感觉是认识过程的初级阶段，是人认识客观世界的开端，是知觉、记忆、思维等心理过程的基础，它为心理活动提供最基本的原材料。感觉虽然是最基本、最简单的心理活动过程，但具有重要作用。

首先，感觉是复杂的心理活动产生和发展的基础。没有感觉，外部刺激信息就不可能进入人脑，人也不可能产生知觉、记忆、思维、想象等高级心理活动。

其次，感觉是维持正常心理活动、保证机体与环境平衡的重要条件。人的需要和动机离不开对客观事物和身体内部状态的感觉，没有感觉，人类将永远处于新生儿状态。对于每一个正常人来说，没有感觉的生活是不可忍受的。

引导案例

在篇首案例中，杭平获救后在很长一段时间内变得感觉迟钝，时常出现幻觉，难以和人正常交往。而且，杭平在家休养的一年中，常感到"头晕"、"记忆力下降"、"身体发软"。这些现象的出现主要是感觉被剥夺的结果。

在现实生活中，感觉的重要意义可以由感觉剥夺实验加以验证。

知识拓展 3-1

感觉的剥夺

感觉的剥夺实验是加拿大心理学家贝克斯顿(W.H.Bexton)等人进行的，他们要求志愿受试尽可能长地呆在恒温密闭隔音的暗室内。两三天之后，受试会出现感觉剥夺的病理心理现象：出现视错觉、视幻觉，听错觉、听幻觉；对外界刺激过于敏感，情绪不稳定，紧张焦虑；主动注意涣散；思维迟钝；暗示性增高；神经症征象等。对动物的感觉剥夺研究表明，把动物放在完全无刺激的寂静环境中，会损伤动物健康，甚至可以引起死亡。

感觉剥夺实验表明，人在完全感觉隔绝状况下，其注意、记忆、思维、言语能力等都会出现不同程度的障碍，甚至会产生幻觉和强迫症状，使正常的心理活动受到破坏。可见，人们在日常生活中所"漫不经心"地接受的刺激以及由此产生的感觉是多么的重要，它既能提供人类生存的重要线索或依据，也为人们及时把握客观环境、产生新的认识、维持心理健康提供重要的保证。感觉剥夺现象的研究不仅对于讨论病理心理现象有其理论意义，而且对于特殊环境下(航天、航海、潜水等)的工作人员有重要的实践意义。因此，感觉剥夺现象研究越来越受到重视。加拿大、美国、英国、法国、日本等很多国家都建立专门的研究机构，进行感觉剥夺的研究。

(资料来源：梁宁建. 心理学导论. 上海：上海教育出版社，2006: 120)

二、感觉的种类

根据刺激的来源不同，可以把感觉分为外部感觉和内部感觉。

(一)外部感觉

外部感觉是由机体以外的客观刺激引起、反映外界事物个别属性的感觉。它包括视觉、听觉、嗅觉、味觉和肤觉。

1. 视觉

以眼睛为感觉器官，辨别外界物体明暗、颜色等特性的感觉叫做视觉。产生视觉的适宜刺激是可见光。光是具有一定频率和波长的电波。宇宙中存在各种电磁波，而其中只有一小部分才是可见光。产生视觉的适宜刺激是波长为380～780纳米的电磁波，即可见光，如图3-1所示。

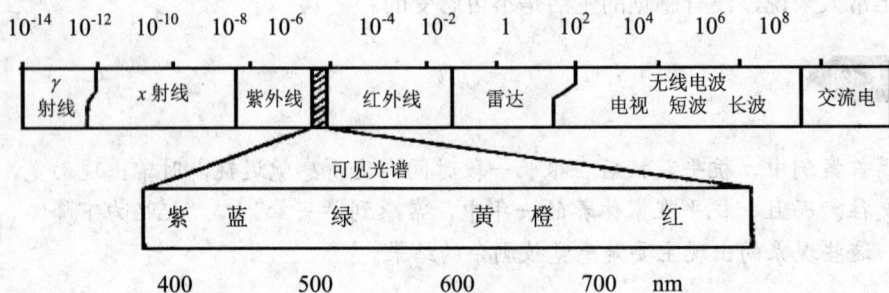

图 3-1 可见光谱

接受光波刺激的感受器是眼睛视网膜上的感光细胞。视网膜上的感光细胞有两种：视锥细胞和视杆细胞。视锥细胞大多集中于视网膜的中央窝及其附近，大约有600万个，能分辨颜色和物体的细节。视杆细胞主要分布在视网膜的边缘，大约有1.2亿个，主要感受物体的明暗，但不能分辨颜色和物体的细节。当适宜的光刺激透过眼睛到达视网膜，引起视网膜中的感光细胞产生神经冲动，神经冲动沿视神经传导到大脑皮质的视觉中枢时，视觉就产生了。

光波的基本特性表现在三个方面，即强度、波长、纯度。与物理属性相对应，人对光波的感知也有三种特性：明度、色调与饱和度。明度指由光线强弱决定的视觉经验，是对光源和物体表面的明暗程度的感觉。如果看到的光线来源于光源，那么明度决定于光源的强度。如果看到的是来源于物体表面反射的光线，那么明度决定于照明的光源的强度和物体表面的反射系数。色调指物体的不同色彩。不同波长的光作用于人眼引起不同的色调感觉，如700纳米的光波引起的色调感觉是红色，620纳米的光波引起的色调感觉是橙色，70纳米的光波引起的色调感觉是蓝色。饱和度反映的是光的成分的纯度。例如，浅绿色、墨绿色等是饱和度较小的颜色，而鲜绿色是饱和度较大的颜色。

常见的视觉现象中有后像和闪光融合，这是与光的时间特性对应的视觉现象。视觉刺激对感受器的作用停止后，感觉现象并不消失，还能保留短暂的时间，这种现象叫后像。例如，注视亮着的电灯几秒钟后，闭上眼睛，眼前会出现一个亮着的灯的形象位于暗的背景上，这是正后像，这时后像的品质与刺激物相同；随后可能看到一个黑色的形象位于亮的背景上，这是负后像，彩色视觉常常有负后像。例如，注视一个红色正方形一分钟后，再看白墙，在白墙上将看到一个绿色的正方形。当断续的闪光达到一定的频率，人们不会觉得是闪光，会得到融合的感觉，这种现象叫闪光融合。例如，日光灯的光线其实是闪动的，每秒钟闪动 100 次，但人们看到的却不是闪动的，而是融合的光。

2. 听觉

声波振动鼓膜产生的感觉就是听觉。引起听觉的适宜刺激是频率(发声物体每秒钟振动的次数)为 16～20000 赫兹的声波。低于 16 赫兹的振动是次声波，高于 20000 赫兹的振动是超声波，都是人耳不能接受的。接受声波刺激的感受器是内耳的柯蒂氏器官内的毛细胞。当声音刺激经过耳朵传达到内耳的柯蒂氏器官内的毛细胞时，引起毛细胞兴奋，毛细胞的兴奋沿听神经传达到脑的听觉中枢，这就产生了听觉。

听觉器官对声波的反映表现为音高、响度和音色，它们分别对应物理学上频率、振幅和波形的特性。音高指听起来声音的高低，主要决定于声音的频率。一般的，声波振动频率越大，听起来音调越高；反之，音调越低。通常成年男性说话的音调要低于成年女性的音调。人对音高的感觉还受声音的持续时间等因素的影响，一般声音刺激至少要持续一定的时间(低频声音持续的时间要比高频声音持续时间长)，才能让人体验到音高。疾病、年龄等因素也会影响人对音高的感觉。响度指声音的强弱程度，主要取决于声波的振幅。振幅越大，声音的响度也就越大；振幅越小，响度越小。测量响度的单位是分贝。生活中，耳语声的响度是 20 分贝，普通谈话的响度是 60 分贝，繁忙的街道的响度是 80 分贝，响雷的响度是 120 分贝。长时间处于 85 分贝以上环境中的人会产生听力损伤。不同频率的声音，其绝对听觉阈限不同，即不同频率的声音，引起听觉所需的响度不同，如图 3-2 所示。

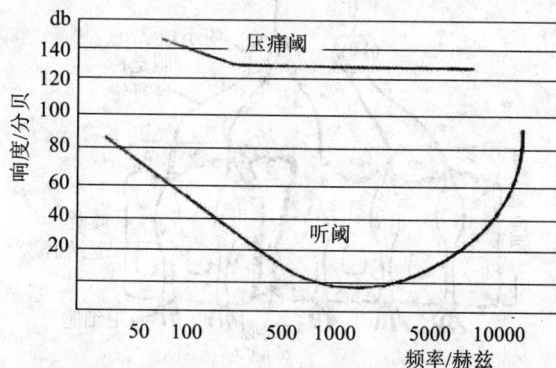

图 3-2　响度

音色指声音的特色，由声波的波形决定。例如，即使胡琴和小提琴发出的音高、响度相同的声音，听起来还是两种不同的声音，这种差别就是音色的差别。由于声音具有各种不同的特色，人们才可能辨别不同的发声体。

知识拓展 3-2

盲人的"面部视觉"

人们都知道盲人能觉察出障碍物的存在而无须碰到它。一个盲人走近墙壁时，在撞到墙壁之前就停下来了，这时人们常听到盲人报告说，他感觉到面前有一堵墙，他还可能告诉人们，这种感觉是建立在一种触觉的基础上的，即他的脸受到了某种震动的作用。为此，人们把盲人的这种对障碍物的感觉称为"面部视觉"。问题是，盲人真的是靠"面部"来避开障碍物的吗？

1944 年美国康奈尔大学的达伦巴史(K.M.Dallenbach)及其同事对盲人的"面部视觉"开展了一系列的实验验证工作。实验人员用毛呢面罩和帽子盖住盲人被试的头部，露出盲人被试的耳朵，往前走的盲人被试仍能在碰到墙壁前停住。然后，研究人员除去盲人的面罩和帽子，只把盲人的耳朵用毛呢包起来，在这种实验条件下，盲人被试一个一个地撞上了墙壁。

由此可见，"面部视觉"的解释是错误的，盲人是靠听觉线索避开障碍物的。

(资料来源：崔丽娟. 心理学是什么. 北京：北京大学出版社，2002：105)

3. 嗅觉

某些物质的气体分子作用于鼻腔黏膜时产生的感觉叫做嗅觉。引起嗅觉的适宜刺激是有气味的挥发性物质，接受嗅觉刺激的感受器是鼻腔黏膜的嗅细胞。有气味的气体物质作用于嗅细胞，细胞产生兴奋，经嗅束传至嗅觉的皮层部位(位于颞叶区)，因而产生嗅觉，如图 3-3 所示。

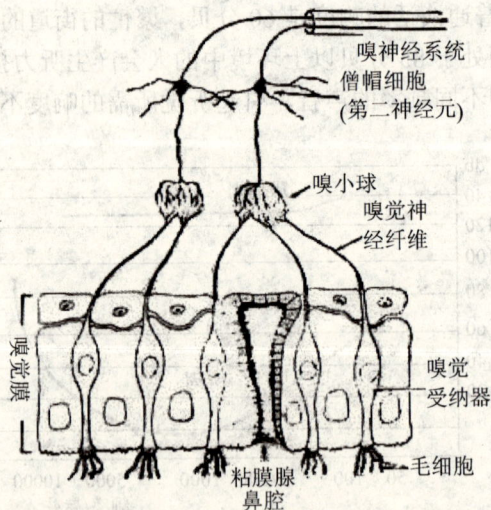

图 3-3 嗅觉

许多动物要借助嗅觉来寻找食物、躲避危险、寻求异性。与动物相比，人的嗅觉已退居较次要的地位。例如，德国牧羊犬的嗅觉比人类的嗅觉敏锐 100 万倍。即使这样，人的嗅觉仍为人类的生存提供重要的信息。例如，有毒的、腐烂的物质常伴有难闻的气味，这对于想食用它们的人来说是一种警告。人的嗅觉受多种因素的影响，如刺激物的作用时间、机体生理状态、空气的温度和湿度等。温度太高、太低，空气湿度太小，机体感冒等，都会降低嗅觉的敏感性。研究还表明，嗅觉刺激可以唤起人们的记忆和情绪。做词汇练习时闻着巧克力香味的学生，第二天回忆词汇时，再次提供巧克力香味比不提供回忆的词汇要多。芳香的气味可以使人心情好，增强自信，提高工作效率。

4. 味觉

可溶性物质作用于味蕾产生的感觉叫做味觉。如果用干净的手帕将舌头擦干，然后将冰糖或盐块在舌头上摩擦，这时人们感觉不到任何味道，甚至可以把奎宁撒在干舌头上，只要唾液不溶解它，就不会感觉到苦味。引起味觉的适宜刺激是可溶于水或液体的物质，接受味觉刺激的感受器是位于舌表面、咽后部和腭上的味蕾。

味蕾的再生能力很强，所以即使因吃热的食物烫伤了舌头，也不会对味觉有太大影响。但是，随着年龄的增长，味蕾的数量会逐渐减少，因此人的味觉敏感性会逐渐降低。吸烟、喝酒会加速味蕾的减少，使味觉敏感性降低。基本的味觉有酸、甜、苦、咸4种，其他味觉都是由这4种味觉混合而来。舌尖对甜味最敏感，舌中对咸味最敏感，舌的两侧对酸味最敏感，舌后对苦味最敏感。食物的温度对味觉敏感性有影响。一般来说，食物的温度在20~30℃时，味觉敏感性最高。机体状态也会影响味觉敏感性。饥饿的人对甜、咸较敏感，对酸、苦不太敏感。

1993年，巴特舒克(Linda Bartoshuk)研究发现，人类因味觉引起的情绪反应是固定的。把甜的或苦的食物放在新生儿的舌头上时，新生儿舌头和面部的反应与成人一致。没有舌头的人仍有味觉，味觉感受器在嘴的后部和顶部。如果舌头的一边失去味觉，人们不会注意到，因为舌头的另一边对味觉会非常敏感。大脑难以对味觉定位，虽然舌头中间的味蕾较少，但人们体验到的味觉来自整个舌头。某些有营养的物质不能引起味觉，如脂肪、蛋白质、淀粉及维生素。

5. 肤觉

刺激作用于皮肤引起的各种各样的感觉叫做肤觉。引起肤觉的适宜刺激是物体机械的、温度的作用或伤害性刺激，接受肤觉刺激的感受器位于皮肤、口腔黏膜、鼻黏膜和眼角膜上(如皮肤内的游离神经末梢、触觉小体、触盘、环层小体、棱形末梢等)，呈点状分布。

肤觉的基本形态包括触压觉、温度觉、痛觉。其他各种肤觉是由这几种基本形态构成的复合体。

由非均匀的压力在皮肤上引起的感觉叫做触压觉。触压觉包括触觉和压觉。当机械刺激作用于皮肤表面而未引起皮肤变形时产生的感觉是触觉；当机械刺激使皮肤表面变形但未达到疼痛时产生的感觉是压觉。相同的机械刺激在皮肤的不同部位引起的触压觉的敏感性是不同的，额头、眼皮、舌尖、指尖较敏感，手臂、腿次之，胸腹部、躯干的敏感性较低。

温度觉指皮肤对冷、温刺激的感觉。温度觉包括冷觉和温觉两种。冷觉和温觉的划分以生理零度为界限。生理零度指皮肤的温度，随温度的变化而变化。温度刺激高于生理零度，引起温觉；温度刺激低于生理零度，引起冷觉；温度刺激与生理零度相同，则不能引起冷觉和温觉。人体不同部位的生理零度不同，面部为33℃，舌下为37℃，前额为35℃。

当温度刺激超过 45℃时，会使人产生热甚至烫的感觉。这种感觉是温觉和痛觉的复合。痛觉是对伤害有机体的刺激所产生的感觉。引起痛觉的刺激很多，包括机械的、物理的、化学的、温度的以及电的刺激。痛觉对有机体具有保护作用。天生无痛觉的人常常寿命不长，因为他们体会不到因机体受伤或不适而产生的痛觉，因而不会主动去为医治自己的身体而努力。不仅仅是皮肤，全身各处的损伤或不适都会产生痛觉。因此，痛觉既可以是外部感觉，也可以是内部感觉。痛觉常伴有生理变化和情绪反应。皮肤痛定位准确；肌肉、关节痛定位不准确；内脏痛定位不准且具有弥散的特点。影响痛觉的因素很多，人们可以通过药物、电刺激、按摩、催眠、放松训练、分散注意力等方法减轻痛觉。中国学者研究表明，人体皮肤对痛觉的敏感性一年中经历两次周期性的变化，春、秋两季比夏、冬两季要迟钝，其原因尚不明了。

📖 知识拓展 3-3

催眠与疼痛

1829 年，一位法国外科医生克劳奎特(Cloquet)在法国医学科学院报告了一例对一位患有右侧乳腺癌的妇女所作的不同寻常的手术。在手术前，只给病人进行了催眠，而没有注射任何麻醉药物，结果在切开病人乳腺至腋窝并去掉肿瘤和腋窝腺体的整个手术期间，病人没有一点疼痛的感觉。此报告一时引起了极大的反响，人们甚至指责克劳奎特是骗子。然而在随后的几年中，就有很多人报告说也用催眠术进行了无痛手术，这些报告唤起了人们对催眠术可以缓解疼痛的心理学机制的研究兴趣。在大多数学者看来，催眠术缓解的只是病人对手术的焦虑、恐惧和担忧，而疼痛作为感觉是否也得以缓解，至今还是一个有争议的问题。也许，在催眠状态下疼痛可能达到某些较低的水平，只是没有达到意识水平而已。关于这一点，希尔加德(Hilgard)的实验也许可以说明。

希尔加德用循环冰水作疼痛刺激。他请被试把一只手放进冰水里，另一只手则放在一个指示疼痛感受的按键上，并请被试用 1～10 级报告感受到的疼痛强度。在催眠状态下，希尔加德惊奇地发现，被试说不痛，而且全然不理会放在冰水中的那只手，但放在按键上的手却按下按键报告疼痛的感觉，表现得和没有受到催眠时一样。这一发现说明，在人们的意识中存在不同水平的认识机能，疼痛可以达到意识的某一水平，但仍可能达不到被意识到的水平。

(资料来源：崔丽娟. 心理学是什么. 北京：北京大学出版社，2002：113～114)

(二)内部感觉

内部感觉是由机体内部的客观刺激引起、反映机体自身状态的感觉。它包括运动觉、平衡觉和机体觉。

1. 运动觉

运动觉是指反映身体各部分运动和位置的感觉。引起运动觉的适宜刺激是身体运动和姿势的变化，接受运动觉刺激的感受器位于肌肉、韧带、关节等的神经末梢。凭借运动觉，人们可以行走、劳动，还可以进行各种体育活动，完成各种复杂的运动技能；凭借运动觉与触觉、压觉等的结合，人们可以认识物体的软硬、弹性、远近、大小、滑涩等特性。

2. 平衡觉

平衡觉是指反映头部位置和身体平衡状态的感觉。引起平衡觉的适宜刺激是身体运动时速度和方向的变化，以及旋转、震颤等，接受平衡觉刺激的感受器位于内耳的前庭器官，即椭圆囊、球囊和三个半规管。平衡觉的作用在于调节机体运动、维持身体的平衡。平衡觉与视觉、机体觉有联系，当前庭器官受到刺激时，视野中的物体仿佛在移动，人们会产生眩晕、恶心、呕吐等症状。

3. 机体觉

机体觉是指机体内部器官受到刺激时产生的感觉。引起机体觉的适宜刺激是机体内部器官的活动和变化，接受机体觉刺激的感受器分布于人体各脏器的内壁。机体觉在调节内部器官的活动中具有重要作用，它能及时地反映机体内部环境的变化、内部器官的工作状态。机体觉的表现形式有饥、渴、气闷、恶心、窒息、便意、性、胀、痛等，当人体的内部器官处于健康、正常的工作状态时，一般不会产生机体觉。

三、感受性的变化及其发展

刺激物作用于人们的感官，引起感觉，但并不是所有刺激都能引起感觉。灰尘落在人的皮肤上，就感觉不到，这说明刺激必须到达一定的程度才能引起感觉。在现实生活中，人的感受性存在差异，那什么是感受性和感觉阈限呢？

(一)感受性和感觉阈限

感受性(sensitivity)是人对适宜刺激的感受能力。每个人对同一种刺激的感受性是有差异的。感受性是用感觉阈限来度量的。感觉阈限是指人能感到某个刺激的存在或刺激发生变化所需的强度的临界值。任何一种感觉都存在着两种感受性：绝对感受性和差别感受性。

1. 绝对感受性和绝对感觉阈限

绝对感受性是指刚能察觉出最小刺激量的能力。绝对感觉阈限则是指刚能引起感觉的最小刺激量，也叫感觉的下阈。绝对感受性和绝对阈限成反比关系：绝对感觉阈限越小，也就是引起感觉所需要的刺激越弱，绝对感受性越强；反之，绝对感觉阈限越大，则绝对感受性越弱。例如，一个人能听见比别人弱的声音，人们就说这个人的听觉感受性比别人高。如果用 E 代表绝对感受性，R 代表绝对感觉阈限，那么它们之间的关系可以用公式表示为 $E=1/R$。

绝对感觉阈限因刺激物的性质和机体的状况而不同。在适当的条件下，人的感觉阈限是很低的。一般人感受的强度是由刺激的强度决定的。刺激强度越大感觉越强。低于绝对感觉阈限的刺激虽然人们感觉不到，但却能引起一定的生理效应。如低于听觉阈限的声音刺激能引起脑电波的变化和瞳孔的扩大。但若刺激强度超过了一定限度，就不再增加感觉强度，而是产生痛觉。人们把那种刚刚引起压痛觉的刺激量，叫做感觉的上阈。超过上阈的刺激强度，就会使感受器官受到损伤，严重的还会造成感觉的丧失。绝对感觉阈限的大小因有机体内部和外部条件的影响而有所不同，如表 3-1 所示。

表 3-1　人类 5 种感觉的绝对感觉阈限

感觉种类	绝对感觉阈限
视觉	看到晴朗夜空下 30 英里外的 1 支烛光
听觉	安静环境下听到 20 英尺以外表的滴答声
味觉	可尝出两加仑水中加入 1 茶匙糖的甜味
嗅觉	闻到散布于 3 个居室中洒一滴香水的气味
触觉	感觉从 1 厘米高处落到脸颊上蜜蜂的翅膀

2. 差别感受性和差别感觉阈限

在刺激物引起感觉之后，如果刺激在数量上发生变化，并不是所有的变化都能被人们觉察出来的。如在原有 200 支烛光中再加上一支烛光，人们是感觉不出光的强度有所改变的，一定要增加 2 支才能感觉到前后两种光在强度上的差别。那种刚刚能引起差别感觉的最小刺激量差叫差别阈限，这种刚刚能觉察出最小差别量的感觉能力叫差别感受性。

19 世纪德国生理学家韦伯在系列实验中发现，人能感觉到的刺激变化取决于该刺激变化的相对量。觉察刺激微弱变化需要的变化量与原有刺激之间关系的规律，称为韦伯定律。韦伯定律指出，刚刚能觉察出刺激有差别时，刺激新增加量(即差别感觉阈限)和原有刺激(即标准刺激)成正比。但对刺激的差别感觉，不取决于刺激增加的绝对量，而取决于刺激量与原刺激量的比值，用公式表示为

$$K = \Delta I / I$$

式中：I 为标准刺激的强度或原刺激量；ΔI 为引起差别感觉的刺激变化量；K 为常数，即韦伯分数或韦伯比率。

不同感觉的韦伯分数(即 K 值)越小，表示该感觉对差异越敏感。差别感觉阈限是刺激变化量与原有刺激量之间的固定比例。研究表明，韦伯定律仅适用于中等强度的刺激，对于过弱或过强的刺激，韦伯分数会发生变化。

(二)感觉的基本规律

感觉随着刺激的不同而有所变化，这种变化一方面是由刺激的时间因素和空间因素决定的，另一方面也是由感觉之间的相互作用引起的，刺激引起的感觉变化是各种感觉所共有的特性。

1. 感觉适应

感觉适应(sensory adaptation)是指由于刺激对感受性的持续作用而引起感受性变化的现象。这种变化可以是感受性的提高，也可以是感受性的降低。适应现象表现在所有的感觉中，但在各种感觉中的表现和速度不同。视觉适应很明显，可以分为暗适应和明适应。如，白天进电影院看电影时出现的暗适应(感受性提高)，出来时的明适应(感受性降低)。听觉适应不明显。触压觉适应很明显。当人们安静坐着时，几乎觉察不到衣服的接触和压力。人们经常看到老人把眼镜移到自己的头上却到处找眼镜，这都是感觉适应造成的。实验证明，只要经过 3 秒触压觉的感受性就下降到原始值的 25%。温度觉的适应也比较明显。如在游

泳时，开始觉得水冷(热)，经过三四分钟后就不觉得水是冷(热)的。但是对于特别冷或特别热的刺激则很难适应或完全不能适应。痛觉的适应是很难的，即使有也极为微弱，只要注意力集中到痛处，马上会感到疼痛。"入芝兰之室，久而不闻其香；入鲍鱼之室，久而不闻其臭"是嗅觉的适应，其适应速度以刺激物的性质为转移。一般气味只要经过1～2分钟就可以适应。强烈的气味则要经过十多分钟，特别强烈的气味令人厌恶难以适应。适应能力是有机体在长期进化过程中形成的，它对于我们感知外界事物、调节自己的行动具有积极的意义。

2. 感觉对比

感觉对比(comparison of sensory)是指同一感受器在不同刺激的作用下，感觉在强度和性质上发生变化的现象。视觉中的对比现象非常明显，如同样的两张灰色纸，一张放在白色背景上，一张放在黑色背景上，同时看上去，黑色背景上的灰色要比白色背景上的亮得多(如图3-4所示)，这是一种同时性对比。视觉对比除亮度外，还有色彩对比，灰色的纸放在蓝色的背景上，看上去呈现白色，放在黄色的背景上则呈灰色。在味觉和温度觉中，也有很明显的对比现象。如刚刚喝过中药后，喝白开水会觉得有甜味；而刚吃过糖再喝白开水，就会觉得淡而无味了。再如将两手分别放到热水和冷水中，然后同时将两手伸进一个温水盆

图 3-4 感觉的对比

中，这时两手对这盆温水产生截然不同的温度觉。这是刺激的时间因素造成的对比现象，这两种对比又叫继时性对比。

3. 联觉

联觉是一种感觉的刺激引起了另一种感觉，是不同感觉间相互作用的结果。联觉有多种表现，最明显的是色觉引起其他的感觉，如温度感觉和轻重感觉等。红、橙、黄色使人联想到阳光、火焰而产生温暖的感觉；蓝、青绿、白色使人联想到蓝天、白云、海水、草木而产生清凉的感觉。前者为暖色，后者为冷色。色觉还可影响食欲，一般认为橙黄色可增进食欲，蓝色降低食欲。在其他感觉中也能产生联觉。尖锐的声音、冰冷的颜色、酸味引起头皮发痒的触觉，锯金属的声音产生蚁走感觉，甜蜜的嗓音、沉重的乐曲等都是一种感觉兼有另一种感觉的心理现象。

艺术家善于利用人的通感来创作脍炙人口的作品。如，朱自清的《荷塘月色》中写道："微风过来，送来缕缕清香，仿佛远处高楼上渺茫的歌声似的"。"光与影有着和谐的旋律，如梵婀玲上奏着的名曲"。其中就有嗅—听通感和视—听通感。联觉的各种心理效应已被应用于建筑、音乐、环境布置及社会活动的组织等许多方面。如色调的浓淡有远近感，深色调使人感到近些，淡色调使人感到远些。画法上"近山浓抹，远树轻描"的原则，就是利用了这种心理效应。

(三)实践活动与感受性的发展

人的感受性与实践有着密切的关系。个体间感受性之间的差别与实践活动有关。专门从事某种职业的人，由于长期使用某一感官，使得相应的感受性也逐渐提高。如黑色织造

工，能分辨出 40 种深浅不同的黑色，而普通工人只能区分两三种。有经验的飞行员能辨别 1300 转/分和 1340 转/分的差别。董琳莉(重庆市公安厅笔迹鉴定专家)可以分辨出人的字是哪年哪月写的，甚至可以辨别用什么牌子的墨水写的。由此可见，人的感受能力并非天生固有的，是可以经后天练习得到提高的。

感受性的发展就是个体感受性在实践活动中获得提高的过程。一般而言，制约感受性发展的条件主要有个体感觉器官自身具有的潜能、相关的实践活动和个体的意志努力程度。这三个条件在感受性发展过程中缺一不可，只有健康的感觉器官才具有发展的可能，个体有意识的意志努力和实践锻炼可以把可能性变为现实性，感受性才能获得永久性提高。

为什么感受性可以通过努力和实践训练得以提高？这是因为人的感受器本身的结构具有较大的可塑性。感觉器官的感受性遵循"用进废退"的规律，某一感官有缺陷的人可以发展另一些感官的感受性来加以补偿。研究发现，盲人出生时手指皮肤中的触觉小体与正常人相同，由于他们在后天生活实践中，比正常人更多地使用触觉来接受外界信息，他们的触觉感受性就得到了发展。

第二节　知　　觉

在实际生活中，感觉对客观事物的个别属性的反应并不是脱离具体事物而独立存在的，而是把其个别属性作为事物的一个方面而与整个事物同时被反映的，这就使感觉和知觉紧密联系在一起了，一般统称感知觉。

一、知觉概述

人们对客观事物的认识是从感觉开始的。在掌握感觉概念的基础上，下面介绍知觉这种心理现象。

(一)知觉的概念

知觉(perception)是人脑对当前直接作用于感觉器官的客观事物的整体的反映。知觉是在感觉的基础上产生的，它是多种感觉协同活动的结果。如对苹果的知觉，需要视觉、嗅觉、味觉和动觉的协同活动，加上经验的参与就形成了苹果的整体映像，这种信息的整合过程就是知觉。可见，知觉的产生，必须是以各种形式的感觉存在为前提的，并且是与感觉一起进行的。但是，不能把知觉单纯地归结为感觉的简单综合，因为知觉的形成除了以各种感觉信息为基础外，还需要借助于过去经验或知识的帮助。因此，与感觉相比，知觉反映的是客观事物的整体属性，是多种感觉协同活动的结果。知觉还受到各种心理特点如兴趣、需要、动机、情绪和态度等因素的影响，使人的知觉具有一定倾向性。

(二)知觉的形成

感觉的产生是由刺激物的性质决定的，知觉产生的条件则更多地依赖于实践活动、经验和语言，所以不同背景的人对同一事物的知觉会不同。

1. 知觉是人在实践活动过程中逐步形成和发展起来的

新生儿开始只具有一些非常简单而有限的感觉运动，因此，其知觉能力有限，还不能把握物体的距离、大小、形状等特性，也不具备时间知觉。人的知觉能力，尤其是对复杂事物的知觉能力，需要借助其丰富的实践活动才能逐步形成、发展和完善。

2. 知觉的形成离不开知识经验的参与

一个人要把某个对象知觉为一个确定的客体，需要关于这一客体的知识和经验。如从来没有见过飞碟，也没有相关知识的人，即使真的见到飞碟，也不能确定它是何物。因此，知觉的形成和发展，除了需要客观事物的作用外，还必须具备相关事物的知识经验。

3. 语言在知觉形成和发展过程中起着重要作用

人对客观事物的标记和识别等都是借助语言进行的。人从幼年开始通过语言的学习和掌握，逐渐获得了对客观事物的命名、归纳以及在客观事物各个部分或各种属性之间建立联系的能力，这些能力在很大程度上促进了知觉的形成和发展，使人能够更好地识别事物。

(三)知觉与感觉的关系

知觉以感觉为基础，但又不同于感觉，两者既相互区别又相互联系。

1. 感觉和知觉的联系

感觉和知觉的联系主要表现在以下三个方面。

(1) 感、知觉都是人脑对当前直接作用于感觉器官的客观事物的反映。客观事物是感觉和知觉产生的条件，人脑的活动是感知觉产生的基础。没有客观事物，感觉和知觉是不可能产生的。一旦客观事物在人的感觉器官所及的范围内消失时，感觉和知觉也就停止了。

(2) 感觉是知觉的基础，知觉是感觉的深入和发展。感觉是知觉过程的重要组成部分，是知觉的前提和基础，人对客观事物的个别属性的反映越丰富、越精确，由此形成的知觉越完整、越正确，两者联系紧密。

(3) 知觉是对感觉信息的整合。知觉的整合并不是各种感觉的简单相加，知识经验等因素对知觉的产生具有较大影响。

2. 感觉和知觉的区别

感觉和知觉是两种不同的心理现象，它们的区别主要表现在以下三个方面。

(1) 反映客观事物的属性方面存在差异。感觉是人脑对直接作用于客观事物个别属性的反映，知觉则是人脑对直接作用于客观事物各种属性、各个部分的整体的、综合的反映。

(2) 生理机制不同。感觉是单一分析器活动的结果，知觉是多种分析器协同活动的结果。在多种分析器的参与下，通过反映事物多种属性并整合后才形成知觉。由于已有的知识和经验对知觉的形成具有重要作用，因此，在知觉过程中，还包括了当前的刺激所引起的兴奋和以往相应的知识经验形成的暂时神经联系的恢复过程。

(3) 经验的参与程度不同。感觉是人脑对客观事物的个别属性的反映，在此过程中，不需要或很少需要人的知识经验的参与，因此，相同的刺激会引起相似的感觉。知觉是在感觉的基础上产生的，需要人的知识经验等主观因素的参与，不同的人对同一刺激可能产生不同的知觉。

二、知觉的特性

由于经验的参与，人类的知觉也表现出"仁者见仁，智者见智"的主观性特点，知觉与其他心理现象的不同主要体现在其具有选择性、整体性、理解性和恒常性等基本特性。

(一)知觉的选择性

知觉选择性(selectivity of perception)是指人们在纷杂的事物中把对象从背景中分离出来的特性。作用于人的客观事物是十分复杂多样的，但人不可能对客观事物全都清楚地感知，也不可能对所有的事物做出反映。因此，人们在知觉客观事物时，总是有选择地把少数事物当成知觉的对象，加以清晰地反映，而把其他的事物作为知觉的背景，反应比较模糊，这就是知觉的选择性。

凡是瞬间被人们清晰地知觉到的事物，一般称为对象，与对象相关的其他事物就是背景。如当人们注视板书时，黑板上的文字就是知觉的对象，而其附近的墙壁、挂图、讲台就成为模糊的背景。当倾听教师讲课时，教师的讲话就成为知觉的对象，听到的周围比较模糊的其他声音便成为背景。知觉中的对象和背景的关系并不是固定不变的，而是依据一定的主客观条件，经常可以相互转换。图 3-5(a)所示是花瓶与人头的双关图，当以白色作为知觉对象时，看到的是两个人的侧面像；而以黑色作为知觉对象时，看到的则是一个白色的花瓶。图 3-5(b)所示是老妇与少女的双关图，可以知觉为一位老妇，又可以知觉为一位少女。

(a) 花瓶与人头的双关图　　　　　　(b) 老妇与少女的双关图

图 3-5　双关图

一般影响知觉选择性的因素有主、客观两个方面。客观方面，知觉对象与背景之间的差别越大，越有助于知觉，差别越小，越不利于知觉，如教师用红笔批改作业就便于知觉；在相对静止的背景上运动着的客观事物，容易成为知觉的对象，如教学中使用活动的教具比使用静止的教具效果要好；新颖的刺激或有特点的刺激，容易被知觉，包括空间上接近、连续，形状上相似等。此外，知觉者的主体状态也是影响知觉选择性的一个重要因素。如个体的知识经验、需要、动机、兴趣爱好、情绪状态等，都会对知觉的选择性产生影响。一般在主观因素强烈的情况下，影响知觉选择性的客观因素作用就不明显。

知觉的选择性规律对于直观教学的组织、学生观察力的培养，对于广告设计、工业产品的检查、军事的伪装和社会实践活动等，都具有重要的意义与广泛的应用价值。

(二)知觉的整体性

在知觉过程中，人们不是孤立地反映刺激物的部分或个别属性，而是反映事物的整体及关系。根据过去的知识经验，把多种属性构成的事物知觉为一个统一整体的特性，叫知觉的整体性(perceptual integration)。在感知一个熟悉的对象时，人们只要感觉了它的个别属性或主要特征，就可以根据以前的经验而知道它的其他属性和特征，从而知觉它。图 3-6(a)中的 4 条线段虽然没有封闭，但人们会把它知觉为正方形；图 3-6(b)会被知觉为圆；图 3-6(c)会被知觉为三角形。如果感知的对象是没有经验过的或者不熟悉的事物，知觉就会以感知对象的特点为转移，将它组织成具有一定结构的整体。格式塔学派通过研究总结了整体知觉的组织原则，包括连续、接近、相似、完整倾向等原则，反映人类知觉时习惯于把连续的、时空接近的、相似的物体看成整体的规律。

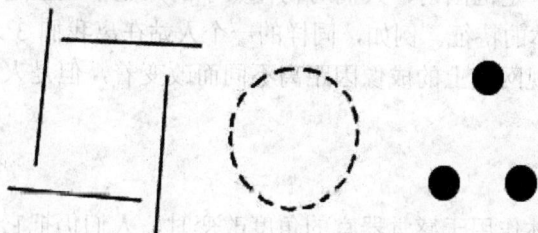

(a) 知觉为正方形　(b) 知觉为圆　(c) 知觉为三角形

图 3-6　知觉的整体性

影响知觉整体性的因素主要是个体的知识经验和刺激物的特点。知觉整体性依赖于复合刺激的整体，依赖于对象的整体，决定于各部分间一定的相互联系，联系改变，整体性也要改变。

(三)知觉的理解性

在知觉过程中，人总是根据自己已有的知识经验来理解事物，赋予其某种意义，并用语词把它标识出来，这就是知觉的理解性(sensory comprehension)。当一个知觉对象出现在人们面前时，人们总是倾向于运用已有的知识经验来理解这个对象，将它归于经验中的某一类事物。可见，在知觉过程中有思维活动的参与。同时，语言在知觉过程中起着一定的指导作用。当人们赋予知觉对象一定的意义时，往往需要词来标志它；而且，当知觉对象的外部标志不太明显时，语言就会帮助人们迅速利用已有经验弥补感觉信息的不足。例如，图 3-7 中墨点画的是什么，大家往往看不出来，如果被告知这是一条狗，狗的图形会立即成为人们的知觉对象，人们会

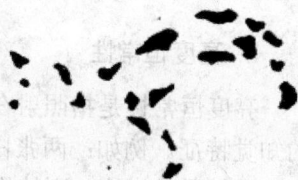

图 3-7　狗的墨点图

觉得这确实像一条狗。

知识和经验对知觉理解性具有重要作用。人们原有的知识与经验的丰富程度，对知觉的理解的速度和完整性有直接的影响。例如：一个经验丰富的医生在 X 光片上能够看到一般人所察觉不出的病兆；熟练的工人在机器运转的声响中可以判断出机器是否正常，而一个门外汉却什么都听不出来。

知觉的理解性有利于人们从背景中区分出知觉的对象，有助于人形成整体知觉，从而扩大知觉的范围，使人们知觉事物更加精确、全面。

(四)知觉的恒常性

知觉的恒常性(perceptual constancy)是指当人们知觉对象的物理特性在一定范围内发生了变化时，知觉的映像仍然保持相对不变的特性。如黑板上的一张挂图，不论坐在前排还是后排看起来都是一样大小，并不随个体视网膜成像大小的变化而变化。知觉的恒常性在视觉中表现得很明显。常见的视觉恒常性主要有大小、形状、亮度和颜色恒常性。

1. 大小恒常性

大小恒常性是指在一定范围内，人们对物体大小的知觉不完全随距离变化而变化，而是仍按实际大小知觉物体的特征。例如，同样的一个人站在离我们 3 米、5 米、15 米的不同距离处，他在人们的视网膜上的成像因距离不同而改变着，但是人们看到这个人的大小却是不变的。

2. 形状恒常性

形状恒常性是当物体作用于感觉器官的角度改变时，人们仍把它知觉为本身所具有的形状的知觉特征。例如，一只钟从正面看是圆的，从斜面看是椭圆的，从正侧面看是长方形的，但人们总是把它知觉为圆的，如图 3-8 所示。因此，从不同角度看同一物体时，物体在视网膜上的投影形状是不断变化的，差异可以很大，但人们仍把它知觉为同一物体的形状。

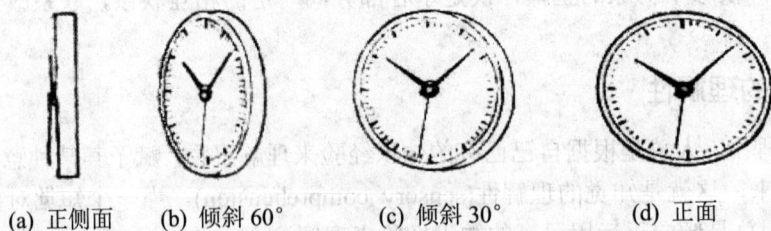

(a) 正侧面   (b) 倾斜 60°   (c) 倾斜 30°   (d) 正面

图 3-8   形状恒常性

3. 亮度恒常性

亮度恒常性是指照射在物体上的光线强度发生改变时，人们对物体亮度仍然保持不变的知觉特征。例如：两张白纸，不管是在阳光下，还是在暗影中，人们都会把它知觉为白纸；而如果是煤块，则始终会把它知觉为黑色的煤块。

4. 颜色恒常性

颜色恒常性是指光照改变了物体的颜色，但人们仍把物体知觉为原有颜色的知觉特征。例如，不论在黄光照射下还是在蓝光照射下，人们总是把中国国旗知觉为红色。

三、知觉的种类

根据不同的标准，可以对知觉进行不同的分类。根据知觉活动中占主导地位的感受器的不同，可将知觉分为视知觉、听知觉、嗅知觉、味知觉等。根据知觉对象的不同，可将知觉分为物体知觉和社会知觉。知觉还有一种特殊的形式就是错觉。

(一)物体知觉

物体知觉就是对物的知觉，对自然界中机械、物理、化学、生物种种现象的知觉。任何事物都具有空间、时间和运动的特性，因而物体知觉又分为空间知觉、时间知觉、运动知觉。

1. 空间知觉

空间知觉是对客观世界三维特性的知觉，具体指物体大小、距离、形状和方位等的知觉。空间知觉是一种较复杂的知觉，需要人的视觉、听觉、运动觉等多种分析器的联合活动来实现。在人们的生活、学习中，空间知觉具有重要的作用。例如：学习汉语拼音、汉字时，需要正确辨别上下、左右，否则难以顺利地掌握汉字的结构和识别汉语拼音；下楼梯时，如果人们不知道有几个台阶、每个台阶有多高，就容易摔倒。

空间知觉包括形状知觉、大小知觉、深度与距离知觉、方位知觉等。

形状知觉指对物体的轮廓和边界的整体知觉，是人类和动物共同具有的知觉，但人类的形状知觉能力比动物的更高级，因为人类能识别文字。形状知觉是靠视觉、触觉、运动觉来实现的。人们可以通过物体在视网膜上的投影、视线沿物体轮廓移动时的眼球运动、手指触摸物体边沿等，产生形状知觉。

大小知觉指对物体长短、面积和体积的知觉。依靠视觉获得的大小知觉，决定于物体在视网膜上投影的大小和观察者与物体之间的距离。在距离相等的条件下，投影越大，则物体越大；投影越小，则物体越小。在投影不变的情况下，距离越远，则物体越大；距离越近，则物体越小。大小知觉还受个体对物体的熟悉程度、周围物体的参照的影响。对熟悉物体的大小知觉不随观察距离、视网膜投影的改变而改变。对某个物体的大小知觉也会因周围参照物的不同而改变。图 3-9(a)中的猪相对于小房子而言，就显得大些；而图 3-9(b)中的猪相对于大房子而言，就显得小些。

对物体深度和距离的判断可以依据的线索很多，如：小的物体似乎远些，大的物体似乎近些；被遮挡的物体远些；远处的物体看起来模糊，能看到的细节少；远的物体显得灰暗，近的物体色彩鲜明；看近物时，双眼视线向正中聚合，看远物时，双眼视线近似平行等。人们还可以通过立体镜来了解深度知觉。

人依靠视觉、听觉、运动觉等来判断方位，这种能力是后天形成的。依靠视觉进行方位判断必须借助参照物。参照物可以是自己的身体、太阳的位置、地球的磁场、天地等。

不同方位辨别由易到难的次序分别是上、下、后、前、左与右。由于人的两只耳朵分别在头部的左右两侧，因此同一声源到达两耳的距离不同，两耳所感知的声音在时间上、强度上存在差别。正因如此，人们也能依靠听觉进行方向定位。

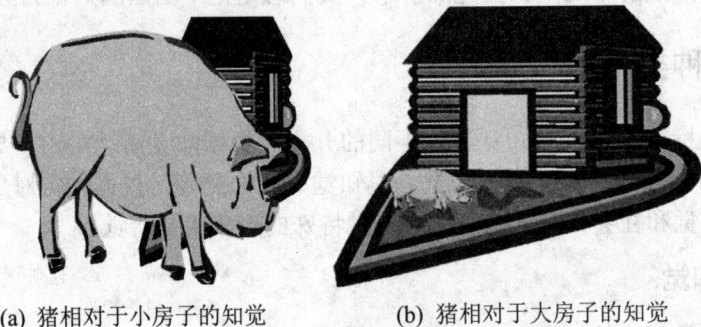

(a) 猪相对于小房子的知觉 　　　 (b) 猪相对于大房子的知觉

图 3-9　大小知觉

2. 时间知觉

时间知觉是对事物发展的延续性、顺序性的知觉，具体表现为对时间的分辨、对时间的确认、对持续时间的估量、对时间的预测。时间，既没有开始也没有结束。生活中，人们对时间的知觉既可以借助于自然界的变化，如：太阳的东升西落、月的圆缺、四季变化等，也可以借助于生活中的具体事件或自身的生理变化，如数数、打拍子、节假日、上下班等，还可以借助于时钟、日历等记时工具。在不同的心理状态下，人们对时间的估计有很大差别。研究表明，在悲伤的情绪下，人们在时间估计方面会出现高估现象；在欢快的情绪下，在时间估计方面会出现低估现象。

3. 运动知觉

运动知觉是指物体在空间的位移特性在人脑中的反映。世界上万事万物都处在运动当中，因而，运动和静止是相对而言的。物体运动速度太慢或太快都不能使人产生运动知觉。人没有专门感知物体运动的器官，对物体运动的知觉是通过多种感官的协同活动实现的。当人观察运动的物体的时候，如果眼睛和头部不动，物体在视网膜的像的连续移动，就可以使人们产生运动知觉。如果用眼睛和头部追随运动的物体，这时视像虽然保持基本不动，眼睛和头部的动觉信息也足以使人产生运动知觉。如果人们观察的是固定不动的物体，即使转动眼睛和头部，也不会产生运动知觉，因为眼睛和颈部的动觉抵消了视网膜上视像的位移。

运动知觉又可具体细分为真动知觉、似动知觉和诱动知觉。

真动知觉是对物体本身以一定速度和轨迹作连续位移的知觉。真动知觉依赖于物体适宜的运动速度。中国心理学者用实验证明，当对象在两米距离时，运动知觉的下阈是 0.6 毫米/秒，上阈是 600 毫米/秒。

似动知觉是指在特定条件下，静止的物体看起来是运动的或者没有连续位移的物体被看成连续运动的现象。似动知觉又称为 φ 现象。当人们看电影、电视时，所看到的其中的物体运动并不真实存在，而是许多相似画面的连续呈现。

诱动知觉是指不动的物体因其周围的运动而使它看起来好像在运动的现象。例如，夜空中移动的云朵后面的月亮本来是不动的，但是看起来月亮在移动，而云朵是静止的。古人诗句中"不疑行舫动，唯见远树来"，描写的也是作者在船上感受到的诱动知觉。

(二)社会知觉

社会知觉就是对人的知觉，对由人的社会实践所构成的社会现象的知觉，具体包括对他人的知觉、自我知觉、人际知觉等。

1. 对他人的知觉

对他人的知觉指对他人的需要、动机、情感、观点、信念、性格等内部心理状态的知觉。这种知觉，主要是通过一个人的仪表、风度、表情、姿态、言谈、行为举止等外部特征，来认识这个人的需要、动机、情感、观点、信念、性格等心理特点与内在品质，即"听其言观其行而知其人"。影响对他人的知觉的因素很多，主要有以下两种。

(1) 知觉对象的外部特征，包括一个人的仪表、风度、表情、姿态、言谈、行为举止等。例如，西装革履的人往往给人留下一种印象：正派、大方、素雅、严谨、拘谨、循规蹈矩。而牛仔装或运动装(休闲便装)则给人的印象是活泼、热情、随便、不拘小节、不拘礼节、马虎、充满活力。人的外貌特征也是如此。在初次交往中，一个面貌端正、言谈高雅、举止端庄的人往往给人留下良好的印象；反之，五官不正、言谈粗俗、举止轻浮的人则往往给人留下不良的印象。

(2) 知觉者的知觉组织结构，指一个人在知觉他人时所特有的观点、态度，即站在什么角度，用什么标准来观察、衡量对方。知觉者的知觉组织结构不同，知觉的结果也不相同。例如，在观察、了解同一个人时，有的人侧重于道德品质，有的人着眼于其智力特征。结果每个人所得的印象各不相同。

2. 自我知觉

自我知觉即个体通过对自己的行为的观察而形成的对自己的思想、情感、能力、性格、道德水平等的认知。自我知觉对于个体的行为的基本形态、生活态度具有决定性的作用。一般而言，一个能够全面、正确地认识自己的人比较不容易发生行为失当的现象，但是人并非在任何情况下都能正确认识自己的心理状态。例如，在顺利的情况下，往往过高地估计自己的水平，而在受挫的情况下往往对自己的能力、水平产生怀疑。要做到"贵在自知之明"的确是很不容易的。

对自我的知觉与对他人的知觉是不同的。在知觉过程中，一个人观察别人与观察自己是有区别的，这种区别主要表现在三个方面：第一，人们观察自己时所掌握的信息要比观察别人时更多，如一个人虽然工作成绩并不显著，但却是作了最大的努力，这在自己看来是心中有数的，但如果别人观察他的行为就不一定能够了解；第二，观察自己与观察别人有熟悉和陌生的区别，对自己行为的知觉比对别人更熟悉，这主要是因为自己对自己的知识、经验和过去的经历要比对别人知道得更多些；第三，观察者与被观察者的区别，在知觉别人时自己是观察者，别人是被观察者，而在自我知觉时，自己既是观察者，又是被观察者。

尽管自我知觉与对别人的知觉有上述区别，但这并不能说明自我知觉一定比对别人的知觉更正确。

3. 人际知觉

人际知觉是指对人与人之间的关系的知觉。在人际知觉中，比较明显地受到人的情感因素的影响。例如：在工作、学习和生活中，人们互相接触，互相观察，而且彼此之间形成一定的态度，产生各种各样的情感，如敬仰、爱慕、信赖、同情或鄙视、憎恶、猜疑、反感等。产生这些情感是由于多因素的影响。如彼此接近的程度，彼此交往的深度，彼此在志向、兴趣、性格、修养乃至年龄等方面的相似性等。

(三)错觉

错觉(illusion)是对事物的一种不正确的知觉。错觉不同于幻觉，错觉是在客观事物刺激作用下产生的某种固有倾向的歪曲知觉，只要产生错觉的条件具备，错觉就难以避免，任何人都可能产生同样的错觉。但错觉是可以认识和利用的，生活和学习中可以利用错觉为自身服务。

错觉的种类很多，常见的几何图形错觉就有线条长短错觉、方向错觉、线条弯曲错觉、大小错觉等。

1. 线段长短错觉

如图 3-10(a)所示，垂直线与水平线是等长的，但看起来垂直线比水平线长，也称为菲克错觉；图 3-10(b)左边中间的线段与右边中间的线段是等长的，但看起来右边的线段比左边的要长，也称为缪勒-莱依尔错觉。

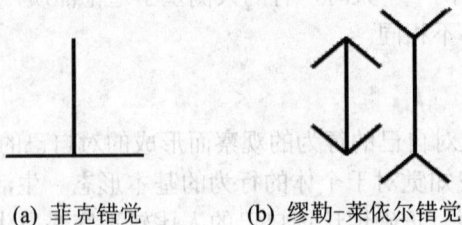

(a) 菲克错觉　　(b) 缪勒-莱依尔错觉

图 3-10　线条长短错觉

2. 方向错觉

如图 3-11(a)所示，由于背后倾斜线的影响，看起来棒似乎向相反方向转动了，也称为策尔纳错觉；图 3-11(b)中画的是同心圆，看起来却是螺旋形了，也称为弗雷泽错觉。

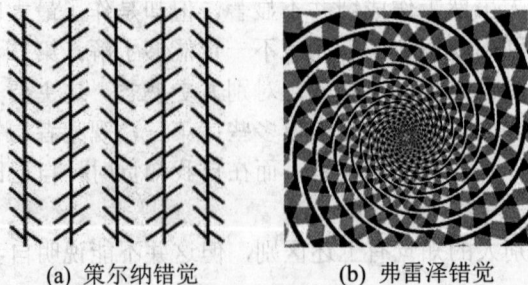

(a) 策尔纳错觉　　(b) 弗雷泽错觉

图 3-11　方向错觉

3. 线条弯曲错觉

如图 3-12(a)所示，两条平行线看起来中间部分凸了起来，也称为黑林错觉；图 3-12(b)中两条平行线看起来中间部分凹了下去，也称为冯特错觉。

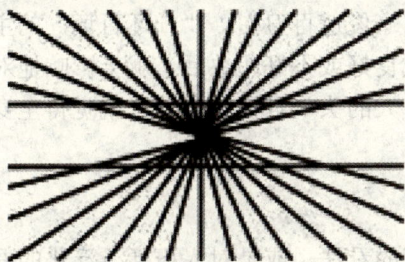

(a) 黑林错觉　　　　　　　　　　　　(b) 冯特错觉

图 3-12　线条弯曲错觉

4. 大小错觉

如图 3-13 所示，被大圆和小圆围在中间的两个圆面积大小相等，但看起来，左边被小圆围在中间的圆要大于右边被大圆围在中间的圆，这就是大小错觉，也叫艾宾浩斯错觉。

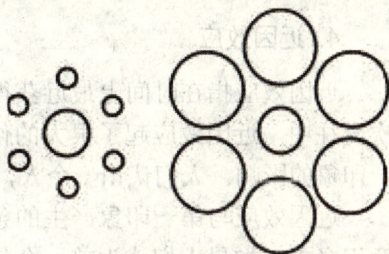

图 3-13　大小错觉

除了几何图形错觉外，错觉还有形重错觉、方位错觉、时间错觉、运动错觉等。形重错觉是以视觉之"形"而影响到肌肉感觉之"重"的错觉，如一斤铁同一斤棉花的物理重量相等，但是人们都会觉得一斤铁比一斤棉花重得多。方位错觉也是常见的错觉，例如：听报告时，报告人的声音是从扩音器的侧面传来的，但我们却觉得是从报告人的正面传来的；在海上飞行时，海天一色，找不到地标，海上飞行经验不够丰富的飞行员因分不清上下方位而往往产生"倒飞错觉"，容易造成飞入海中的事故。时间错觉是人们估计时间时发生的错觉，运动错觉则是像似动知觉、诱动知觉这样的错觉。

错觉产生的原因十分复杂，揭示错觉产生的原因和规律，将有助于人类更加科学地认识和对待错觉。

(四)社会知觉的效应

在对他人知觉时，常常会产生一些心理偏差，这些心理偏差就被称为社会知觉中的偏差，或者叫社会知觉的效应。常见的社会知觉偏差主要有以下几种。

1. 首因效应

首因效应又称第一印象效应，是指与陌生人初次相见给自己留下的印象。第一印象鲜明、深刻而牢固，会形成一种固定的看法，影响甚至决定着今后的交往关系，在社会知觉中起重要作用。如对某人的第一印象良好，人们就愿意接近他，容易信任他，对于他的言行能给予较多的理解；反之，第一印象恶劣，人们就不愿接近他，对他的言行不予理解，在社会知觉中造成"先入为主"的偏差。

2. 晕轮效应

晕轮效应也叫光环效应，是指对人的某些品质、特征形成的清晰、鲜明的印象，总会掩盖了其余品质、特征的知觉。这是以偏概全、"一俊遮百丑"、"一坏百坏"的主观倾向。即当一个人对另一个人的主要品质、特征形成良好或不好印象后，就会影响他对这个人的其他方面产生良好的或不好的看法。好像一个人的头一旦被照亮了，就觉得全身都光亮了一样。

3. 刻板印象

刻板印象指人们对某一类人所特有的稳定不变的看法，或是对人概括、泛化的看法。如：英国人举止文雅、保守，有绅士派头；美国人不拘小节、性格开朗、自由、放任、随心所欲、个人至上、自我为中心；日本人忍耐、勤劳、精明、擅长于生意、具有侵略性。这就是刻板印象。一旦形成刻板印象，个体在对人认识中就会不自觉地、简单地把某个人归入某一群体中去，给对人的认知带来偏差。所以人们要善于从每个人的具体行为表现中去认识人，不能光凭刻板印象去认识、评价具体的个人。

4. 近因效应

近因效应指在时间上最近获得的信息给人留下的深刻印象和强烈的影响。在与熟人多次交往中，近因效应起了很大的作用。熟人行为上表现出来的某种新异性会影响或改变第一印象的影响。人们认识一个人，既要看他过去的行为，更要看他现在的表现。

近因效应与第一印象产生的条件是不同的。如果两个相互矛盾的信息先后进入人们的意识之中，如果人们认为前一个信息是真实的，后一个信息是虚假的，这是第一印象；如果人们对较近的或最近的信息印象较深，这是近因效应。

第三节　感知规律在教学中的应用

学生的学习过程也是一种认知过程，这个过程要进行教材感知、知识理解、知识巩固、知识迁移和应用等诸多环节。在这个过程中，感知教材是起点，获得丰富、全面、正确和生动的感性知识，有助于学生的学习顺利进行。

一、运用感知规律进行直观教学

正确运用感知规律进行直观教学，对于提高教育教学质量起着重要的作用。

(一)常用的直观教学形式及其特点

直观教学是教学中的一种基本方法，在各种教学中应用广泛。在直观教学中，教师使用实物(标本)、模型、挂图以及幻灯、电影、电视、录音等直观教具，是使抽象的知识以直观的具体形象为学生感知，帮助学生理解和记忆教学内容，为使直观教具起到应有的作用，教师要注意运用有关的感知规律。

在实际的教学过程中，主要有三种直观方式，即实物直观、模象直观和言语直观。

1. 实物直观

实物直观是通过直接感知要学习的实际事物而进行的一种直观方式。

由于实物直观是在接触实际事物时进行的，它所得到的感性知识与事物之间的联系比较密切，因此它在实际生活中能很快发挥作用。同时，实物直观给人以真实感、亲切感、形象感，因此它有利于激发学生的学习兴趣，调动学生学习的积极性。但是，在实际教学中，人们往往难以突出本质要素，必须"透过现象看本质"，这具有一定的难度。由于受时间、空间和感官特性的限制，许多事物难以通过实物直观地获得清晰的感性知识。

2. 模象直观

模象直观是通过对事物的模象的直接感知而进行的一种直观方式。如各种图片、图表、模型、幻灯和教学电影电视等均属于模象直观。

由于模象直观的对象可以人为制作，因而模象直观在很大程度上可以克服事物直观的局限，扩大直观的范围，提高直观的效果。首先，它可以人为地排除一些无关因素，突出本质要素。其次，它可以根据观察的需要，通过大小的变化、动静结合、虚实互换、色彩对比等方式扩大直观范围。正因为模象直观具有这些独特的优点，它已经成为现代化教学的重要手段，是现代教育技术研究的重要内容。但是，由于模象只是事物的模拟形象，而非实际的事物本身，所以模象与实际事物之间有一定的距离。为了使得通过模象直观而获得的知识在学生的生活实践中发挥更好的定向作用，一方面应注意将模象与学生熟悉的事物相比较，同时，在可能的情况下，应使模象直观与实物直观结合进行。

3. 言语直观

言语直观是在形象化的语言作用下，通过学生对语言的物质形式(语音、字形)的感知及对语义的理解而进行的一种直观形式。

言语直观的优点是不受时间、地点和设备条件的限制，可以广泛使用；能运用语调和生动形象的事例去激发学生的感情，唤起学生的想象。但是，言语直观所引起的表象，往往不如实物直观和模象直观那样鲜明、完整、稳定。因此，在可能的情况下，应尽量配合实物直观和模象直观。

(二)制作直观教具中感知规律的应用

在制作直观教具时，应依据以下感知规律。

1. 感知对刺激强度的依存性规律

各种刺激必须达到一定的阈限值，才能为个体所感知。前面提供的各种感觉的绝对阈限的数据，可供制作教具时参考。要注意的是，前面提供的数据是在特殊的研究条件下获得的，而教学中来自各种渠道的刺激物都同时对学生的感官发生作用；学生在课堂中坐在不同的位置，各人的生理、心理状况都存在差异；教学环境也多种多样，因此在制作教具时要先了解这些情况，然后确定教具应具有的刺激强度、教具刺激与环境刺激的差异、教具本身各部分的刺激强度的差异等，使学生能在教师言语指导下，有效地将教具从众多的刺激物中选择出来作为感知的对象，并感知到教具的主要部分和主要特征。实物、标本的选择应具有典型性，挂图的制作应在大小、颜色等特征上适应教学需要和学生的特点；其他教具的制作在大小、颜色、清晰度、声音响度等方面都要精心设计。

2. 对比规律

在制作教具时，首先要确定教具的哪些特性、哪些部分是要求学生识别和观察的；然后，通过一定的手法，使这些特征、部分与其他特征、部分在刺激强度上有足够的差别，以便学生能迅速选择，准确地感知。在制作地图时，铁路用黑色，公路用红色，河流用蓝色或绿色，通过色调对比，使其相互差别及与背景的差别增大，学生可以清晰地感知到。同是铁路，干线可以用粗线，支线用细线，在刺激强度上产生对比，差别明显，便于学生感知和区分。

3. 知觉中对象和背景的相关规律

决定某一刺激成为学生感知对象的因素，不仅是刺激的强度。同一强度的刺激，如果在没有其他刺激干扰的条件下，也许很容易成为学生知觉的清晰对象。然而在一般教学环境中，直观教具并非唯一的刺激物，有时为了向学生呈现教具，还要使用辅助设施或工具，这时如果制作教具时设计不当，辅助教具可能喧宾夺主，成为学生知觉的对象，教具反而成为背景，没有产生应有的刺激作用，失去了直观教学的意义。如有一位教师在讲解翠鸟的形态特征时，在课堂上呈现一只活的翠鸟，但所用翠鸟形体很小，而装鸟的笼子则较大，而且结构精巧，色彩明亮，所用材料亦是精美之品。向学生呈现时，有的学生未能按教师要求观察翠鸟的特征，而观察鸟笼的结构、色彩和用材；当教师检查观察结果时，这些学生不知所云。教师在制作教具时一定要使教具本身(尤其是需要学生仔细观察的部分)成为所有刺激中最突出的部分，保证其成为学生知觉的对象，其他刺激则成为背景。有时为了保证学生能将对象选择出来，制作教具可使用夸张的手法。

(三)直观教具使用时感知规律的应用

在教学中，教师使用直观教具时，应考虑以下几个特点。

1. 根据教学需要选择适当的教具

每一堂课都有特定的教学目的，直观教具的选择，是为了满足实现教学目的的需要，而不是单纯地为直观而直观，胡乱选取，只要有直观教具就行了。例如政治教师在讲授"在社会主义大家庭里"这一课题时，为了讲清在这个"大家庭"里政府关心人民的生活疾苦，人民群众互相关心爱护、一方有难、八方支援的特征，在言语直观的同时，教师用幻灯显示，老工人生病住院，领导到病床前亲切探望；水灾之后，人民群众踊跃捐款支援灾区等图片，提供了能形象地说明观点的直观教具，使学生通过对直观图案的感知，领会有关观点。如果在讲这些观点时呈现的是讽刺官僚主义和人与人之间冷漠无情的漫画，就脱离了教学目的的需要，起到相反的作用。在地理教学中，教师呈现的地图并非千篇一律，每次将标准的图挂出来，而是根据教学需要，有时仅呈现铁路线路，有时仅呈现地形图，有时仅呈现经济布局图，使所呈现的直观教具真正能将教学内容具体化、形象化。

2. 以适当方式，在适当时候、适当位置呈现直观教具

直观教具是为实现教学目的服务的，但是，如果使用不当，就会减弱或失去其作用，甚至干扰教学。例如，教师在刚上课时就将所有直观教具(实物、挂图等)呈现在学生面前，

然后才开始上课，学生由于好奇，首先观察各种教具，教师的讲授成了背景，等到教师要求学生观察教具时，学生的好奇心没有了，从而没能按教师的要求将教具的关键特征知觉到。这样直观教具不仅没有加强教学效果，而且成为教学的干扰因素。教师应当根据教学的进程，在要求学生观察时才呈现教具。有条件的学校可以采用电化教学手段呈现图表及实物的图像，便于控制使用。教具呈现的位置及教具的大小也至关重要。为了方便，有的教师把挂图挂在黑板的两旁，教师是方便了，学生的感知却因此而发生了困难，对于坐在对角的学生来说，刺激强度减弱了，可能无法清晰地感知到。有的教室里投影机、电视机等也固定地放在黑板边上的角落里，也会导致学生感知困难，需设法改进。

3. 使用教具应当适应学生感知的特点

使用直观教具只是手段，而不是目的，这一点每个教师应谨记于心。小学生(尤其是低年级)经验贫乏，认知水平低，观察力不很强，尚未掌握良好的观察方法，在教学中应广泛运用直观教具，甚至组织实地观察。在观察中加强方法指导，让每一个学生都获得充分的感知直观教具的机会。到了小学高年级及中学以后，学生观察力发展到了较高水平，掌握了观察方法，教师在选择和使用直观教具时要注意典型性，在使用数量上适可而止。

4. 把实物(标本)、图像的直观与言语直观有效地结合起来

这种结合有如下三种形式。

(1) 言语在前的形式。教师在呈现教具之前，向学生说明观察的目的，简要讲解其内容，提出一些问题，以引导学生观察时注意教具的主要部分或特征。此时言语主要起动员和提示的作用。

(2) 同时或交错进行的形式。教师边呈现边讲解，告诉学生观察什么，教具的主要特征或主要部分在哪里，教具的特征说明了什么问题等。此时言语不仅起到观察和说明的作用，而且与直观教具相互补充。

(3) 言语在后的形式。教师在呈现教具后导出结论或重复呈现讲解的要点。此时言语主要起概括和强化观察效果的作用。

在教学过程中，教师应当根据教学的实际需要，适当选择和综合运用三种形式。

二、遵循感知规律，提高直观教学效果

在教学中，遵循感知规律，对于提高直观教学的效果有着十分重要的意义。

(一)强度律

在教学中，作为知识的物质载体的直观对象(实物、模象、言语)必须达到一定的强度，才能为学习者清晰地感知。因此，在直观过程中，教师应突出那些低强度但重要的要素，使它们充分地展示在学生的面前，只有这样，才能真正让学生获得他们所需要的知识，达到教学的目的。

(二)差异律

在教学中，对象与背景的差异越大，知觉的对象越容易从背景中区分开来。在物质载体层次，应通过合理的板书设计、教材编排等恰当地加大对象与背景的差异；在知识本身

层次上，应合理地安排新、旧知识，使旧知识成为学生学习新知识的支撑点。

(三)活动律

活动的对象较之静止的对象容易被感知。为此，教师在教学中，应注意在活动中进行直观教学，在变化中呈现对象，要善于利用现代科学技术作为知识的载体，使知识以活动的形象展现在学生的面前。

(四)组合律

空间上接近、时间上连续、形状上相同、颜色上一致的事物，易于构成一个整体为学生清晰地感知。因此，教师在板书设计、绘制教学挂图时，要注意拉开距离或用不同形状和颜色表示不同的对象。在教材的编排上应分段分节，教师讲课应有间隔和停顿。

三、良好感知觉能力的培养

在直观过程中，教师通过对一定的直观教材的运用，其效果如何，主要取决于学生的感知能力，也就是学生的观察力。因此，为了更好地完成教学任务，必须认真组织和培养学生的观察能力。

(一)什么是观察

观察是有目的、有计划、比较持久的知觉，它是知觉的高级形式。观察比一般知觉有更强的理解性，观察离不开思维，有人把观察称为"思维的知觉"。

观察在人们的学习、工作中具有重要的意义。观察是获取知识的门户，一切科学实验、新发现、新规律，都建立在周密的、精确的观察基础之上。巴甫洛夫一直把"观察、观察、再观察"作为自己的座右铭，并告诫自己的学生，"不学会观察，你永远当不了科学家"。达尔文在总结自己的成就时说，"我既没有突出的理解力，也没有过人的机智，只是在观察那些稍纵即逝的事物，并对其进行精确的观察的能力上，我可能在众人之上。"

观察力就是分辨事物的细节能力，它是智力的重要组成部分，因而是学习所必需的智力因素之一。其发展水平的高低，将直接影响学生的学习质量和效果。同时，研究表明，观察力是人在后天实践中逐渐发展起来的。培养学生的观察力，不仅有利于学生当前的学习，而且对其未来的学习和发展而言，同样具有促进发展的价值。

(二)观察的特征

观察是个体从事科学研究、艺术创作和社会实践不可或缺的心理特征。它主要包括以下4个方面的特征。

1. 观察的目的性

观察的目的性是关于个体是否善于组织自己的知觉活动，以达到自己所确定的观察目的。一般来说，观察的目的越明确与具体，观察的过程就越迅速，效果就越明显。

2. 观察的客观性

观察的客观性是指在观察过程中，始终坚持实事求是的态度去知觉客观事物。观察是对客观事物的知觉，尊重客观事实、科学反映客观事物的本来面貌和本质特征是观察的基本要求。

3. 观察的精确性

观察的精确性是个体在观察过程中，能够区分出客观事物细节的特征。一般来说，观察力强的人，表现出既能观察到客观事物的全貌，又能观察到客观事物的细微特征的能力。

4. 观察的敏捷性

观察的敏捷性是个体能迅速发现客观事物重要特征或重要属性的特征。一个人如果能够在看似平常的现象中发现新的信息，或者在平凡的事物中发现事物的重要特征，反映出其观察能力较强。

(三)观察力的培养

观察力是智力的重要组成部分之一，因此，在教学中重视学生观察力的培养，对于提高教育教学质量有着重要的促进作用。

1. 引导学生明确观察的目的与任务

观察的目的和任务越明确，观察者对知觉的反映就越完整、越清晰；反之，观察者会由于缺乏对目的和任务的调控而在观察中不得要领，降低观察的效能。因此，教师必须预先向学生提出观察的目的与任务，并根据学生的年龄特征、知识水平，尽量把观察的目的、任务提得明确些、具体些。

此外，教师还应当培养学生的观察兴趣。如果学生对观察具有较高的兴趣，则学生的观察活动会由于兴趣的动力作用而进行得兴致盎然；相反，如果没有观察兴趣，则学生会时时处处依赖教师的指示，观察的主动性低，并且觉得观察索然无味，观察力的培养也就无从谈起。因此，培养学生的观察兴趣对观察力的培养有重要意义。

2. 做好观察前的必要的知识准备

观察的成功依赖相应的知识与经验，观察前的知识准备越充分，观察的效果就越好。学生只有在观察前有充分的知识准备，才能加深对观察对象的理解，提高观察的效果。

3. 指导学生有计划、有步骤地进行观察

观察必须有系统、有计划地进行。教师应要求学生在观察活动开设前制定科学的观察计划；在观察过程中，指导学生按拟定计划有步骤地、循序渐进地展开，保证观察活动全面、周密地进行。否则，随意的浏览必将杂乱无章，产生遗漏甚至忽视关键之处，降低观察的效果。

4. 引导学生在观察时善辩多思

教师要根据观察对象的特点，引导学生在观察活动中开动脑筋，积极地思维，注意观察对象的每一个细节，不但要求学生看到"什么样"，而且更要要求他们思考"为什么"，并能提出自己的想法和见解，不能满足已有的现成答案。

5. 指导学生做好观察记录和总结

为了对观察结果进行分析，在观察过程中，必须做好观察记录，观察结束后还应写观察报告，做全面的、系统的书面或口头总结。这样既能巩固观察所获得的知识，还可以提高学生分析问题和解决问题的能力。

总之，教师在教学中，应注重培养学生的观察力，促进学生的智力的发展。

⚷ 拓展阅读

在太空中的感觉是怎样的

在电视上，人们看到宇航员们在失重条件下飘来飘去，显得挺自在。实际上，对太空生活的适应并不像人们想象的那么轻松。当飞行器进入空间轨道时，有大约 70%的人的第一个感觉是被抛了起来。一半以上的宇航员都曾经因太空适应综合征(space adaptation syndrome)或称"太空病"而感到不适应。

(1) 太空病的感觉像晕船吗？

太空病是运动疾病的一种。与晕船、晕车和晕机一样，人最初的感觉是头晕和轻微的空间方位混乱。所不同的是，人在太空中通常没有脸色苍白、出冷汗和恶心的现象。在地球上，人在呕吐前会先感到恶心，但在太空中，呕吐是突然的和没有先兆的。当人们看见另外一名宇航员上下颠倒地飘动，或从某个特别的角度看了地球一眼，都可能使人呕吐不止。由于失重会改变大脑对头部、肌肉和关节发送来的信号的感觉，所以，太空病比晕船要难受得多。

(2) 需要多长时间才能适应失重？

太空病的不适应现象通常在 2～3 天后消失。最近的研究表明，伴随适应过程的是，宇航员完全使用视觉线索，而不再使用平衡系统的信息。但是，在长期执行太空任务之后，一些宇航员返回地球的短时间内会出现"地球病"——头晕和恶心。在回地球后的头一两天，让宇航员闭着眼睛站在地上是相当困难的。这时，他们需要经历一次与进入太空时相反的适应过程。

(资料来源: [美]库恩，等. 心理学导论——思想与行为的认识之路. 第 9 版. 郑刚，等译.

北京: 中国轻工业出版社，2003: 217～218)

本 章 小 结

感知觉是人类认识世界的初级阶段，没有感知觉，就不可能产生其他的心理现象，这是每个人必须了解的内容。本章从感知的概念入手，帮助大学生认识感知觉的种类，分析了感受性与感觉阈限以及知觉的特性，帮助大学生认识与了解感知觉的现象，在今后的教学中，要充分应用感知觉规律组织教学，提高教育教学质量。

思考与练习

1. 结合本章的学习内容，设计提高感知能力的方案。
2. 举例说明感觉适应和感觉对比现象在实际生活中具有哪些重要作用。
3. 结合自身体会谈谈知觉特性在教学中的运用。
4. 假设你是一名初中老师，在教学中如何运用感知规律组织教学？

推 荐 阅 读

1. 梁宁建. 心理学导论. 上海：华东师范大学出版社，2006
2. 姚本先. 心理学. 第 2 版. 北京：高等教育出版社，2009
3. 彭聃龄. 普通心理学. 第 2 版. 北京：北京师范大学出版社，2008
4. [美]库恩，等. 心理学导论——思想与行为的认识之路. 第 9 版. 郑钢，等译. 北京：中国轻工业出版社，2003

子曰："温故而知新，可以为师也。"当代大学生要想拥有良好的记忆并为未来成为教师积累经验，必须遵循记忆规律并努力实践，才能为终身发展奠定坚实的基础。

——题记

第四章 记 忆

本章学习目标

➤ 记忆的概念。
➤ 记忆表象。
➤ 记忆的种类。
➤ 遗忘的概念、影响因素及其克服策略。
➤ 信息编码与提取的影响因素。
➤ 记忆的品质。

核心概念

记忆(memory) 编码(encoding) 储存(storage) 提取(retrieval) 遗忘(forgetting) 遗忘曲线(forgetting curve) 再认(recognition) 回忆(recall)

引导案例

巧用记忆方法

相传民国时期，在一座山间私塾中，一位先生要学生背诵圆周率，他要求学生必须准确背诵小数点后的 22 位数，即 3.141 592 653 589 793 238 462 6。临近中午，学生们依然没背下来，老师很生气，说"中午不许回家吃饭，继续背，什么时候背下来，什么时候回家。"教书先生是一位爱喝酒的人，自己上山找朋友喝酒去了。呆在教室里的孩子自然很生气，但依然没办法背会圆周率。忽然一个机灵的学生编了一首打油诗，结果把圆周率后的 22 位数准确地背下来了。他把打油诗教给全体同学，待老师喝酒回来，学生们个个背得滚瓜烂熟。打油诗是这样写的："山巅一寺一壶酒，尔溜苦煞吾，把酒吃，酒杀尔，杀不死，溜而溜。"

你能理解学生们使用什么方法背下来的吗？你还有更好的记忆方法吗？本章将学习记忆的规律并探讨如何更好地记忆。

记忆是与每一个人都息息相关的心理现象。很难想象，如果没有了对过去经验的记忆，生活会变成什么样子。假想一个人没有了记忆，那他还能交谈吗？还能思考吗？还能认识自己的家和亲人朋友吗？失去记忆，你所经历过的一切就像从来没有发生过一样了无痕迹，这种情景既不是我们向往的，也不是我们能够忍受的。学习有关记忆的内容，可以让我们更好地了解记忆是如何工作的，更有效地动用自己的记忆为自身服务，使自己也成为一个记忆能力出色的人。

第一节　记忆概述

从 1885 年艾宾浩斯等人对记忆进行正式研究开始，人类对记忆的实验探索已经有一百多年的历史。这一百多年来心理学究竟研究了记忆的哪些内容？他们的研究又能给我们哪些启示呢？就让我们一起走进记忆研究的世界。

一、什么是记忆

记忆是一种高级的心理现象，它将人们的心理活动的过去、现在和未来连接成整体，使个体的心理发展、个性形成和知识积累得以实现。那记忆究竟是什么呢？

(一)记忆的定义

记忆(memory)是人脑对经历过的事物的反映。所谓经历过的事物，是指过去感知过的事物、思考过的问题、练习过的动作、体验过的情感等。感知过的、思考过的、体验过的和行动过的事物都可以成为个体的经验。例如，从前见过的人，现在不在面前，我们能想起他的姿态容貌，见到他时能认得出来，这就是记忆。不仅感知过的事物能保持于头脑中，思考过的问题、理论，体验过的情绪、情感，练习过的动作也都能保存于头脑中。在生活实践中见过、学过、做过的事情以及体验过的情绪，都可以成为我们的经验而保持在我们的头脑中，在以后适当的时候回想起来，或当它们再度出现时能认出来，这都是记忆。

记忆是一个主动的心理过程，是个体对其经验的识记、保持、回忆或再认，因此，记忆过程包括识记、保持、回忆和再认三个环节。识记是识别和记住事物，从而积累知识经验的过程。识记是记忆的初始阶段，是获得知识经验的记忆过程。识记具有选择性，环境中的各种刺激只有被个体注意才能被识记。从信息加工的观点来看，识记是信息的编码。在编码时，人们试图将当前经验同某一名称相联系。这一过程通常是自动而迅速的，因而未被意识到。进一步的编码过程是使新输入的信息同已有的知识经验建立广泛的联系，从而形成知识网络。保持是巩固已经获得的知识经验的过程，也就是信息的储存。储存也是一个积极的过程，储存的信息在内容和数量上都会发生变化。保持的对立面是遗忘，实际上，保持的问题就是防止遗忘的问题。过去的知识经验是否在头脑中保持，可以通过回忆或再认(统称再现)的方式表现出来，回忆和再认就是在不同的条件下恢复过去经验的过程，也就是信息的提取。提取是指在需要的时候将编码储存在记忆中的信息予以解码输出并通过反应表现出来的过程。经验过的事物不在眼前，能把它重新回想起来的过程，称为回忆。经验过的事物再度出现时，能把它认出来的过程，称为再认。回忆和再认过程不是原先识记材料的简单再现，而是经历重建和重整的过程。再认和回忆是检验记忆效果的指标。因此，从信息加工的观点来看，记忆就是对信息进行编码、储存和提取的过程。

(二)记忆表象

唐代大诗人白居易在《忆江南》中写道："江南好，风景旧曾谙。日出江花红胜火，春来江水绿如蓝。"他脑中的"江花"、"江水"都是记忆表象。记忆表象让人们把经历过的事物的具体形象储存在头脑中并为运用奠定了基础。

1. 记忆表象的概念

记忆表象是人脑中保留的感知过的事物的映像。例如，谈到北国的冬天，人们就会在头脑中形成"银装素裹"的情景，而说到六月的西湖，"接天莲叶无穷碧，映日荷花别样红"的景色就会浮现脑中，这都是人们感知过的形象在脑中形成的记忆表象。感知过的事物的形象可以称为记忆表象，表象一定是形象的，但不是所有的记忆都是表象。例如，记住老师上节课讲话的语音、表情和手势，这是表象，但是如果记住老师上节课讲话的内容，则不是表象。

记忆表象是在感知基础上形成的，没有感知就没有记忆表象。但个体头脑中某一事物的记忆表象不是一次感知形象的保存，而是将感知过的事物以具体的形象储存在头脑中，并将多次储存的信息合成一个完整的外在形象。就如看一个人，这次看到的是正面，下次又看到背影、侧影，经过多次记忆形象的储存，就形成了这个人的记忆表象。

2. 记忆表象的特征

记忆表象作为个体积累经验的方式之一，具有直观性与概括性的特征。

记忆表象的直观性是指个体头脑中反映的事物形象具有直观的特点，如感知觉一样能够看到、听到或嗅到事物或事物的特征。但记忆表象形成的形象不如感知觉正在直接作用时所形成的形象那样鲜明生动、完整稳定，而是表现出了模糊、黯淡、片面、不稳定的特点，甚至经常无法形成完整的形象。

记忆表象的概括性是指表象概括反映了事物的外部形象或共有形象，它概括的是多次感知后事物的表面特征，而不是对某一事物的个别特点或某次感知的具体形象的反映。例如，我们头脑中形成的一棵枝繁叶茂的杨树形象，你很难说是你哪天看到的那棵杨树，它本身就是你在多次感知基础上，对杨树外部特征的概括。记忆表象的概括性很像思维，但它与思维的概括是不同的，思维的概括反映的是事物的本质特征与内部联系，记忆表象概括的是事物的外部形象和表面特征。

3. 记忆表象的作用

从直观性方面看，记忆表象接近感知觉，但不如感知觉鲜明完整和稳定。从概括性方面看，记忆表象接近思维，但又不如思维，它不能概括出事物的本质特征。那么，记忆表象在个体发展中有何意义？

首先，记忆表象是感知觉向思维发展的中间环节，是感性认识向理性认识过渡的桥梁。从个体学习成长看，个体对表象的利用恰是其思维发展的一个重要环节。以数学为例，儿童从最初对一棵树、一个苹果的认识，到后来可以对数字运算加以理解，没有记忆表象起中介作用，这一过程是很难形成的。

其次，记忆表象是人类积累知识经验的重要形式。从现实情境看，人类的大量信息都离不开具体形象，对具体形象事物的记忆则成为人的一项重要的记忆任务。从远古时代观察狩猎、模仿学习，到现代人观赏艺术表演、设计服装建筑，这些活动都离不开记忆表象的参与。敦煌壁画用直观的形式给人们展示了古代的生活画面与想象，这些表象恰是人类积累的经验。可见，记忆表象也是人类积累与理解知识经验的重要形式。

最后，记忆表象还是想象的基础。想象是人脑对已有记忆表象进行加工改造从而创造事物新形象的过程。任何想象都不是凭空产生的，都需要原形的积累，这恰是记忆表象的重要作用。因此，教师在教学中，应充分利用直观教学的形式，丰富学生的感知，增加学生的表象，这对学生经验的积累、知识的学习、思维与想象能力的发展都有重要作用。

二、记忆的类型

人类的记忆比我们想象的要复杂得多，按不同的标准划分，记忆可以分为不同种类。了解不同记忆种类有助于更好地认识记忆。

(一)按记忆内容划分的记忆

根据记忆的内容划分，可将记忆分为形象记忆、语词-逻辑记忆、情绪记忆和运动记忆。

1. 形象记忆

形象记忆(imaginal memory)是以过去感知过的事物的形象为主要内容的记忆。例如，看一场电影或听一场演唱会，记住了人物的形象就是形象记忆。形象记忆在生活中具有重要作用，表演、书法、服装设计以及广告设计等都需要利用形象记忆。在日常生活中，形象记忆也占据重要地位，否则我们的生活就会变得困难，甚至难以认人和找地点。研究表明，在人的记忆中，形象材料的储存量与语词材料之比是 1000∶1。

2. 语词-逻辑记忆

语词-逻辑记忆(word-verbal memory)是以概念、公式、规律等为主要内容的记忆。这种记忆所保持的不是具体形象，而是关于事物的意义、性质、关系等方面的内容，并且是通过词语表现出来的，如对物理、化学中的定义、定理等的记忆。这种记忆有高度的理解性和逻辑性。对于学生来说，语词-逻辑记忆在各种记忆中起主导作用，因为学生学习的人类文化知识经验主要是以书面化的文字形式记载的，必须依靠语词记忆为学生所接受和储存。

3. 情绪记忆

情绪记忆(emotional memory)是以体验过的某种情绪、情感为主要内容的记忆。这种记忆保持的是过去发生过的情感体验，如对于幼年时过春节、放鞭炮的情景的记忆，里面伴随着极大的愉悦情绪；在遇到一位多年不见的朋友时，我们所能回忆起来的事情往往是有过强烈情绪体验的事情。从经验的角度看，人们能够记住的大多数信息都与情绪有关，无情绪的事件很少留存在记忆中。

4. 运动记忆

运动记忆(motor memory)是以过去做的运动或动作为内容的记忆。例如,对骑自行车时各个动作的记忆、对做体操各个动作顺序的记忆等,都是运动记忆。运动记忆是各种技能形成的基础。在学校学习中,学生学习计算机操作、舞蹈、体育项目以及物理化学实验等都需要依靠运动记忆完成。

(二)按记忆的保持时间划分的记忆

根据记忆中信息储存时间的长短,可以将记忆分为感觉记忆、短时记忆和长时记忆。

1. 感觉记忆

感觉记忆(sensory memory)是指事物的刺激作用停止后,我们在一个很短的时间内保持它的映像的过程。感觉记忆储存时间一般在 2 秒以内,超过这个时限,感觉记忆就消失了。每一种感觉记忆都会将感觉刺激的物理特征的精确表征保留几秒钟甚至更短的时间,这种记忆扩充了从环境中获取信息的容量,它在极短的时间内保存着全部材料,而且包含的信息储备比可能利用的要多。

2. 短时记忆

短时记忆(short-term memory,STM)是指储存信息的时间在 2 秒到 1 分钟以内的记忆。例如,我们从电话簿上查到一个电话号码,立刻就能根据回忆拨出这个号码,但是事过之后,却不记得这个号码了,这就是短时记忆。

与感觉记忆、长时记忆相比较,短时记忆具有一些有趣的特征。短时记忆的容量是有限的,较之记忆的其他两个阶段,它储存的信息要少得多。短时记忆的信息容量可用组块作为单位来测量。组块(chunk)是指人们在过去经验中已变为相当熟悉的一个刺激独立体,如一个字母、一个单词、一个数字、一个成语甚至是一个完整的句子。米勒(Miller,1956)认为短时记忆的信息容量为 7±2 个组块,这个数量是相对恒定的。这就是短时记忆的组块理论。组块化(chunking)是将项目组织成熟悉的、有意义的单元,这个过程通常是自动发生的。因此,组块的大小、复杂性都是因人而异的。例如,记数字 14916253649,你可能按149—162—536—49 记忆,他可能按 1491—6253—649 记忆。如果你能找到一些办法将大量的有用信息组成少量的组块,你的记忆广度将会大大增加,这将是在学习和考试中提高记忆效率的一种有效方式。

短时记忆是唯一对信息进行有意识加工的记忆阶段。如果加以注意,信息在短时记忆中的保持同注意的时间一样长。感觉记忆和长时记忆中的信息是我们意识不到的,这两种记忆中的信息只有提取到短时记忆中才能被执行和加工,所以短时记忆也叫工作记忆。

3. 长时记忆

长时记忆(long-term memory,LTM)是指保持时间为一分钟以上直至终生的记忆。短时记忆的信息通过多次重复或编码,可以存入长时记忆。信息转入长时记忆之后,就相对持久地被储存起来。长时记忆是一个复杂的重要的记忆系统,它包括了人们整个后天获得的经验,人们一生都能持续为长时记忆增添信息。信息常常通过衰退和干扰而从长时记忆中丧失,不过从长时记忆中丧失的记忆内容比从感觉记忆和短时记忆中丧失要慢得多。

长时记忆一般分为程序记忆和陈述记忆两类。程序记忆(procedural memory)是对习得行为和技能的操作步骤的记忆，包括基本条件反射和各种习得的动作，如打字、拼图、打球时的动作等，这些记忆以动作来表达，也称为动作记忆。陈述记忆(declarative memory)是对事实信息的记忆，包括各种特定的事实，如姓名、人脸、单词、日期和观点等。陈述记忆以单词和符号来表达。加拿大心理学家图尔文将陈述性记忆分为语义记忆和情景记忆。语义记忆(semantic memory)是关于世界的基本事实知识的记忆，是类属的、范畴的记忆。例如，词语及概念的含义、公式、人名、年代信息等知识的记忆，就像一本心理词典或一本基础知识的百科全书。情景记忆(episodic memory)是每个人的"自传性记录"，存储着个人在特定时空情景中发生的各种事件。例如，对自己接到大学录取通知书的情景的记忆，对自己第一次约会时的情景的记忆，都属于情景记忆。情景记忆是自己亲身体验过的，要恢复这些记忆，需要指明事件发生和事件内容的提取线索。

感觉记忆、短时记忆和长时记忆构成了一个记忆系统(见图 4-1)，感觉记忆经过特别注意和编码就进入短时记忆，短时记忆经过复述加工就可以进入长时记忆，而长时记忆中的信息需要用时必须提取到短时记忆中，一旦提取失败，信息就无法运用。在现实生活中，经常发生的"舌尖现象"——记忆中某事就在嘴边却说不出来的现象，就被认为是长时记忆在转换成短时记忆时发生了障碍，导致信息无法有效地加工。

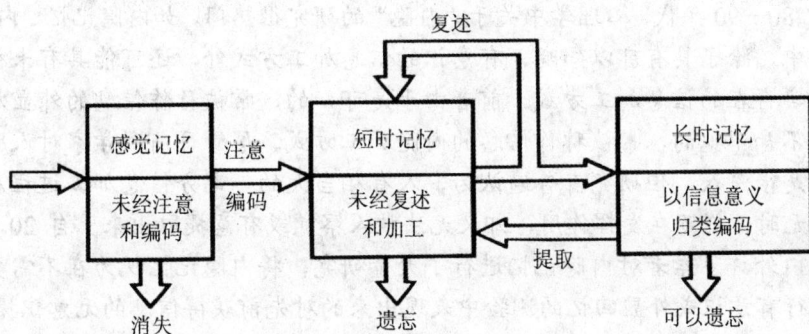

图 4-1　记忆系统模式图

(三)按记忆可否被意识到划分的记忆

根据记忆的意识维度划分，可以把记忆分为外显记忆和内隐记忆。

1. 外显记忆

外显记忆(explicit memory)是指有意识提取信息的记忆，它是通过有意识的直接测验表现出来的。外显记忆强调的是信息加工和提取过程的有意识性，这一过程是需要注意资源的。例如，在我们的头脑里保留着许多记忆信息，儿时背过的"九九表"、唐诗、宋词、学习过的英语单词，还有参加的活动、认识的人等，对这些信息的提取个体都能意识到，知道自己头脑中确有这些内容，而且是可以再认或回忆出来的。

2. 内隐记忆

内隐记忆(implicit memory)是指我们没有意识到但确实存在着的过去经验或记忆，它可以通过对记忆的无意识的间接测验表现出来。内隐记忆是不需要注意资源的过程。例如，要求能熟练地打字的人立刻正确地说出键盘上字母的位置，许多人往往做不到，但在具体操作中，却不影响他们打字速度，尤其是可以盲打，这说明他们有字母位置的内隐记忆。内隐记忆现象早在1854年就在遗忘症病人身上发现了，这些病人不记得自己曾经拥有某方面的学习经历，但在他们完成相关任务的操作上却表现出了这些记忆。

📖 知识拓展 4-1

内隐记忆与虚假记忆

沃林顿和韦斯克兰茨(Warrington & Weiskrantz，1970)曾设计了一个经典实验，被试包括4名遗忘症患者(其中3人酒精中毒，1人颞叶受伤)和16名正常人。实验者先给所有参加者看一些词语，然后安排了两种测验：一种是直接回忆所学的词语；另一种是进行残词补全，即在字母组合(如_ab_)中补充字母，使之成为完整的词(如cable)。结果发现，遗忘症患者的回忆成绩远比正常人差，但在残词补全测验中，与正常人不相上下。遗忘症患者所具有的这种记忆，就是我们所说的内隐记忆，即在不需要人们有意识回忆的情况下，个体的经验自动地会对当前任务产生影响而表现出来的记忆。这与我们平时所说的有意识记忆是不同的。也可以这样说，内隐记忆的内容无法被有意回忆，但可以在需要时被使用。正常人从语词认知、技能学习到社会认知诸方面，都存在内隐记忆现象。

20世纪80—90年代，心理学中关于"内隐"的研究很热门，如内隐记忆、内隐学习等。在脑的活动中，除了具有可以知晓、有意识的信息加工方式外，还可能具有未被知晓、潜意识的但确实存在的信息加工方式。前者由于是可知的，常被称作信息的外显加工方式；后者由于是不知不觉的，常被称作信息的内隐加工方式。尽管目前科学家对人脑内隐加工的认识还不是很深入，但研究者普遍认为，人有相当大的一部分信息加工过程属于内隐加工方式，它无时无刻不在发挥作用，却又无法被人察觉或有意提取出来。自20世纪80年代开始，国内外许多学者对内隐记忆进行了大量研究，将内隐记忆视为在不需要对特定的过去经验进行有意识或外显回忆的测验中表现出来的对先前获得信息的无意识提取(Graf & Schacter，1985)。研究内隐记忆的实验大都包括两个阶段：学习阶段和测验阶段。从所用的研究材料来看，内隐记忆研究主要可分为两类：一类是以语言材料为实验的刺激材料，主要形式有词干补笔、残词补全、词汇确定、词的确认以及偏好判断等；另一类是以非言语材料作为刺激材料。鉴于以往研究中以语言材料为实验材料的很多，以汉字作为语言材料的则很少，杨治良等(1994)以汉字为实验材料率先进行了这方面的研究。

在大脑中保存的信息可以被潜意识地调用、再整合，也可以说，信息在大脑中即使没有被意识到，它们也不是一成不变的。信息之间自动的组合导致不真实的回忆，就是虚假记忆(pseudo memory)。虚假记忆最早被注意是由于发现犯罪现场的目击证人的证词并不一定可靠，虽然证人自己确实认为他当时看到的情况就是这样，但常常会因为情景信息的混淆，而导致对罪犯的错误指认或情景的错误描述。例如，证人并没有看清罪犯的长相，但在回忆时会把以前看到过的并不熟悉的人脸指认为罪犯；证人对犯罪现场的细节根本没有看清，但在回忆时会根据自己的经验填充，而且确认是当时看到的情景。虚假记忆的成因有内隐记忆成分，但是否属于内隐记忆目前尚不能确定。

(资料来源：黄希庭. 心理学导论. 第2版. 北京：人民教育出版社，2009：342～343)

近几十年来，对内隐记忆的系统研究受到极大重视。已有的研究表明，内隐记忆与外显记忆是表现极为不同的两种现象，内隐记忆只能通过词干补笔或残词补全等内隐测验的形式被发现，而在回忆或再认等外显测验形式中并不表现出来。因此，在一般学业测试中，很难发现内隐记忆的效果。

(四)按记忆加工和控制的层面划分的记忆

根据记忆加工和控制的层面来划分，可以把记忆分为元记忆和客体记忆。

1. 元记忆

元记忆(metamemory)是对自己的记忆活动所进行的了解和控制，是人对自己记忆系统的认知。其包括对记忆系统的内容、功能的认知和评价，以及对记忆过程的监控。个体元记忆知识的多少与可激活性、元记忆监测和控制的有效性都影响元记忆能力。

元记忆知识包括个体元记忆知识、任务元记忆知识和策略元记忆知识。个体元记忆知识是个体对自己是否有能力执行行动中某特定行为的判断，任务元记忆知识是对任务难度、性质的认识，而策略元记忆知识则是关于何时、何地、怎样以及为什么使用策略的知识。

元记忆监测是个体从客体记忆中获取信息并依据信息形成对客体记忆的各种类型的主观判断或评价，从而改变原水平状态的过程。监测可以发生在记忆之前，也可以发生在记忆之后。例如，知晓感(知道感，FOK)就是记忆提取失败后个体相信自己具有这种信息并预测在将来能从记忆中提取出来的一种心理状态。监测为控制提供了信息，是控制的依据。

📖 知识拓展4-2

"知晓感"的测量

20世纪60年代哈特在斯坦福大学所作的关于"知晓感"的博士论文开启了此类研究的先河，并且使知晓感成为元记忆研究的核心内容之一。

向儿童呈现一些项目，要求他们对每一个项目都加以命名，接着检查他们是否记住了这些命名。当儿童不能回忆出某些项目的名字时，就问他们如果这些项目名字重新出现了，他们能否识别出这些项目的名字。然后，研究者将这些项目的名字和其他无关项目的名字混在一起进行真正的再认测验，将再认所得的成绩和先前的"知晓感"判断加以比较，就可以了解"知晓感"判断的准确性，从而推测被试记忆监控的水平。

(资料来源：杨志良. 记忆心理学. 第2版. 上海：华东师范大学出版社，2004: 166)

控制在记忆加工过程中体现为5种形式：确立识记的目标和计划；确定学习时间的分配；选定信息加工模型；选择加工策略；发动、继续或中止记忆或提取过程。个体元记忆控制不良，就不能提高记忆的有效性。

2. 客体记忆

客体记忆(object memory)就是人们通常所说的记忆，即对信息的编码、储存和提取等加工过程。它是元记忆的基础，是元记忆认知、评价和控制的对象。本章所讲的大部分内容都属于客体记忆。

三、记忆的作用

英国教育家约翰洛克在其《人类理解论》一书中说，"在有智慧的生物中，记忆之为必要，仅次于知觉。它的关系是很重要的，我们如缺少了它，则我们其余的官能便大部分失去了效用。因此，我们如果没有记忆的帮助，则我们在思想中、推论中和知识中便完全不能越过眼前的对象。"可见，人们对记忆在生活中的重要性早有认识。

(一)记忆是人的心理活动和行为发挥作用的基础

记忆是信息存储的仓库和智力活动的基础，人类的大部分活动都需要记忆的参与。离开记忆，人从简单的行为到复杂的思维学习都无法进行。人要发展语言和思维，就必须保存词和概念；人要形成良好的行为习惯和人格特质，必须以记忆信息为支撑。可见没有记忆，个体就什么也学不会，也就没有心理的发展；没有记忆，就没有人类经验的积累，也就不会有现代文明。

(二)人类的记忆具有巨大的潜能

人的记忆力在个体成长与发展中的作用是巨大的，正因如此，开发记忆潜能、提高记忆力就成为许多人的愿望。通过前面的学习已经知道，短时记忆的容量是有限的，通过"组块化"个体可以将有限的容量扩充为更大的容量，使其更好地为自己服务。但是长时记忆能够储存多少信息、有多大的潜力是个体无法意识到的。长时记忆构成了"心理上的过去"，储存着我们关于世界的一切知识，为我们的活动和发展提供必要的知识基础，是人们更为关注的记忆内容。

一般认为长时记忆的容量与大脑的容量有关。科学研究证明，人的大脑的潜力是无穷的，它的功能相当于一台 10^{14} 的电子计算机，可以存储 1000 万个信息单位的信息量，相当于 5 亿本书的知识总量。而人脑中储存的信息都是记忆的结果，因此，可以说相对于人有限的生命而言，人的记忆容量是无限的。大脑记忆的巨大潜力为个体利用与开发记忆提供了支撑，对一个健康的大脑而言，只要按照科学的方法并持之以恒地训练，人人的记忆都可以得到提高。

(三)掌握记忆规律对师范生自身学习和未来提高教育效果具有重大意义

俄国著名的生理学家谢切诺夫认为"人的一切智慧的根源都在记忆"，记忆是"整个心理生活的基本条件"。对于师范类大学生而言，掌握记忆规律具有更重大的意义。

首先，从学习效率角度看，掌握记忆规律有助于提高师范生学习工作的效率。任何学习效率的取得都要依据规律，掌握科学的策略。记忆研究恰好为师范生提高自身效率提供了依据和方法，只要学生能够依据规律训练自我，就可以提高效率，增强学习效果。其次，从师范生自身发展看，掌握记忆规律有助于师范生更好地适应环境。记忆是过去经验的保留，这种经验对当前反映新事物具有重要作用。原有的经验越丰富，新的反映就越深刻、越全面，个体就越易于适应不断变化的环境。因此，掌握记忆规律不仅可以使大学生更好地储备经验，而且可以为个体发展提供基础，为适应新环境做好准备。最后，从未来职业适宜性角度看，掌握记忆规律有助于师范生从教后有针对性地提高教学效果。例如，根据艾宾浩斯"遗忘曲线"揭示的"遗忘进程先快后慢"的规律，在教学中有意识地引导学生及时复习，可以取得事半功倍的效果。而教会学生运用记忆方法和策略进行学习，既可以使学生受益终生，又有助于取得良好的教学效果。许多优秀教师的成功教学经验已经说明，掌握记忆规律、利用规律进行教学，是取得教学效果的主要途径。

第二节　记忆过程分析

无论什么类型的记忆，其基本过程均是由识记、保持、回忆或再认三个环节组成。从信息加工的角度看，这一基本过程就是信息的编码、储存和提取。编码是信息的最初加工，对应信息的识记环节。储存是指被编码材料所获得的储存过程，对应信息的保持环节。提取是指被储存信息在随后某一时间的重现，对应信息的回忆或再认环节。简言之，编码获取信息，储存将它保存到需要的时候，而提取就是把它取出来。

一、信息编码过程——识记

所谓编码(encoding)就是人脑对外界输入的信息进行加工、归类并纳入记忆系统的过程，从而使这些信息成为适合人的记忆形式。在人类的记忆系统中，编码有着不同的层次或水平，而且是以不同的形式存在着的。如视觉的信息编码、听觉的信息编码以及语义的信息编码等。采用哪种编码形式，取决于刺激的性质和主体的个人特点。此外，编码还包括对外界信息进行反复的感知、思考、体验和操作。新的信息必须与人的已有的知识结构形成联系，并汇入旧的知识结构中，才能获得和巩固。但是，在某些情况下，当事物与人们的需要、兴趣、情感密切联系时，尽管只有一次经历，人们也能牢固地记住它。而这一识别、记住某种事物并在头脑中留下映像的过程，就是识记。

(一)识记的类型

1. 无意识记和有意识记

依据主体有无明确的识记意图和目的，是否付出意志的努力，可以将识记分为无意识记和有意识记。

无意识记是指没有预定目的、不需要意志努力而进行的识记。人偶然感知过的事物，阅读过的文献，在一定情况下体验过的情绪，仓促间做的动作，当时没有意图记忆它，但是有不少内容被记住了，事后可以回忆起来，或当其再度出现时可以认知它，这就是无意识记。人在生活中的很多信息都是通过无意识记储存在大脑中的，所谓"潜移默化"或"近朱者赤，近墨者黑"也可以理解为无意识记的结果。无意识记不需要意志努力，因此在识记过程中就不会很累，这恰是它的优势。教学中教师可以结合课程内容增加学生感兴趣的案例、视听资料帮助学生利用无意识记学习，提高教学效果。但是由于无意识记没有目的，因此它很容易以个人兴趣为转移，难以保证识记内容的完整性。

有意识记是指有预定目的、经过一定意志努力并运用一定方法的识记。有意识记由于具有明确的目的性，因此能够更好地保证识记信息的完整性。在教育和生活中有意识记是更重要的，对于需要学习的知识、技能，都必须进行有意识记。

在一般情况下，有意识记的效果要明显优于无意识记的效果。在实际教学中，教师应根据实际情况将二者有机结合起来，提高学生的识记效果。

2. 机械识记和意义识记

依据识记材料的性质和学习者对材料是否理解，可以将识记划分为机械识记和意义识记。

机械识记是指学习者在不理解材料意义的情况下，依据材料的外部联系，采取简单重复的方法进行的识记。例如，对人名、地名、电话号码、历史年代等的识记，多采用机械识记。这种识记方法的缺点是花费时间多，消耗的能量大，效率相对较低，而且易于遗忘。机械识记最大的优点是对识记材料保持的准确性高，对于单词、语法、年代、人物等精确知识的识记仍是必不可少的方法之一。

意义识记是指学习者依据材料的内在联系，通过理解进行的识记。例如，在分析、综合的基础上掌握某些概念，换句话说，就是在掌握材料内在联系的基础上达到识记的目的。具体说来，就是分析识记材料标志或说明什么客观事物和规律，它如何说明事物，它有哪些论点和依据，它的各个论点和依据之间有什么逻辑关系；还可以分析它和过去学习过的材料，有关的知识、经验，有什么共同点和不同点，关系如何。此外，学习者还可以用自己的语言针对识记材料做学习提纲，这样也是比较容易记忆和保持的。这种理解性的识记最大的优点是记忆速度快，保持时间长久，易于提取，但记忆的精确性有所欠缺。

无论是在全面性和深刻性上，还是在长久性上，以理解为基础的意义识记比机械识记效果都好。因为只有理解了的材料才能在头脑中长期保持，才能在以后运用它们时很快地被提取出来。这是因为理解了的识记内容与过去巩固的知识经验建立了内在的联系。相反，不理解的内容即使暂时记住了，很快也会遗忘。艾宾浩斯曾对机械识记和意义识记的效果进行了对比研究，他识记 12 个无意义音节，需要 16.5 次才能成诵；识记 36 个无意义音节，需要 55 次才能成诵；而识记 6 节诗，其中有 480 个音节，只要 7.75 次就能成诵。该实验结果说明，意义识记在识记速度上优于机械识记。有的研究还证明，意义识记在记忆的全面性、牢固性上均优于机械识记。所以在教学过程中，教师应引导学生理解教学内容，使意义识记与机械识记结合起来，以达到最佳识记效果。

(二)影响识记的因素

在实际生活中，人们会发现，那些与个体的兴趣、需要、活动的目的和任务相适合的、能激起情绪活动的事物，常常容易记住。也就是说，识记效果受到了各方因素的影响，总结起来，可以归纳为以下 4 个主要的方面。

1. 识记的目的和任务

一般说来，识记的目的和任务越明确具体，识记效果越好。识记材料如果能被直接操作或成为活动对象，识记效果会更好。针对识记的目的有人做过一个实验，让被试计算印在颜色纸上的不同颜色的字母中的 O。事后问被试实验用纸的颜色、除 O 外还有些什么字母、这些字母是什么颜色等，受试者回答错误的非常多。这证明没有明确的记忆目的，就不易产生清晰的记忆。在另一个关于识记任务的实验中，实验者给成人被试呈现一系列的图形，让一组被试识记图片呈现的顺序，另一组被试只识记图形。实验结果表明，第一组有 80%的被试、第二组只有 43%的被试能正确记起图形的顺序。以儿童为被试的研究也得到相似的结果。成人经过 12 天后，第一组正确回忆的百分数仍和实验后一样高；儿童经过 6 天之后，曾有识记顺序任务的被试正确回忆的百分数显著降低，同没有识记顺序任务的被试相等了。这个实验结果证明：识记任务对成人和儿童的识记效果都有积极的影响，而对成人的影响更持久。

因为有了明确的识记目的和任务，人们就会把全部的识记活动集中在所要识记的对象上，而且会采取各种各样的方式和方法去实现它，所以识记的目的越明确，识记的效果越好。实验证明，长久的记忆任务比短暂的记忆任务巩固性要好得多。依据这一规律，教师在教学实践中，不仅应当使学生知道要记什么，记到什么程度，保持多长时间，而且应当使他们知道长久记忆学习材料的必要性。或者实行一种定期检查的制度，使学生主动地设定长期记忆的任务。否则，学生会平均使用力气去识记一切东西，影响学习效果。

2. 识记材料的性质和数量

识记总是以一定的材料为对象的，识记材料的性质、数量和其他属性自然会影响识记的效果。一般而言，直观、形象的材料比抽象的材料更易于识记，有意义的材料比无意义的材料易于识记，数量小的材料比数量大的材料易于识记。性质相同而难易不等的材料，容易的材料易于识记。难易不同的材料在识记进程上也常有不同，识记容易的材料一般开始时进展较快，后来逐步缓慢下来；识记困难的材料，一般是开始时识记缓慢，后来逐步加快。

根据这一规律，教师在教学中应当注意为学生安排适当的识记材料数量，在一定时间内要求识记材料的数量不宜过多。如果过分加大数量，会降低识记效果，也影响学生的积极性。针对识记材料的性质，教师应注意不同类型的材料的识记时间的掌握。

3. 不同感觉通道的影响

宋代学者朱熹说，读书要三到："谓心到、眼到、口到。心不在此，则眼不看仔细，心眼既不专一，却只漫浪诵读，决不能记，记亦不能久也。三到之中，心到最急，心既到矣，眼、口岂不到乎。"此读书三到说明了识记的另一个规律，即多种感官的协同识记比单一种感官的识记效果好。心理学的实验研究也证实了不同感觉通道识记效果不同。实验中，让第一组被试只看某一识记材料，第二组只听同一内容，第三组既看又听。结果发现，视觉识记组可记住内容的 70%，听觉识记组记住 60%，视听结合组可记住 80.3%。可见，多种感官在识记活动中同时发挥作用，识记效果更佳。因此，在学习外语等科目时，眼看、耳听、口说、手写同时发挥作用，其记忆效果大大优于单一感官的识记效果。

为什么多种感官协同参加识记活动能提高识记效果？主要是因为每种分析器都有专门的神经通道，识记中有多种分析器协同活动，把眼、耳、口、手、脑等的活动结合起来，可以使同一内容在大脑皮层建立多个通道联系，从而大大提高识记效果。例如，在学习地理时，如果学生仅看现成的地图，往往难以记住山脉、河流、城市等的名称，如果让学生在独立绘制地图的活动中来记，那就容易多了。根据这一规律，教师在教学中促进学生多感官参与识记过程，可以提高学生识记的效果。

4. 识记方法

不同的识记方法，识记效果不同。对个体而言，识记方法的恰当与否，直接影响学习的效果。例如，利用直接操作记忆法，把识记材料变成直接操作或活动对象，识记的效果就大为提高。编写识记提纲和不编写识记提纲的对比实验表明，识记同一段文章，9天后检查，不编写识记提纲组遗忘43.2%，编写提纲组只遗忘24.8%。利用分类记忆法，在单位时间内个体可以记忆大量的信息。良好的识记方法，就像是一个巨大的图书馆有了自己的信息检索系统，新信息可以按系统编入网络中，提取就十分方便。因此，教师应设法把要求学生识记的材料组织成学生活动的对象，并要求学生积极参加活动，这样有助于提高识记的效果。

由于识记方法直接影响识记效果，教师在教学活动中应根据学生的年龄、个性差异以及学习科目和记忆材料的不同，指导学生学会运用正确的识记方法，增强识记效果。

📖 知识拓展4-3

丰子恺外语学习方法

艺术家丰子恺不仅是著名的画家，而且是有名的文学家和翻译家。他一生勤奋好学，刻苦钻研，除了作画、练书法、写随笔外，先后学过日语、英语和俄语，并用这3种外文翻译了大量的音乐、美术、理论和文学作品。他学外文的方法是有计划地熟读课文，或以中译本为参考，熟读原著。每天读一新课，同时不断地温习旧课。

丰子恺学英语，一年就可以看英文长篇小说，并从事翻译工作。其诀窍在于，他每篇文章读23遍，分5次进行。①第一天读第一课10遍；②第二天读第二课10遍，温习第一课5遍；③第三天读第三课10遍，温习第一课、第二课各5遍；④第四天读第四课10遍，温习第二课、第三课各5遍，温习第一课2遍；⑤每篇课文分四次读完22遍后，过半个月再读一遍。这样的学习方法遵循了心理学中记忆的规律。第一天10遍，第二天、第三天各5遍，遗忘速度最快时，也是他读书遍数最多的时候。第四天2遍，半个月后再复习一遍，完全可以抑制遗忘。把所学教材变成长期信息储存在脑子里，这种记忆方法比一天"急风暴雨"式读上23遍效果要好得多！

丰子恺先生刻苦自学俄语的精神更令人敬佩。他开始自学俄语时，已经53岁了。他用的课本是《俄语一月通》。这本书是从日文的"四周间"(即"四星期通")翻译过来的。读完了这种课本，他就找一些俄文原著，对照着中译本读起来。使人吃惊的是，他学俄语仅用了9个月就开始阅读托尔斯泰的长篇小说《战争与和平》的原著了，全书9个月读完。以后他就动手翻译屠格涅夫的《猎人笔记》，31万字，5个月译完。从开始学俄语到动手译《猎人笔记》，还不到2年呢！而且他当时还有作画、编书等任务以及种种社会活动。学俄语还是业余的。丰子恺先生学外语，尤其是俄语，既没有老师，也没有完备的教材，全靠自己刻苦钻研，竟能在这么短的时间内取得这么大的成绩，这不能不令人肃然起敬！

同学们，在外语学习上，你是否也像丰子恺先生那样下过苦功。你的学习方法正确吗？在学习中能否有好的效果，关键在于能否找到好的有效的学习方法而又肯下苦功去学。

(资料来源：http://xy.club.sohu.com/r-zz0138-49775-0-0-900.html)

二、信息储存过程

信息储存(storage)是指把感知过的事物、体验过的情感、做过的动作、思考过的问题等，以一定的形式保持在人们的头脑中。存储是信息编码和提取的中间环节，它在记忆过程中有着重要的作用，没有信息的存储就没有记忆。

(一)保持

在信息的存储过程中，心理学家最为关注的两个环节即记忆的保持和遗忘。那么什么是保持呢？

1. 保持的定义

保持是识记过的事物在头脑中的储存和巩固的过程。用信息加工的观点看，保持是人脑将经过编码了的信息进行存储的过程。保持是记忆的重要环节，借助于保持，识记的内容才能进一步巩固。同时，保持也是实现回忆和再认的条件。

2. 保持的变化

记忆的保持不同于计算机对信息的储存，不能将识记过的材料原封不动地保存在头脑中，而是一个富于变化的动态过程。奥尔波特的实验正是对这一动态变化的说明：他让被试看图 4-2(a)，一个月后要求他画出，结果画成图 4-2(b)，三个月后再要求他画出，便画成图 4-2(c)。该实验也说明了记忆的变化不是个体被动完成的，而是主动完成的。这种变化是由于人已有的认知结构对保持内容的"剪辑、加工"，使之更概括，或更完整，或更夸张突出。

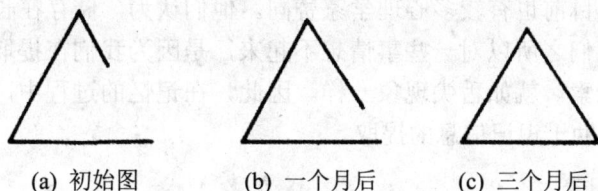

(a) 初始图　　(b) 一个月后　　(c) 三个月后

图 4-2　保持的变化

(二)遗忘

保持最大的变化就是遗忘，克服遗忘、最大限度地巩固和保存信息是信息存储过程中最重要的任务。

1. 遗忘的定义

遗忘(forgetting)是指对识记的内容不能回忆或再认，或者是错误回忆或再认的现象。用信息加工的观点来说，遗忘就是信息提取不出来或提取错误。防止信息的遗忘是信息储存的一个关键因素。遗忘和保持是信息储存过程中的两个对立现象，识记信息保持效果好，遗忘信息就少，识记信息保持效果不好，遗忘信息就多。

2. 遗忘的种类

根据遗忘的程度和性质的不同，可将遗忘分为部分遗忘和完全遗忘，或暂时遗忘和永久遗忘。对于识记过的内容，其中一部分已经遗忘而大部分在头脑中得以保持，属于部分遗忘。如果识记过的内容全部回忆不起来，属于完全遗忘。如果识记过的内容已转入长时记忆却一时不能提取，但在适宜条件下还可恢复，属于暂时遗忘。例如提笔忘字，话到嘴边说不出来(又称舌尖现象)等。如果识记过的内容，不经重新学习，记忆绝不可能再行恢复，属于永久遗忘。

3. 遗忘的原因

关于遗忘的成因，不同的学者有不同的解释。目前比较流行的观点有痕迹消退说、干扰说、压抑说和提取失败说几种。

痕迹消退说认为，遗忘是记忆痕迹得不到强化，其强度随时间的流逝而逐渐减弱，以致最后消退的结果。也可能是被某种目前还不清楚的生理过程所侵蚀，像海滩上的脚印被海浪冲刷掉一样。

干扰说则认为，遗忘是因为在学习和回忆之间受到其他刺激的干扰而导致的，尤其是新进入的较强的信息把原有的较弱的信息排挤掉而造成遗忘。一旦干扰被排除，记忆就能恢复，而记忆痕迹并未发生任何变化。

压抑说认为，遗忘是由于情绪或动机的压抑作用引起的。如果这种压抑被解除了，记忆也就能恢复。这种现象最早是弗洛伊德在临床实践中发现的，他发现人总是想法忘记那些给人带来不愉快、痛苦、忧愁的往事，往往把它们压抑到潜意识中去，而这些被压抑到潜意识中的记忆在催眠状态下就能被释放出来。

提取失败的观点目前也有较多心理学家赞同。他们认为，储存在长时记忆中的信息是永远不会丢失的，我们之所以对一些事情想不起来，是因为我们在提取有关信息的时候没有找到适当的提取线索。就如舌尖现象一样。因此，在记忆的过程中，尽量记住识记信息的其他线索，这会有助于识记信息的提取。

4. 影响遗忘的因素

遗忘是人的正常的生理和心理现象，对于那些不必要的、应淘汰的信息的遗忘，是有积极意义的，但对必须保持的信息的遗忘，是消极的。为此，找出影响遗忘的因素和克服遗忘的方法对学习和工作来说是必要的。

1) 时间因素

对于时间因素在遗忘进程中所起的作用，德国心理学家艾宾浩斯最早对此进行了研究。在他的实验中，他以自己为被试，并制作了大量的无意义音节表作为记忆实验的材料，这种无意义音节是由两个辅音和一个元音组成，如 TAJ、YIC 等，以在德语字典中查不到为准，因此称为无意义音节。实验采用节省法检查识记效果。艾宾浩斯每次识记 8 组，每组 13 个无意义的音

节省法 或称为再学法，指当被试不再能把原来熟记的材料完全无误地回忆出来时，就要求被试把原来识记过的材料重学，直至达到原来学会的标准。然后根据初学和再学的次数或时间来计算保持量，即再学比初学所节省的次数或时间来计算保持量。

节字表，学到连续两次无误地背诵为止。随后，他以不同的时间间隔(20 分钟、1 小时、8 小时、1 天、2 天、6 天、31 天)进行回忆，发现有些音节忘了，于是重学，再达到恰能背诵为止。以重学比初学节省背诵的时间的百分数作为保存量的指标得出了保存量数据，如表 4-1 所示。

表 4-1　记忆后不同时间间隔的保存量

时间间隔	保存量/%
20 分钟	58.2
1 小时	44.2
8 小时	35.8
1 天	33.7
2 天	27.8
6 天	25.4
31 天	21.1

将艾宾浩斯此实验的结果绘成曲线图，就是著名的"艾宾浩斯遗忘曲线"(见图 4-3)。这条曲线也被称为保持曲线。

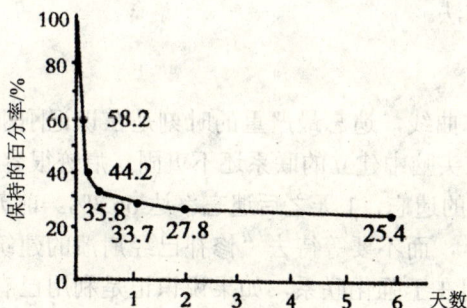

图 4-3　艾宾浩斯的遗忘曲线

"艾宾浩斯遗忘曲线"表明了遗忘变量与时间变量之间的关系。从曲线中可以看出遗忘发展是不均衡的，在识记后的短时间内遗忘得比较快、比较多，以后逐渐缓慢，到了相当时间，几乎不再遗忘。可以说遗忘的规律是先快后慢，呈负加速型。

2)　材料的性质和数量

材料的性质不同，遗忘速度也不同。一般来说，熟练的动作遗忘速度最慢。贝尔发现，一项技能一年后只遗忘 29%，也就是说，人的动作记忆保持最好。熟记了的形象材料也容易长久保持。有意义的文字材料，特别是诗歌要比无意义的材料保持得多，遗忘得慢，而抽象、无意义的材料遗忘速度较快。此外，材料的数量也影响遗忘的速度，一次性识记的材料数量越大，遗忘的量也越大。有实验证明，识记 5 个材料的保持率为 100%，10 个材料的保持率为 70%，100 个材料的保持率为 25%。即使是有意义的材料，当识记数量增加到一定程度，其遗忘速率接近于无意义材料的遗忘速率。

3) 材料的序列位置

詹金斯和达伦巴克最早开始研究识记材料的位置对遗忘的影响。他们通过实验发现，在学习过程中，对信息的保持起干扰作用的有两类因素，一类是在学习之前进行的活动；另一类是在学习之后进行的活动。前者即先前学习与记忆对后继的学习与记忆的干扰作用，称为前摄抑制；后者即后继的学习与记忆对先前学习材料的保持与回忆的干扰作用，称为倒摄抑制。所以在系列材料的学习过程中，开始部分内容只受倒摄抑制的影响，末尾部分的内容只受前摄抑制的影响，中间部分则受两种抑制的影响，故而系列材料的记忆出现了序列位置效应。具体表现为开始和末尾部分的材料记忆效果好，中间位置的材料则容易遗忘。

4) 材料的意义和情感价值

就材料的意义而言，凡不引起被试兴趣，不符合被试需要，在个体的生活和工作中不占重要地位的材料，往往遗忘得快，而个体认为重要的、感兴趣或有意义的材料遗忘得就慢。同样，从情绪角度看，一般能引起情绪反应的材料比不能引起情绪的材料遗忘得慢。

(三)防止遗忘的有效方法

复习是巩固知识、防止遗忘的有效方法。只听讲不复习是任何课程也学不好的。复习是记忆之母，怎样复习才能达到巩固识记材料的最好效果呢？根据遗忘发展的规律，心理学总结出以下几种复习方法。

1. 及时复习

根据艾宾浩斯的遗忘曲线，遗忘最严重的时刻是在识记刚刚达到记住的最初时刻，这是因为，新学过的材料在头脑中建立的联系还不巩固，痕迹很容易自然衰退，不及时复习，仅几个小时就能有 62.4%的遗忘，1 天之后遗忘率达 66.3%。前苏联教育家乌申斯基说过，我们应当"巩固建筑物"，而不要等待去"修补已经崩溃的建筑物"。这说明及时复习是极为必要的。复习的作用在于强化联系，如果说识记是利用已有知识对新输入的信息进行加工编码的过程，那么复习就是不断地进行再编码，增加对信息加工的深度，提高对信息编码的水平，提高编码适宜性的过程。复习贵在及时，使即将消失、微弱的痕迹重新强化，变得清晰，并在头脑中进一步巩固。复习还能促进理解，使所学过的内容更加条理化、系统化，更便于精确记忆。及时复习就是要在新学过的材料尚未遗忘之前，趁热打铁，使之巩固，然后纳入个人的认知结构中去长久保存。

2. 合理分配复习时间

复习的效果不是单纯地决定于复习的次数，复习具有累积效果，刚学过的知识不但要及时复习，而且也应适当地增加复习的时间，随着记忆巩固程度的提高，复习次数和时间可逐渐减少，间隔时间也可以逐渐加长。连续地进行复习称为集中复习，而有一定的间隔时间的复习称为分散复习。在考试的前一夜，临时抱佛脚，这或许能帮助你通过测试，但这些信息并未有机地整合到你的长时记忆中去。而分散复习能极大增强所有信息和技能的长期保持，这一规律已得到了许多实验的证明。学生学习之后要复习四五次才能将所学内容长期牢固地储存在头脑里。一般认为开始复习的时候，时间间隔要短，以后可以长些。大体时间安排为：10 分钟、一天、一周、一个月、两个月、半年之后对同一个材料各复习一次。

研究表明，在时间和条件大致相同的情况下，分散复习的效果优于集中复习。但合理分配复习时间要视复习材料的特点而定。数量少、难度小的材料应当集中复习；数量多，难度大的材料可以分散复习；属于思考式的材料，宜集中复习。

3. 尝试回忆与反复识记相结合

在对复习材料没有完全熟记之前不宜采用一遍又一遍地单纯诵读，而是要积极地试图回忆，即读几遍后合起书来回忆其中的内容或尝试背诵，遇到回忆不起来的部分再阅读，这就是反复阅读与尝试回忆相结合的方法。有人曾做过一个实验，他要求被试识记无意义音节和传记文章，各 9 分钟，其中一部分时间用于尝试回忆。诵读和回忆的时间分配不同，记忆的成绩就有显著的差异。用于尝试回忆的时间越多，记忆的成绩越好。实验结果如表4-2 所示。

表4-2　诵读时尝试回忆的结果

时间分配	16 个无意义音节回忆百分数		5 段传记文回忆百分数	
	立　刻	4 小时后	立　刻	4 小时后
全部时间诵读	35	15	35	16
1/5 用于尝试回忆	50	26	37	19
2/5 用于尝试回忆	54	28	41	25
3/5 用于尝试回忆	57	37	42	26
4/5 用于尝试回忆	74	48	42	26

4. 多样化复习方法

单调的复习方法会使学生产生疲劳和消极的情绪。多样化的复习方式可以使学生感到新颖，激发学生积极地从事智力活动，使所要复习的材料与有关知识之间建立新的联系，就能更牢固、更灵活地掌握，从而提高复习的效果。在复习时也要尽可能利用多种分析器参加活动。如复习英文单词时，要仔细看字母组合，留心听发音，认真读单词，反复书写练习，专心记词义等，通过多种感官协同活动，能够大大改善复习的效果。

5. 过度学习

过度学习是指学习的巩固程度超过刚能背诵的程度。比如，学习一个材料 20 遍后恰能一次正确无误地背诵，此时，称这 20 遍的学习程度为 100%，如果此时再继续学习 10 遍，就是过度学习了，其学习程度为 150%。又比如，学一个材料 30 分钟后恰能一次正确背诵，再用 15 分钟进行过度学习，其学习程度为 150%。一般说来，学习程度越深入，记忆效果越好，但学习程度与记忆效果之间并非简单的线性关系，而是随着学习程度的不断加深，记忆效果的提高逐渐减速，实验证明，150%的过度学习是最为经济的学习程度。

需要指出的是，遗忘是一种自然的正常的心理现象，积极的遗忘对有效记忆有时也是十分必要的。因为许多无关紧要的信息没有必要全部记住，而且也只有自觉删减不必要信息，才能更有利于积极信息的存储。因此，积极遗忘也是人心理健康和正常生活所必需的。

三、信息提取过程

信息的提取是指从长时记忆中查找已有信息的过程，是记忆过程的最后一个阶段，再认和回忆是信息提取的两种基本形式。

(一)再认

再认(recognition)是指经历过的事物再次出现时能够辨认的过程。回答标准化考试中的选择题，就是进行再认活动，"他乡遇故知"也是再认。

在日常生活中，错误地再认时有发生，有的是由于识记得不巩固、不精确，原有联系消失或受干扰；有的是由于再度出现的刺激不能激活原有的记忆痕迹；有的是因为提取的错误或联系的泛化。这些导致错误再认、影响再认的因素可以归纳为以下几个方面。

1. 材料的相似性程度和数量

一般而言，当前呈现的事物与经历过的事物越相似，越有利于再认。但如果再认材料与识记材料并不是同一内容，则材料越相似，越容易导致再认时发生混淆，容易错认，如认错人等。另外，识记材料的数量过多、过大，再认时错误率也会增加。

2. 时间间隔

再认的效果随再认时间的间隔而变化，间隔越长，再认效果越差，发生错误再认的可能性越大。

3. 思维活动的积极性

对于不熟悉的材料进行再认时，积极的思维活动可以帮助进行比较、推论，提高效果。相反，不积极思维则再认效果不佳。因此，学生在遇到不熟悉的材料时要善于积极思维，提高再认的效果。

4. 个体的期待与认知风格

个体的经验和期待等对再认的影响主要表现在再认的速度和准确性上，符合个体经验和期待的信息，再认速度快，准确性高。而个体认知风格对再认的影响则主要表现在再认的准确性上，一般地说，场独立性的人比场依存性的人有更好的再认成绩。

(二)回忆

回忆是指经历过的事物在人们头脑中重新出现的过程。例如，考试时回答简答题时，人们根据考题要求回忆起学习过的知识，就属于回忆。

1. 回忆的种类

根据是否具有明确的目的，可将回忆分为有意回忆和无意回忆。

有意回忆是有预定的回忆意图和目的，在回忆任务的推动下，自觉主动地进行的回忆。例如，学生考试时做问答题，是按题目要求有目的地回忆学过的知识。无意回忆是没有明确的回忆目的和意图，也不需要努力地搜索，完全是自然而然地想起某些旧经验的过程。例如，故地重游，偶然想起往事。

根据回忆过程是否有中介物的参与可把回忆分为直接回忆和间接回忆。

由当前事物直接唤起经验的重现是直接回忆。例如，看到相片想起相片中发生的事情。借助于中介物进行的回忆叫间接回忆。例如，对不易牢记的历史事物的回忆，往往是通过相关的人与事为中介物来实现的。

2. 影响回忆的因素

在回忆过程中，人们提取信息受到许多因素的影响，它们将直接影响回忆的进程和效果。

(1) 联想是回忆的基础。回忆常常以联想的形式出现，由当前感知的事物回忆起有关的另一件事物，或由想起的一件事物又想起另一件事物。客观事物是相互联系的，它们在头脑中形成的反映也不是孤立的和零散的，而是彼此有一定的联系的，这样人们在回忆某一事物时，也会连带地回忆起其他有关的事物。例如，想到"电闪"就会想到"雷鸣"。

(2) 回忆部分取决于提取线索。由于事物总是处在一定的环境情景中，我们识记时，这种场合因素微妙地伴随着人对事物的识记。研究表明，回忆的场合与识记的场合越相似，就越有利于对信息的回忆。也就是说，当提取的背景与编码的背景相匹配时，回忆最为有效，这一现象也称为编码特异性原则。

(3) 与干扰作斗争促进回忆的完成。在现实生活中，信息的提取还常常受到干扰的影响，这种影响一旦得到解除，信息的提取就会顺利进行。例如，考试时，有人明知考题的答案，但是由于情绪紧张，一时想不起来。克服这种舌尖现象的简便方法是当时停止回忆，经过一段时间后再进行回忆，要回忆的事物便可油然而生。此外，与同一线索联系的项目数量、消极情绪等都会对回忆产生干扰。

此外，个体回忆过程中产生的定势、兴趣及所受到的暗示对回忆都能产生一定影响。

(三)再认与回忆的关系

再认和回忆同属于记忆过程中的同一环节，即信息提取过程。但再认比回忆简单和容易，能回忆的材料一般都能再认，而能再认的材料不一定能回忆。从个体心理发展来看，再认比回忆出现得早。孩子出生后半年内，便可再认，而回忆的发展却要晚一些。

📖 知识拓展 4-4

目击者证言——法律中的再认与回忆

在法庭对案件的审判中，许多情况下法官和陪审团都是依据目击证人的证词来进行判断的。大家普遍相信目击证人的证词是正确和可靠的。但是孟斯特伯格发现，对同一事件，不同的目击者会有不同的描述，由此他对案件中证人证词的可信度表示了忧虑。有关的研究证实了孟斯特伯格的担忧，研究发现，目击者对事件的回忆会因为提问方式的不同有很大的差异。例如，在一项研究中，让被试看一部关于一起撞车事故的影片，然后要求被试对事故中车辆的行驶速度作出判断。结果发现，当问题是"车辆在冲撞时的速度是多少"时，被试对车速的判断超过 65 公里/小时；而当问题是"车辆在接触时的速度是多少"时，被试对车速的判断只有 50 公里/小时；一周之后，主试要求被试回忆在事故中车窗是否被撞碎了，而事实上在影片中的车窗玻璃并没有被撞碎。结果是，以"冲撞"字眼被提问的被试中有 33%的人回忆说车窗玻璃被撞碎了，而以"接触"字眼被提问的被试中，比例只有 14%。显然，在提问时不同的字眼改变了被试对目击事件的记忆。

(资料来源：彭聃龄. 普通心理学. 北京：北京师范大学出版社，2001：227)

第三节　记忆品质及其培养

在现实生活中，人与人之间的记忆是有差异的，既有吉尼斯纪录中能够记忆圆周率小数点后上万个数字的神奇之人，也有大脑损伤导致的失忆者。即使同为大学生，每个人的记忆能力也各不相同。那么，一般人们如何衡量一个人记忆的好坏呢？

一、记忆品质

一般人们都用记忆品质来衡量一个人记忆的好坏，也根据记忆品质的差异来确定个体记忆的不足，有针对性地进行记忆训练。

(一)记忆的敏捷性

记忆的敏捷性是指一个人在识记事物时的速度方面的特征。一般而言，能够在较短的时间内记住较多的东西，就是记忆敏捷性良好的表现。例如，能够"过目不忘"的人记忆敏捷性就好。良好的记忆敏捷性有助于提高记忆的效率。

在敏捷性方面，人与人之间有较大的差异，而且不同人也会形成不同的记忆特点。有的人记得快，忘得也快；而有的人记得慢，忘得也慢。个人的这种特点与其暂时神经联系形成的速度有关，暂时联系形成得快，记忆就敏捷；暂时联系形成得慢，记忆就迟钝。记忆的敏捷性是记忆的品质之一，但它不是衡量一个人记忆好坏的唯一标准。在评价记忆敏捷性时，与其他品质结合起来才有意义。

(二)记忆的持久性

记忆的持久性是指记忆内容在记忆系统中保持时间长短方面的特征。一般而言，能够把知识经验长时间地保留在头脑中，甚至终身不忘，这就是记忆持久性品质良好的表现。传说拿破仑在年轻服役被关禁闭时看过的《罗马法典》，20 年后还会背诵其中的段落，说明其记忆的持久性品质较强。

在持久性方面，人与人之间也存在较大的个别差异。有的人能把识记的东西长久地保持在头脑中，而有的人则会很快地把识记的东西遗忘。记忆的这一品质，与人的暂时神经联系的牢固性有关，暂时神经联系形成得越牢固，则记忆越长久；暂时神经联系形成得越不牢固，则记忆越短暂。研究表明，记忆的敏捷性与记忆的持久性之间有一定正相关，一般记得快的人，相对保持的时间也较长。但也不尽然，有的人记得快，忘得也快，敏捷性好，但持久性差。

(三)记忆的准确性

记忆的准确性是指记忆内容的识记、保持和提取是否精确的特征，它表明的是记忆提取的内容与事物的本来面目相一致的程度。能够准确无误地保存和提取信息，就说明此方面品质良好，而俗话所说的"张冠李戴"则是记忆精确性品质不良的表现。

人与人之间在记忆准确性方面也存在较大差异。据记载，西汉时期的才女蔡文姬就具有较好的记忆精确性的品质，她将父亲被害后失散的 400 余篇文章准确无误地背诵出来，使这些作品得以保存。大多数优秀人才都具备良好的记忆准确性品质，而学习不良者在这方面表现则较差。准确性是记忆的重要品质，如果离开了准确性，敏捷性、持久性就失去了意义。因此，培养良好的记忆品质应该从记忆的精确性入手。

(四)记忆的准备性

记忆的准备性是指对保持的信息提取应用时所反映出来的特征。记忆的目的在于需要时，能迅速、灵活地提取信息，能够快速提取所需要信息，就说明记忆准备性品质好，否则记忆准备性品质就差。记忆的准备性品质，与大脑皮层神经过程的灵活性有关：由兴奋转入抑制或由抑制转入兴奋都比较容易、比较灵活，记忆的准备性水平就高；反之，记忆的准备性水平就很低。

在准备性方面，有的人能得心应手，随时提取知识加以应用；有人则不然。记忆的这一品质，是上述三种品质的综合体现；而上述三种品质，只有与记忆的准备性结合起来，才有价值。

二、良好记忆品质的培养

培养个体良好记忆品质应该充分了解每个人记忆的特点和问题，根据个人特点，有针对性地训练，并做到循序渐进，才能取得较好的效果。

(一)有信心

树立记忆的信心对个体记忆品质的培养至关重要。一个人如果对自己的记忆力失去信心，就可能导致真正的失忆和健忘。每个个体在成长过程中都会积累一定的记忆经验，成功的经验有助于个体更加自信地记忆，而失败的经验则可能导致"无助感"，从而放弃记忆的尝试。下面一则故事也许会给你更多启发。

有个国王非常残忍，在每次处决死刑犯时，他都要想些新鲜花样。一次，一位犯人被告知明天将被处极刑，行刑的方式是在他手臂上割一个口子，让他流尽鲜血而亡。犯人惊恐至极，百般哀求，但终无用处。

次日早晨，犯人被带到一个房间中，锁在一面墙上，墙上有个小孔，刚好可以把一条胳膊穿过去。刽子手把他的一只手从孔中穿过，在墙的另一边，用刀子在他的手上割开一个口子，在手下边还放着一个瓦罐来盛血。

"滴嗒，滴嗒"，血一滴滴滴在瓦罐中，四周静极了。墙这边犯人就这样静静地听着自己的血滴在瓦罐中的声音，他觉得浑身的血液都向那条胳膊涌去，越来越快地流向那个瓦罐。不一会儿，他的意志也随着血流走了，他无力地倒下来，死了。在墙的另一边，他手上的那个小口子早就不流血了，刽子手身边的桌子上放着一个大水瓶，水瓶中的水正通过一个特制的漏斗软管往下边的瓦罐中滴嗒。

一种强烈的自我暗示，让犯人自己杀死了自己。

(资料来源：张建鹏，胡足青. 虚掩的门——小故事中的大智慧. 北京：当代世界出版社，2001：295)

自己的信念可以杀死自己，记忆也是如此。真正相信自己，记忆就会提高，而缺乏信心，则难以取得良好的记忆效果。

(二)有目的

明确识记的目的和任务，激发学生记忆的动机，提高记忆的自觉性，调动记忆的内在积极性，这是提高记忆效果的重要保证。心理学实验已经证明，有目的与无目的记忆的效果有显著差异，明确目的与任务的学生在记忆的速度与准确性方面都比无目的组的学生更好。而且研究还表明，识记目的的久暂对记忆信息保持时间也有重大影响。短时的记忆目标，保持时间短，而长时的记忆目标，保持时间也会更长。例如，许多大学生考试之前临阵磨枪、突击复习，他们的记忆目标是短期的，那么在考试之后几天内他们就将信息大部分遗忘。相反，进行长期准备的同学，他们的记忆目标是为考研等更久长的目的而准备的，其信息保留的时间也更长久。因此，学生在记忆时要根据具体需要，制定合理的目的，以便取得更好的记忆效果。

(三)有储备

良好的记忆品质不可能一日蹴成，它需要不断地积累，持之以恒的储备，才能为记忆新知识奠定基础。很多同学可能都有这样的体验，当你记忆的材料可以和你熟悉的内容相联系时，记忆就变得容易了，反之，一点都联系不起来，记忆就困难。例如，唐诗《咏鹅》，小孩子很快都能记住，是因为直观形象的经验为他们记忆做好了准备，而杜甫的《八阵图》，"功盖三分国，名成八阵图。江流石不转，遗恨失吞吴。"虽然与《咏鹅》的字数相差无几，但对小学生来说，背诵就不容易，因为小学生对三国时期的相关知识储备不足，只能机械识记。心理学研究也表明，个人知识储备对记忆新内容的影响极大，已有的知识储备越丰富，新内容的记忆就容易，相关储备越少，记忆与提取就越困难。为了增强个人记忆的效果，大学生平时应多存储一些信息，注重日常的积累，为提高记忆力奠定良好的知识基础。

(四)有情绪

情绪也会影响记忆。在培养记忆品质时，必须考虑情绪的影响。在快乐、悲伤、醉酒等情况下学会的东西，往往也是在同样的状况下更容易回忆起来。这种现象称为状态依存记忆(state-dependent memory)或者叫做编码特异性。记忆往往与心境相一致。抑郁、苦闷心境会给记忆蒙上暗灰色，而欢乐心境会给记忆蒙上玫瑰色。不同情绪下的人的学习记忆效果会受到不同的影响。一般认为，在记忆时增加一些情绪体验，有助于增强记忆效果。因此，学生应学会利用一些方法增加平静愉悦的体验，促进记忆效果。保加利亚的拉扎诺夫博士，以医学和心理学为依据，对一些乐曲进行了研究。他发现巴赫、亨德尔等人的作品中的慢板乐章，能够消除大脑的紧张，使人进入冥想状态。他让学生们听着节奏缓慢的音乐，并且放松全身的肌肉，合着音乐的节拍读出需要记忆的材料。学习结束之后，再播放2

分钟欢快的音乐，让大脑从记忆活动中恢复过来。在这种方式下，学生记忆的信息量极大。同学们也可以在记忆训练时，尝试使用保持情绪的各种方法，以便更好地增进记忆效果，增强记忆力。

(五)有方法

科学的记忆方法能够增强记忆、防止遗忘，为学生提高学习效果奠定基础。在学习和未来教学中，学会遵循记忆规律，培养自身和学生正确运用记忆方法提高记忆能力，这是教学中重要任务之一。常用的记忆方法很多，包括自身运用的预习、复习策略都可以成为记忆方法。良好的记忆方法可以使人受益终生。例如，本章第二节中丰子恺学外语的方法就可以说是一种很好的学习方法。采用精细复述的策略也能够很好地记忆信息。无论运用哪种方法进行记忆训练，重要的前提条件是个体要坚持，只有持之以恒，才能有收效。

有人习惯将具体的记忆方法称为记忆术(mnemonics)，它是通过与熟悉的、以前编码过的信息相联系的方法来编码一系列事实的技术，这些技术可以帮助个体准备一些提取线索，使无序的信息更有组织，更利于提取。下面介绍几种具体的记忆方法。

1. 谐音记忆法

利用谐音来帮助记忆是一种很有效的方法。尤其是针对历史年代、统计数字等难以记忆的材料，利用谐音在它们之间找出人为的有意义的联系，这样更便于贮存和回忆。

📖 引导案例分析

在篇首案例中，学生们之所以能够将圆周率背诵下来，正是利用谐音记忆法取得的效果。这位老师布置学生背圆周率，要求他们背到小数点后 22 位，即 3.141 592 653 589 793 238 462 6。大多数同学背不出来，是因为数字没意义，而且也超出了短时记忆的容量。当那个聪明的学生把老师喝酒的事结合圆周率数字的谐音编了打油诗，同学们再看数字就有意义了，"山巅一寺一壶酒(3.14159)，尔乐苦煞吾(26535)，把酒吃(897)，酒杀尔(932)，杀不死(384)，溜而溜(626)"，有意义的材料自然也就更易于记住了。这种聪明的学生正是利用谐音法来帮助记忆的。

利用谐音法还可以帮助记忆某些历史年代。不少人觉得记忆历史年代是件很苦恼的事，不容易记住，而且还容易混淆。但是许多聪明人利用谐音法来帮助记忆历史年代，就可以做得非常好，不仅增加了趣味性，而且可以经久不忘。例如，马克思生于 1818 年 5 月 5 日，有的历史老师就教学生这样记："马克思一出生，就一巴(18)掌一巴(18)掌把帝国主义打得呜呜(5、5)直哭。"这样数字和年代就变得直观形象起来，提取就更容易了。

2. 地点法

地点法是通过与自己熟悉的某种地点序列相联系来记忆一系列名字与客体的方法。它最早被古希腊演讲家所使用，后来被一些学者运用到记忆中来。

使用地点法时，人们可以把要记的材料想象为放在自己熟悉地方的不同位置上，回忆时在头脑里对每一个位置逐个进行检索，这样就不易遗漏。例如，为记住某次开会遇见的几个人的姓名，可以在心里想着将他们按顺序放在卧室的各个位置：门口，左墙边，书桌……

经过这样的精细加工后，回忆时想象着走近卧室的各处，找出与之相联系的人的姓名，这样就不易发生错记。心理学家曾经做过一个对比实验，实验中要求 40 名女服务员和 40 名大学生分别记住 7 种、11 种和 15 种饮料并将其分送到顾客面前，然后对他们的记忆效率进行对比。实验结果显示，分送 7 种饮料时，两组被试的记忆效率没有多大差别；分送 11 和 15 种饮料时，女服务员的记忆效率明显高于大学生。原因就是女服务员采用了将每种饮料同特殊的面孔和特殊的地点联系起来的方法进行记忆，这就增加了记忆的准确性，可见地点记忆法在实践应用也有其自身的价值。

地点记忆法在需要记住过长内容的序列时较为有优势，这也是古希腊演讲家们记住长长的演讲稿的各部分顺序的方法，大家可以尝试运用。

3. 歌诀记忆法

把记忆材料编成口诀或合辙押韵的句子来提高记忆效果的方法，叫做歌诀记忆法。这种方法把记忆材料分成组块来记忆，可以缩小记忆材料的数量，加大信息含量，便于提取。而且编口诀还增强了内容的趣味性，记忆内容有韵律、朗朗上口，容易记。古代启蒙教材"三字经"、"百家姓"都有这个特点。现代学生也可以自编歌诀，更好地记忆难记住的材料。

例如，有的人就将除港澳外全国 28 个省、自治区和 4 个直辖市编成歌诀，即"两湖两广两河山，五江云贵福吉安。四西二宁青甘陕，内台北上海重天。"这里"两湖两广两河山"包括湖南、湖北、广东、广西、河南、河北、山东、山西；"五江云贵福吉安"是指江苏、江西、浙江、黑龙江、新疆、云南、贵州、福建、吉林、安徽；"四西二宁青甘陕"指的是四川、西藏、宁夏、辽宁、青海、甘肃、陕西；而"内台北上海重天"则指内蒙古、台湾、北京、上海、海南、重庆、天津。这样记忆这么多内容，只有 28 个字，信息量就减少了，而且提取时也更方便。

其实记忆方法还有很多，但运用记忆方法时一定要根据具体需要和内容来合理使用。任何记忆方法都须和个人的习惯、记忆特点和知识含量相结合，而不应一味追求趣味性，这样才能发挥很好的效果。

☞ 拓展阅读

记忆研究怎样帮你准备考试

学生们在读了有关记忆研究的内容之后，询问最多的问题是："我怎样能马上用上这些？这项研究怎样帮助我准备下一次考试？"让我们来看看从研究结论中可以产生哪些建议。

(1) 编码特异性。就像你回想起的那样，编码特异性原则表明提取的背景应该匹配编码的背景。在学校的环境里，"背景"通常是指"其他信息的背景"。如果你总是在相同的背景下学习材料，你可能会发现在一个不同的背景下提取它很困难，所以，如果一位教授以一种稍微不寻常的方式来谈论一个话题，你可能会完全困惑。作为补救的办法，即使在学习的时候你也应该变换背景，重新组织你的笔记的顺序，问自己一些混在一起的不同课程的问题，构造你自己的新异组合。但是，如果你在参加一次考试时遇到障碍的话，试着产生尽可能多的提取线索来帮助恢复最初的背景："让我们想一想，我们是在学习短时记忆的哪一讲中听到这个内容的……"

(2) 系列位置。你从系列位置曲线得知，在非常广泛的情景下，呈现在"中间"的信息记忆最差。事实上，大学生对关于一些内容的中间部分测验题目比关于开始和结尾部分的测验题目遗忘更多。在听课的时候，你应该提醒自己要特别注意中间那段时间。学习的时候，你应该投入更多的时间和努力在要学习的材料上，以确保每次以相同的顺序学习这一材料。你可能也注意到了你现在读的这一章大约在本书的中间。如果你要参加覆盖所有课程内容的一次期末考试的话，必须特别仔细地复习这一章。

(3) 精细复述和记忆术。有时当你学习来准备考试的时候，你会感觉像在设法获得"无组织的信息"。例如，你可能被要求记住大脑不同部分的功能。这种情况，你需要设法自己提供结构。设法以创造性的方式使用概念形成视觉表象或构成句子或故事。精细复述使你可以利用已经知道的东西使新材料更容易记忆。

(4) 元记忆。关于元记忆的研究认为，人们通常对自己知道什么和不知道什么有很好的直觉。如果你处在一个有时间限制的考试情景下，就应该让直觉来指导你这样分配时间。例如，你可以快速地把所有测验题目读一遍，看看哪些题目给你最强烈的知道感。如果你正在参加一个考试，在这个考试中你会因为给错答案而被扣分，你应该特别注意你的元记忆直觉，这样就可以避免回答那些你感觉很可能错的问题。

(资料来源：理查德·格利格，等. 生活心理学. 第16版. 王垒，等译. 北京：人民邮电出版社，2004：212)

本 章 小 结

记忆是人类重要的心理现象，也是每个人必须了解的内容。本章从记忆的概念入手，介绍了记忆的种类、研究及其相关现象，分析了记忆信息编码、存储和提取环节的重要实验和影响因素，尤其是对遗忘规律和防止遗忘的策略进行了详细讲解，并针对记忆品质的培养提出了建议。记忆知识、原理的学习和应用对认识记忆和提升记忆力具有重要价值。

思考与练习

1. 结合本章的学习内容，设计提高自我记忆能力的方案。
2. 结合自身的体会，分析影响遗忘的因素，并谈谈如何克服遗忘。
3. 假设你是一名初中老师，你在教学中如何运用记忆一章的知识和原理帮助学生提高记忆力？

推 荐 阅 读

1. 理查德·格利格，等. 生活心理学. 第16版. 王垒，等译. 北京：人民邮电出版社，2004
2. 杨治良，等. 记忆心理学. 上海：华东师范大学出版社，1999
3. 黄希庭. 心理学导论. 第2版. 北京：人民教育出版社，2007
4. 彭聃龄. 普通心理学. 第2版. 北京：北京师范大学出版社，2008

许多人宁愿死，也不愿意思考，事实上他们确实至死都没有思考过。

——B. 罗素

第五章　思维与想象

本章学习目标

- ➤ 思维的概念。
- ➤ 思维的过程。
- ➤ 思维和语言的关系。
- ➤ 问题和问题解决的概念。
- ➤ 影响问题解决的心理因素。
- ➤ 想象的综合过程。

核心概念

思维(thinking)　概念(concept)　判断(judgment)　推理(reasoning)　问题解决(problem solving)　想象(imagination)

引导案例

阿基米德与皇冠

公元前 3 世纪，希腊国王交给工匠一些黄金，让他做一项皇冠。皇冠做好之后，国王看了总感觉有些不对，怀疑工匠可能偷工减料。国王称了一下皇冠的重量，发现重量并没有比他给工匠的黄金少。但国王还是不放心，猜想可能是工匠在皇冠里掺入了白银。于是国王就请来当时的大科学家阿基米德来帮助他检查一下皇冠里是否掺杂了其他金属。

阿基米德很为难。他知道每一单位体积的黄金和白银各是多重，而且他也知道皇冠的重量，现在他如果知道了皇冠的体积，那么跟黄金和白银对比一下，马上就可以判断出皇冠到底是不是纯金的，但是他如何才能知道皇冠的体积呢？他总不能把做好的皇冠熔化了之后再测量吧。就这样，阿基米德想了好多天，还是没有好办法。有一天，他去洗澡，当他看到自己的身体进入浴盆后，浴盆里的水溢了出来，马上就想到该如何测量皇冠的体积了。他兴奋得连衣服都忘了穿就跑了出来，高喊着：我发现了，我发现了！

在这个故事里，阿基米德究竟是如何发现测量皇冠体积的方法呢？本章将介绍思维的规律，以及这些规律是如何帮助我们去认识事物和解决问题的。

　　人能够感受到大千世界的五彩缤纷，因为人具有感知觉的能力。当客观刺激停止作用于感官后，人的感知觉就停止了，但人不会因此而停止对世界的探索和反映，因为人还有记忆，记忆能够帮助人们在客观事物空缺的时候仍然可以去认识。但人究竟靠什么能力才能把纷繁复杂的客观世界反映得如此清晰，如此透彻？人们如何能够认识那些隐藏在现象背后的规律，又是如何利用这些规律，并通过自己的创造性工作来改造客观世界的呢？本章将会对思维展开介绍，这就是人们认识世界最有力的心理武器。

第一节　思　维　概　述

　　思维是人类认知活动的最高级形式。人不仅能认识事物和现象的外部联系，而且能认识事物和现象的内在联系和规律。这种认识是通过思维过程来进行的。

一、思维的概念

　　思维不同于感知觉和记忆，但又是在感知觉的基础上发展起来的。思维更为复杂，更为高级，因为它包括了感知觉和记忆等低级认知形式，同时又能完成低级认知形式所不能完成的任务，如概括规律、推断未知等。

(一)什么是思维

　　思维(thinking)是人脑对客观现实的间接的和概括的反映，是一种能够揭示事物本质特征和内部规律的理性认识过程。

　　思维和感觉、知觉一样，都是人脑对客观现实的反映。正如在第三章中所学到的，感觉和知觉是对客观事物的直接反映，反映的是事物外部现象和外部联系，而思维则是基于感知觉所提供的信息所形成的对客观事物间接、概括的反映，反映的是事物的共同特征和本质属性。例如，在冬天看到晶莹剔透的冰灯，我们会知道这是因为温度低于零度，水会由液态转化为固态，这就是思维的结果，仅仅依靠感知觉，只能知道水是透明的液体，却不能知晓水的固态、液态和气态转化的关系。所以，人的思维是以感觉和知觉为基础，但却远远高于感知觉的高级心理过程。

(二)思维的特性

　　间接性和概括性是人的思维过程的重要特征。

　　思维的间接性是指人凭借已有的知识经验或以其他事物作为媒介，去理解和把握那些没有直接感知过，或者根本就不可能感知到的事物，并以此来推测事物的过去或未来发展趋势。在生活中，我们无时无刻不在使用这种间接的方法来认识我们周围的世界。例如，一天清晨，你打开了窗子，发现外面的马路湿漉漉的，于是就可以推断昨天夜里一定下了雨，而且还可以根据路面积水的状况来推断雨量的大小以及降雨的大致时间。在这个例子中，虽然你没有亲眼见到降雨，但仍然可以通过一些线索认识到昨夜有降雨的事实，这就是思维间接性的体现。这个过程体现了人脑去粗取精，去伪存真，由此及彼，由表及里的加工特性。

思维的概括性包含了两层意思。首先是思维能够把同一类事物的共同特征和本质特征抽取出来加以概括。人们之所以能有各种关于事物的概念在于思维的概括性。例如，人们可以很轻易地辨认出麻雀、天鹅、喜鹊、乌鸦、猫头鹰，尽管这些小东西们外观看起来非常不同，但是人可以根据有羽毛、有两只翅膀等共同特征，将它们概括为鸟类，并具有了"鸟"这样的概念。概括性的第二层意思是指人可以将多次感知到的事物之间的联系和关系加以概括，得出有关事物之间的内在联系的结论。例如，当人感觉到浑身无力、酸痛，而且体温升高的时候，就知道可能很不幸地感冒了。人们之所以会有这样的认识，是因为过去曾经多次感知这种身体状况和感冒之间的联系。这种概括促使人对客观事物内在关系和规律进行认识，也有助于人对客观环境的适应、控制与改造。

通过思维的概括性和间接性，人类就可以认识到那些没有或者不可能直接作用于人的各种事物或事物的各种属性，也可以预见到事物的未来发展。思维的间接性是以人对事物概括性的认识为前提的。比如，人之所以能够根据路面的积水情况来推断曾经下过雨，是因为知道下雨和路面积水之间的因果关系，而这种认识正是先由思维的概括性所获得的。因此思维的概括反映和间接反映的特点是密切联系的。

(三)思维的过程

思维是通过一系列相当复杂的操作来完成的。人们运用存储在记忆中的知识经验，对外界输入的信息进行分析、综合、比较、抽象和概括的过程就是思维过程。其中分析和综合是思维的基本过程，比较、抽象和概括是在分析和综合的基础上派生出来的。

1. 分析和综合

分析是指在头脑中把事物的整体分解为各个部分或各个属性。人们对事物的分析往往是从分析事物的特征和属性开始的。例如，在学习本章内容时，会把整体内容分解为各个节、段落、句子和词。综合是在头脑中把事物的各个部分、各个特征、各种属性结合起来，了解它们之间的联系，形成一个整体。例如，在学习本章内容时，还需要将各个节、段落等综合起来，这样才会对思维这种心理现象有全面的了解。综合是思维的重要特征，只有把事物的部分、特征、属性等综合起来，才能把握事物的联系和关系，抓住事物的本质。

分析和综合虽然相反，但却是紧密联系的，是同一思维过程的不可分割的两个方面。分析时所关注的部分是整体的部分，要从各部分的相互关系上来进行分析，这样分析才有意义和方向。综合是通过对各部分、各特征的分析来实现的，所以分析又是综合的基础。任何一种思维活动都既需要分析，也需要综合。

2. 比较

比较是把各种事物和现象加以对比，确定它们的相同点、不同点以及它们之间的关系的过程。比较是以分析为前提的，只有在思想上把不同对象的部分特征区分开，才能进行比较。同时，比较还要确定它们之间的关系，所以比较又是一个综合的过程。

人们在日常的生活、工作和学习中需要经常使用比较这种重要的思维过程，当然，比较也是一种常用的思维方法。有比较才能有鉴别，否则任何事物对人来讲都是相同的，世界将会变得不可认识。

3. 抽象和概括

抽象是在思想上抽出各种事物与现象的共同的特征和属性，舍弃其个别特征和属性的过程。例如，无论是鸡、鸭、鹅，还是麻雀、天鹅、猫头鹰，这些动物都是鸟类，不管它们是否能飞，我们都不会搞错，因为我们已经抽取这些动物的共同特征，而忽略了个别特征，即"会飞"并不是鸟类的共同属性和特征。这种认识是通过抽象获得的。日常生活中，人们使用的概念，都是思维抽象的结果。

在抽象的基础上，人们可以得到对事物的概括的认识。概括有初级概括和高级概括之分。一般认为初级概括是在感知觉水平上的概括。例如，幼儿园的小朋友经常会把形状相同的不同物体划分为同一类别，这就是感知觉水平上的概括。高级的概括是根据事物的内在联系和本质特征进行的概括，例如我们学到的定理、定义和科学概念等。

(四)思维的形式

人们进行思维活动的目的就是认识事物，思维活动的结果就是人们可以掌握各种概念，运用这些概念形成判断，并运用判断来进行推理。也就是说，人们是通过概念、判断和推理来进行思维活动的，所以概念、判断和推理是思维的基本形式。通过对思维形式的研究可以认识思维活动过程的规律性。

1. 概念

不同的学科对概念的定义是不同的，在心理学当中，概念(concept)是一种规则，依据这种规则，人们就可以对事物加以区分，或推知事物的其他特征。从思维的角度看，概念就是人脑反映事物或现象的一般特征和本质属性的思维形式，是在分析、综合、比较、分类、抽象、概括的基础上形成的。概念反映的是同类事物共同的本质特征，不包括非本质特征。譬如，"鸟"这个概念，反映了鸟所特有的本质属性，如有一对翅膀、有喙、体表覆盖羽毛、产卵等，这些都是鸟类的共同特征，而"会飞"这个属性就不包含在鸟类的概念中，因为"会飞"是表面的非本质特征。

概念和词的关系非常密切。概念通过思维活动而形成，并且用词来标志。可以说一切概念都是思维活动的结果，而思维活动的结果又是使用词来进行记载、确定并巩固下来。没有某一概念，就不会有标志这一概念的词。同时没有某一个词，就没有被这一个词所代表的概念。没有词，概念就不存在；没有概念，词就成了毫无意义的声音和符号。总之，词给概念以外衣，概念则赋予词以意义和内容。随着词义的不断充实，概念也在不断地加深或扩大。对人来说，掌握的概念越多，词汇就越丰富，对客观事物的认识也就越深刻、越全面。

个体是通过概念形成的方式来获得概念的。所谓概念形成(concept formation)就是人对事物的本质属性的认识过程，是人学会按照一定的规则对事物进行正确分类的过程。人获得概念有两条基本途径：一是通过日常生活，在与别人进行交际、交往等积累个体经验的过程中掌握概念。这些通过日常生活掌握的概念，叫做日常概念。二是在专门的教学过程中，在教师的引导下掌握概念。这种通过有计划的教学活动、在熟悉有关概念的内涵条件下掌握的概念，叫做科学概念。

2. 判断

人们在日常生活中经常在做各种判断，然而人们可能不会意识到这些活动的进行。例如人们在购买商品时总要判断价格是否合理。

判断(judgment)是人脑对客观现实的对象和现象之间的本质联系和关系的反映形式，是用概念去肯定或否定事物具有某种属性的思维形式。判断以句子的形式来表达概念与概念之间关系，进而阐明事物，肯定或否定事物之间的联系和关系。例如，当我们说"闪电后有雷鸣"时，便肯定了这两种自然现象之间在时间上的一定联系；当我们说"中国和日本是一衣带水的邻邦"这句话时，便肯定了两国地理位置在空间上的一定联系；当我们说"蝙蝠不是飞禽"这句话时，便否定了蝙蝠的本质特征与飞禽所具有的本质特征之间的一定联系。判断不能模棱两可，不是肯定，就是否定。判断是否正确，要用实践来加以检验。

3. 推理

推理(reasoning)是指从具体事物或现象中归纳出一般规律，或者根据一般原理推出新结论的思维活动，前者叫做归纳推理，后者叫做演绎推理。例如，问"铁受热会膨胀吗？"人们会根据"一切金属受热都会膨胀"的原理，推出"铁是金属，铁受热会膨胀"的结论。这种回答问题的过程就是推理。归纳推理在本质上属于概念的形成，而演绎推理在本质上属于问题解决的范畴。推理需要提取长时记忆中的知识，并在工作记忆中把它和当前的一些信息综合在一起。除了上述的两种推理外，推理还包括类比推理。类比推理是从某个特殊事例到另一个特殊事例的思维形式。当人们发现两个或两类事物具有某些共同属性后，就能推出它们在其他属性上也可能有共同性。例如，发现甲、乙两个人在性格的意志特征上很相似，由此便可以推出他们在性格的情绪特征上可能也相似。

常见的推理形式有三段论推理、条件推理和分取推理等。三段论推理由一个大前提、一个小前提和一个结论构成。如：所有的电脑都有 CPU(大前提)，笔记本电脑是电脑(小前提)，笔记本电脑有 CPU(结论)。条件推理又称假言三段论，就是"如果……那么……"推理。如：如果下雨，那么就打伞。分取推理涉及"或"这个概念。如：或者喝豆浆，或者喝牛奶。虽然这些推理方式都遵循形式逻辑，但人们在日常生活中并不是完全按照逻辑方式来进行推理的。

推理在人的认知活动中有重要的作用。推理也是一个获取信息的过程，只不过它不是一个直接从外界获取未知信息的过程，而是根据已有的知识经验从已知的信息推知未知信息的过程。推理是思维间接性的重要体现。通过推理，人们可以根据事物当前已知的特征，推断事物未展现的其他特征，以及今后可能会表现出来的特征。

📖 知识拓展 5-1

推理中常见的错误

人们在推理过程中并不总是按照逻辑规则的，现实生活中，人们的推理经常受到一些因素的影响。

1. 典型特征的作用

典型特征是指一个或一类事物有代表性的特征。

例如，有位陌生人告诉你，有一个人很矮，很瘦，喜欢吟诗。然后他要你猜一猜这个人是某大学的古典文学教授还是一位卡车司机。你会如何回答？

很多人的答案会是教授。但是这个结论几乎肯定是错误的，因为在全人口中，卡车司机的比例比教授大得多，何况还限定了是某大学的古典文学教授。人们之所以忽略基础率(即教授在全人口中的比率)而出现这样的错误，是因为人们受到上述描述的典型特征的影响。人们倾向于认为教授喜欢吟诗，而卡车司机不会。这就是典型特征的影响。

2. 信息可及性

人的推理容易受到记忆中的信息的易提取程度，即信息可及性的影响。容易想起来的事情也是比较容易当作经常发生的事情。

例如，乘坐飞机的危险大还是乘坐汽车的危险大？很多人回答是飞机，这是因为只要有飞机失事，全世界的媒体都会报道，使人产生很深的印象。汽车虽然危险，但由于报道很少，印象不深，反而觉得不怎么危险了。

3. 具体化

具体化是指把一个抽象的概念看做或当做具体的存在。例如，一个学生得不到学士学位，就抱怨说："这个大学不想给我学位证！"好像大学可以像一个个体一样行为，事实上，大学什么都不能做。

4. 诉诸权威或名誉

诉诸权威或名誉这是一个常见的逻辑错误。广告商经常使用人们的这种推理错误来误导消费者。比如用明星来包装产品，即使这些明星根本就不具备实质性的专业知识。最阴险和最有攻击性的就是利用权威学者的影响力，例如用一个诺贝尔奖获得者来宣布一个和他的研究毫无关联的结论。

(资料来源：邵志芳. 思维心理学. 上海：华东师范大学出版社，2007：104～110)

二、思维的种类

根据不同的标准，思维可以分为很多种类。这种分类只是角度不同，并不意味着这些不同种类的思维是相互排斥的。某种思维既可以根据某种标准被划分到一种思维种类中，也可以根据其他的标准被划分到其他种类中。

(一)动作思维、形象思维和抽象思维

根据思维过程中的凭借物的不同，可将思维分为动作思维、形象思维和抽象思维。

动作思维是以实际动作作为支柱的思维，也叫做操作思维。儿童在生命早期(一般认为3岁之前)所采用的思维就是动作思维。他们的思维活动不能离开具体的物体，需要使用触摸或摆弄等方式来进行思维。聋哑人使用手语进行交流，也需要借助内部的手语表象进行思维，这也是动作思维。正常成年人也会使用动作思维，但这种思维是以词语作为调节和控制手段的，与没有完全掌握语言的幼儿的动作思维是不同的。

形象思维是以事物的具体形象和表象为支柱的思维。例如，某位同学在计划利用暑假的时间去游览祖国的大好河山，由于时间和金钱的限制，他必须设计一条比较合理的旅游路线，如果他的地理知识足够好，那么他的头脑中就会出现一幅我国的地图，在这幅头脑

中的地图上，他会设计一条适合的出行路线。学龄前儿童的思维形式以形象思维为主，正常成年人虽然以抽象思维为主，但仍然不能完全离开形象思维，尤其是在解决比较复杂的问题的时候，鲜明的形象或表象有助于思维过程的顺利进行。艺术家、作家、设计师等更多需要使用形象思维。

抽象思维是用抽象的概念或理论知识进行的思维。这种思维以概念、判断、推理等形式反映事物的规律，形成对事物本质特征和内在联系的认知。例如，学生运用数学符号和概念进行数学运算或推导，学生所使用到的就是抽象思维。青少年时期，个体的抽象思维才逐渐发展起来。科学家的工作通常要使用较多的抽象思维。

(二)聚合思维和发散思维

根据思维探索目标的方向不同，可以将思维分为聚合思维和发散思维。

聚合思维又叫做求同思维、集中思维、辐合思维、会聚思维等，是指把问题所提供的各种信息聚集起来，利用熟悉的规则，朝着同一个方向得出一个正确答案的思维方式。即从给定的多个信息中产生逻辑结论的思维。这种思维的主要特点就是求同。聚合思维要利用已有的知识经验或使用传统的方法来解决问题，是一种有方向、有范围、有组织、有条理的思维形式。例如，甲>丙，甲<乙，乙>丙，乙<丁，其结果必然是丙<丁。

发散思维又叫做求异思维、分散思维、辐射思维，是指从一个目标出发，沿着各种不同途径去思考，探求多种答案的思维。这种思维方式要求思考者能从各种设想出发，不拘泥于一个途径，不局限于既定的理解，尽可能做出合乎条件的多种解答。发散思维的主要功能就是求异和创新。这种思维没有一定的方向和范围，不墨守成规，具有很大的变通性和创造性。例如，提问者要求列举砖头的各种用途，问题的答案有很多，如造房子、砌围墙、铺路、当做武器打人、在地上写字、磨成砖头末、当做锤子等。这些答案把砖头的用途发散到了各个领域，并且每一个答案都是对的。思维的变通性(思维灵活，能随机应变)、流畅性(思维敏捷，反应迅速)和独特性(对问题能提出超乎寻常的、独特、新颖的见解)是发散思维的三个主要特点，所以有些学者认为发散思维是创造性思维的主要成分。

(三)直觉思维和分析思维

根据思维的结果是否经过明确的思考步骤和对过程是否存在清晰的意识，可分为直觉思维和分析思维。

直觉思维是一种非逻辑思维，是人脑对于突然出现的新问题、新事物和新现象快速理解并做出判断的思维方式。直觉思维是一种直接的领悟性的思维方式。例如，达尔文在阅读马尔萨斯《人口论》一书时突然悟出自然选择的理论；地理学家魏格纳在看地图时发现非洲和南美洲的形状吻合，于是闪现出大陆漂移的观念，这些都是直觉思维的典型例证。在一定程度上，直觉思维是逻辑思维的凝聚或简缩，具有敏捷性、直接性、简缩性等特点。

分析思维严格遵循逻辑规律，逐步进行分析与推导，最后得出合乎逻辑的结论。例如，侦探根据犯罪现场所遗留的蛛丝马迹，经过缜密的分析，综合各种线索，最终侦破案件的思维方式就是分析思维。

(四)常规性思维和创造性思维

根据思维的创新程度，可分为常规性思维和创造性思维。

常规性思维是指人们运用已有的知识经验，按照现成的方案和程序，用惯常的方法、固定的模式来解决问题的思维方式。例如，我们在小学的时候就已经学会了多位数加减法的规则，当我们使用这样的规则来解决日常生活中诸如找零钱之类的问题时，我们的思维就是常规性思维。因为在这个过程中并没有任何创新性的思维成果，也没有对已有知识(多位数加减法)做出任何改造和创新。

创造性思维是指以新异、独创的方式来解决问题的思维。创造性思维需要对已有的知识经验进行改组，提出新的方案或程序，并以创造出新的思维成果为终结。例如，一位广为大众喜爱的原创音乐制作人最近出版了全新的音乐专辑，在这位音乐人制作这张专辑的时候，使用的就是创造性思维。许多心理学家认为，创造性思维是多种思维的综合表现，既是发散思维与聚合思维的结合，也是直觉思维与分析思维的结合，同时也需要想象的支持。

三、思维与语言

思维与语言的关系并不是一个答案很统一的问题，不同的学者对二者的关系所持的观点是不同的，归纳起来，主要有 4 种常见的观点。第一种观点是语言决定思维论，该观点认为思维离不开语言，没有语言就没有思维；第二种观点是思维决定语言论，认为语言是由思维决定的，有什么样的思维才会有什么样的语言，语言不可能脱离思维而单独存在，但思维不一定都要借助于语言；第三种观点主张思维和语言是相对独立的，认为二者之间没有必然的联系，语言是语言，思维是思维；第四种观点认为思维和语言是一回事，二者没有什么区别。

这里我们不能轻易地去否定上述的某一种观点，毕竟任何一种观点都有其存在的依据。事实上，语言和思维的关系是比较复杂的，二者既有区别又有联系。

(一)思维和语言的联系

从思维的特点来看，思维是间接的概括的反映，思维之所以能够对客观事物和现象进行间接和概括的反映，主要原因是由于语言本身就具有概括性、间接性和社会性等功能。如果语言不具备这些功能，人的思维，特别是抽象思维就难以进行。因此，语言是人们交流思想的手段，是思维的工具。但是语言不是思维的唯一工具，也不是交流思想的唯一手段。人们还可以利用其他符号系统和表象来进行思考，用手势、用表情来表达思想。幼儿在掌握语言之前，可以用形状、颜色、声音来思维。

从思维的内容和结果来看，思维以语言作为客观刺激物，特别是当刺激物不在眼前时，语言就成为思维活动的有效刺激物。思维借助于语言、词语来实现，但语言也离不开思维，语言要依靠思维的内容和结果予以充实、发展。

从思维的种系发生来看，思维和语言是同步发生的。这并不是说某个人类婴儿在获得了思维的同时就获得了语言，而是从整个人类发展的历史上来看，思维和语言都是在人类进化中产生，而且是同步产生的，即已经形成的人的思维和已经形成的人的语言是同步发生，并且互为存在的标志。

从思维的个体发展历史来看，儿童掌握语言的过程，也就是抽象思维发展的过程。抽象思维是借助语言实现的。虽然 5 个月大的儿童能够根据颜色和形状来区分不同的物体，但这仍然属于动作思维和具体形象思维，只有当儿童在 2 岁左右掌握了语言之后，抽象思维才能逐渐增多并渐渐发展为思维的主要形式。

(二)思维和语言的区别

虽然思维和语言有着密切的联系，但二者毕竟不是相同的事物，二者的区别主要表现在以下几个方面。

从思维和语言的本质特征来看，思维是人脑对客观现实间接的、概括的反映，是一种包含物质内容的心理现象。而语言则是由一定的物质形式与概括的内容所构成的信息符号系统，是一种包含精神内容的物质现象，是思维的物质外壳或思想的直接现实。这是思维和语言的根本区别。

从思维和语言与客观事物的关系上来看，语言与客观事物的关系是标志和被标志的关系，其间没有直接的必然的联系，而思维同客观事物的关系是反映和被反映的关系，其间有必然的内在联系。

从思维和语言的构成因素来看，语言的基本因素是词，思维的基本因素是概念。但是同一个词可以表达不同的意思，而同一思想可用不同的词来表达。

从思维和语言规律的性质来看，语言的语法规则与人类的思维规律是不同的。世界上不同的民族使用不同的语言，这些语言的语法性质可能相差很远，具有很强的民族性，然而无论是任何民族，其思维的规律却都是一样的，都要由感性认识发展理性认识，又从理性认识指导实践，达到改造主观世界和客观世界的作用。

第二节　问题解决的思维过程

从小到大，无论是日常生活中，还是学习工作时，无论是写作业还是做论文，人们都必须面对许多需要解决的问题。问题解决是体现思维运作的一种方式，解决问题的能力很大程度上代表了一个人思维的能力。

一、问题与问题解决

每个人都曾经遇到过无数的问题，但到底什么才是心理学所研究的问题？是不是带有问号的就是问题？要想了解什么是问题解决，首先要知道什么是问题。

(一)什么是问题

问题(problem)是不能直接用已有的知识来处理，但是可以用已有的知识进行间接处理的情境。在我们的日常生活中，有些问题不能算作问题解决领域所称的问题。例如，"你叫什么名字？"虽然这也是个问题，也有问号，但回答这个问题只是一个回忆过程。有时，回忆也会发生困难，需要冥思苦想，但是由于最终回忆出的还是从头脑中直接提取的信息，所以就不能算是问题解决领域中所指的问题。只有人在运用已有知识推断出其他信息的时候，这个人所面临的才是问题。

按照西方心理学者的看法，问题是一种由三个主要成分构成的情境，这三个主要组成部分是初始状态、目标状态和从初始状态向目标状态转化所需的一系列操作。例如，刚买的山寨手机突然不能收发短信，请你判断故障出在哪里。这个问题的初始状态就是手机不能收发短信这一事实，其目标状态就是对故障原因的获知，其操作就是一系列的检查比较。

(二)问题解决

根据问题的定义，就可以进一步理解什么是问题解决了。问题解决(problem solving)就是由一定的问题情境引起，经过一系列具有目标引向性的认知操作，使问题得以解决的心理历程。换句话说，问题解决指的就是一系列操作，是指问题从初始状态向目标状态的移动。对于复杂问题的解决，只要这个移动发生了，就是在解决问题，并不一定必须达到最终结果。图 5-1 所示的是一个移字码问题，要求被试由 8 个数字的方块图 5-1(a)做出一系列的移动，使其最后变成图 5-1(b)的样子。这个过程的移动就是解决问题。

2	3	1
8	6	4
7		5

(a) 移动前

1	2	3
4	5	6
7	8	

(b) 移动后

图 5-1 移字码问题

(三)问题的种类

问题解决是一系列带有目的性和指向性的认知操作过程，那么不同的问题类型就会影响问题解决的过程。依据问题的明确程度与解决问题的方式这两个维度，可以将问题分为多种不同的类型。

1. 结构良好的问题和结构不良的问题

按问题的明确程度分类，可以把问题分为结构良好的问题和结构不良的问题。

结构良好的问题(well-structured problem)是指问题的初始状态、目标状态和有关操作都很确定的问题，因此问题解决者的知识、认知操作及目标状态都能够在这一问题情境中表现出来。例如，$2x+7=x+10$，求 x。这个方程式给定的信息非常清楚，问题的初始状态非常明确，其认知操作就是代数规则"将未知数移到左边"，目标状态是"求出使等式成立的 x"。

结构不良的问题(ill-structured problem)是指问题的初始状态、目标状态和有关操作三个方面或多或少不明确的问题。这类问题大多数属于创造性问题，如文学创作。这类问题很难界定其目标状态是什么，在解决问题的过程中，也不会有确定的认知操作。

2. 排列问题、归纳结构问题和转换问题

按解决问题的方式分类，可以把问题分为排列问题、归纳结构问题和转换问题。

排列问题(arrangement problem)要求问题解决者将一些要素按照某种标准重新排列，从而得出符合要求的答案。最典型的排列问题就是猜字谜。这种问题需要解决者系统思考各种可能组合，直到找到答案。

排列问题：
请重新排列下面的字母，使其成为一个有意义的单词：
AIFMA

归纳结构问题(inducing problem)要求问题解决者根据已知的信息，找出其中的关系，进而推论出问题的答案。解决这类问题首先要确定问题中给出的各个要素之间的关系，即归纳出要素之间的结构关系，才能得出最后的答案。

归纳结构问题：

"狼：狗=虎：猫"这样的关系是否成立？

如果顺治皇帝是1，那么乾隆皇帝是几？

转换问题(transformation problem)就是要求问题解决者在问题情境中进行路径搜索，通过一系列的操作，将问题的初始状态转化为目标状态。典型的转换问题就是河内塔问题以及密码算题。解决转换问题所需要的主要认知技能是手段-目的分析。

转换问题：

河内塔问题是研究问题解决的一个典型例子。如图 5-2 所示，要求问题解决者每次只能移动一个圆盘，而且大圆盘不能叠在小圆盘上，将图 5-2(a)所示的初始状态转换为图 5-2(b)所示的目标状态。(图中仅为三个圆盘，在考察问题解决的过程中，研究者会适当增加圆盘的个数，以便获得更多的有关问题解决的规律)

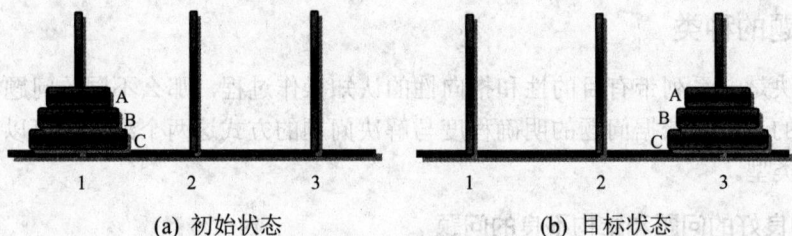

(a) 初始状态　　　　　　　(b) 目标状态

图 5-2　河内塔问题

(资料来源：陈烜之. 认知心理学. 广州：广东高等教育出版社，2006：362)

二、问题解决的阶段

问题解决的阶段，包含一系列相互联系的阶段，不同的学者的意见虽然不同，但大体上是相似的。无论是什么样的问题，解决的过程基本上是大同小异的，图 5-3 可以说明问题解决的一般过程。

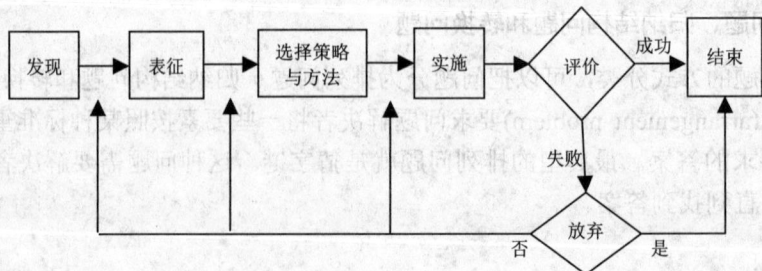

图 5-3　问题解决的过程

(一)发现问题阶段

在图 5-3 中，问题解决的第一步是发现问题。发现问题是问题解决的前提，也是问题解决的一个重要阶段。在人类对世界探索的进程中，许多重要发现都是起因于科学家在一般人认为没有问题的地方看到了问题。这样才能对问题进行创造性的解决。牛顿的故事大家都已经很熟悉了，这正是牛顿不同于一般人的地方，他从一般人习以为常的现象中发现了万有引力。不过到目前为止，心理学家对于发现问题的过程研究并不多。

(二)分析问题阶段

问题解决的第二个阶段是表征问题，或者分析和理解问题。表征问题包括分析问题的起始状态和目标状态、了解问题的要求和条件、找出它们的联系和关系、从长时记忆中提取相关信息、列出已知条件等。比如，要解决一道代数题，首先需要阅读问题，然后在工作记忆中呈现其表征，包括指定各变项的数值，也可能在纸上写下一些方程式，列出该问题的已知部分。而由于问题情境是问题解决者对问题的理解和知觉，是由问题解决者自己建构出来的，因此，问题解决者既有的知识经验不同，对问题的理解与知觉不同，对问题的表征就不一样，对同一个问题的问题情境也就不同。

表征问题的方式多种多样，可以使用符号、表格、图形和视觉意象等形式。例如，43×3 是多少。很多人或许会认为这很简单，用心算就可以完成。但如果让人们计算 563×23 是多少，那么该如何来完成这个任务呢？可能会采用视觉表征的方式，先算 3×6，"看到" 8，并要进 1，然后 6×6，再加上 1，等等。所有这些步骤都是在表象中进行的，人们似乎是在看着这些数字。当然，如果使用纸和笔来解决这个问题，就变成了符号的方式来表征了。

(三)提出假设阶段

问题解决的第三个步骤，就是选择解决问题的可能的策略和方法，也即提出解决问题的假设阶段。当问题解决者对问题形成表征后，这些表征就会激活长时记忆中关于该问题的相关知识，促使问题解决者思考确实可行的问题解决计划，制定问题解决方案，包括选择解决问题的策略、采用什么方法和途径去解决问题等。例如，学生在解答数学题时，需要思考采用什么样的计算方法、采取什么样的解题步骤。解题的方案有时只有一种，如 2+2=？只要相加即可。有时则有两种或两种以上的方案，例如，某同学三门课的总分是 294 分，数学比语文多 3 分，语文比英语多 1 分，请问该同学各科考试的分数是多少。在这个问题中，可以先求出英语的分数，也可以先求出数学的分数，有两种解题方案，而且两种方案的难度基本相同。此外，在下棋的时候，由于棋局不断变化，每一步棋都有不同的选择，因此可供选择的方案也就更多。至于问题解决者能不能提出可供选择的不同方案，依赖于其思维的灵活性和知识经验，而能不能选择好的方案，则依赖于其决策的能力。

(四)实施检验阶段

问题解决的第四步是实施已经确定的方案并对结果进行评价和检验。这是问题解决的最后一个阶段，要将解决问题的方案付诸实施，并把实施的结果与原有解决问题的要求进行对照。也就是说，问题解决者将确定的解决方案应用在目前的问题状态中，把问题的现有状态与目标状态相对照，对所执行的解决方案进行成功与否的评估，以肯定正确的结果，否定并修正错误的结果。如果执行方案的结果达到原来的要求，表明解决方案是正确的；如果执行结果使现有状态与目标状态不一致，表明该方案不正确或部分不正确，在这种情况下，需要问题解决者重新制定或部分修订解决方案，重新选择和应用解决问题的策略和方法，以转换目前的状态，达到目标状态。在执行方案的过程中，局部修改方案的情况随时都会发生，甚至存在全部否定原方案的可能性。这就需要问题解决者重新发现问题，表征问题，制订方案，选择新的策略和方法，重新执行方案，并进行评价。评价结果对问题解决有重要意义，有些学生之所以不能正确地解题，可能就是没有养成这种能力。

三、影响问题解决的心理因素

问题解决的思维过程受到多种心理因素的影响，如策略选择等。有些因素能够促进思维活动对问题的解决，有些因素则妨碍思维活动对问题的解决。下面介绍一些影响问题解决的心理因素。

(一)知觉情境(问题的表征方式)

知觉情境是指由刺激构成的知觉模式。知觉情境越简单，越有利于问题的解决；知觉情境越复杂、隐秘，越不利于问题的解决。例如，图 5-4 所示的 9 点连线问题，要求用 4 条彼此相连的直线将 9 个点连起来。是否能够成功解决这个问题，在于人们能否突破由 9 点构成的知觉情境。通常人们会把 9 个点在知觉上组成一个正方形，并总是试图在这个正方形的轮廓中进行连线，这样，对这个知觉情境的表征方式就成为阻碍这个问题解决的重要影响因素。

在图 5-5 中，给出一个圆，已知其半径为 2cm，求圆的外切正方形的面积有多大。图 5-5 中用不同的方式画出了圆的半径。图 5-5(a)与图 5-5(b)比较，由于图 5-5(b)中较难看出圆的半径与正方形的边长关系，因此解决图 5-5(b)表征方式下的问题要难于解决图 5-5(a)表征方式下的问题。

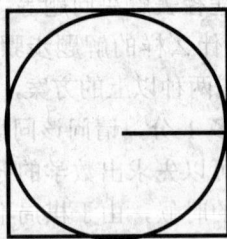

(a) 方式一　　　　　　　　　　　　　(b) 方式二

图 5-4　9点连线问题　　　　图 5-5　不同的表征方式，产生不同的问题解决结果

(二)定势作用

定势是指活动之前的心理准备状态。在问题解决过程中这种心理准备状态会使人们倾向于每次都是用相同的方式(即相同的知识结构)来解决问题。定势作用对问题解决有两种不同的影响，如果已有的知识结构是解决目前问题所需要的，就能促进问题的解决，反之，则成为妨碍问题解决的因素。

陆钦斯(Luchins)曾做过一个著名的实验验证了定势作用对问题解决的影响。该实验要求被试计算同类性质的一组算术题，即用容量不同的水桶量出指定容量的水。如表 5-1 所示，表中 A、B、C 分别代表水桶的容量，D 代表要求量出的水。实验开始时，主试说明例题做法：先将 A 桶装满，然后从中倒出 3 个 B 桶的量，这时 A 桶中剩余的水正好是 D 所要求的水量。换成代数式就是 $D=A-3B$。主试要求被试按例题方式采用代数式求解其他各题答案。

表 5-1 定势作用对问题解决影响的实验材料[1]

课题序列	容器的容量			要求量出的容量
	A	B	C	D
1	29	3		20
2	21	127	3	100
3	14	163	25	99
4	18	43	10	5
5	9	42	6	21
6	20	59	4	31
7	23	49	3	20
8	15	39	3	18

该实验以大学生为对象，实验组 79 人，控制组 57 人。两组所做题数不同，每题半分钟。实验组从例题之后逐题求解，一直做到第 8 题。控制组在例题后只做第 2、7、8 题。如此设计的目的就是要探讨使用同样方法解答 1～6 题后，是否会产生一种定势作用而影响可以用简单方法解答的第 7、8 两题。因为 2～8 题均可以采用 $D=B-A-2C$ 的方式来计算，但第 7 题可以采用 $D=A-C$，第 8 题可以采用 $D=A+C$ 的方式来计算。结果发现，实验组中有 81% 的人套用 $D=B-A-2C$ 的方式一直做到底，而控制组则全部采用简捷方式来回答。这说明被试明显受到了定势作用的影响，而控制组不受影响。实验结果如表 5-2 所示。

表 5-2 定势作用对问题解决影响的实验结果[2]

组 别	人 数	采用间接法正确解答/% ($D=B-A-2C$)	采用直接法正确解答/% ($D=A-C$ 或 $D=A+C$)	方法错误者/%
实验组	79	81	17	2
控制组	57	0	100	0

(三)功能固着

功能固着是指个体在解决问题时往往只看到某种事物的通常功能，而看不到其他方面的可能功能的现象，是人们长期以来形成的对某些事物的功能或用途的固定看法。例如，对于电吹风，一般人只认为它是吹头发用的，其实它还有多种功能，可以做衣服、墨迹等的烘干器；砖，它的主要功能是用来建筑，还可以用它来当武器、坐凳等。在解决问题的

① 彭聃龄. 普通心理学. 北京：北京师范大学出版社，2004：279
② 彭聃龄. 普通心理学. 北京：北京师范大学出版社，2004：279

过程中，人们能否改变事物固有的功能以便适应新的问题情境，常常会成为解决问题的关键。在功能固着的影响下，人的思维不容易摆脱事物用途的固有观念，因而不利于新假设的提出和问题的解决。

东克尔(Duncker)的盒子实验很好地说明了功能固着对解决问题的影响。研究者将一支蜡烛、一盒图钉、一盒火柴同时放在桌上，被试需要将蜡烛固定在门上或墙上，但只能用桌上所提供的物品。正确的答案是将空的盒子用图钉钉在门上或墙上，然后再将蜡烛固定在其上方。这个问题的困难之处在于被试只把盒子当做容器，而不会把盒子看成放东西的平台，而且如果盒子里装满图钉，则更强化了这种功能固着的想法，使得问题难以解决。

(四)动机水平

动机是推动人们活动的内部力量。人的动机可以影响心理活动的各个方面，无疑也会影响问题解决的思维活动。如果没有恰当的动机，人们就不能进行活跃的思维或有始有终地坚持解决一个难题，因此动机是影响问题解决的重要因素。人对活动的态度、社会责任感、认识兴趣、求知欲等都能成为发现问题并解决问题的强烈动机。动机的性质和动机的水平会影响到整个问题解决过程。有社会意义的动机，能促使人们为问题解决而主动积极地思考和探索。

通常人们把动机强度与问题解决效率的关系描绘成一条"倒U形"曲线，如图5-6所示。在一定范围内问题解决的效率随着动机水平的提高而提高，但是动机强度超过了一定限度后，问题解决的效率反而越来越低。这是因为动机水平过高，解决问题的心情就会变得急切，情绪过分紧张，就会妨碍对问题的分析。同样，动机太弱，注意力容易被无关因素所干扰，心理活动的积极性不高，问题解决效率也很低。因此，过高和过低的动机水平都不利于问题的解决，而中等强度的动机则最有利于问题解决。

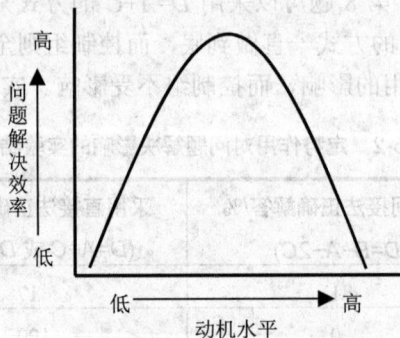

图5-6 动机水平与问题解决效率

(五)顿悟性思维

顿悟性思维是由格式塔心理学家所提出的，他们从大猩猩能够用两根木棍连接起来，以便拿到远处的香蕉的现象中获得启发，发现这种顿悟性思维会影响到问题解决。人们在日常生活中遇到的问题有很多，并不是所有的问题都能顺利解决。有时候人们会对某个问题冥思苦想很久，但答案的获得就像是闪电一样快速，似乎是自动出现的一样。这就是顿悟性思维。虽然顿悟性思维似乎不受到意识的控制，但并不是凭空产生的。顿悟之所以发生，主要是因为问题解决者能从看似不相关的问题情境中发现崭新的关联。也就是说，问题解决者要能够清楚地了解问题情境中各种因素的关系。

📖 引导案例分析

阿基米德之所以能够解决皇冠问题，在于他的这种顿悟性思维。在阿基米德解决问题的过程中，他需要具有相当程度的知识储备，其中最关键的就是黄金和白银的质量与体积之间的关系和最基本的排水量的问题。当阿基米德沉浸在浴盆中，发现自己的身体所排出的水量正好等于自己的体积的时候，他便会马上顿悟到把皇冠沉浸在水中，排出的水量同样也等于皇冠的体积。这种顿悟的产生依赖于阿基米德能够在这个问题情境中清楚地把握各种事物之间的联系，并重新建立这种联系。

(六)情绪

情绪对问题解决有一定的影响。紧张、惶恐、烦躁、压抑等消极的情绪会阻碍问题解决，而乐观、平静、积极的情绪将有助于问题解决。如学生考试时，由于情绪过分紧张，会使其思路受阻，有时甚至面对容易的问题而束手无策。如果学生能以积极的情绪迎接考试，将有利于打开思路，使问题解决更顺畅。

(七)个性

个性指一个人的个性倾向性和个性心理特征的总和。心理学研究认为，不同的个性特点，不仅影响解决问题的风格，而且影响解决问题的效率。解决问题尤其是发明创造，必须借助良好的个性品质来完成，尤其是个体的好奇心、性格的意志特征、敢为精神以及细致、认真、自信、乐观等个性品质等，对问题的有效解决具有重大影响。

四、问题解决的策略

问题解决的策略可以分为算法策略和启发法策略。算法是指从问题的起始状态开始，系统地检查每一种中间状态，直到搜寻到目标状态为止。因此，如果采用算法策略，只要问题的答案存在，就可以解决问题。这种策略要进行一系列的心理运算，通常要花费较多的心力，因此解决问题时所需要的时间较多，而且效率不高，但是可以确保得到最终的答案。

为了减少中间状态的数目，提高问题解决的效率，人们还可以使用启发法策略。启发法是一种根据经验而非理论所进行的选择性做法，可以有效地缩小问题空间，通常可以快速而成功地解决问题，但是不保证一定可以解决问题。也就是说，启发法冒着不能解决问题的风险，而减少了搜寻问题空间路径所付出的代价。

通常在算法不存在或使用算法过于繁琐的情境中，人们都会使用启发法来解决问题。常见的启发法策略主要有手段-目的分析法、逆向工作法和爬山法。

(一)手段-目的分析法

所谓手段-目的分析就是将问题的目标状态分解为若干子目标，通过实现一系列的子目标最终达到目标状态。在这个方法中，问题的解决者要将问题划分为许多子问题，寻找解决每一个子问题的手段。例如，学生需要提交一份学期报告，整体目标就可以分解为一连串的子目标，包括选择主题、寻找相关数据、阅读及了解数据等。每一个子目标中可能又含有更次一级的子目标。例如，如果无法自行打字或书写报告，那么子目标就是安排一个人在截止日期前来做这项工作，包括安排、交报告，然后取得最终的结果。

手段-目的分析的基本步骤是：第一，比较初始状态和目标状态，提出第一个子目标；第二，找出完成第一个子目标的方法或操作；第三，提出新的子目标，如此循环往复，直至问题的解决。

河内塔问题(见图 5-2)可以用来说明手段—目的分析法的具体使用过程。由于此问题的目标是将 A、B、C 三个圆盘从 1 号木桩移动至 3 号木桩，因此，如果应用手段-目的分析法，那么首先就是建立此目标，这也是问题的总目标。而接下来则是找出目前的状态与目标状态间有什么差距，其中，最大的差距就是 C 圆盘不在 3 号木桩上，因此，解题者必须建立子目标：把 C 圆盘放到 3 号木桩，需要的算子是移动 C 圆盘到 3 号木桩。接着，解题者会发现此状态与当前次目标状态的差别是 A 圆盘与 B 圆盘在 C 圆盘上，所以必须建立下一个子目标：将 B 圆盘从 C 圆盘上移开，需要的算子是移动 B 圆盘到 2 号木桩。接着，解题者就发现此状态与这个次目标的差别是 A 圆盘在 B 圆盘上，所以再建立下一个目标：将 A 圆盘从 B 圆盘上移开，需要的算子是移动 A 圆盘到 3 号木桩。接着，下一个算子是将 B 圆盘移至 2 号木桩，同时将 A 圆盘也移到 2 号木桩，以空出 3 号木桩，此时，便可达成主要的子目标"将 C 圆盘放至 3 号木桩"。最后，通往解答的路径显而易见：将 A 圆盘从 2 号木桩移开，暂时放在 1 号木桩，将 B 圆盘移至 3 号木桩，再将 A 圆盘放至 3 号木桩。综上所述，解题最少需要 7 个步骤。

至于在解决 4 个圆盘问题时，大部分的人则可以发现，4 个圆盘问题其实包括了两个独立的 3 个圆盘问题，不同的只是需要解决移动 D 圆盘(即第 4 个圆盘)至 3 号木桩的步骤。也就是说，为了可使 D 圆盘自由移动至 3 号木桩，必须先将 D 上方的 3 个圆盘移开，第 8 个步骤才是使 D 圆盘移至 3 号木桩。然后再将 A、B、C 这 3 个圆盘再次移动，使它们移至 D 圆盘的上方(另外 7 个步骤)。移动多个圆盘所需要的步骤顺序与较简单的问题(圆盘数较少)是相同的。在 4 个圆盘问题中，视 2 号木桩为目的木桩，就可解决一半的问题，之后再将 2 号木桩视为来源木桩，又可以解决后半部分问题。整体而言，解题最少需要 15 个步骤。而由于 3 个圆盘问题的解答包含在 4 个圆盘问题的解答中，而 4 个圆盘问题的解答又包含在 5 个圆盘问题的解答中，所以解题的步骤会越来越多。

(二)逆向工作法

逆向工作法是指从目标状态出发，然后返回起始状态，进而解决问题。当问题的起始状态有许多途径，很难发现通向目标状态的正确途径时，采用逆向工作策略最为有效。例如，人们要去城市的某个地方，往往是在地图上先找到目的地，然后查找一条从目的地退回到出发点的路线。再如几何证明：已知长方形 ABCD，证明对角线 AC=BD。要证明 AC=BD，必须证明△ACD 和△BDC 是全等三角形，而如果两个三角形的两边和夹角相等，就能证明两者为全等三角形。经过这样的分析，解题也就变得更为容易了。

需要注意的是，逆向工作法和手段-目的分析法不同，逆向工作先考虑目标，然后确定能达到目标的算子，手段-目的分析则先比较起始状态和目标状态的差异，再使用算子减少状态间的差异。当问题空间中有许多路径由起始状态出发，而只有少数路径通往目标状态时，使用逆向工作法相当有效；如果通往目标状态的路径也很多时，则较适合采用手段-目的分析。

(三)爬山法

爬山法是类似于手段-目的分析法的一种解题策略。其基本思想是建立一个目标，然后选取与起始状态临近的任何一个未被解决的节点，然后向这个节点目标方向运动，逐步逼近目标。这就好像登山者，为了登上山峰，需要从山脚一步一步登上峰顶一样。爬山法只能保证爬到眼前山上的最高点，而不一定是真正的最高点。爬山法与手段-目的分析法的不同在于，后者包括这样一个情况，即有时人们为了达到目的，不得不暂时扩大目标状态与初始状态的差异，以便最终达到目标。

第三节 青少年良好思维品质的培养

思维是人认识事物的重要方式，每个人的思维都有各自的特点，也存在着很明显的差异，这就是思维的品质。良好的思维品质有助于人们更好、更准确地认识事物，培养青少年良好的思维品质也是教育工作的重要组成部分。

一、思维的品质

思维的品质描述的是个体的思维特点和差异，包括深刻性、灵活性、独创性、批判性和敏捷性等方面。

(一)思维的深刻性

思维的深刻性，就是思维的抽象逻辑性，它是人类思维的最高形式。抽象逻辑思维是在感性材料的基础上，经过去粗取精、去伪存真、由此及彼、由表及里，最后抓住事物的本质和内在联系的过程。思维的深刻性集中体现在个体是否能够深入思考问题，是否具有抓住事物规律和本质的能力，能否预见事物发展的进程。一般来说，成年人思考问题要比儿童深刻，正是因为成年人具备成熟的抽象思维能力，即使是在某些强调形象思维，如动画设计这样的工作中，也只有在抽象思维的指导下才能找到正确的方向。因此，思维的深刻性可以说是人最重要的思维品质。

(二)思维的灵活性

思维的灵活性是从思维活动的智力灵活程度来评价思维能力的品质。思维的灵活性主要包括以下几个方面：一是思维起点的灵活性，也就是说思维能否从不同的角度、方向、方面按照不同的方法来解决问题；二是思维过程的灵活性，即是否能够从分析到综合，从综合到分析，灵活地进行"综合的分析"；三是概括和迁移能力，即是否愿意和善于运用规律，能够触类旁通；四是思维的结果是不是合理且多样化。

(三)思维的独创性

思维的独创性就是创造性思维的能力，是指经过独立思考创造出有价值的新颖的产物的智力品质。思维的创造性是人类思维的高级形态，是智力的高级表现，是在独创地解决问题的过程中表现出来的智力品质。没有创造性就没有发明等实践活动。事实上，思维的独创性不是少数发明者独有的品质，每个人在每个发展阶段都或多或少地具备一定的创造性。

思维的独创性主要表现在三个方面：一是独立性，创造性强的人总是独立而自觉地分析问题和解决问题，而不是人云亦云；二是发散性，创造性强的人需要比较强的发散性思维，善于通过不同的途径解决问题；三是新颖性，创造性思维的成果，无论是概念、判断、假设或是结论，总是带有新的因素，所以新颖性是创造性最重要的指标。

(四)思维的批判性

思维的批判性是指在思维活动中是否善于批判地评价他人的思想与成果，也善于批判地对待自己的思想与成果的品质。批判性的思维能够吸取别人的长处和优点，吸取别人的思想的精华，而摒弃别人的短处和缺点，摒弃别人思想的糟粕。它还能够严格地检查自己思想的进程及其结果，缜密地验证自己所提出的种种设想或假说，在没有确证其真实性之前，决不轻易相信这就是真理。在生活中，有的人思维具有较强的批判性，能辨证地分析一切；在学习中，有的学生敢于同教师争论，敢于向权威挑战，这便是有思维批判性的表现。相反，迷信书本和权威，便是缺乏思维批判性的表现。

思维的批判性是自我意识在思维过程中起作用的结果。自我意识起到对人的认识活动进行监控的作用。有了这种监控作用，人就能调节自己的思维和行动，这样就减少了盲目性，增强了科学性。

(五)思维的敏捷性

思维的敏捷性是指思维过程的速度或迅速程度，是指人们在短时间内当机立断地根据具体情况做出决定，迅速解决问题的思维品质。但是思维的敏捷性不能独立存在，它必须以上述 4 种思维品质为基础，同时又是它们的集中体现，高度发展的思维的深刻性、灵活性、独创性和批判性总是以敏捷性为指标的。

思维的 5 个方面的品质是密切联系的，其中思维的深刻性是一切思维品质的基础，灵活性和创造性是在深刻性基础上引申出来的，思维的批判性以深刻性为基础；思维的敏捷性则是以其他 4 个品质为基础的，同时又是它们的集中体现，它们共同构成了衡量一个人思维水平的标准。

二、青少年思维的特点

思维品质作为一种心理特征，其发展是有规律的，表现为一定的阶段性。青少年处于儿童期与成年期的过渡阶段，其思维品质具有鲜明的年龄特点。

(一)青少年思维深刻性

青少年阶段的语言和智力发展极为迅速，个体经验不断增长，思维的深刻性也在不断发展。

初中阶段的学生对概念的理解虽然不能完全摆脱直观经验，但已经可以掌握较为复杂的概念系统，能够将事物的本质属性与非本质属性区别开来。但是他们非常容易被具体的事实材料所吸引，加上知识面较为狭窄，主动调节思维活动的能力还有欠缺，因此，在初中阶段，学生思维深刻性还需要进一步的发展。

到了高中阶段，青少年不再容易被事物的表面现象所迷惑，能较为全面地从本质上来看问题。他们力求对各种经验材料做出理论的和规律性的说明，用理论把各种材料贯穿起来，并以此为指导来扩展知识领域。此外，高中阶段的青少年能初步地以辩证的观点来看待问题，能够理解一般和特殊、归纳和演绎、理论和实践之间对立统一的关系。

(二)青少年思维灵活性

青少年思维灵活性具有两个重要的特点。首先，青少年思维的灵活性随着年龄的增大而发展。在初中阶段，大约有 30%的学生具有思维的灵活性，而到了高中阶段，具有思维灵活性的学生达到 40%。其次，到了高中阶段之后，青少年思维的灵活性差异趋于稳定。

(三)青少年思维独创性

青少年时期思维独创性的个体差异较大，表现在有的学生思维发散速度快，灵活多变，富有创意，而有的则平平庸庸，毫无独创性可言。青少年思维独创性也存在年龄差异。一般低年级中学生聚合思维优于发散思维，独创性相对也较低；而到了高年级，这种差异才会倒过来，并随着年级的升高而逐渐增大，相应的独创性品质也有了较大发展。此外，青少年发散思维的三个特征指标的发展并不是均衡的，流畅性最好，变通性居中，独特性最差。

(四)青少年思维批判性

青少年时期思维的批判性有了很大的发展，青少年不再像幼年期那样，对教师和家长的要求百依百顺。他们逐步用批判的眼光看待一切事物，他们不再把成人和书本上的结论当作绝对真理，敢于大胆地发表个人意见，喜欢怀疑、争论，并能提出一些新奇想法。

应该注意的是，初中生和高中生思维的批判性存在着差异。初中生有时会进行毫无根据的争论，孤立偏激地看问题，容易走极端，倾向于肯定一切和否定一切。而到了高中阶段，青少年思维的批判性就会成熟起来，他们喜欢探求各种现象产生的原因，在提出争论的观点时，往往要求具有一定说服力的逻辑论证。高中阶段的青少年不仅开始思考学习材料本身的正确性，而且开始思考思想方法的正确性。尽管如此，他们仍然带有相当程度的主观性和片面性。

(五)青少年思维敏捷性

青少年思维的敏捷性的重要特点就是个体差异大。这种差异有一定的年龄特点。从初中二年级开始表现更为显著。年龄越大，差异就越大。到了初中三年级以后，思维敏捷性的差异就逐渐趋于稳定。高中阶段，这种个体差异基本就定型了。

三、如何培养学生良好的思维品质

培养学生良好的思维品质对于提高教学效果有着重要意义，而教学活动正是培养学生良好思维品质最有利的时机。

(一)青少年思维的深刻性品质的培养

思维的深刻性是通过深刻的思维活动而形成的，只有通过指导学生进行深入的思维活动，才能培养学生思维的深刻性。因此，教师在培养学生思维深刻性的时候，应该注意以下两点。

第一，任何深刻的认识都是以丰富正确的感性认识为基础的。因此，在教学中，应该提供足够的感性材料，不能只从理论到理论地讲解概念和原理，还要提供足够的变式，以指导学生从各种角度认识事物的本质。

第二，应该指导学生进行逻辑推理，培养学生的推理能力。在教学中，要让学生参与定义和公式的推导过程，使学生学会从分析条件出发，找出各种数量关系，进行推导和证明。同时，教师应该注意在各科的教学中，教会学生思考各种问题的方法。

(二)青少年思维的灵活性品质的培养

思维的灵活性是一种重要的思维品质。我国教育工作者通过多年的教学实践，创造了许多培养思维灵活性的方法。如一题多解、一字多词、一物多用和一义多词等方法。这些方法不仅可以使学生从不同角度来考虑问题，而且可以提高思维的灵活性。此外，教师还可以选择一些话题，让学生对这一话题展开辩论，使学生知道针对同一问题，可以有不同的观点和看法，培养他们从多个角度考虑问题的思维习惯，提高思维的灵活性。

(三)青少年思维的独创性品质的培养

培养青少年思维的独创性是教育工作的重要任务。青少年时期的学生好奇心强烈，教师要保护学生的好奇心，激发他们的求知欲。好奇心和求知欲是推动人们探索世界、进行创造性思维的动因。教师应该主动创设情景，主动满足学生的好奇心，强化他们对新事物的探索热情。此外，发散思维是思维独创性的主要成分，教师在教学中应有目的、有意识地训练学生的发散思维，鼓励他们对同一问题产生多种不同的看法。教学中，教师还要丰富学生的知识储备，培养学生丰富的想象力，甚至那些看起来很荒诞的想法，教师也应该持有鼓励的态度，并加以合理的引导。

(四)青少年思维的批判性品质的培养

青少年思维的批判性表现为其思维具有了独立性，不再像幼年时代强烈依赖于成年人，所以培养青少年思维的批判性还要注意培养其独立性。

青少年时期是思维独立性发展的关键时期，对于学生表现出的"不听话"等行为，要给予理解，不能随意压制，以免挫伤学生独立思考的积极性，同时还要提供机会让学生进行辩论，独立地发表见解。这有利于培养学生思维的独立性。在培养学生思维独立性的同时，培养学生思维的批判性。这是因为青少年思维的独立性还不成熟。在学生发表意见后，还要引导学生从实际出发，进行严密的思考，做到有理有据。教师还应指导学生对自己的思维活动进行反思，帮助学生修正错误，避免产生片面性和狭隘性。

(五)青少年思维的敏捷性品质的培养

思维的敏捷性是思维其他品质的集中体现，培养学生思维的敏捷性需要在各科教学中都要有速度的要求。青少年一般都有好胜心，利用青少年好胜心理组织比赛，加强速度训练，可以提高学生思维的敏捷性。有许多思维敏捷的学生，由于缺乏速度要求，逐渐养成了做事拖沓的习惯，思维的敏捷性降低。

第四节　想象及其培养

人在反映客观世界的时候不仅感知当时作用于主体的事物，而且创造着新的形象。人们能够根据别人的口头或文字的描述在头脑中产生没有感知过的事物的形象。这一切组成了一种特殊的心理活动，这就是想象。

一、想象概述

想象是思维的一种特殊形式，与思维有着密切的联系。想象和思维都属于高级的认知过程，它们都产生于问题的情景，由个体的需要所推动，并能预见未来。

(一)什么是想象

想象(imagination)是人脑对已有表象进行加工改造进而创造事物新形象的心理过程。通过想象过程创造的新形象就是想象表象。人们可以想象乘坐宇宙飞船到火星去的情形，也能想象神话故事中孙悟空三打白骨精的场面，这些都不是曾经经历过的现实，但这些新形象却都由人们头脑中已有的一些表象粘合、重组而成。

想象具有新颖性和形象性的基本特点。想象是在感知的基础上，通过改造旧表象，创造新形象的心理过程。想象主要处理的是图形信息，而不是词或者符号。想象不仅可以创造人们未曾知觉过的事物的形象，还可以创造现实中不存在或不可能有的形象。虽然想象创造出来的形象可能非常荒诞，但其来源仍然是客观现实，是对已经存在于头脑中的表象进行加工改组后所形成的，任何想象的产物都可以在现实生活中找到其原型。

(二)想象的功能

想象在个体生活中具有重要作用，对促进个体的发展和创造活动都有益。具体来说，想象的功能主要表现在预见、补充、替代和调节 4 个方面。

1. 预见功能

想象具有预见功能，它能预见活动的结果，指导人们活动进行的方向。人们在从事任何活动之前，都必须首先在头脑中确立定向目标，也就是说，要能够想象出活动过程及其结果，一旦活动过程结束，便是头脑中预定观念的实现，于是人的活动就有了主动性、预见性和计划性，这有助于活动的顺利完成。例如科学家在进行发明创造、工程师设计一项新的工程、艺术家进行艺术造型时都离不开想象，这就是想象预见性的体现。学生的学习也是一样，一个想象力贫乏的学生，他考虑问题的思路必然狭窄，也不可能有很高的分析问题和解决问题的能力，其智力发展也是不充分的。

2. 补充功能

想象具有补充功能。在现实生活中，由于时间、空间的限制，有许多事物是人们不可能直接感知到的。例如，人们不能直接观察到原始人生活的情景，也不能直接看到千百万年前发生的地壳变动和历史变迁，但人们可以借助想象来弥补人类认识活动的时空局限和不足，超越个体狭隘的经验范围，扩大人的视野，对客观世界产生更充分、更全面、更深刻的认识。

3. 替代功能

想象具有代替功能。人们不可能满足自身所有的需要，当某些需要不能实际得到满足时，就可以利用想象从心理上得到一定的补偿和满足。例如，儿童想当一名飞行员，但由于他的能力所限而不能实现，于是就在游戏中，手拿一架玩具飞机在空中舞起来，满足了自己当飞行员的愿望。在哑剧的表演中，许多布景和实物是通过演员形象化的动作来唤起观众的想象而获得良好效果的。在日常生活中，人们也常常从想象中得到某种寄托和满足。为此，生活因梦想而升华，因梦想而完美。

4. 调节功能

想象具有调节机体生理活动的功能，能够改变人体外周部分的机能活动过程。例如，中世纪欧洲某些患有歇斯底里症的病人按照圣经里的描述，想象耶稣基督钉在十字架上的痛苦后，他们的手掌和脚掌上出现了血斑，甚至是溃疡。当时人们把这些血斑称为圣斑。近年来，人们对生物反馈进行了研究，发现想象对人的机体活动确实存在调节和控制的作用。生动鲜明而丰富的想象往往会使想象者体验到身临其境的感受，生理活动也会随之发生相应的变化。

(三)想象的基本形式

想象过程是对形象的分析综合过程，它的综合特点有下面几种形式。

1. 粘合

粘合是指把客观事物中从未结合过的属性、特征在头脑中结合在一起而形成新的形象。通过这种粘合活动，人们创造了许多童话和神话中的形象，如孙悟空、猪八戒、美人鱼等。这种创造都是将客观事物的某些特征分析出来，然后按照人们的要求，将这些特点重新配置，综合起来，构成了人们所渴望的形象，以满足人们的某种需要。

2. 夸张

夸张又称为强调，是指通过改变客观事物的正常特点，或者突出某些特点而略去另一些特点进而形成新的形象。如千手观音、九头鸟等形象，都是运用夸张而形成的想象，而漫画则是运用强调手段着重突出事物的主要特征或者着重显示事物的某些方面。

3. 典型化

典型化是根据一类事物的共同特征创造新形象的过程，如在艺术构思中的各种装饰图案画中的花瓣、树叶等形象，就是来自各种植物的共同特征。布匹、瓷碗、小兜、暖水瓶等上的图案，也是来自自然界的典型代表物。文学作品中人物形象的创造也是如此，作家往往是综合人物的典型特征之后创造人物形象的。

4. 拟人化

拟人化是把人类的特点、特性加在外界事物上，使之人格化的过程。例如童话故事中的小猫、小狗都会说话，自然界中刮风、下雨、闪电、打雷等现象也用"风婆"、"龙王"、"电母"、"雷公"等形象出现，这都是运用拟人化的方式创造出来的。

5. 联想

联想是由一个事物想到另一个事物的过程，它也可以创造新的形象。联想的活动方向服从于创作时占优势的情绪、思想和意图。某人在某种情绪状态下，由看到修理钟表联想到修理时间，进而联想到修理年代，这是一种异乎寻常的联想，它打破了日常联想的习惯，因而引发了新的形象。

二、想象的种类

根据想象是否具有目的性，可以将想象分为无意想象和有意想象两种。

(一)无意想象

无意想象是没有预定目的、不由自主地产生的想象。例如，看见天上的白云，会想象成草原上的羊群。有的学生听课时走了神，也会任凭想象驰骋。平时我们睡眠中的梦，则被视为无意想象的极端形式。虽然梦的内容有时十分荒诞，但它的构成成分仍然是对已有表象的加工、改造，故有"日有所思，夜有所梦"之说。此外，人们由于服用某些药物，也会引起无意想象。吸食或服用致幻药物的人，服药之后会产生各种奇特的幻觉，如觉得时间停滞了，静止的东西在移动，甚至觉得自己会飞等也都是无意想象。梦和幻觉是在特殊情况下产生的无意想象，但这并不意味着无意想象只能在这种特殊的甚至是不正常的情况下产生。事实上，日常生活中，无意想象是经常发生的。人们随着意境的出现，可以产生无限遐想。

知识拓展 5-2

梦境究竟是什么

在生活中的每一个平常的夜晚，你都会进入到另外一个世界，这就是梦境。在过去，梦境只是哲学家、通灵者和心理分析师才去研究的领域，而现在梦境已经成为了科学工作者们一个极其重要的研究领域。然而，梦境的实质究竟是什么，学者们还存在着争论。

精神分析学派的代表人物弗洛伊德和荣格认为梦是潜意识过程的显现，是通向潜意识的最可靠的路径。或者说，梦是被压抑的潜意识冲动和愿望以改变的形式出现在意识中，这些冲动和愿望主要是人的性本能和攻击本能的反映。

霍布森从生理学的观点出发，认为梦的本质是我们对脑的随机神经活动的主观体验，这种神经活动完全没有逻辑联系，也不存在任何内在的含义。

(资料来源：[美] 理查德·格利格，等. 心理学与生活. 第16版. 王垒，等译. 北京：人民邮电出版社，2003: 146~148)

(二)有意想象

有意想象是有预定目的、自觉进行的想象。例如，学生根据教师的要求想象课文的有关描述，或运用想象进行艺术创作等都属于有意想象。

有意想象是人们从事实践活动的主要想象形式。按照想象时创造性水平和新颖程度的不同，有意想象又可以划分为再造想象、创造想象和幻想。

1. 再造想象

再造想象是依据词语或符号的描述、示意，在头脑中形成与之相应的新形象的过程。例如，读魔幻小说《哈利·波特》时，头脑中会浮现出魔法学校中的各种场景；在看建筑图纸时，构想新大厦的外貌等都是再造想象的表现。再造想象的形成要以丰富的表象储备和对词、事物的正确理解为基础，否则再造想象不能很好地生成。

2. 创造想象

创造想象是不依据现成的描述而独立创造新形象的过程。作家创作小说、作曲家谱写新曲、设计师描绘图纸等都是大量运用创造想象的过程。创造想象的形成，除了要具备丰富的知识和表象储备外，还依赖于个体创造的欲望、积极的思维和原型启发。许多创造想象的成果都是有创造积极性的个体在原型启发下完成的，如飞机的发明、雷达的设计等都有原型启发的功劳。

3. 幻想

幻想是一种与生活愿望相结合并指向于未来的想象，属于创造想象的一种特殊形式。幻想有两种，一种是符合现实生活发展规律，有可能实现的幻想，称为理想；另一种是完全违背现实的发展规律，毫无实现可能的幻想，称为空想。积极的幻想是学习和工作的巨大动力，是科学发展的重要力量。

三、学生想象力的培养

想象不仅在学生学习过程中有重要作用，而且对人们创造性实践活动也具有十分重要的意义。哲学家康德认为："想象力是一个创造性的认识功能，它有本领，能从真正的自然界所呈现的素材里创造出另一个想象的自然界。"知识是有限的，想象却可以无限扩展，它可以涵盖世界上的一切，推动着知识的增长和人类的进步。青少年学生极富幻想，同时他们的理想也开始形成，这就意味着青少年阶段是培养学生想象力的重要时期。

(一)丰富表象储备

想象是在感知觉影响和记忆表象的基础上发展起来的。人脑中存储表象的数量和质量，决定了一个人想象的水平。表象丰富，想象就开阔、深刻，而表象存储不足，想象就会变得狭窄、肤浅，甚至失真。

为了培养青少年的想象力，在教学中教师可以用生动形象的语言和各种直观教学手段展现教学内容，把描述、分析和直观教具的使用结合起来，引导学生观察，开拓学生思路，激发学生的想象。各科教学要结合相关的教学内容，采取多样的方法，例如角色扮演、形象唤起、续接故事、生动比喻、演示实验等，充分发展学生的想象力。

(二)培养丰富的情感

丰富的情感是激发人的想象力的心理条件，有人认为创造性想象的一切形式都包含有情感因素。情感一旦成为激励人行动的巨大动力，想象就容易发挥出来。

高尚的情感是培养青少年积极、健康想象的基础，也是激发学生创造愿望、发展想象力的动力。为此，教师必须采取多种形式培养学生高尚的情操，帮助他们树立正确的人生观和价值观。同时，要教育学生正确对待失败和挫折，保持积极的、愉快的情绪状态，这样可以诱发大脑皮层的兴奋状态，使思维活跃，想象丰富。

(三)开展丰富多彩的课外活动

丰富多彩的课外活动能不断充实学生的生活体验，积累表象。在科技创造、文艺表演、文学欣赏、绘画等活动中，青少年学生可以展开想象的翅膀，自由翱翔。而每一次有灵性的幻想，都会使他们热血沸腾，产生强烈的求知欲。青少年时代的爱因斯坦曾经做过这样的想象：如果我以真空中的光速去追随一条光线运动，那么我就应当看到这条光线好像一个在空间里震荡着的停滞不前的电磁场。多么不可思议的幻想啊，而正是这种近似荒诞的想法再辅以理性的思考，让爱因斯坦最终创立了相对论。

🔑 拓展阅读

概念形成的几种策略

概念形成是指个人掌握概念的过程。掌握概念主要有两种途径，一种途径是不经过专门的学习，通过日常交际和积累个人经验而获得概念。这种概念一般叫做日常概念，也叫做前科学概念。另一种途径是在教学过程中有计划地使学生熟悉有关概念的内涵，这种概念称作科学概念。

无论是前科学概念还是科学概念，人在形成这些概念时总是会使用一定的方法和策略，这些策略的共同特征在于要对概念的各种属性进行扫描，也要对这些总体假设进行聚焦，最终形成对某种事物的概念。根据对概念属性扫描和聚焦的方式不同，概念形成的策略可以分为同时性扫描、继时性扫描、保守性聚焦和博弈性聚焦。

(1) 同时性扫描是指人可以根据肯定事例的部分属性来形成多个分假设。他可以同时记住几个假设，在依照其中一个假设进行某种行为后，与行为引发的事实进行比较，看究竟哪个假设是正确的，以获取有用信息。这种策略会给记忆带来极大的负担。

(2) 继时性扫描也可以应用部分假设，它与同时性扫描的区别在于一次只考察一个假设。如果被试发现运用的假设被证实为正确的，就可以继续使用，否则就采用另一个假设，再对它进行考验。由于一次只考验一个假设，而且是连续地进行，因此称作继时性扫描。这种策略需要的记忆负担很小，但在整个过程中之前曾经被排除掉的假设很可能会被再次使用，显得不经济。

（3）保守性聚焦运用于总体假设的检验，是以某一事例的全部属性作为焦点，被试在对事例相继做出概念是什么的判断时都对准这个焦点。保守性聚焦大大减轻记忆负担，被试不需要记住他选择的所有事例及其性质，只需记住当前的假设就行了，在应用保守性聚焦策略时，只改变焦点的一个属性。应用这个策略时，被试的每一次选择都有一个明确的目的，并且每次都可以得到确定的信息，从而使整个作业过程变得简单而具体。相对而言，保守性聚焦是一个更有系统性和更有效的策略。

（4）博弈性聚焦也应用于总体假设的检验。这种策略与保守性聚焦非常相似，不同在于它一次改变假设概念一个以上的属性，人们的这种做法就像是博弈一样，需要冒很大的风险，可能会很巧合地成功，也可能失败。博弈性聚焦的弱点就是失败的可能性很大，而优点则在于人们可能会在仅仅做出较少的选择的情况下就很快地成功掌握概念。

（资料来源：邵志芳. 思维心理学. 上海：华东师范大学出版社，2007：41～42）

本 章 小 结

人之所以能够成为万物之灵，在于人具有高度发达的思维能力。思维使得人类能够跨越各种条件的限制而去认识事物的本质属性和内在联系。思维不等于语言，但和语言有着密切的关系。思维的基本过程是分析和综合，这也是人类探索世界的方式，通过使用概念、推理和判断等形式，客观世界的规律反映在人的头脑中。问题解决是思维的重要体现之一，当人面对无法用已有知识直接去解决某种情境时，便遇到了问题。问题解决受到定势作用、知觉情境、功能固着、顿悟性思维和动机水平等心理因素的影响。青少年思维品质发展具有其特定年龄特征，应当根据其发展所处的阶段来培养青少年良好的心理品质。想象是思维的一种形式，是把头脑中已有的表象经过加工改造而形成新形象的过程，想象具有重要的功能，培养青少年丰富的想象力具有重要的教育意义。

思考与练习

1. 为什么思维能够反映那些你从来没有接触过的事物？
2. 在问题解决的过程中，需要克服哪些心理因素的消极影响？
3. 用什么样的方法能够培养学生良好的思维品质？
4. 想象的综合过程都有哪些？

推 荐 阅 读

1. 邵志芳. 思维心理学. 上海：华东师范大学出版社，2007
2. 崔丽娟. 心理学是什么. 北京：北京大学出版社，2002
3. 朱彤，著. 日常生活中的心理学. 北京：金城出版社，2007
4. 理查德·格利格，等. 心理学与生活. 第16版. 王垒，等译. 北京：人民邮电出版社，2003

常言道："一心不可二用。"注意是人类学习知识、获得技能、取得成功的必要条件。掌握注意的规律，有助于大学生保持良好的注意状态。

——题记

第六章 注 意

本章学习目标

➢ 注意的概念及功能。
➢ 注意的特点。
➢ 注意的种类。
➢ 注意规律在教学中的应用
➢ 注意的品质及培养

核心概念

注意(attention) 无意注意(involuntary attention) 有意注意(deliberate attention) 注意的范围(area attention) 注意的稳定性(sustained attention) 注意的分配(divided attention) 注意的转移(attention transfer)

引导案例

一堂公开课

上海市特级教师钱杭宝，有一次给入学不久的一年级小学生上公开课。听课的老师非常多。钱老师在课刚开始时问："小朋友，今天我们到礼堂里来上课，请你们看看周围，你们看到了什么？"

孩子们都好奇地向四周看看，纷纷告诉老师看到有许多老师来听课。

钱老师接着说："今天有许多老师来帮助我们改进教学，我们大家热烈欢迎。"孩子们高兴地鼓起掌来。

钱老师又说："我们不仅要鼓掌欢迎，还要认真听课，用实际行动来欢迎老师们。好，现在我们上课。"

这一节课，虽然有好几百人听课，但孩子们却自始至终地听老师讲课。

你欣赏钱老师的做法吗？本章将探讨如何保持良好的注意状态。

(资料来源：傅道春. 情景心理学. 长春：东北师范大学出版社，1997：115～116)

乌申斯基曾说:"注意是我们心灵的唯一门户,意识中的一切必须要经过它才能进来。"注意伴随着心理活动的始终,保证心理活动的顺利进行。

第一节　注　意　概　述

注意是大家非常熟悉的心理现象,人的一切自觉的心理活动都是以注意为基础的。

一、注意的概念及功能

注意是一种积极的心理准备状态,正是由于有注意的参与,我们才能清晰地感知、深入地思考、准确地回忆、表达情感体验、确立行动目标并积极实现目标。那注意究竟是什么呢?

(一)注意的定义

注意(attention)是人的心理活动或意识对一定对象的指向和集中。注意所指向的对象,既可以是外部的事物,也可以是自身的身体、行为和观念。例如:上课时,学生专心致志地听讲,心理活动指向教师的授课内容,并集中在这一活动上,这是注意;数学家陈景润走在马路边还在思考数学题,撞到电线杆还对它说"对不起",这也是注意,只不过是对自己内部思维过程的注意。所谓"聚精会神"、"全神贯注"等描述的都是注意的表现。

注意是意识的基本特征,人的一切自觉活动都是以注意为基础的,尤其是学习科学文化知识的过程,必须有注意的参与。作为心理活动的一种积极状态,注意不是一种独立的心理过程,它本身没有特定的反映对象。例如,上课时教师经常跟学生们说"注意了",其实是让学生"注意看黑板"、"注意听老师的讲话"或者"注意思考",这里是将注意的指向对象省略掉了。因此,注意是人们在感觉、记忆、思维等心理过程中表现或具有的状态,它是一种特殊的心理特性,伴随着心理过程的始终。

(二)注意的基本特点

指向性和集中性是注意的两个基本特点,它们是同一注意状态的两个方面。

注意的指向性是指心理活动的对象和范围。客观世界是丰富多彩的,在同一时间内呈现在人们面前的事物很多,而个体的认知能力是有限的,在同一时间内不可能对呈现在面前的客体都给予清晰的反映,而是有选择、有方向地指向一定的对象,忽略其他对象。如外科医生在为病人做手术时,其心理活动有选择地指向病人的病灶部位和自己的手术操作,忽略了手术室内外的其他事物。

注意的集中性是指心理活动在特定对象上的深入程度。人的心理活动不仅指向一定的对象,而且会高度专注于该对象,离开了一切与活动对象无关的事物,抵制其他刺激的干扰,以保证注意对象得到完整和清晰的反映。如前面所举的外科医生为病人做手术的事例中,医生注意的集中性就表现为对其他一切事物的"视而不见、听而不闻"。

指向性和集中性是密不可分的。一般情况下,高度的集中性会缩小指向的范围,而"眼观六路、耳听八方"的指向分散则会降低集中性的深入。可见,指向性是集中性的前提和基础,集中性是指向性的体现和发展。没有指向性,就谈不上集中性。心理活动没有指向教师的授课内容，就谈不上专心致志地听讲。离开了集中性，指向性也失去了意义。学生上课听讲时心不在焉，选择教师授课内容作为心理活动对象的指向性也就没有意义了。

(三)注意的功能

注意对人类生活具有重要意义。它积极维持、组织心理活动，使人对客观事物形成清晰的认识，因而，注意是学生掌握知识的必要条件。学生学习成绩差，往往并不是他们智力落后，而是不能集中注意学习。注意又是实践活动的必要条件。人们从事实践活动时，需要集中注意，以保证实践活动的顺利完成。学生作业中出现的错误，有些情况下，也是注意不集中造成的。注意是一种重要的心理活动，具有以下功能。

1. 选择功能

人周围的信息是多种多样的。注意的选择功能就在于选择那些符合个体需要的、与活动目标相一致的信息予以加工，抑制并排除那些无关的、无意义的信息的干扰。没有注意的选择功能，人的心理活动便失去方向，心理活动的效率将大大降低。

2. 维持功能

注意的维持功能是使注意对象的映像或内容保持在意识之中，直至达到活动目标为止。没有注意的维持功能，信息很快就在意识中消失，行动目标将无法实现。正如前面提到的，许多学生学习成绩不理想，往往不是由于智力原因，而是由于学习中不能长时间集中注意的缘故。

3. 调节功能

注意的调节功能是指注意能监督、调控个体的心理过程，使心理活动按一定的方向和目标进行。人的心理活动一旦偏离了预定的方向和目标，由于注意的参与就会被及时发现并调整，保证心理活动的顺利进行。例如，个体对写错的字、说错的话能够及时更正，都是注意调整功能发挥作用的表现。当人们需要把注意从一种活动转向另一种活动时，也是注意的调节作用帮助这种转移顺利完成。

二、注意的表现

人在集中注意时，常常伴随着一系列的内在变化和外部表现。主要表现在以下几个方面。

(一)适应性活动

人在注意时，感觉器官朝向所注意的对象，以便得到最清晰的印象。例如：人在注意观察某个物体时，把目光集中在该物体上，即所谓"举目凝视"；注意听一个声音时，把耳朵朝向声音发生的方向，即所谓"侧耳倾听"；当人沉思和冥想时，常常是呆视着某处，对周围对象的感知变得模糊起来。

(二)无关动作停止

人在高度集中注意时，无关动作会暂时停止。当儿童看精彩动画片时，会一动不动地盯着电视屏幕；学生津津有味地听讲时，也是停止一切小动作，注视着老师的一言一语、一举一动。

(三)生理变化

集中注意时，人的循环、呼吸和内分泌都可能发生变化，例如：心跳加快，血管舒张；肾上腺素分泌显著改变；呼吸变得轻微而缓慢，吸气变短，呼气加长。当注意高度集中时，甚至会出现呼吸暂时中断的状态，即所谓"屏息"现象。紧张注意时，还会出现紧咬牙关、紧握拳头等现象。

教师可以根据学生的外部表现来推断他的注意力是否集中。但是，有时注意的外部表现和注意的内部状态并不一致。例如，学生睁大眼睛看着黑板，好像在认真听讲，而实际上他正在想下课踢足球的事。因此，不能仅以此作为判断学生是否认真听讲的依据。

知识拓展 6-1

意识与注意

首先，注意不等同于意识。一般说来，注意是一种心理活动或"心理动作"，而意识主要是一种心理内容或体验。假如把人脑比作一台电视机的话，注意就是对电视节目进行选择的过程，而意识则是出现在电视屏幕上的内容。注意提供了这样一种机制，它决定什么东西可以成为意识的内容，而什么东西不可以。与意识相比，注意更为主动和易于控制。在人们将注意集中于特定事物或活动，或将一定事物"推"入意识中心时，通常包含了无意识的过程。人们有意识地选择所要注意的活动或对象，但在多数情况下，这种选择并不是有意识的，而是由刺激和事件本身引起，是一个无意识的过程。

其次，注意又和意识密不可分。当人们处于注意状态时，意识内容比较清晰。人从睡眠到觉醒，再到注意，其意识状态分别处在不同水平上。睡眠是一种无意识的状态。人在睡眠时，他意识不到自己的活动或外部的刺激，或不能清晰地意识到。从睡眠进入觉醒以后，人开始能意识到外部的刺激和自己的活动，并且能有意识地调节自己的行为。但是，即使人在觉醒状态下，也不能意识到所有的外部刺激、事件和自己的行为，而只能意识到其中的一部分。人的注意所指向的内容，一般处于意识活动的中心。因此，对于注意指向的内容，人的意识比较清晰和紧张。

总之，在注意条件下，意识与心理活动指向并集中于特定的对象，从而使意识内容或对象清晰明确，意识过程紧张有序，并使个体的行为活动受到意识的控制，而进入注意的具体过程则可能是无意识的，即有时包含了无意识过程。

(资料来源：彭聃龄. 普通心理学. 北京：北京师范大学出版社，2004：187)

三、注意的神经生理机制

19 世纪中叶以来，生理学家和心理学家们对注意进行了多方面的研究，试图揭示注意活动的复杂的神经机制。研究表明，注意是由神经系统不同层次、不同脑区的协同活动完成的。

(一)朝向反射

巴甫洛夫认为，朝向反射是注意最初级的生理机制。所谓朝向反射，是当新异刺激出现时，有机体便将感觉器官朝向新异刺激的方向，以便更好地感知这一刺激。刺激物一旦失去新异性，或个体对该刺激已经习惯化了，朝向反射就不会发生。朝向反射会引起机体一系列的变化，如：正在进行的活动受到抑制；四肢血管收缩，头部血管舒张；心律变缓；出现缓慢的深呼吸；瞳孔扩散；脑电出现失同步现象等。朝向反射，有助于提高感官的感受性，并能动员全身的能量资源应对个体面临的活动任务，如趋向活动的目标，逃离威胁个体生存的情境等。朝向反射对人和动物都具有重要的生物学意义。

20 世纪初，在巴甫洛夫的实验室里曾经发生过这样一件事：巴甫洛夫的一位助手用狗做实验，使狗形成了对声音的食物性条件反射。事后，他请巴甫洛夫去实验室参观。令人奇怪的是，每当巴甫洛夫在场的时候，实验就不成功，实验动物已经建立的条件反射明显地被抑制了。经过仔细分析，巴甫洛夫认为，由于他在场，狗对新异刺激物(陌生人)产生了一种特殊形式的反射，因而对已建立的条件反射产生了抑制作用。巴甫洛夫把这种特殊的反射叫朝向反射。这是人和动物共同具有的一种反射。[①]

(二)脑干网状结构

脑干网状结构是从脊髓上端到丘脑之间的一种弥散性的神经网络(见图 6-1)，网状结构的神经细胞形状很复杂，大小也不等，它们的轴突较长，侧枝较多。因此，一个神经元可以和周围的许多神经元形成突触，一处受到刺激可以引起周围细胞的广泛兴奋。来自身体各部分的感觉信号，一部分沿特定的感觉通路直接到达皮层感觉区，另一部分通过感觉通路的侧枝先进入网状结构，然后由网状结构释放出一种神经冲动，投射到大脑皮层的广大区域，使大脑皮层产生一

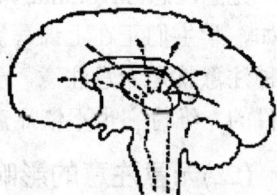

图 6-1 脑干网状结构示意图

定的兴奋和觉醒水平，保证大脑有效地加工特定的信号，为注意提供必要的基础和前提。

(三)边缘系统和大脑皮层

网状系统的激活作用使脑处于觉醒状态，但用网状系统的激活作用不能充分地解释注意现象。注意的选择性是与脑的边缘系统和大脑皮层的功能相联系的。边缘系统中存在着大量的注意神经元，仅对刺激的变化作出反应。当环境中出现新异刺激时，这些细胞就会活跃起来，而对持续出现、已经习惯了的刺激，不再作出反应。注意神经元是对信息进行选择的重要器官。

大脑皮层调节、控制皮层下组织，并主动地对信息进行选择，调节行动。大脑皮层是产生注意的最高器官，尤其是大脑额叶担负着十分重要的作用。研究发现，额叶受损的病人不能将注意集中在所接受的言语指令上，也不能抑制对附加刺激物的反应。没有干扰时，这类病人还能做某些事，但只要环境中出现任何新刺激或存在干扰，如有外人走进病房或病房内有人说话，他们就会停止正在进行的工作，把视线转向外来者或说话人的方向，这

---

① 彭聃龄. 普通心理学. 北京：北京师范大学出版社，2004：198

类病人很难完成有目的的行为。额叶能直接参与由言语指令引起的激活状态，通过边缘系统和网状结构的下行联系维持网状结构的紧张度，能对外周感受器产生抑制性影响。

近年来，由于事件相关电位、脑磁图和功能磁共振等技术的运用，进一步表明，当注意指向一定认知活动时，能提高与认知活动相对应的神经功能单元的激活水平，同时抑制起干扰作用的神经元的活动，对当前的认知活动产生重要影响。

第二节 注意的种类

根据注意的目的性和意志努力程度的不同，可把注意分为无意注意、有意注意和有意后注意。

一、无意注意

理解无意注意的概念及影响因素，有助于我们运用无意注意的规律，使学生保持良好的注意状态，提高教学的效果。

(一)无意注意的概念

无意注意 (involuntary attention) 是一种事先没有预定的目的，也不需要意志努力的注意。例如，学生们正在上课，突然有人敲门，许多同学会不由自主地朝发出声音的门口望去，这种注意就是无意注意。无意注意是注意的一种初级形式，这种注意的产生预先没有明确的目的，维持它也不依靠意志努力。因此，无意注意是一种消极的、被动的注意。

(二)无意注意的影响因素

个体的无意注意的产生和保持受多方面因素的影响，概括起来主要包括主、客观因素两个方面。

1. 刺激物本身的特点

刺激物本身的特点是影响无意注意的客观因素，主要表现在以下几方面。

(1) 刺激物的强度。刺激物的强度是影响无意注意的一个重要因素。一声巨响、一道强光、一股浓郁的气味等，都会不由自主地引起人们的注意。引起无意注意的刺激物的强度往往不是刺激的绝对强度，而是刺激的相对强度。如白天环境嘈杂，别人大声讲话往往我们也听不见；而夜深人静时，窃窃私语声我们也很容易注意到，甚至显得非常吵闹。

(2) 刺激物的活动和变化。活动、变化的刺激比不活动、无变化的刺激易引起人的无意注意。如夜空中划过的流星、闪烁的霓虹灯人们很容易发现；行进旋转的遥控汽车更易引起儿童的注意。

(3) 刺激物的新奇性。新奇的事物比司空见惯的事物易引起人的无意注意。教师带来的新教具、同学穿了一件新衣服、换了一个新的发型都会引起大家的无意注意。

(4) 刺激物的对比差异。刺激物之间在形状、颜色、大小等方面的差异越显著，越易引起人的无意注意。篮球巨星姚明和普通人站在一起，人们会优先发现他；教师用红笔批作业也是运用刺激物的对比差异原理。

2. 人的主体因素

刺激物本身的特点是引起无意注意的重要因素，但人的主体因素在无意注意产生中的作用也是不可忽视的。由于人的主体因素不同，同样的客观刺激，可以引起一些人的注意，却难以引起另外一些人的注意。

(1) 人的需要和兴趣。人的需要和兴趣是引起无意注意的重要条件。凡是能满足人的需要、引起人兴趣的事物，往往都优先引起人的注意。妈妈带孩子逛商场，妈妈注意到化妆品，孩子注意到玩具；同样是看电视，农民注意到化肥信息，高考生注意到高考信息，这些都是人的需要和兴趣引起的。

(2) 人的情绪和精神状态。人的情绪和精神状态对无意注意有直接的影响。当人心情舒畅时，许多平时不易引起注意的事物也能引起注意；当人心情郁闷时，平时能引起注意的事物也难以引起注意。当人精神饱满时，更易产生对新鲜事物的注意；当人过度疲劳时，新鲜事物也不易引起人的注意。因此，从事危险行业的人，应当保持良好的情绪和精神状态。

(3) 人的知识经验。人的知识经验对无意注意也有一定的影响。人们往往优先注意与已有知识经验相关的事物，如有经验的老中医比常人更容易注意到他人的气色，有经验的心理医生比常人更容易注意到他人的心理健康状态，再好的外文资料也不会被不懂外语的人优先注意，这些都是源于知识经验的影响。

(4) 期待。期待也是影响无意注意的重要条件。如电视剧播放时，每集都是在关键的、充满悬念的情节之处结束，目的在于引起观众的期待，唤起人们的注意。

(三)无意注意规律在教学中的应用

教学中正确运用无意注意的规律，可以使教学活动生动有趣，有利于学生保持良好的注意状态。

1. 创设良好的教学环境

创设良好的教学环境就是要减少、消除环境中与教学无关，又容易引起学生无意注意的因素，使学生的注意集中在教学活动上。因此，学校应设在远离闹市的地方，做到安静整洁、空气清新、光线充足。运动场应远离教学楼，应具备专门的、具有隔音设置的音乐教室，防止操练声、歌声、琴声分散学生的注意。教室布置得要简单而有教育意义，教师上课时不允许会客、接听电话，不允许学生随便出入，以免学生思路中断，影响注意的集中。教师衣着要整洁适宜，言谈举止大方得体，避免奇装异服、浓妆艳抹等，都有助于学生把注意集中在教学活动上。教学环境中出现与教学无关又能引起学生无意注意的因素时，教师要善于控制学生的注意。

📖 引导案例分析

听课的老师对小学生来说是教学环境中的新奇刺激物，难免会引起学生的无意注意，使学生产生强烈的好奇心，干扰学生听课。钱老师的做法，既满足了学生的好奇心，又使学生明确了应该注意的对象，从而有效地控制了学生的注意，使学生保持良好的注意状态，有助于提高教学效果。

2. 组织系统科学的教学内容

枯燥的教学内容，易引起学生注意的分散。教学内容应满足学生的兴趣和需要，让学生乐于接受。因此，老师在组织教学内容时，一方面要考虑教学内容的科学性、系统性，使学生对问题形成正确完整的认识；另一方面要注重理论联系实际，深入发掘所教内容在人们学习、工作、生活中的巨大作用，激发学生的求知欲和探索精神，便于学生集中注意。此外，教学内容要难易适度，充分考虑学生已有的知识经验和接受能力，切实可行。

3. 运用生动、灵活的教学方法

单调、呆板的教学方法，学生会毫无兴致，往往造成注意的分散。而生动、灵活的教学方法，容易使学生的注意长久地保持在教学活动上。为此，教师的语言要形象生动、简洁流畅、抑扬顿挫、突出重点，并结合教学内容辅之适度的表情动作，感染学生。依据教学内容制作色彩鲜艳、新颖的教具，适时呈现直观教具，用感性形象吸引学生。广泛制作并使用多媒体课件，使学生通过直观事物或形象充分感知和理解抽象的概念或理论，避免注意的分散。板书设计要突出重点，层次分明，结构完整，使学生一目了然，形成完整清晰的印象。教学方法应灵活多样，善于运用启发式教学，调动学生的学习积极性，使注意稳定在教学活动上。

二、有意注意

理解有意注意的概念及影响因素，有助于我们运用有意注意的规律，使学生保持良好的注意状态，提高教学的效果。

(一)有意注意的概念

有意注意(deliberate attention)是指事先有预定的目的、需要一定意志努力的注意。例如，学生听课、外科医生为病人做手术，都需要集中注意、排除干扰，保证这些活动的顺利完成。有意注意是一种高级的注意形式，它由活动目的引起，有意注意还要排除各种干扰，因而需要付出较大的意志努力。有意注意是积极的、主动的注意。

(二)有意注意的影响因素

影响有意注意的因素主要表现在以下几个方面。

1. 对活动目的、任务的理解

有意注意是有预定目的的注意，因而对活动目的、任务理解得越清楚、越深刻，完成任务的愿望就越强烈，越有利于维持有意注意。如大学生对通过全国外语四、六级考试这一学习任务有了明确而深刻的认识，就能激励他在外语学习的过程中，排除各种干扰因素，保持良好的注意状态，力争顺利通过考试。

2. 对事物的间接兴趣

兴趣有直接兴趣和间接兴趣两种，直接兴趣是对事物或活动本身感兴趣，间接兴趣是对活动结果感兴趣。直接兴趣是引起无意注意的重要条件，而间接兴趣则对有意注意产生巨大影响。间接兴趣越稳定，就越能排除各种干扰，对活动对象保持有意注意。例如，中国人学习英语常常感觉枯燥难学、心灰意冷，但若被公派出国进修，认识到学习英语的重要意义后，对它就产生了间接兴趣，就能战胜困难，刻苦攻读英语了。生活中有这样一名学者，他英语很好，却被派去日本攻读博士学位，经过短短一年的日语培训，他的日语就达到了听懂日本老师授课及学术交流的水平。这也说明了间接兴趣对保持有意注意的重要作用。

3. 活动的合理组织

活动组织得越合理，越有利于保持有意注意。平时养成良好的工作和生活习惯的人，大脑建立起合理的"动力定型"，就能在规定时间内全神贯注地工作。把智力活动和实际操作合理组织起来，有利于有意注意的保持和集中。如边阅读边记笔记、边思考边计算、绘制图表、编写提纲等，都可以防止分心，提高有意注意的效果。

4. 个人已有的经验

知识经验对有意注意也有重要影响。例如，听关于一种新药品临床应用和治疗效果的报告会，有经验的医生和药剂师对报告内容往往饶有兴趣，在于与他们已有的经验密切相关，能理解它、接受它，有助于维持有意注意。外行的人对报告内容往往索然无味，像听"天书"一样，根本不知所云，难以维持有意注意。

5. 个人的意志品质

有意注意的维持需要排除各种干扰因素。如气味、噪声等外部刺激，疲劳、疾病、情绪等机体内部状态。意志坚强的人，能排除各种干扰因素，使注意服从活动的目的和任务。意志薄弱的人，难以抵抗各种干扰因素的影响，不利于有意注意的保持。

(三)有意注意规律在教学中的应用

教学中正确运用有意注意的规律，可以提高学生学习的自觉性、目的性，有利于学生保持良好的注意状态。

1. 明确学习的目的和任务，提高学习的自觉性

教师在教授每门新课程时，要向学生讲解学习该课程的目的、任务、意义；教授每个新单元时，要向学生介绍该单元的重点、难点问题；教授每节课时，要向学生明确该节课要实现的教学目标，这样能有效提高学生学习的自觉性，激发学生完成学习任务的强烈愿望，长时间维持有意注意，提高教学效果。

2. 培养学生对课程的间接兴趣

教学内容是系统的知识，有些内容单调、枯燥，不能引起学生的直接兴趣。因此，教学中，教师应注重培养学生对课程的间接兴趣，间接兴趣是学生克服困难、努力学习的动力源泉。如：外语教师要让学生认识到掌握一门外语在国家间文化交流、合作中的重要作用；化学教师要让学生认识到化学在人们生产、生活中的重要意义，使学生对学习的结果产生浓厚的兴趣，有助于学生学习时注意的高度集中。

3. 合理组织教学活动

教学中，教师善于提出问题，启发学生积极思维，是保持有意注意的重要条件。如：讲物理或化学定理前，先做一个实验；讲心理学某一理论前，先引用相关案例，根据实验或案例的内容，提出问题。所提问题要结合学生已有的知识经验，使学生感到有趣又难以作答，唤起学生强烈的求知欲望，有助于注意高度集中。教学中，要善于把智力活动和实际操作结合起来，如一边复习，一边编写提纲，有利于维持注意稳定。教师严格要求学生，可以减少分心，有利于养成有意注意的习惯。教师要正确处理教学活动中的干扰因素，不认真听讲的学生，可以让他回答问题，有助于他把注意集中到教学活动上来。避免公开批评某些学生，这样会引起其他同学的无意注意，不利于教学活动的顺利开展。

4. 发展学生的自我控制能力

发展学生的自我控制能力，能有效抵抗各种干扰因素，对保持有意注意至关重要。一方面，指导学生能根据当前的任务，经常提醒自己保持注意。用内部语言提醒自己"注意听讲"、"不要走神"，对保持有意注意具有重要意义。另一方面，指导学生有意地在嘈杂的环境中看书、做功课，提高学生应对干扰的能力，培养坚强的意志品质。

📑 知识拓展 6-2

儿童有意注意的发展

前苏联心理学家维果茨基提出了有意注意的社会根源理论。他认为，有意注意是儿童同成人交往过程中逐渐形成的。儿童出生后与成人生活在一起，当成人(主要是母亲)对儿童说出一个事物的名称，同时用手指这个物体，儿童的注意就指向这个物体。在交往过程中语言和手势对儿童注意的引导在儿童有意注意的发展中具有重要意义。维果茨基还认为，在儿童的早期，成人用词来标志客体或用手势来指示客体，以便启动儿童的心理活动；儿童用视线分出已经命名的客体，注视它，并作出反应。后来，儿童的语言发展了，他们能够将注意的对象命名。这样，以前分配在两个人之间的机能，成为儿童心理过程的内部组织方式，有意注意对儿童来说已经成为内部的自我调节过程。

(资料来源：叶奕乾. 普通心理学. 上海：华东师范大学出版社，2004：69～70)

三、有意后注意

理解有意后注意的概念及影响因素，有助于运用注意的规律，提高教学的效果。

(一)有意后注意的概念

有意后注意(consequent attention)是事先有预定的目的，不需要或节省意志努力的注意。例如，学生熟练地阅读课文，既有预定的目的，又不需要或节省意志努力，这种活动中的注意就是有意后注意。有意后注意同时具备无意注意和有意注意的某些特征，它有预定的目的，类似于有意注意；不需要或节省意志努力就能维持，类似于无意注意。有意后注意是一种高级类型的注意。

(二)有意后注意的形成条件

有意后注意的形成有两个条件：一是对活动浓厚的兴趣。一个对数学不感兴趣的人，学习数学时，需要付出艰苦的意志努力，这时的注意是有意注意。而数学家陈景润对数学达到了痴迷的程度，走路时还在思考数学问题，以至于撞到了树上。他不需要意志努力就能保持自己的注意，这时的注意状态是有意后注意。二是活动的自动化。刚开始骑自行车的人，操作不熟练，需要高度集中注意。经过练习熟练地骑车时，很少付出意志努力，骑车已成为自动化的活动，这时的注意状态也是有意后注意。

(三)教学过程中几种注意的交替使用

教学过程中设法维持学生注意的稳定，对取得良好的教学效果具有重要意义。教学过程中仅依靠无意注意的规律，虽然能唤起学生的注意，但不利于注意的长久保持，学生只能获得零散的知识，不能对事物形成完整的认识。教学过程中仅依靠有意注意的规律，虽然有利于维持学生的注意，但学生要付出一定的意志努力，这种注意的负担会让学生对学习失去兴趣。因此，教学过程中几种注意的交替使用，是保持学生注意的重要条件。例如，上课开始时，教师通过检查提问等方式复习旧知识，既有利于在学生已有经验的基础上讲授新知识，又可以唤起学生的有意注意，使学生的心理活动指向教师的讲授内容；教师在讲授过程中，结合生动的教具和鲜明的事例，可以引起学生的无意注意，有助于维持注意的稳定；当教学深深吸引学生，学生津津有味地听讲时，注意状态自然而然地转化为有意后注意；讲完新知识后，通过布置思考题和完成课堂作业等方式巩固新知识，学生的注意又再次转化为有意注意状态。几种注意的交替使用，会取得良好的教学效果。

📖 知识拓展 6-3

如何将学生的无意注意转化为有意注意

某教师教《登鹳雀楼》一诗时，先把鹳雀楼幻灯片映到银幕上，接着就富有表情地朗读《登鹳雀楼》这首古诗。不料声音刚落，一个学生指着银幕上的图说："登鹳雀楼是说诗人已经上了楼，如果要'欲穷千里目'还要'更上一层楼'，这说明鹳雀楼有三层，可是图上只画了两层。图画错了吗？"这个教师怔了一下，但他马上"将计就计"说："是图画错了，还是诗写错了？还是图和诗都没错？"真灵，教室里肃静下来。教师用教鞭点了点课题上的"登"字问："登是写诗人什么动作？""登就是上。""'登鹳雀楼'是描写诗人登楼时的想法呢？还是写诗人登上一层楼还要再登一层楼呢？"教师追问。"可以是一边上楼一边想，也可能是上了楼，上得不够高，还看不到远处的景色，那种惋惜的心情。"一让孩子们自己寻思，可真有效。许多孩子都说得头头是道。"'欲穷千里目，更上一层楼'是诗人的想法……一种积极向上的愿望，不是……"老师欲言又止。"不是真的写一层又一层地上楼去看更远的景色。"说图画错的那个孩子接着说完了老师要说的话。

这是将学生的无意注意转化为有意注意。开始时学生提出问题是无意注意，没有什么目的性。教师后来提出问题带有明确的目的性，与诗的主题思想建立了联系，所以无意注意就自然地转化为有意注意。学生把注意集中到"登"字上，使学生保持了旺盛的求知欲，收到了较好的教学效果。

(资料来源: 傅道春. 情境心理学. 长春: 东北师范大学出版社，1997: 124～125)

第三节　注意的品质

注意主要有注意的范围、注意的稳定性、注意的分配、注意的转移 4 种品质，了解注意的品质及影响因素，对培养学生注意力有重要作用。

一、注意的品质概述

衡量一个人注意的水平，常常以注意的品质作为衡量标准。

(一)注意的范围

注意的范围(area attention)也称注意的广度，是指在同一时间内所能清楚地把握的对象的数量。注意的范围是注意在选择性上的特征，使个体在同时呈现的刺激中选择一种进行注意，而忽略其他的刺激。注意范围问题很早就受到心理学家们的重视。1830 年，心理学家哈密顿(W.Hamilton)最先做了示范实验，他在地上撒了一把小石子，让被试在一瞬间辨认其数量。结果发现，当小石子超过 6 个时，被试就不容易一眼辨认出其数量。如果把小石子分成 2 个、3 个或者 5 个一堆，被试也只能一眼数清 6 堆以下的数目，即被试一眼把握的堆数和单个石子的数目一样多，原因是人们会把一堆石子看成一个单位。1871 年，心理学家耶文斯(W.S.Jevons)进行了类似的实验。他往一个白色的盘子中撒黑豆子，要求被试立即报告盘子中豆子的数量。经过 1000 余次的实验，结果发现，豆子超过 5 粒时，错误增加，超过 8～9 粒豆子时，错误率占 50%以上，如图 6-2 所示。

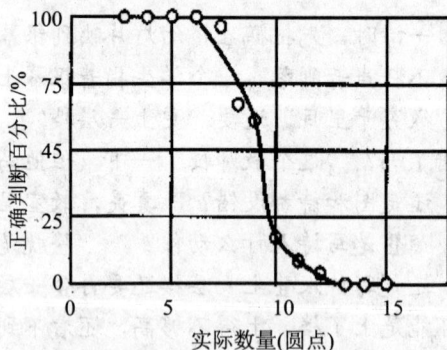

图 6-2　呈现刺激与正确判断的关系

后来心理学家用速示器做实验。证明在 0.1 秒时间内，成人一般能注意到 8～9 个黑色圆点、4～6 个彼此不相联系的外文字母，或 3～4 个几何图形。

人的注意范围不是固定不变的，影响注意范围的因素主要有以下两个方面。

1. 知觉对象的特点

在知觉任务相同的情况下，知觉对象的特点不同，注意的范围会发生一定的变化。研究表明：知觉的对象越集中，排列得越整齐、有规律，越能成为相互联系的整体，注意的范围就越广；反之，注意的范围就狭窄一些。例如，颜色相同的字母比颜色不同的字母的注意范围要大些；排列整齐的字母比杂乱无章的字母注意数目要多些；大小相同的字母比大小不同的字母注意的数量要大得多；组成单词字母比对孤立的字母注意的范围要大得多。

2. 知觉活动的任务和知识经验

同样的知觉对象，由于个人知觉活动的任务和知识经验不同，注意的范围也会有一定的变化。如果知觉活动的任务复杂多样，注意范围就狭窄一些；知觉活动的任务单一简单，注意范围就广一些。例如，在 0.1 秒内通过速示器上呈现一定数量的外文字母，要求被试不仅辨认出字母的数量，同时还要求他们辨认出字母的颜色，这时他们所能注意到的字母数量比只辨认字母数量时要少得多。知识经验丰富，注意范围就大；知识经验贫乏，注意范围就小。例如，用速示器呈现英文句子，精通英语的人比不懂英语的人注意的范围要大得多。

"一目十行"是指注意的范围大。扩大注意的范围，可以提高学习和工作的效率。教师、体育裁判员、汽车驾驶员在工作时，都需要较大的注意范围。

📄 知识拓展 6-4

双耳分听实验

在一项实验中，彻里(Cherry，1953)给被试的两耳同时呈现两种材料，让被试大声追随从一个耳朵听到的材料，并检查被试从另一耳所获得的信息。前者称为追随耳，后者称为非追随耳。结果发现，被试从非追随耳得到的信息很少，当原来使用的英文材料改用法文或德文呈现时，或者将课文颠倒时，被试也很少能够发现。这个实验说明，从追随耳进入的信息，由于受到注意因而得到进一步的加工、处理，而从非追随耳进入的信息，由于没有受到注意，因此，没有为被试觉察。

在双耳分听实验的基础上，布罗德本特(Broadbent)改用数字做实验材料也得到了类似结果。他给被试的两只耳朵同时呈现刺激，一只耳朵呈现数字 6、2、7，另一只耳朵呈现数字 4、9、3。呈现的速度为每秒两个数字，呈现后要求被试再现数字。结果表明，大部分被试是以耳朵为单位分别再现各个耳朵所接收的信息，如 627、493。根据这些实验结果，布罗德本特(1958)提出了过滤器模型(selective filter model)。他认为，人们面临着大量的信息，而神经系统在同一时间内对信息加工处理的能力是非常有限的，信息的加工处理需要过滤器来调节，以减轻神经系统的负担。过滤器相当于一个"开关"，它按"全或无"(all or none)的原则工作，接通一个通道，一些信息输入大脑中，这些信息将得到进一步的加工处理。同时其他通道被阻断，信息不能通过并迅速消失。布罗德本特将这种过滤机制形象地比作一个狭长的瓶颈，当人们往瓶子注水时，只有一部分水通过瓶颈进入瓶内，其余的流到瓶外了。这个模型通道只能接通一个，有时也叫做瓶颈理论或单通道理论。

(资料来源：张学民. 实验心理学. 北京：北京师范大学出版社，2007：361～362)

(二)注意的稳定性

注意的稳定性(sustained attention)是指在同一对象或同一活动上注意所能持续的时间。

注意的稳定性是注意在时间上的特征，稳定的注意是活动顺利进行的保障。心理学家做了这样一个实验：在一个没有任何参照点的钟面上，黑色指针以每秒 0.3 英寸的距离移动，这是信号的背景，然后以随机的顺序使指针作每秒 0.6 英寸的跳动，作为关键信号。实验时要求被试在持续 2 小时内，报告所看到的每一次关键信号。

结果发现，人的注意很难长时间保持不变，一般情况下，活动开始 20～35 分钟后，注意明显衰减。

注意的稳定性有广义和狭义之分。狭义的注意稳定性是指注意保持在同一对象上的时间。人对同一对象的注意，很难长时间固定不变，而是经常地、周期性地加强或减弱。注意的这种周期性的变化，称为注意的起伏现象。例如，将一只表放在离被试耳朵适当的距离处，使他刚好能隐约地听到表的嘀答声。这时被试会时而听到表的嘀答声，时而又听不到；或者感到表的声音一会儿强一会儿弱。注意的这种起伏现象，又称为注意的动摇。如当我们知觉图 6-3(a)时，时而知觉为 7 条穿黑色裤子的腿，时而知觉为 6 条穿白色高跟鞋的腿。当我们知觉图 6-3(b)时，会觉得时而小方形凸起，时而大方形凸起。在短时间内两个方形的相互位置不断变换着。当我们知觉图 6-3(c)时，时而知觉为 6 个立方体，时而又可以知觉为 7 个立方体。这些都说明了注意的起伏现象。

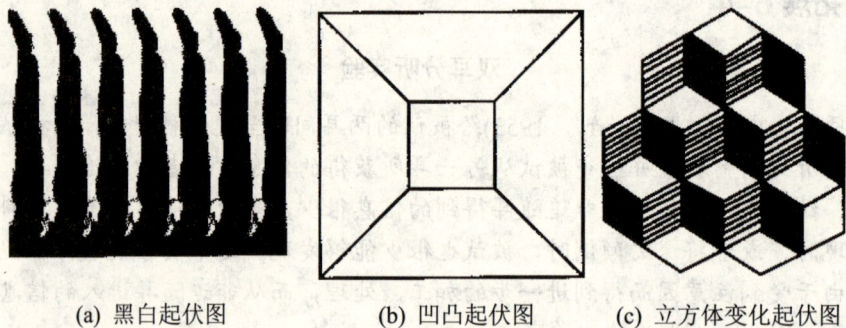

(a) 黑白起伏图　　　　　　(b) 凹凸起伏图　　　　(c) 立方体变化起伏图

图 6-3　注意的起伏现象

注意起伏的周期一般为 2、3～12 秒，注意起伏的原因，一般认为是由于感觉器官的局部适应，使对物体的感受性短暂地下降。实验表明：声音刺激的起伏间隔时间最长，其次是视觉刺激，触觉刺激的间隔时间最短。

广义的注意稳定性是指注意保持在同一活动上的时间。广义的注意的稳定性体现在：此时，随着活动的进行，注意的具体对象会有所变化，但注意的目标没有改变，始终保持在这一活动上。例如，学生做功课时，一会儿在认真思考，一会儿在查阅资料，一会儿在翻看教科书，一会儿在写写算算，虽然活动的具体对象反复变化，但注意始终保持在完成作业这一活动上，因此，他的注意是稳定的。

注意的稳定性主要受以下两方面因素的影响。

1. 注意对象的特点

内容丰富、富于变化的注意对象，容易保持注意的稳定性；内容贫乏、单调呆板的注意对象，不易保持注意的稳定性。在一定范围内，注意的稳定程度随注意对象的复杂性的增加而提高。高速公路往往都设计得非常笔直，对于个体来说相当于单调的刺激，不利于集中注意。因此，有人提出，高速公路的设计不要十分笔直，应有适度的变化，有利于安全行驶。

范兹(R.L.Fantz)的研究表明，婴儿似乎从出生起就会选择一定的图形加以注意，并且对复杂的和社会的图形注视的时间较长。图6-4是婴儿对面孔、印刷品、靶心以及对红、白、黄单色图片的注视时间。图6-4中黑条表示2～3个月婴儿的注视时间，白条表示3个月以上婴儿注视的时间。如果注意的对象对于复杂，会使个体产生疲劳，注意的稳定性也会减弱。

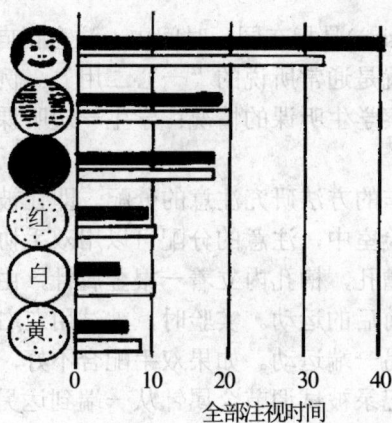

图6-4　婴儿对图片的注视时间

2. 人的主体状态

人对所从事的活动认识越深刻，态度越积极，越感兴趣，注意就越稳定。当人身体健康、精力充沛、心情舒畅时，有利于提高注意的稳定性。例如，班长宣布期末考试日程时，同学们都能保持注意的稳定。

注意的稳定性有明显的年龄特征。研究表明，1.5岁儿童对有兴趣的事物能集中注意5～8分钟；7～10岁儿童可集中注意20分钟；10～12岁可达到25分钟。小学生40分钟一节课，初中生45分钟一节课是有科学依据的。

与注意的稳定性相反的状态是注意的分散，又称分心。注意的分散是指注意离开了当前应当指向和集中的对象，而将注意指向了其他无关的对象。学生上课分心的原因很多，主要有学习目标不明确，对教学内容不感兴趣，情绪和身体状况不佳，头脑中浮现各种杂念，以及教学环境中的干扰因素等。

教学中如何防止学生分心，除运用注意的规律组织教学外，必要的教学速度也是使学生上课保持注意的重要条件。有人曾做过如下实验：让三组智力和学习成绩差不多的学生，用不同速度读完同一个故事的片段。甲组用2分钟，乙组用6分钟，丙组10分钟。读完后再复述原文。结果甲组学生平均复述出意义连贯的内容为6.3，乙组是6.5，丙组5.2。实验证明，教学活动中断或教学速度太快，都不利于注意力的稳定[①]。因此，在教学活动中，一个问题学生们清楚、理解后，接着讲授下一问题，教学活动要紧凑、连贯地进行下去。

---

① 程正方. 心理学. 第4版. 北京：北京师范大学出版社，2009：126

值得强调的是，学校要创建积极、和谐的校园氛围；班主任要营造团结、向上的班级气氛；教师要遵守职业道德，关心学生、爱护学生、鼓励学生，防止讽刺、打击、体罚学生，以自身的人格魅力吸引学生、感染学生，实现"亲其师，信其道"。

"专心致志"是指稳定的注意状态。注意的稳定性保证活动的顺利进行，在活动过程中，即使出现短时间的注意分散，也会影响活动的质量。因此，教师在教学中如何保持学生良好的注意状态至关重要。

(三)注意的分配

注意的分配(divided attention)是指在同一时间内，注意指向两种或两种以上的对象。这是注意在效率上的特征，也就是通常所说的"一心二用"。例如，教师一边讲课，一边操作多媒体课件，同时还要观察学生听课的情况；学生一边听课，一边记笔记，一边思考问题，这些都是注意的分配。

心理学家常用双作业操作的方法研究注意的分配。即让被试同时完成两种作业，观察他们完成作业的情况。在实验室中，注意的分配可以用双手协调器来演示和测定。在一块金属板上镂刻出一条弯曲的槽孔，槽孔内立着一根金属针，由左右两个旋转把柄带动金属针，可以在槽孔内作左右和前后的运动。实验时，被试用左右两手分别握住旋转把柄，调节金属针在槽孔内由一端向另一端运动。如果双手配合不好，金属针碰上槽孔的边缘，就会接通电流而使警铃发声。记录被试调节金属针从一端到达另一端的时间，以及运行中出现的错误数量，就可以代表他们注意分配的情况。

注意的分配是完成复杂工作任务的重要条件。实现注意的分配要具备一定的条件。首先，如果人们对同时进行的几种活动都比较熟悉，其中有的活动是非常熟练的，接近于自动地进行，则注意的分配就较容易；反之，如果人们对同时进行的几种活动都不太熟悉，则注意的分配就较困难。例如，教师边讲课，边板书，边操作多媒体课件，是由于对板书、操作课件、授课这几种活动都非常熟悉。板书和操作课件已达到非常熟练、接近自动化的程度，无需过多集中注意，就可以把更多的注意集中在授课活动上，因而注意的分配容易。其次，同时进行的几种活动的性质对注意的分配也有重要影响。一般来说，注意同时分配在几种动作技能上比较容易，同时分配在几种智力活动上比较困难。如边弹琴边唱歌、边唱歌边跳舞都有利于注意的分配。边解数学题边背单词是很难做到的。

良好的注意的分配品质对许多职业都是十分重要的。例如，飞行员、驾驶员、教师、乐队指挥等工作都需要具有注意分配能力，这种能力是可以在实践活动中锻炼出来的。

📖 知识拓展 6-5

空难与注意分配

1972年新年前夕，美国东方航空401航班从美国飞往迈阿密国际机场，飞机上共有170余人。当航班准备降落、放下起落架时，前轮指示灯突然不亮了。三名机组人员同时专注于察看是灯泡出了问题还是前轮没能锁定着陆时的位置，飞行员无意中碰到了控制飞机的自动驾驶的操纵杆，自动驾驶仪的高度锁定解除，于是，飞机开始不自主地下滑，但没有人注意。直至飞机快坠毁(只剩8秒钟时)，副驾驶员才注意到高度测量表的问题，然而已经太迟了。结果飞机坠毁，99人丧生。这起事故完全是驾驶员的注意分配不当所致。

(资料来源：郭秀艳. 实验心理学. 北京：人民教育出版社，2004：311)

(四)注意的转移

注意的转移(attention transfer)是根据新的任务,主动地把注意从一个对象或活动转移到另一个对象或活动上去。注意的转移是注意灵活性上的特征,使人适应变化的环境,完成复杂的任务。例如,第一节下课后,同学们能主动地把注意转移到下一节课的内容。

注意的转移和注意的分散是不同的。注意的转移是根据新任务要求,主动地转换注意的对象;注意的分散是注意偏离当前任务的要求,被无关的刺激干扰和吸引,离开了应注意的对象。注意的分散是被动的,是注意不稳定的表现;注意的转移是主动的,是注意灵活性的表现。

注意转移的快慢和难易受许多因素的影响,主要体现在以下几个方面。

1. 原来注意的紧张程度

注意的转移依赖于原来注意的紧张程度。原来注意的紧张程度越高,注意的转移就越困难、缓慢;反之,注意的转移就越容易、迅速。例如,午休时,同学们正在教室里津津有味地看动画片,这时老师走进来,关掉电视机,要求学生们完成数学作业。同学们对动画片的注意紧张程度非常高,因而注意的转移就困难、缓慢。

2. 新注意对象的特点

注意的转移还依赖于新注意对象的特点。新注意对象符合个体的需要和兴趣,注意的转移就容易、迅速;反之,注意的转移就困难、缓慢。例如,对于中小学生来说,上完数学课,再上音乐课或体育课,音乐课、体育课的内容符合学生的需要和兴趣,因而注意的转移就容易、迅速。

另外,注意的转移还与个体神经过程的灵活性有关。神经过程灵活性高的人比神经过程灵活性低的人,注意的转移要容易和迅速。

有一位心理学工作者对一个初中毕业班学生做了一次有趣的实验。上一节课安排考数学,分量较重,下一节课预备铃响时收卷。下一节课安排语文阅读辅导课,有意延缓 5 分钟开讲,一边等迟到学生,一边让大家议论考试。这一课讲三个内容不相联的问题,每题10 分钟,分别写在黑板上。讲毕,抹去黑板,进行测验,要求学生写出本讲的内容。这个班 51 名学生,测验结果: 三题全对者 4 人(8%); 对两题者 27 人(53%); 对一题者 16 人(31%);全然不知者 4 人(8%)。

事后进行原因分析: 4 个全对者全是三好学生,这次数学都考得好,心里踏实,全神贯注听课,这 4 人有个共同点,即学习主动。4 个全然不知者,其中 3 人数学在 30 分以下,他们的共同点是学习比较用功,但成绩不好,他们反映"注意集中不起来,老想数学"。其他的数学成绩不等,他们开始时"老想数学",中途"有时也想数学",后来好一些,但"心情不定"。

(资料来源: 傅道春. 情境心理学. 长春: 东北师范大学出版社, 1997: 133~134)

研究表明,注意的转移有完全的转移和不完全的转移。注意不完全转移时,人已进行新的工作,但实际上又没有脱离旧的工作。如根据旧的规则进行新工作,必然影响工作的效率及造成失误。

二、学生良好注意的品质及注意力的培养

学生良好注意品质、注意力的形成，除依赖教学条件及老师对教学活动的合理组织外，还依赖于对学生主观心理状态的培养。学生良好注意品质的培养，主要从以下几方面入手。

(一)培养学生广泛而稳定的兴趣

兴趣和注意密切相关，当学生对所学知识产生浓厚的兴趣时，注意的范围扩大，注意的转移快速，有利于维持注意的稳定，实现注意的分配。教师要注重培养学生对学科的兴趣，尤其是激发学生的间接兴趣，提高学生学习的主动性和积极性，促进学生注意力的形成和发展。

(二)培养学生克服困难的意志力

在各种教育、教学活动中，教师要严格要求学生。要求学生严格遵守课堂纪律，严格遵守"作息制度"。经常向学生提出新问题、新任务、新要求，并要求学生善始善终，把活动进行到底。教师向学生提出的新任务、新要求，应符合学生实际，使学生力所能及，同时又需要使学生付出一定的意志努力才能完成任务。由此，有助于培养学生克服困难的意志力，使学生能主动抵制引起分心的各种干扰，充分驾驭有意注意，促进学生注意力的形成和发展。

(三)培养学生严肃认真的学习态度和良好的注意习惯

教师要引导学生注意观察事物的细枝末节，分辨事物之间的细微差别，进而帮助学生认识到集中注意、耐心细致的重要意义。引导学生克服粗心大意、马虎草率、心不在焉的毛病，使学生养成严肃认真的学习态度和一丝不苟的注意习惯，有助于良好注意品质和注意力的培养。

(四)针对学生的个性特点，培养其注意力

学生的个性特点是不同的。成绩落后的学生，往往缺乏自信心，教师要注重发现他们的点滴进步，及时给予肯定和鼓励，使他们积极主动地参与学习活动，不断进步。非常爱动的学生，注意往往不够稳定，要给他们布置多样化又需要细心的作业，使他们维持良好的注意状态。不善于分配注意的学生，应该培养多种多样的熟练技巧。教师还要有意识地帮助学生分析自己注意的特点，使他们在实践活动中，能主动地克服注意的缺点，发扬注意的优点，培养良好的注意品质和注意力。

🔑 拓展阅读

注意的认知资源理论

卡尼曼(Kahneman，1973)提出，注意是人能用于执行任务的数量有限的资源或能量。为了完整地识别一个刺激，就需要资源。如果刺激较复杂，需要的资源就多。如果同时呈现几种复杂的刺激，资源会很快耗尽。如果给资源已耗尽的人再呈现另外刺激，这些刺激将不被加工。这种理论称为认知资源理论(cognitive capacity theory)或能量分配模型。他认为，人可得到的资源和唤醒相联系，其数量也可因情绪、药物的作用而发生变化。决定注意的

关键是资源分配方案，它本身又受几个因素制约：受制于唤醒因素的能量、当时的意愿和对完成任务所需能量的评价。当然个人的长期倾向也起作用。在这几个因素作用下，分配方案体现出注意选择。

卡尼曼假定，新异刺激并不能用完所有资源。相反，认知系统描绘了一个阶段，资源在这里被分配来对新异刺激进行加工。认知资源的分配是灵活的，人可以对其进行控制。人不是新异刺激的奴隶，他们能把有限的认知资源转移到重要刺激上。个人的长期倾向反映不随意注意的作用，即将能量分配给新异刺激、突然动起来的东西和自己的名字等。当时的意愿体现任务的要求和目的。对完成任务所需要的能量评价是一个重要因素，它不仅影响可得到的能量，使其增多或减少，而且极大地影响分配方案。卡尼曼的理论是一种一般任务资源理论。这种理论认为，人的认知资源或能量是一般的而不是特殊的。它预言：①由竞争的刺激源产生的干扰不是特殊的。人同时做两件事会感到困难并非由任务干扰引起，而是任务需要的资源超过了人的资源总量。只要活动所需要的资源不超过人的资源总量，人就能够同时做两件事。②当加工需要的资源超过人本身拥有的资源总和，而人又试图同时做第二项任务，那么第一项任务的成绩将会下降。

但是，对于认知资源限制的性质，另一些人却有两种不同的看法。他们主张，人的认知加工的资源或能量不是一般的，而是特殊的。这种理论预言：不同性质的任务可以同时并存，人们可以轻而易举地同时完成两种性质不同的任务，一旦任务之间的性质有相交或产生叠加，干扰就会产生。这种理论称为特定任务资源理论(task - specific resources theory)。

注意资源理论仍然存在许多问题。最困难的问题是：什么是认知资源或能量？卡尼曼将认知资源比喻为可供消耗的内心努力。他认为心理任务需要与物理任务相似的努力。但是另一些学者则持不同观点，认为资源更像是"心理工具"而非能量供给。特定任务资源理论认为，必须通过详尽的任务分析才能对资源或能量的特征进行描述。也就是说，必须先分析单一任务。但是，什么是单一任务？假如将任务一步步地分析下去，就会发现所谓单一任务并非独立的，而是许多子任务的总和。另外，如何界定任务是否是同一性质也同样困难：到底是按注意的接受渠道(如听觉和视觉)来分，还是按注意加工的材料(如看图和看单词)来分？也缺乏一致意见。

(资料来源：张积家. 普通心理学. 广州：广东高等教育出版社，2004：162～164)

本 章 小 结

注意是人类重要的心理现象，也是每个人必须了解的内容。本章从注意的概念入手，帮助大学生认识注意的特点、功能，分析了注意的生理机制、注意的种类及影响因素，尤其是对注意规律在教学中的运用进行了详细阐述，帮助大学生认识与了解注意现象，并针对注意品质的培养提出了建议。

思考与练习

1. 结合自身的体会，分析自己注意品质的特点并提出发展优良注意品质的计划。

2. 结合自身的体会，分析注意的种类及影响注意的因素。

3. 分析班上同学不注意听课的主要原因。如果你是教师，你在教学中如何解决学生听课"分心"的问题。

推 荐 阅 读

1. 程正方，等. 心理学. 第 4 版. 北京：北京师范大学出版社，2009
2. 黄希庭. 心理学导论. 第 2 版. 北京：人民教育出版社，2007
3. 张积家. 普通心理学. 广州：广东高等教育出版社，2008
4. 叶奕乾，等. 普通心理学. 第 2 版. 上海：华东师范大学出版社，2004
5. 傅道春. 情境心理学. 长春：东北师范大学出版社，1997
6. 蔡笑岳，等. 心理学. 第 2 版. 北京：高等教育出版社，2007

范仲淹：“先天下之忧而忧，后天下之乐而乐。”情感和意志在个体的学习、工作和身心健康方面均发挥着重要作用。掌握情绪、情感和意志的理论，有助于大学生保持健康的情绪、情感状态和良好的意志品质。

——题记

第七章　情感与意志

本章学习目标

➤　情绪、情感、意志的概念。
➤　意志行动的特征。
➤　情绪、情感的种类。
➤　健康情绪、情感的培养。
➤　良好意志品质及培养。

核心概念

情绪(emotion)　情感(feeling)　意志(will)　心境(mood)　激情(intense emotion)　应激(stress)　挫折(frustration)

引导案例

深深赤子情

豫剧大师常香玉生活十分简朴。她住的房子刷的是白灰墙，铺的是水泥地，家具是用了几十年的旧家具。她一辈子很少穿新衣服，去世时穿的仍是一套旧衣服。她不许子女乱花钱，连买菜都要买便宜的。她经常教育子女把钱省下来送给那些需要帮助的人。

新中国刚成立，百废待兴。她带头要求降低自己的工资，抗美援朝时，她卖掉了汽车、首饰，拿出自己的全部积蓄，和她的剧社一起给志愿军捐献了一架飞机。“文化大革命”后她把补发的工资全部交了党费。1995年，她携带弟子义演，把全部收入捐给了下岗职工。2004年，她在遗嘱中要求把余下的几万元钱也全部捐献给家乡巩义。她平生资助过的人更是不计其数。

2004年7月27日，国务院追授常香玉“人民艺术家”的荣誉称号。

你能理解这位德艺双馨的艺术家吗？本章将探讨如何保持健康的情绪、情感状态，培养良好的意志品质。

(资料来渐: 陈鲁民. 《常香玉的"小气"与大方》义务教育课程标准实验教科书《语文》五年级上册.

北京: 教育科学出版社，2009: 53~54)

人在认识客观事物的过程中，对客观事物总是持有一定的态度，对这些态度的内心体验就是情绪和情感。人不仅能认识客观事物，还能改造客观世界，人能有目的、有计划地实现预定的目标，体现了意志的作用。

第一节　情绪、情感概述

情绪、情感是大家非常熟悉的心理现象，是人心理的重要组成部分，在人的工作、学习、生活中发挥巨大作用。

一、情绪、情感的概念

俗语说："人非草木，孰能无情？"生活中充满了情绪、情感，情绪、情感充分体现了人的内心状态，那情绪、情感究竟是什么呢？

(一)情绪、情感的定义

情绪(emotion)和情感(feeling)是个体对客观事物是否符合主体需要而产生的态度体验。这一概念可以从以下几个方面来理解。

1. 情绪和情感是由客观事物引起的，并随着客观事物的变化而变化

人的情绪和情感不是自发的，是由一定的客观事物引起的。正所谓："世界上没有无缘无故的爱，也没有无缘无故的恨。"例如：清凉的海风、湛蓝的海水使人心旷神怡；地震后的惨景、伤病者的呻吟使人忧愁、凄楚。情绪和情感不仅由客观事物引起，并随着客观事物的变化而变化。例如，读故事书时，随着故事情节的起伏变化，人的情绪和情感也相应发生变化，故事中主人公的生活苦尽甘来，读者的心情也转悲为喜。

2. 情绪和情感产生的基础是人的需要

情绪和情感是由客观事物引起的，但是客观事物本身并不直接决定个体的情绪和情感，情绪和情感的产生是以人的需要为中介的，情绪和情感是对客观事物和人的需要之间的关系的反应。凡是符合人需要的事物，人会对其持肯定的态度，进而人会产生满意、愉快、喜悦等情绪和情感体验。例如，精美的工艺品让人赞不绝口，美丽的景色使人流连忘返。凡是不符合人需要的事物，人会对其持否定的态度，进而人会产生不满、生气、愤怒等情绪和情感体验。例如，身患疾病使人痛苦，工作、生活不顺让人烦闷。由于人的需要是多种多样的，客观事物往往能满足人这方面的需要，而不能满足那方面的需要，因此，人的情绪和情感也是极其复杂的。喜忧参半、悲喜交加、啼笑皆非、百感交集等都体现了情绪、情感的复杂性。

3. 情绪和情感是一种主观体验

情绪和情感发生在每一个当事人身上，是个体的自我感受，具有明显的主观色彩。由于个体在生活经历、知识经验等方面的差异，因此，不同的个体对同一事物会产生不同的情绪和情感体验。例如，"年年岁岁花相似，岁岁年年人不同"的诗句，对于年长者和年青人来说，会有不同的内心体验。同一个体在不同的时间、地点等条件下，对同一事物也会产生不同的情绪、情感体验。例如，在由恋爱到婚姻的几十年共同生活中，个体对对方的情感，往往是从无限爱恋转化为相互依恋。主观体验是情绪、情感的重要成分。

(二)情绪和情感的关系

情绪和情感都是对需要满足状况的心理反映，是不同层次的心理体验，它们既有区别，又相互联系。

1. 情绪和情感的区别

在日常生活中，情绪和情感经常被通用，并没有严格的界限。但从心理学的角度看，情绪和情感是有一定区别的，主要体现在以下几方面。

(1) 情绪的生理性和情感的社会性。情绪通常与个体的生理性需要(如饮食、睡眠、排泄等)相联系，是人和动物所共有的。例如，饥渴时的焦灼难耐，休息后的神清气爽等，都称为情绪。情感通常与个体的社会性需要(如交往、工作、学习等)相联系，是人类所特有的。例如，对祖国的热爱、对集体的关心、对学生的爱护，都称为情感。

(2) 情绪的易变性和情感的稳定性。情绪会随着情境的改变或需要的满足而发生相应的变化。例如，噪音引起人烦躁的情绪体验，牙痛引起人苦闷的情绪体验，随着噪音的消失和疼痛的好转，相应的情绪体验就随之消失或改变。情感则一经形成，就具有较大的稳定性，不易改变。例如，学生对老师的爱、母亲对孩子的爱是非常稳定的，轻易不会发生改变。

(3) 情绪和情感产生的早晚不同。就人类个体而言，情绪发展在先，情感体验产生于后。个体在出生时的那一身啼哭就标明他有情绪反应了，而对祖国的热爱、对亲人的依恋、对环境的信赖等情感是后天逐渐培养起来的。

2. 情绪和情感的联系

情绪和情感的区别是相对的，情绪和情感彼此之间具有密切的联系，情绪和情感可统称为感情(affection)。

(1) 情感是在情绪的基础上产生并通过情绪表现出来的。一个人稳定的情感是在不断变化的情绪基础上建立起来的，离开具体情绪，人的情感就不能存在和表现。例如，看到人们在公共汽车上不给老人让座或破坏公物就产生愤怒情绪，由此表现出很强的道德情感。

(2) 情绪依赖情感，情绪的不同变化一般都受到个人已经形成的社会情感的制约。英雄人物在面对死亡威胁时，能够战胜恐惧情绪，都是因为他们的情感对情绪的制约作用。

总之，情绪是情感的外在表现，情感是情绪的本质内容，二者相互作用，密不可分。

二、情绪、情感的表现

人在某种情绪、情感状态下，会出现一系列的内在的生理反应和外在的表情动作，这些变化是判断情绪、情感的主要依据。

(一)生理反应

人在某种情绪、情感状态下，会出现一系列的生理反应，主要表现在以下几个方面。

1. 呼吸变化

人在某些情绪、情感状态下，呼吸的频率、快慢、深浅都会发生变化。如激动紧张时，呼吸加快；突然惊恐时，呼吸会暂时中断；过于高兴和悲痛时，呼吸会发生痉挛现象。

2. 循环系统

人在某些情绪、情感状态下，循环系统会发生相应变化。如激动紧张时，心率加快、血压升高、血糖升高；突然惊惧时，外周血管收缩。

3. 分泌腺活动

不同的情绪状态会引起不同的分泌腺活动的变化。如过于高兴和悲痛时，常常落泪；焦虑和恐惧时，常常冒冷汗、口干舌燥等。肯定的情绪促进胃液、唾液、胆汁等消化液的分泌，增进食欲。否定的情绪抑制消化腺的活动，导致食欲减退等。各种情绪状态都易引起肾上腺素的变化。

(二)表情动作

表情动作，简称表情，是指与情绪状态相联系的身体各部分的动作变化，它与躯体神经系统支配调节躯干、四肢、面部肌肉的活动有关。表情主要包括面部表情、姿态表情和言语表情三大类。

1. 面部表情

面部表情(facial expression)是指通过眼部、颜面、口唇等肌肉变化所表现出来的各种情绪状态。个体在不同情绪、情感状态下，面部表情变化的特点各不相同。例如：喜悦、愉快、高兴时，眼睛眯小、两眼闪光、双眉舒展、嘴角向上，正所谓"眉开眼笑"；悲哀时，两眼无光、眉头紧缩、嘴角下垂，正所谓"愁容满面"；惊奇时，眼睛睁大、嘴巴张开，正所谓"目瞪口呆"；恐惧时，双眼呆滞、鼻孔收缩、张口结舌，正所谓"惊慌失措"；愤怒时两眼圆睁、双眉倒竖、咬牙切齿，正所谓"怒目而视"；厌恶时双目斜视、鼻子耸起、嘴角微撇，正所谓"嗤之以鼻"。

面部表情是鉴别情绪、情感最重要的方式。人类的某些面部表情是后天习得的，受社会环境制约。在不同的生活环境、社会文化、风俗习惯等影响下有不同的表现。

2. 姿态表情

姿态表情是指除颜面以外身体其他动作所表达的各种情绪状态，个体在不同的情绪、情感状态下，姿态表情的特点各不相同。姿态表情可分成身体表情(body expression)和手势表情(gesture expression)。

身体表情是个体表达情绪、情感的重要方式。例如，从头部活动看，点头表示同意，摇头表示反对，昂头表示坚持，低头表示屈服，垂头表示丧气，摇头晃脑表示得意。从身体动作来看，高兴时，手舞足蹈、欢欣雀跃；悲伤时，步履沉重、动作缓慢；愤怒时，身体挺起、紧握拳头、全身发抖；悲痛时，顿足捶胸；紧张时，坐立不安。

手势可以单独表达情绪、情感。如拍手鼓掌表示兴奋、支持，双手掩面表示羞怯、悲伤，摆手表示否定、反对，竖大拇指表示肯定、赞赏，两手一摊表示无奈。姿态表情与面部表情并不完全一致。如当人极力掩饰内心的愤怒时，往往面带微笑，却紧握拳头、躯体僵硬，表情、动作很不协调。

姿态表情是个体表达情绪、情感的重要方式。姿态表情不仅具有个体差异，而且由于社会文化和传统习惯的影响，存在着民族或团体差异。同一手势，在不同的民族或团体中可表达不同的情绪。

3. 言语表情

言语表情(intonation expression)是个体通过语言的语音、语调、响度、节奏、速度等变化所表现出来的各种情绪状态。个体在不同情绪、情感状态下，言语表情变化的特点各不相同。言语表情有时又被称为副语言。一般说来，一个人高兴时，讲话会语调高昂、节奏轻快；而悲哀时，讲话会语调低沉、节奏缓慢；愤怒时，态度凶狠、语气生硬；爱抚时，语气温柔、和颜悦色。播音员解说体育比赛实况时，声音尖锐、急促、声嘶力竭，表达了一种紧张、兴奋的情绪；播音员宣读领导人逝世公告时，声音低沉、缓慢，表达了一种惋惜、哀痛的情绪。有时同一句话，语气、语调不同，表达的情绪也不同。如"怎么了?"既可以表示疑问，也可以表示生气、惊奇等不同情绪。

面部表情、姿态表情和言语表情在人际交往中具有重要作用。人们可以依据人的各种表情，了解他人的情绪、情感状态。在现实生活中，人们可以主动地调节控制自己的表情，以掩盖和隐藏自己的真情实感。所以，不能把表情作为判断情绪、情感的唯一依据。

📖 知识拓展 7-1

假装的表情

图 7-1 是美国情绪心理学家埃克曼。请看哪个微笑是假的，哪个是自然的? 不难看出，右边的微笑呈现了自然微笑的面部肌肉。问题是，假装露齿而笑，你能感受到"微笑治疗"的不同吗?

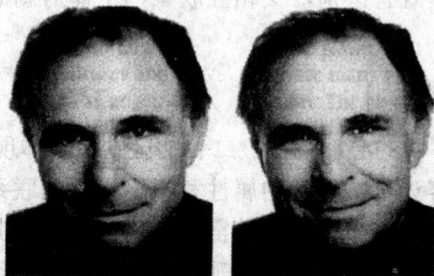

图 7-1 埃克曼的微笑

在许多实验中，被试感到了不同。比如，莱尔德等(Laird et al.，1989)要求学生"收紧面部肌肉"和"把眉毛聚在一起"，就会巧妙地致使他们做出皱眉的表情(假设是帮助研究者做面部电击)。其结果是,学生报告说感觉到有一点儿愤怒。与此相似,学生报告,微笑会使他们感到更快乐,会觉得卡通片更幽默,并比皱眉者回想更多快乐的记忆。要求被试用面部肌肉模拟其他基本表情时,也能体验到这些情绪。比如,当你做一个恐惧的表情:"眉毛上扬,眼睛睁大,头靠后,以使你的下巴微微收起,并且让你的嘴放松,同时微微张开",被试报告感受到更多的是恐惧,而不是愤怒、厌恶或悲伤(Duclos et al., 1989)。因此,通过动作能够唤醒情绪。

研究表明,同时控制表情和姿态,行为反馈的效果更好(Flack et al., 1999)。比如,要产生愤怒的情绪,就可以按照研究中的指导语行事:"使你的眉毛聚拢并朝下。咬紧牙关,并紧闭双唇。在你的膝盖下方,把你的脚放平在地板上,将你的前臂和手放在椅子的扶手上。现在握紧拳头,并使你的身体前倾。"按下述要求做则会感觉更快乐:"使你的嘴角向上并收回,使你的嘴略微张开。在椅子上尽可能坐直。把你的手放在扶手末端,确保你的腿放在你前方,膝盖弯曲,脚正好在你的膝盖下。"

如果表情和姿态能引发情感,那么模仿别人的表情是否有助于我们感同身受呢?实验证据证明了这一点。研究者要求一些学生当看到他们所观察的人遭到电击时做出痛苦的表情,而对另一些学生不作要求。结果呈现电击时,做表情的观察者比不做表情的观察者出汗更多,心跳更快(Vaughn & Lanzetta, 1981)。所以,要使我们更具同情心,就要去体验他人的感受,而一种巧妙的方法是,让你自己的脸去模仿他人的表情。

达尔文(Darwin, 1872)认为,情绪的外显特征的自由表达会强化情绪本身……表现暴力的手势将会增强愤怒。詹姆斯(James, 1890)说:"拒绝表达一种激情,它就会消失……如果我们想控制我们不期望的情绪倾向,我们必须……通过做一些想要形成的相反情绪的外部活动而达成。"

(资料来源:黄希庭. 心理学导论. 第2版. 北京: 人民教育出版社, 2009: 490)

三、情绪、情感与认识和行为的关系

情绪、情感与认识和行为是心理过程的不同方面,它们是密切联系、彼此渗透的。

(一)情绪、情感与认识的关系

情绪、情感与认识过程既有区别,又相互联系,个体对刺激情境的认识是情绪、情感产生的直接原因。

1. 情绪、情感与认识的区别

情绪、情感与认识是不同的心理现象,二者的区别主要体现在以下两个方面。

(1) 认识过程是反映客观事物本身的属性和事物之间的联系,其表现形式是形象和概念。而情绪、情感反映的是客观事物与主体需要之间的关系,其表现形式是态度和体验。如:老师宣布本次测验大多数同学成绩比较理想,这是认识的结果;一小部分学生成绩不好,心情不佳,这是情绪体验。

(2) 认识过程具有较大的随意性,人可以调节控制感知、记忆、思考、想象等认识活动。如背诵课文、回忆往事、畅想未来。而情绪、情感过程的随意性较弱。在很多情况下,人很难控制调节个人的情绪、情感。如在地震中失去亲人,当看到亲人的遗物时,不禁潸然泪下。

2. 情绪、情感与认识的联系

情绪、情感离不开认识活动，二者之间相互作用，主要体现在以下两个方面。

(1) 认识是情绪、情感产生的基础。人们只有在认识客观事物的基础上，才能实现客观事物和主体需要的联系，进而产生情绪、情感体验。如大家初见李老师，并无特殊感觉。当有人介绍说"李老师不久前被清华大学录取为博士研究生"，大家不禁油然而生一股敬佩、羡慕、感叹之情。对事物认识得越全面、越透彻，由此产生的情感也就越深刻、越强烈。

(2) 情绪、情感对认识也有较大影响。积极的情绪、情感对认识过程有促进作用，消极的情绪、情感对认识过程有阻碍作用。如教师对教育工作、对学生的热爱，推动他刻苦钻研教材，努力探索教育、教学方法，不断提高个人的教育、教学水平。学生的自卑、厌学情绪，阻碍他学习活动的顺利进行。情绪的强度过高和过低，都会降低学习效率。适宜的情绪强度，可使学生处于最佳的学习状态。

(二)认识与行为的关系

个体的认识与行为之间紧密联系，相互作用，主要体现在以下两个方面。

1. 目的行为的产生是以认识过程为前提的

具有明确的目标是目的行为的重要特征，而任何目标都不是凭空产生的，是人们认识活动的结果。如高校教师认识到自身业务水平急需提高，因而努力克服来自工作、家庭中的重重困难，选择到国内著名的高等学府进修深造，以便更好地服务于教学工作。人们的认识越丰富、越深刻，行动的目的就越明确，克服困难的力量就越强，行动方法也就越合理。

2. 行为对认识过程也有很大影响

人们在认识事物的过程中总会遇到一定的干扰和障碍，要克服这些干扰和障碍，就需要发挥行动目的的调节作用。如学生上课听讲时，在行动目标的指引下，克服自身的饥饿、疲劳及厌倦等问题，维持听课活动的顺利进行。没有行动目的引导，就不会有完全、深入、持久的认识活动。

(三)行为与情绪、情感的关系

个体的情绪、情感与行为之间紧密联系，相互作用，主要体现在以下两个方面。

1. 情绪和情感既可以成为行动的动力，也可以成为行动的阻力

当某种情绪和情感对人的活动起推动或支持作用时，这种情绪和情感就会成为行动的动力。如对教育事业的无限热爱，推动广大教师在工作中认真负责、一丝不苟。当某种情绪和情感对人的活动起阻碍或削弱作用时，这种情绪和情感就会成为行动的阻力。如学生对所考取的大学不满意，这种消极的情绪对其顺利完成学业起妨碍作用，以至于削弱、动摇人的意志。

2. 行为对情绪和情感有调节作用

行为可以调节控制个体的情绪和情感，使情绪、情感服从于理智的要求。如学生高考取得优异成绩，内心无比喜悦，但为了照顾其他成绩不理想同学的情绪，就需要控制自己的情绪，把喜悦埋藏在心底。也正是由于目的行动的作用，使积极的情感得到巩固和发展。

第二节 情绪、情感的种类

情绪、情感是复杂多样的，中外许多学者在情绪分类的问题上主张各不相同。概括起来分为情绪的基本形式、情绪基本状态、社会情感三个方面。

一、情绪的基本形式

基本情绪是人类和动物共有的，是人们与生俱来的，并且具有特定的生理模式和相应的表情。快乐、愤怒、悲哀、恐惧是最基本、最原始的情绪。

(一)快乐

快乐是盼望的目的达到或需要得到满足之后紧张解除时所表现的情绪体验。快乐的程度取决于愿望的满足程度，实现目标、愿望的难易程度和意外程度。一个目标越难达到，达到后的快乐体验就越强烈。例如，著名花样滑冰运动员申雪、赵宏博经过二十年的刻苦训练与顽强拼搏，最终取得冬奥会冠军，那一刻，他们喜极而泣。当人们的愿望在意想不到的情况下获得满足，人们会体验到更大的快乐。

(二)愤怒

愤怒是愿望得不到满足，实现愿望的行为一再受到干扰和阻挠或发生与愿望相违背的情景引起的紧张积累时所表现的情绪体验。愤怒的程度取决于干扰的大小和愿望违背的程度。一个人愿望受阻时，特别是他明白受阻的原因时，怒气便产生了。愤怒有积极和消极之分。如面对坏人坏事，正义者怒发冲冠，这是积极的愤怒；同学间因一点小事拍案而起，这是消极的愤怒。

(三)悲哀

悲哀是所爱的对象失去、损坏及所盼望的事物幻灭时所表现的情绪体验。悲哀的强度依赖于失去对象的重要性和价值。失去的对象越重要，价值越大，引起的悲哀就越强烈。如亲人的去世，会使人极度悲哀。这种悲哀与失去同事、同学、朋友的悲哀程度是不同的。哭泣可以释放悲哀所带来的紧张，是人体的一种保护性的反应。

(四)恐惧

恐惧是不能处理、企图摆脱、逃避某种危险或可怕的情境时所表现的情绪体验。如在遭遇地震、海啸、洪水等强烈灾害时，人们无力应对，常常惊恐万分。儿童缺乏应对陌生情境的经验和能力，往往比成人有更多的恐惧体验，随着年龄的增长逐渐改善。一个人的恐惧可引起其他人的恐惧和不安。

在快乐、愤怒、悲哀、恐惧这 4 种基本情绪的基础上还可以派生出许多复合情绪。复合情绪是由基本情绪的不同成分组合形成的。如爱、恨、羡慕、嫉妒、厌恶、自豪等体验，都是复合情绪体验。

二、情绪基本状态

情绪状态指在某种事件或情境影响下，在一定时间内所产生的情绪，基本的情绪状态有心境、激情和应激。

(一)心境

心境(mood)是一种微弱、平静而持久的情绪状态。例如，得知彩票中大奖的消息，人呈现出欣喜若狂、手舞足蹈的激情状态。激情过后，这种愉悦的心情会持续一段时间，此种情绪微弱、平静，这就是心境状态。"兴致勃勃"、"灰心丧气"都是指心境状态。

心境是一种微弱、平静的情绪体验，它的发生有时人们根本觉察不到。心境与激情相比，持续的时间较长，短则几天、几周，长则数月、数年甚至一生。心境是一种非定向性、弥散性的情绪体验，即心境不是由特定的对象引起，而是使人们的整个心理和行为都染上了同样的情绪色彩。如当人心情舒畅时，"人逢喜事精神爽"，做什么都有兴致；当人心情烦闷时，"千烦万恼一齐来"，对什么事都不感兴趣。"忧者见其则忧，喜者见其则喜"就是对心境非定向性、弥散性特点的写照。

引起心境的原因有很多。生活环境的改变、身体的健康状况、气候条件的变化、工作压力的加大等，都可能导致某种心境。心境还受人的理想、信念、能力、性格等个性特征影响。如同样的生活条件下，有的人经常处于积极的心境之中，有的人则经常处于消极的心境之中。如有的人对月憧憬，有的人对月伤感。

心境对个体的学习、工作和生活有重要影响。积极的心境使人精神饱满、积极乐观，能提高实践活动的效率，有助于身心健康。消极的心境使人精神颓废、消极悲观，会降低实践活动的效率，不利于身心健康。因此，生活中既要积极进取，又要知足常乐。要正确评价自己，发扬优点，克服不足，保持积极的心境，克服消极的心境。

(二)激情

激情(intense emotion)是一种强烈的、爆发式的、为时短暂的情绪状态。例如，得知外语四、六级考试通过的消息，学生们兴高采烈、欢呼雀跃，这种情绪体验强烈爆发，持续时间短暂，属于激情状态。"暴跳如雷"、"呆若木鸡"都是指激情状态。

激情状态爆发性强，发生过程迅速、猛烈，强度极大。如亲人的离去，使人悲痛欲绝、号啕大哭，气势如火山喷发、潮水汹涌。在激情状态下，人很容易冲动。人们往往感受力和宣泄力增强，理解力和约束力下降，缺乏必要的自制能力。如"被胜利的喜悦冲昏头脑"、"被失败打击得痛不欲生"。此时，人们往往尽情宣泄，言行容易失控，不考虑后果。待冷静下来以后，又感到非常后悔和不安。激情状态持续时间较短。如高考取得优异成绩，使学生们欣喜若狂。时过境迁，激情也就弱化或消失了。激情状态具有明确的指向性。激情通常由特定对象引起，如意外的成功会引起狂喜，理想的幻灭导致绝望。人在激情状态下，心理和行为都发生变化，有明显的外部表现。如愤怒时"怒目圆睁"，狂喜时"手舞足蹈"，悲痛时"泪流满面"。 在激情状态下，人往往过于兴奋或抑制，对身体健康不利，甚至危及生命。

引起激情的原因很多。对个体生活具有重大意义的事件，如高考失败、亲人去世、彩票中奖、恋人分离、信仰破灭等，都可能导致激情发生。积极的激情是成功的强大动力，如战斗激情推动战士们奋勇杀敌；写作激情推动作家写出脍炙人口的文学作品。激情爆发时，人要善于用理智、意志控制自己的激情，采用合理释放、艺术升华、转移、倾诉等方式缓解激情的作用，调节控制激情的消极影响。

(三)应激

应激(stress)是人对某种意外的环境刺激所做出的适应性反应。例如，突然遭遇火灾、地震、歹徒袭击等危险情景或面临上级考核、领导谈话等突发事变时，个体要集中自己的经验和智慧，动员自己全部的力量，迅速做出选择，采取行动，此时人的身心就处于应激状态。

在应激状态下，无论是遭遇危险情境，还是处在紧要关头，个体都会承受巨大心理压力，情绪高度紧张。在应激状态下，个体要充分调动身体的各种能量资源去应对突发的、重大的事变，个体在生理上和心理上都承受超常的负荷，会引起机体一系列生物性反应，血压、呼吸、心率、腺体活动都会发生明显的变化。这些变化有助于机体适应急剧变化的环境刺激。但持续发生的应激状态能击溃个体的生物化学保护机制，导致胃溃疡、高血压等多种疾病。

应激状态的产生与人所面临情景及对自己应对能力的评估有关。当个体意识到无力应对当前情景提出的要求时，就会体验到紧张而处于应激状态。

个体在应激状态下的反应有积极和消极之分。积极反应表现为急中生智、力量倍增等，个体的体力与智力都得到"超水平发挥"，从而及时、有效地应付当前情境。如运动员在世界大赛中超水平发挥，取得意想不到的成绩。消极反应则表现为惊慌失措、茫然无计、动作紊乱等，不能及时、有效地应付当前情境，甚至酿成严重后果。个体要善于积累经验，养成机智、果断的性格特征，调节应激的消极影响。

三、社会情感

情感是与个体的社会性需要相联系的主观体验。现在一般认为，人类高级的社会性情感主要有道德感、理智感和美感。

(一)道德感

道德感(moral feeling)是个体根据一定的道德标准，在评价自己或他人的思想、意图或言行时所产生的情感体验。如果自己的言行符合已掌握的道德标准，如资助家庭经济困难的大学生，个体就会产生满意、自豪、欣慰等肯定的情感体验。如果自己的言行不符合已掌握的道德标准，如没有对需要帮助的人伸出援手，就会产生不安、自责、内疚等否定的情感体验。同样，当别人的言行符合自己已掌握的道德标准时，就会产生赞赏、钦佩、崇敬等肯定的情感体验。当别人的言行不符合自己已掌握的道德标准时，就会产生厌恶、轻蔑、憎恨等否定的情感体验。

道德感具有十分丰富的内涵。爱国主义、集体主义、人道主义、责任感、正义感、义务感、爱情都属于道德感。爱国主义是道德感的核心内容。

道德感属于社会历史范畴，不同时代、不同民族、不同社会制度有不同的道德评价标准，因而道德感不同。例如，封建社会主张"男尊女卑"，社会主义社会主张"男女平等"。同一社会制度下，由于阶级利益不同，道德评价标准不同，道德感也不同。如封建社会皇帝至高无上，社会主义国家人民当家做主。有些道德感是全人类共有的，如尊老爱幼、救死扶伤、爱国主义等。道德感对个体行动具有巨大的推动、控制和调节作用，是一种重要的自我监督力量。

📖 引导案例分析

人民艺术家常香玉强烈的爱国主义情感、人道主义情感和责任感，推动她严格要求自己和子女，生活俭朴，勤奋敬业，心中时刻装着国家和人民。在国家危难、人民需要帮助的时候，她慷慨解囊，无私奉献，为无数人做出表率。正是道德感对个体行动的巨大作用，推动她把全部的热情和积蓄献给了国家和人民。

(二)理智感

理智感(rational feeling)是个体在智力活动中，认识和评价事物所产生的情感体验。例如：探索未知事物时表现出来的好奇心、求知欲；解决问题过程中出现的惊奇、怀疑；问题解决后的自豪、快慰、确信；对真理的追求、对科学的热爱等，都属于理智感。

理智感是智力活动的重要动力，是完成学习和工作的重要条件。如果科学家缺乏献身科学的热情，就不可能获得对科学知识的深刻认识，也不可能取得科学成就。有些理智感是全人类共有的，如对科学的热爱、对真理的追求、对偏见迷信的憎恨等。

(三)美感

美感(aesthetic feeling)是个体根据一定的审美标准，评价事物时所产生的情感体验。美感包括自然美感、社会美感和艺术美感三种。如感叹"桂林山水甲天下"，属于自然美感；被舍己救人的英雄事迹所感动，属于社会美感；对电影、艺术作品的欣赏，属于艺术美感。

不同民族、不同的社会文化背景、不同的历史时期，人们对事物美的评价也表现出极大差异。如封建社会以"三寸金莲"为美；缅甸长颈族以女人脖子长为美；现代社会提倡以自然、大方、健康、和谐为美。

美感的形式和内容在一般情况下是一致的，但也有不一致的情况。有时外在形式是美的，内容却不一定是美的。如一个外表美丽的姑娘，内心却可能两面三刀、奸诈狡猾。有时外在形式是不美的，内容却是美的。如一个身体残缺不全的人，却是一个见义勇为的英雄。可见，美感与道德感密切联系。有些美感是全人类共有的，如人们普遍认为无私、善良、真诚的品质是美的；自私、阴险、虚伪的品质是丑的。

▶ 知识拓展 7-2

爱情的成分理论

爱情是人类一种十分复杂的情感。现代心理学对爱情的研究，有类型说和成分说的区分。类型说理论认为可将爱情分为不同种类，每一种类有不同的行为方式。主要包括：①浪漫式的爱情。这种爱情是理想化的，追求肉体与心灵融合为一的境界。②游戏式的爱情。视爱情为游戏，只求个人需要的满足，对所爱者不肯负道义上的责任。③占有式的爱情。对所爱对象赋予强烈感情，具有极度的占有欲。④伴侣式的爱情。这种爱情温情多于热情，信任多于嫉妒，平淡而深厚。⑤奉献式的爱情。甘愿为所爱者付出一切，不求回报。⑥现实式的爱情。将爱情视为生活，但求彼此现实需求的满足。"男子娶妻，煮饭洗衣；女子嫁汉，穿衣吃饭。"就是这种爱情观的体现。

成分说是由斯腾伯格(Sternberg, 1988)提出来的，又叫"爱情三因论"。这种理论认为，人类爱情虽复杂多变，但不外由三种成分组成：①动机。即性的驱力。爱情虽不等同性欲，但性欲确是原因之一。在爱情中，性的吸引与和谐不可或缺。②情绪。除爱和欲外，还可以有喜、怒、哀、乐、惧等成分。这就是所谓的爱情的"酸、甜、苦、辣"的滋味。③认知。认知是爱情成分的理智层面。

斯腾伯格认为，两性间的爱情形式，因人而异，但基本上都由这三种成分按不等量的配合演化而成。按爱情关系中的动机、情绪和认知三种成分的比例不同，爱情关系可分为热情、亲密和承诺三种。以情绪为主的爱情是热情的，以动机为主的爱情是亲密的，以认知为主的爱情是承诺的。三种不同的爱情关系，在同一对恋人的爱情发展中，可以表现为不同程度。

在恋爱发展的初级阶段，热情、亲密和承诺三种成分都在增长，但热情增长得最快，在结婚时和婚后一段时间热情达到顶点，然后就开始下降。但与此同时，亲密和承诺仍在继续增长。随着时间推移，热情降到较低水平，但亲密和承诺却达到较高水平。老年人的爱主要是承诺和亲密的成分。斯腾伯格认为，单凭热情的爱情，不能持久。理想的爱情应三者同时具备，这种爱他称为"完美之爱"。

(资料来源：彭聃龄. 普通心理学. 北京：北京师范大学出版社，2004：472～473)

第三节　健康情绪、情感的培养

积极的情绪、情感对青少年身心健康成长具有重要意义，学校教育、教学工作中要注重培养学生良好的情绪、情感。

一、情绪、情感的重要作用

情绪、情感对人的身心健康、学习、工作、交往都有重要影响。主要体现在以下两个方面。

(一)情绪、情感对个体身心健康的作用

情绪、情感同身心健康关系密切。积极的情绪、情感能促进身心健康，消极的情绪、情感会破坏身心健康。如长期的悲伤、恼怒、忧愁、压抑等，会降低机体的免疫力，容易引起高血压、心脏病、胃溃疡、支气管哮喘、癌症等多种疾病。愉快、乐观的良好情绪，能提高机体的免疫力，不仅能减少疾病，还能帮助个体战胜疾病，使人健康长寿。

有人在临床上曾观察到这样一种现象，在众多的伤员中，胜利者的伤口比失败者的伤口愈合得要快些。这种现象通过动物实验也得到验证：两组动过手术的白鼠，分别在两种环境养护，一组在较安静的环境，一组在危险与威胁性的环境(笼子外常有猫叫)，结果在危险与威胁环境下养护的白鼠的伤口愈合得非常慢。[①]

又如，长期的痛苦、烦闷、抑郁等，使人自我封闭，不愿与人交往，丧失信心，甚至绝望自杀。自豪、喜悦、爱慕等情绪、情感，使人愿意与人交往，容易建立良好的人际关系，信心倍增，乐于进取。

(二)情绪、情感对个体学习、工作的作用

情绪、情感同实践活动关系密切。积极的情绪、情感对学习、工作起推动作用，消极的情绪、情感对学习、工作起阻碍作用。如对祖国的无限热爱，推动钱学森放弃国外优厚的物质生活条件，毅然决然地回到中国，为我国的航天事业做出巨大贡献。强烈的求知欲，推动学生努力学习科学知识，掌握熟练的技能、技巧。又如，医生在工作中的厌烦情绪，会降低工作的效率，甚至酿成医疗事故；学生在学习中的抵触情绪，会降低智力活动的效率，影响学业。

研究表明，消极情绪的适度反应对人的身心健康、学习、工作和生活有一定的积极作用。例如：对健康状况的适度焦虑，促使人合理膳食、加强体育锻炼和医疗保健；对生活环境的适度恐惧，促使人提高警惕、采取措施、躲避危险。这类情绪反应常伴随相应的心率加快、血压升高、肾上腺素分泌增加等植物性神经功能的改变，使人调动机体的能量应对面临的境遇，从而适应千变万化的生活环境。

二、发展健康情绪的途径

健康情绪对一个人的学习、工作和生活都起着至关重要的作用，因此，每一个个体都要努力发展或培养健康的情绪。对个体而言，发展健康情绪的途径很多，这里列举几种主要的途径。

(一)树立正确的世界观、人生观

人的生活不可能总是一帆风顺的，生活中随时都会遇到挫折，总会有某些目标不能实现，总会有某些愿望不能达成。只有树立正确的人生态度和观念，才能形成强大的精神支柱，在面对挫折、打击和失败时，才能正确看待利弊得失，保持乐观向上的情绪，以饱满的精神状态迎接困难和压力的挑战。

(二)建立良好的人际关系

良好的人际关系是保持情绪健康的重要因素。良好的人际关系使人感到有强大的精神支持和归属感，很少有嫉妒、怀疑、自卑、孤独等不良情绪。在人际交往中，要学会承认各人有各人的生活习惯和价值体系，尊重这种不同。通过角色换位，站在他人的立场上设身处地为他人着想。热心帮助他人，团结友善，掌握人际交往的技能、技巧，在良好的人际氛围中发展积极健康的情绪。

---

① 程正方，等. 心理学. 北京：北京师范大学出版社，2009：166～167

(三)正确评价自我，调整自身抱负水平

过高的自我评价会使个体制定的目标高于实际能力水平，目标往往不易实现，个体可能体验到心有余而力不足的懊恼和失落。过低的自我评价会使个体缺乏面对困难的勇气，逃避困难，产生空虚、苦闷等不良情绪。个体既要善于发现自己的优点和长处，肯定成绩，欣赏自己；也要善于发现自己的缺点和不足，明确差距，剖析自己，从而扬长避短，根据自身的实际能力设立奋斗目标，确立自身抱负水平，有助于保持健康的情绪状态。

(四)学习正确的归因方式

对事物的正确归因是保持健康情绪的基础。如果个体将成就行为失败的原因归结为稳定因素(如能力差)，那么就会担心下一次成就行为还会失败，进而自卑、郁闷。如果个体将成就行为失败的原因归结为不稳定因素(如机遇)，那么个体就期待下一次成就行为可能成功，进而自信、乐观。因此，个体应以积极冷静的态度，从自身实际条件出发，对事件做出正确归因，避免归因片面性产生的不利影响。

(五)培养广泛的兴趣和爱好，寻找身边的欢乐

兴趣、爱好能推动人去从事活动，体验成功，使人获得心理上的满足。有助于调节情绪，缓解压力。生活中，人们要注重培养个人的兴趣和爱好，如游泳、滑雪、书法绘画、饲养花鸟鱼虫、参加公益活动等，使生命充满活力、生活充满情趣，有助于保持健康的情绪，轻松愉快地完成各种活动任务。

保持乐观心态，努力在生活中寻求点滴愉悦，也是发展健康情绪的重要方法。现代专家们认为，幽默本身不是积极情绪，但它可以引发幸福、喜悦、爱、希望等积极情绪，而且能被自己知觉体验，所以个体可以运用幽默来帮助自己笑出来，使自己更多地体验积极情绪，从而有助于健康情绪的养成。

三、青少年健康情感的培养

培养青少年健康的社会情感，对青少年身心健康成长具有重要意义。

(一)道德感的培养

青少年应具有良好的道德情感。首先，教师要培养学生正确的道德观念，引导学生逐步认识、理解、掌握是非、善恶、优劣等社会道德标准，引起学生自我评价的愿望。其次，教师在教育、教学工作中要树立正确的集体舆论，对学生的言行及时做出评价，使学生产生强烈的道德情感体验。最后，教师要充分利用学习、生活中的生动事例，激发学生情感上的共鸣。善于利用一切有利的时机，激发学生的道德行为，进一步丰富道德情感体验，逐步形成稳定的道德情感。

(二)理智感的培养

青少年应具有良好的理智情感。首先，教师在教学中要运用灵活多样的教学方法，激发学生的好奇心和求知欲，培养学生对科学知识的兴趣和探索精神。其次，教师要尊重、爱护学生，努力营造和谐、融洽的师生关系，使学生把对教师的喜爱逐步转化为对科学知

识的热爱。最后，教师要科学地评定学生的学业成绩，善于发现学生的点滴进步，及时给予肯定和鼓励，让学生体验成功的喜悦和自豪感，有助于培养良好的理智感。

(三)美感的培养

青少年应具有良好的美感。首先，教师要引导学生挖掘教材、生活中美的事物和现象，使学生逐步掌握正确的审美标准。其次，引导学生用正确的审美标准评价周围的事物和现象，激发学生的美感体验。最后，学校、教师要努力营造团结互助的校园氛围，有助于培养学生的美感。

四、不良情绪及其调控

不良情绪会给人的身心健康带来极大的危害，影响学习、工作的效率，对不良情绪的调控具有重要意义。

(一)过度紧张情绪的调控

紧张是在生活情境中，对威胁性或不愉快因素的情绪反应。紧张是典型的压力反应，不同个体对同样问题紧张程度不同，对个体威胁越大的问题，紧张感越强烈。研究表明，适度的紧张有助于完成任务，但过度的、长时间的紧张会损害人们的健康，妨碍操作的正常进行，甚至于引起人格特征的变化。因此，对紧张情绪需要控制。

调控紧张情绪的最好办法是从根本上消除导致紧张的根源或刺激，使自己彻底放松。但现实情境中，许多紧张源是无法消除的，因此，采用一定的策略调节自身的适应能力，缓解紧张就是十分必要的。运用运动减压策略就是一种可以消除紧张情绪的方法，具体操作分4步进行。

1. 了解过度紧张的表现和引发原因

为使运动训练更有针对性，首先要确认过度紧张感来自哪里，表现如何，这种自我认识有助于运动选择和训练效果的评价。

2. 选择一项舒缓身心的运动开始练习

消除过度紧张情绪可以以放松运动为主，不一定需要剧烈活动，可以是散步、慢跑、游泳、远足等。找一个优雅的适宜身心放松的环境开始运动，使运动与环境相互促进，达到舒缓紧张情绪的目的。

3. 结合自我暗示指导语帮助自我放松

在运动过程中结合自我暗示语言的运用，可以达到更好的缓解过度紧张感的效果。自我暗示语言可以是：我非常安静；我心跳很平稳、有力；我呼吸非常轻松，腹腔感到很暖和，前额感觉凉丝丝的，很舒服，等等。结合自我暗示的运动，可以不断地强化身心感受，转移注意重心，也能更好地舒缓紧张情绪。

4. 体验放松的感觉并坚持每天运用

过度紧张感的缓解不是以没有紧张为目标，而是以面对压力情境不再过度紧张、能够正常应对为目标，因此，坚持运动减压策略训练一定要不断坚持体验，评价自己是否已经可以面对压力而不再有手足无措、思维停止的过度紧张了，即使有紧张感但仍能快速解决问题、积极思考，缓解紧张的训练就可以告一段落，除非下次又出现过度紧张状况，才需要运用这种方式再次降压。

(二)暴怒情绪的调控

暴怒情绪是愤怒的高级形式，是个体因对客观事物的不满而产生的一种强烈情绪反应，一般是由外界强烈的刺激引起的。研究表明，暴怒能够击溃一个人的生物化学保护机制，降低人的抵抗力，使个体更易于为疾病所侵袭。在持续的暴怒刺激下，人的心脏、脑、胃、肠等都会受到损害。而且，暴怒会影响人际交往，影响自身发展和完善。

控制暴怒可以分三步进行。第一步，承认并认识自己的暴怒，充分认识其危害，形成积极的改进意识。只有个人意识到暴怒是一种不良情绪并有意愿改掉坏情绪时，控制才可能发生。第二步，对自己的暴怒情绪进行归因，找到自己暴怒的真正原因，包括环境的、个人的、刺激的等多方面因素，为调控暴怒做好准备。第三步，寻求适合自己的制怒方法。现实中人们总结了很多制怒方法，如转移法、运动法、喊叫法、控制法、日记法等，可以根据自己的情况选取最适合自己的方法，努力运用，暴怒情绪就可得到调控甚至消解。运用认知策略，采用逆向思维，也有助于调控暴怒。

(三)抑郁情绪的调控

抑郁是指个体感到无力应付外界压力而产生的一种由情绪低落、悲观、失望、冷漠、压抑等组成的负性情绪体验。

抑郁心理的人表现为自我感觉很差，常常感到力不从心，情绪悲观沮丧，行动迟缓，反应迟钝。他们对事物缺乏兴趣，意志消沉，悲观厌世，影响正常工作和生活。大多数有抑郁情绪的人，经过适当调整可以很快恢复，少数人会转化成抑郁症，给生活带来严重影响，应高度重视。

抑郁情绪的调控主要包括提高认知和学会宣泄两个方面。

1. 提高认知，学习从多个角度思考问题

当人心情郁闷时，不妨从其他角度重新审视问题，往往会对问题有新的认识，看到事物光明和希望的一面，有助于消除抑郁，恢复自信。正如一杯水喝去了一半，有人沮丧地说："只剩下半杯水了。"有人却高兴地说："还有半杯水呢。"

2. 及时宣泄抑郁情绪

当人心情郁闷时，千万不要让不良情绪累积下来，要及时、主动地宣泄情绪。可以找朋友倾诉，既可以缓解郁闷的心情，又能得到朋友的劝慰和疏导，有助于消除抑郁。大声叫喊、大哭一场、体育锻炼、参加社交活动等都是宣泄郁闷情绪的有效方式。

(四)嫉妒情绪的调控

嫉妒是指个体因他人在某些方面比自己优越而产生的一种由不悦、烦恼、痛苦、怨恨甚至愤怒等组成的不良情绪状态。

有嫉妒心理的人表现为对超过自己的人不服气、不满意；对自己的境遇不甘心、不情愿，但又无能为力。于是时常不加分析地批判、抵制、对抗他人的言行，甚至打击别人，报复别人，以此来缩小相互之间的差别，满足自己的心理需求，从而引起他人的不满、厌恶、愤怒，使个人处境艰难。

嫉妒情绪的调控主要从克服狭隘心理和正确认识两个方面来实现。

1. 克服狭隘心理，学会宽容

嫉妒产生的重要原因是个体觉得他人在能力、名誉、地位、境遇等方面超过自己，必然会为自我发展带来一定的障碍，于是心存不满，耿耿于怀。要克服嫉妒情绪，就要转变自私、狭隘的观念，学会宽容，做到关心、理解、支持他人，为他人取得的成绩而高兴，就会逐步消除嫉妒情绪。

2. 正确认识嫉妒，积极进取

每个人要正确认识嫉妒，不仅看到嫉妒的消极影响，更要看到嫉妒的积极作用。嫉妒心理的产生其实在告诫个体，别人比自己强，如果再不做出努力，将继续扩大自己与他人的差距，不进则退。正确认识嫉妒，可以使个体化压力为动力，积极进取，努力缩小与他人的差距，这是消除嫉妒情绪的重要方法。

第四节　意　志

人在认识客观事物的过程中，不仅会产生各种情绪、情感体验，而且能根据一定的目标，有计划地改造客观世界，并在这一过程中体现人的意志。

一、意志的概念

在现实生活中，是什么力量推动家境贫困的大学生克服重重困难和挫折，刻苦学习，努力完成学业，这就是意志。

(一)意志的含义

意志(will)是个体自觉地确定目的，根据目的调节、支配自己的行动，克服困难，实现预定目的的心理过程。如学生为了取得优异成绩而刻苦学习，运动员为了祖国的荣誉而顽强拼搏，这些都是意志的具体表现。

意志是人类特有的心理现象，有无意志是人和动物的最本质的区别之一。人能在从事活动之前，将活动的结果作为活动目的存在于头脑之中，并以此来指导自己的行动。意志表现在，人为了满足自己的需要，预先设定一定的目标，有计划地组织自己的行动来实现这一目标。

(二)意志的作用

意志是意识的能动方面，它表现为意识对行为的调节和控制。意志对行动的调节和控制表现在两个方面：①发动作用，即推动人们去从事达到目的的行动。如为了完成某项科研任务，意志推动科研工作者查阅资料、刻苦钻研。②制止作用，即制止与预定目的相违背的愿望和行动。如为了顺利考取研究生，意志推动学生们严格约束自己，抵制各种干扰和诱惑，不从事与预定目的不相干的活动。发动作用和制止作用是相辅相成的，正所谓"有所不为才能有所为"。

二、意志行动的基本特征

意志行动是指与自觉确定目的、主动支配调节个体活动、努力克服困难相联系的行动。意志与意志行动既相对独立，又密切联系。意志支配调节意志行动，意志又体现在意志行动之中。意志行动具有以下三个特征。

(一)意志行动是自觉确立目的的行动

自觉地确立目的是意志行动的前提。人和动物的本质区别之一，就是人在活动之前，活动的结果已经作为行动的目的存在于人脑之中，并能动地调节支配人的行为。人为了满足自己的需要，预先确立一定的目的，选择达到目的的方法并制订行动计划，积极采取行动去实现预定目标。所以，自觉确立目的的行动才属于意志行动，那些盲目的、冲动的、本能的行动不属于意志行动范畴。

(二)意志行动以随意运动为基础

个体的各种运动可以分为不随意运动和随意运动两种。不随意运动指不受意识支配的不由自主的运动，如眨眼、咳嗽、吞咽等无条件反射，思考问题时用手轻轻敲击桌面、抖动双腿等习惯化、自动化的动作。随意运动是在不随意运动基础上，通过有目的的练习而形成的。它受个体意识的调节和控制，具有明确的目的性。如专心听讲、弹奏乐曲、跨越障碍等。随意运动是意志行动的必要条件。没有随意运动，意志行动就不可能实现。

(三)意志行动与克服困难相联系

生活中人走到窗前，欣赏窗外的景致，此活动既有自觉的目的，又是以随意运动为基础的，但对于正常人来说是轻而易举的事，无需克服什么困难，故不能称为意志行动，意志行动还须具备克服困难的特征。然而对于一个行动十分不便的人来说，需要克服很多困难，才能走到窗前，此活动已发展成为意志行动。人在实现目的的过程中必然会遇到种种困难，有外部困难和内部困难两种。外部困难指来自个体外部、阻碍目的确定与实现的客观障碍，如生活环境恶劣、工作条件简陋、周围人不理解、打击等。内部困难指来自个体自身、干扰目的确定与实现的生理和心理方面的障碍，如健康状况不佳、知识经验不足、缺乏信心等。克服困难的程度是衡量一个人意志坚强与否的尺度。

三、意志行动的心理过程

意志行动有其发生、发展和完成的历程，它可以分为两个阶段：采取决定阶段和执行决定阶段。

(一)采取决定阶段

采取决定阶段是意志行动的准备阶段,它决定意志行动的方向,一般来说,这一阶段要经历动机斗争、确立目的、选择行动方法和制订行动计划等环节。

1. 动机斗争

意志行动是由一定的动机引起的,动机是推动人去行动的内部动力。在意志行动中,若动机单一明确或同时存在的几种动机之间不冲突,就不会发生动机斗争。例如,大学生刻苦学习,既是为了获得奖学金,又是为考研究生做准备,也是为将来就业打基础。同时存在的几种动机之间并不冲突,而是协同发挥作用。

意志行动中,若同时存在的几种动机之间相互矛盾,就需要权衡轻重缓急、利弊得失,做出选择,就会出现动机斗争。动机斗争按性质又可以分为非原则性动机斗争和原则性动机斗争。非原则性动机斗争是指不与社会道德标准相矛盾,仅属个人兴趣、爱好、习惯等方面的动机斗争。如周末是去游泳或去钓鱼还是逛商场,这时的内心冲突属于非原则性动机斗争。原则性动机斗争是指个人愿望与社会道德标准、法律相矛盾的动机斗争,如在危急关头,是积极参加抢险救援,还是撤离灾害现场,这时的内心冲突属于原则性动机斗争。

动机斗争在形式上,可以分为以下 4 种。

(1) 接近-接近型冲突,又称为双趋冲突。它是指两种或两种以上同样强度的目标同时吸引个体,而个体只能选择其中一种目标时所产生的内心冲突。如"鱼,我所欲也;熊掌,亦我所欲也;二者不可兼得,舍鱼而取熊掌也。"既想看电视又想逛商店,都属于双趋冲突。解决这种冲突的方法是放弃其中一个目标,选择另一个目标,或者同时放弃这两个目标。

(2) 回避-回避型冲突,又称为双避冲突。它是指两种或两种以上同样强度的目标都是个体想要回避的,而个体只能回避其中一种目标时所产生的内心冲突。如"前有悬崖,后有追兵",悬崖和追兵都是个体想要回避的,但又不能同时回避。有的学生既不想上学,可又怕父母责备,都属于双避冲突。解决这种冲突的方法是"两害相权,取其轻者",即选择回避程度较轻的目标。

(3) 接近-回避型冲突,又称为趋-避冲突。它是指个体一方面想要接近某个目标,同时又想回避这个目标时所产生的内心冲突。如既想参加竞聘,又担心落聘;既喜欢吃甜食,又担心身体发胖,都属于趋避冲突。解决这种冲突的方法,因人而异。或趋强于避,不惜一切而趋之;或避强于趋,不求趋而力避之;或趋避折中,使不利降低到最小限度而趋之。

(4) 多重接近-回避型冲突,又称为多重趋-避冲突。它是指人们面对两种或两种以上的目标,每种目标都具有吸引力和排斥力时所产生的内心冲突。如大学生在择业时,有的工作工资高、待遇好,但工作环境不理想;有的工作工资低,但工作环境较好,能发挥个人专长,如何抉择,就属于多重趋-避冲突。解决这种冲突的方法,则需要用较长的时间考虑得失,权衡利弊,最后做出选择。

无论动机斗争与否,意志行动都要进入下一个环节——确立目的。

2. 确立目的

目的是指意志行动所要达到的目标和结果,行动的目的是由一定的动机引起的。在行动的前面有目标指引,在行动的背后有动机驱动,使行动获得巨大的推动力量。

行动的目的和动机常常表现出一致性。行动所要达到的目标和结果又是行动的动机。如考上理想的大学对于高考生来说,既是刻苦学习的动机,又是努力实现的目标。

行动的目的和动机也常常表现出不一致性。一方面表现为:行动目的相同,行动动机却各不相同。如学生们把取得优秀的考试成绩作为行动目的,有的学生是为了获得老师的赞赏,有的学生是为了赢得学校的奖励,有的学生是为了满足父母的愿望。另一方面表现为:同一行动动机指向不同的行动目的。如在帮助地震灾区同胞这一动机指引下,有的人捐款捐物,有的人加入志愿者行列,有的人收养失去亲人的儿童。

确立目的要以正确的动机为基础,不能患得患失。确立目的要果断,不能犹豫不决、观望不止,失去好的行动时机。确立的目的应当是有层次的,远期目的通常让人感到遥不可及,使人心灰意冷。因此,在远期目的之下,应确立一些近期的、具体的目的,实现一个近期的、具体的目的,就向远期目的迈进了一步。近期目的和远期目的的有机结合,会使个体对目标充满希望,增强实现目的的信心和决心。

3. 选择行动方法和制订行动计划

个体经过动机斗争、确立目的之后,就需要根据主客观条件来选择达到目的的方法,制订行动计划。

1) 选择行动方法

选择何种行动方法对预定目的的顺利实现具有非常重要的意义。有些方法事半功倍,有些方法事倍功半,有些方法甚至导致行动失败。因此,为实现预定目的,应在全面分析的基础上选择最经济、最有效、最优化的方法。

个体在选择行动方法时,应以正确的动机为指导,不能与社会道德规范相矛盾。正所谓:"君子爱财,取之有道。"另外,选择方法时,要冷静果断,有胆有识。

2) 制订行动计划

在经过上述三个环节的准备后,为保证意志行动有效进行下去,就需要制订行动计划。制订行动计划时,要进行深入细致的调查研究,广泛收集各方面信息,全面了解情况,防止盲目轻率。同时要认真探讨行动的具体步骤、手段与策略,制定切实可行的计划。

经过动机斗争、确立目的、选择行动方法、制订行动计划几个环节后,意志行动的准备阶段就结束了,意志行动将过渡到执行决定阶段。

(二)执行决定阶段

执行决定阶段,是意志行动的完成阶段,这一阶段要将准备阶段做出的决定付诸实施,它是意志行动的关键环节。执行决定过程中必然会遇到许多困难,需要个体付出更大的意志努力,因而更能体现出一个人的意志水平。

一般说来,执行决定阶段包括以下两个方面。

1. 根据行动方案和计划积极组织行动,以实现预定目的

在意志行动中,即使有高尚的行动动机、伟大的行动目标、周密的行动方案和计划,如果不能将这种主观的愿望转化为实际行动,意志行动便失去意义。因此,在做出决定以后,如果行动的主客观条件都已具备,就要不失时机地付诸行动。如果行动的主客观条件

还不具备，可以暂时延缓一段时间，等条件具备后立即付诸行动。只有通过实际行动，才能最终实现预定目的。

2. 克服干扰或困难，保证意志行动的顺利进行

在执行决定过程中，个体会遇到这样或那样的干扰或困难，妨碍意志行动的顺利进行。在这种情况下，个体要冷静全面地分析所面临的干扰和困难，克服急躁、松懈等消极情绪，以顽强的毅力和不懈的努力克服所面临的困难，矢志不移地执行计划。如果在意志行动过程中，发现已做出的决定存在这样或那样的问题，个体要及时放弃或修正原来的决定，这不仅不是意志薄弱的表现，而是意志灵活性的体现。

实现目标，标志着一个基本的意志行动过程的完成。但在新的需要、动机、目的推动下，个体又会产生新的意志行动，如此循环往复，周而复始。

📖 知识拓展 7-3

人是否也恐惧成功

恐惧失败容易理解，但研究表明，人对成功也同样有恐惧。所谓成功恐惧是指个人对其行为获取成功带有一种消极恐惧的心态。由于预见到成功的结果可以使人产生恐惧，所以个体在活动中会放弃积极争取的行动，改以消极应付的行为。心理学家所以提出成功恐惧的概念，主要是根据男、女两性在成就上差异的事实。在各行各业中，参与竞争获得成就者多是男性。在教育上，虽然中小学阶段女生的成绩并不逊于男生，但在后来的学术成就上，女生不如男生。根据心理学家多年研究，男、女之间智力差异总体上并不显著，因此，在解释两性间的成就差异时，人们就自然想到两性间成就动机的差异。美国心理学家霍妮(Horner, 1968)假定，男性多持"追求成功和避免失败"的心态，女性往往并不希望成功，反而"恐惧成功"。

霍妮采用投射测验的方法向男女大学生提供了一个有关男、女大学生学业成就的情境。

安妮(或约翰)是大学医学院的学生。在第一学期期终考试后，安妮(或约翰)的成绩高居全班第一名。请按照你个人的直觉想法，描述一个故事，用以说明安妮(或约翰)对自己获得成功后的心理感受，以及此后可能演变的情形。

霍妮让男生写约翰，女生写安妮。结果发现，女性被试对女性成就的看法与男性被试对男性成就的看法很不相同。女被试中有 65％的人以消极的心态描绘安妮，男被试中只有 10％的人以消极的心态描绘约翰。霍妮认为，在男女两性竞争的条件下，女性的成就动机是消极的，其原因是受长期的重男轻女的传统文化影响。

霍妮的研究结果发表后，在心理学界引起很大争议。费泽(Feather, 1975)的研究表明，如果将安妮的身份改为护理科大学生，女大学生就一致称赞安妮是成功的。他认为，所以会得到完全不同的结果，主要是由于受传统的社会分工和社会角色观影响。因为在一般人看来，医生向来以男性为主，护士则是女性的适合角色。张积家和陈俊(2002)的研究表明，男、女大学生的成功恐惧主要有 4 种：①人际恐惧，认为成功会造成人际关系的过分敏感或疏离；②家庭恐惧，认为成功会造成家庭生活不幸福、夫妻关系不协调；③学业恐惧，担忧在未来学习中是否会继续领先；④事业恐惧，为事业发展担忧，怀疑能否取得事业成功。男、女学生有成功恐惧的人数比例差异不显著，女性在传统上认为是男性的领域中成

功会引起女生更多的家庭、学业和事业恐惧。

(资料来源：张积家. 普通心理学. 广州：广东高等教育出版社，2004：457～458)

四、意志的品质及青少年良好意志品质的培养

意志品质反映了个体的意志水平，直接影响到个体行为的结果。有针对性地培养青少年良好的意志品质，具有重要意义。

(一)意志的品质

意志品质是指在意志行动中所形成的比较稳定的特点，意志具有自觉性、果断性、自制性和坚韧性4种品质。

1. 自觉性

自觉性是指个体对行动目的和动机有明确而深刻的认识，并能主动调节、支配自己的行动以实现预定目的的心理品质。

具有自觉性品质的人，能根据自己的认识和信念独立地采取决定，力求使行动正确、合理并具有良好的社会意义，并以积极的态度和自觉的行动执行决定。在行动中既不会因外界影响而轻易改变行动目的、计划和方法，又善于接受一切合理的意见和建议。

与自觉性品质相反的表现是受暗示性和独断性。受暗示性的人表现为缺乏主见，行动容易受到他人的影响，常常轻易改变或放弃自己的决定，表现为盲目行动。正所谓："人云亦云，人行亦行。"独断性的人则表现为独断专行，对自己做出的决定坚信不疑，对他人的建议和忠告无论合理与否都一概拒绝，当客观条件发生变化时，也决不肯更改自己的目的和计划。受暗示性和独断性都表现为不能对自己的目的和行动予以合理调节，因而都是意志薄弱的表现。

2. 果断性

果断性是指个体善于明辨是非，抓住时机，迅速而合理地采取决定并实现所做决定的心理品质。

具有果断性品质的人，在需要行动时，能沉着冷静、当机立断，及时做出决定并敢作敢为，不瞻前顾后、患得患失。在不需要立即行动或情况有所变化时，能及时中止或改变已经做出并执行的决定。

与果断性品质相反的表现是优柔寡断和轻率。优柔寡断的人表现为做出决定和执行决定时总是顾虑重重，犹豫不决，迟迟不能做出决定、采取行动。这种人由于长时间处于摇摆不定之中，往往丧失了许多好的行动机会，结果一事无成，甚至造成无法挽回的损失。轻率的人则表现为缺乏冷静思考，匆忙做出决定，常常不计后果，轻举妄动。这种人由于在行动中容易冲动，经常导致行动失败。

3. 自制性

自制性是指个体在意志行动中，善于根据预定目的或要求，自觉地约束、控制自己的言语和行为的心理品质。自制性又称为自制力。

具有自制性品质的人，一方面善于控制自己的言行去执行所采取的决定，另一方面又善于控制自己与活动目的相违背的行为。

与自制性品质相反的表现是任性和怯懦。任性的人表现为不善于约束自己的情绪、言语和行为，常常感情用事，为所欲为。怯懦的人则表现为胆小怕事、在困难面前惊慌失措、畏缩不前。

4. 坚韧性

坚韧性是指个体在实现预定目的的过程中，坚持不懈、不达目的誓不罢休的心理品质。坚韧性又称为毅力。

具有坚韧性品质的人，一方面在意志行动中能做到锲而不舍、百折不挠，顽强克服各种困难，坚持到底。另一方面善于及时总结经验、教训，调整行动方案，抵制不符合预定目的的各种干扰和诱惑，保证预定目的的顺利实现。一切有成就的人都具有坚忍的意志品质。

与坚韧性品质相反的表现是顽固和动摇。顽固的人表现为不能正视现实，当实践证明行动计划行不通时，依然固执己见，一意孤行，"不撞南墙不回头"。动摇的人则表现为见异思迁、虎头蛇尾，缺乏克服困难的勇气和决心，往往半途而废，不能有始有终。

自觉性、果断性、自制性、坚韧性这4种意志品质在不同的个体身上的组合方式不同，便形成了各自不同的意志类型。

📖 知识拓展 7-4

意志与成功

每个人都向往成功，但成功离不开艰苦努力，要克服许多意想不到的困难。正像一首流行歌曲中唱道的："把握你生命的每一分钟，没有人能随随便便成功。"事实上，在每一个成功者身后，都有长期的、艰苦的拼搏进取的经历。例如，据史书记载，孔子读《易经》，"韦编三绝"，即穿竹简用的牛皮带都磨断了三次。汉代董仲舒少年时代专心读书。他家中有一花园，景色很美，他竟然能做到三年不入。南北朝时期的书法家智永，写字时屋内有一个能装 120 斤水的泥罐。每次笔头写坏后，他就将笔头拔下来，扔在泥罐里。写了三十多年，先后倒过 5 次泥罐。于是，请他写字、题匾的人络绎不绝。久而久之，他家的门槛都被踏坏了。没办法，只好用铁皮包起来。人们由此送给他一个绰号"铁门限"。南北朝时期的另一位书法家怀素就更有趣。他学习草书时，因为写得太快、太多，纸张供不应求。于是就将芭蕉叶子摘下来当纸。结果，他种的一百多棵芭蕉的叶子都被摘光了。他又想出一个办法，把家里的木板一类的东西，刷上漆来代替纸，以为这比芭蕉叶子牢靠多了。哪知天长日久，这些木板也经不住笔毫的长期磨损，终于透了底。他将写坏的笔头扔在窗外，日积月累，像小丘似的。后来，他挖了一个坑，将这些笔头埋起来，挑土堆成一个坟墓，并立了一块碑，命名为"笔冢"。因此，要取得成功，没有坚强的意志，不克服常人难以克服的困难，是不成的。下面几个事例也说明了同样问题。

(1) 司马迁写《史记》用了 15 年。

(2) 左思写《三都赋》用了 10 年。

(3) 司马光编《资治通鉴》用了 19 年。

(4) 李时珍写《本草纲目》用了 27 年。

(5) 徐霞客写《徐霞客游记》用了 30 多年。

(6) 曹雪芹写《红楼梦》用了 10 年。

(7) 哥白尼写《论天体运行》用了 36 年。

(8) 达尔文写《物种起源》用了 20 年。

(9) 马克思写《资本论》用了 40 年。

(10) 摩尔根写《古代社会》用了 40 年。

因此，无论是做学问，还是学技术、搞事业，只有在困难面前锲而不舍、百折不挠、不达目的誓不罢休的人才能成功。古人云：学者不进则已，进则不可以不有成心。鲁迅先生也说过：无论爱什么——饭、异性、国家、民族、人类等，只有纠缠如毒蛇，执着如怨鬼，不知道罢休的人才能成功。

(资料来源：张积家. 普通心理学. 广州：广东高等教育出版社，2004：514～515)

(二)青少年良好意志品质的培养

良好的意志品质是保证活动顺利进行、实现预定目标的重要条件，青少年良好意志品质的培养应从以下几方面入手。

1. 提高认识，加强目的性教育

认识是意志产生的前提，要培养青少年良好的意志品质，就要注重引导青少年对事物形成正确的认识。在意志行动过程中，目标的确立，行动方法的选择，行动计划的制定，行动效果的评估，行动目标、方案和计划的调整，都是认识的结果。坚强的意志品质，离不开充分的认识。

青少年的意志行动都受行动目的的调节和支配。因此，培养青少年良好的意志品质，就要注重引导青少年树立正确的、远大的、具体的行动目标。青少年行动的目标越正确、越远大，行动的自觉性就越高，克服困难的决心也就越大。青少年正处于世界观形成的时期，对青少年进行正确的人生观、世界观教育，尤为重要。青少年只有树立了正确的人生观、世界观，才会不被困难所吓倒，以巨大的勇气和毅力迎接各种困难和挑战。正所谓："坚强的意志源于伟大的目标"。

要引导青少年在树立远大目标的同时，确立具体的行动目标，更有利于激发青少年行动的积极性，使青少年在满怀信心实现具体目标的过程中，形成良好的意志品质。

2. 组织各种实践活动，加强意志锻炼

良好的意志品质是在实践中磨炼出来的。因此，广大教育工作者要注重在各种实践活动中培养和锻炼青少年的意志。青少年在实践活动中，为完成预定的目标需要付出一定的意志努力，是培养良好意志品质的最佳途径。

教育者在组织实践活动时，要有目的性、计划性、可行性，及时对行为结果做出评价和给予强化，增强青少年意志的自觉性。如在学习活动中，要求学生专心听讲，按时完成作业，同各种干扰因素作斗争，并对学生的行为结果及时做出评价和鼓励，使学生获得信心和成就感，逐步培养青少年自觉、自制的意志品质。

教育者应主动创设困难情境和艰苦条件，激发学生克服困难的主动性，培养坚忍的意

志品质。如教师应适当布置有一定难度，学生经过努力可完成的作业，组织登山、跳绳、拔河等体育活动，引导学生参加公益劳动、志愿者服务等社会性活动，在实践活动中磨炼青少年的意志。

3. 加强管理，发挥集体和榜样的作用

学校及广大教育者应加强对青少年各方面的管理，通过健全的规章制度约束广大青少年，使青少年养成自觉遵守纪律的习惯，主动抵制各种干扰和诱惑，有助于培养和锻炼自制的意志品质。

学校、教师及班主任要注重树立良好的校风、班风，在团结友爱的集体氛围中，可以使青少年获得必要的归属感，有助于增强青少年克服困难的信心和决心。在积极向上群体舆论的感召下，可促使青少年为了集体的目标和利益，努力学习，关心集体，积极参加、支持集体活动，有助于形成自觉、自制、坚强、勇敢、独立等意志特征。

学校和教师要注重发挥榜样在青少年意志品质培养中的作用。教师要严格要求自己，以身作则，以良好的形象、乐观的情绪、顽强的毅力影响和熏陶学生。同时，学校和教师要经常组织向英雄人物、先进人物、杰出人物学习的活动，用他们的先进事迹感染学生，激励青少年良好意志品质的形成。

4. 启发自觉性，加强意志的自我锻炼

意志的自我锻炼是良好意志品质形成的关键因素。青少年逐步认识到良好意志品质的重要性，并产生强烈的自我锻炼的愿望，为意志的自我锻炼提供了条件。

教育者要引导青少年制订切实可行的自我锻炼计划并严格执行计划。如学习计划、体育锻炼计划等，在制订和实施计划的过程中，有利于培养良好的意志品质。

教育者要注重引导青少年养成自我检查、自我监督、自我批评的习惯。引导青少年搜集格言警句，用格言警句、座右铭来提醒、激励自己；引导青少年主动用先进人物的事迹和身边的榜样对照、监督自己的言行，促进意志的自我锻炼。

5. 针对个别差异，培养良好的意志品质

不同个体的意志类型不同。因此，培养青少年良好的意志品质，要结合青少年各自不同的意志品质特点，采取不同的教育策略。如有些青少年行动盲目、易受暗示，要加强目的和动机教育，引导他们自觉地确立行动目的；有些青少年行动中优柔寡断、冒失轻率，要注重培养他们大胆果断、沉着冷静的意志品质；有些青少年缺乏毅力、做事虎头蛇尾，要激发他们克服困难、坚忍顽强的意志品质；有些青少年不善于约束自己的言行，对待他们要做到经常督促检查，培养他们的自制力；有些青少年软弱怯懦，应注重胆量、勇气和献身精神的培养。

教师和家长要注重发扬青少年意志品质的优点，有针对性地引导青少年克服意志品质的缺点，培养优良的意志品质。

五、意志行动中的挫折

一个人在生活中不可能总是一帆风顺，意志行动可能不时地会遭受或大或小的挫折。挫折是对个体意志的考验。

(一)挫折的概念

挫折(frustration)是个体在意志行动过程中,遇到无法克服或自以为无法克服的干扰或障碍,使预定目标不能实现时所产生的紧张状态及情绪反应。如在考试或竞争中失利,因家庭经济困难交不起学费,因身体疾病不得不放弃自己想要从事的活动,都会引起挫折体验。挫折并不完全都是消极的,对人有利也有弊。从利的方面看,它能使个体积累经验,增长解决问题的能力,激发个体付出更大的意志努力,实现预定目的;从弊的方面看,如挫折太大、太多,又不能及时克服和排解,会使人内心痛苦,行为偏差,甚至引起种种疾病。

挫折的概念包括以下三方面含义:一是挫折情境,即导致意志行动目的不能实现的情境,如发挥失常导致的体育比赛失利、灾变事件造成的财产损失等。二是挫折认知,即个体对挫折情境的认知、态度和评价。挫折认知是产生挫折和如何应对挫折的关键环节。同样的挫折情境,不同的挫折认知会引起个体不同的情绪和行为反应。如面对周围人的冷嘲热讽,有的人痛苦、沮丧,有的人泰然处之。三是挫折反应,即伴随挫折而产生的情绪和行为反应,如愤怒、焦虑、攻击等。

(二)挫折的种类

根据障碍的性质,可以将挫折分为外部挫折和内部挫折。

1. 外部挫折

外部挫折是指由于外部环境中的干扰和障碍所引起的挫折。它又可以细分为以下三种。

(1) 缺乏,指长时间由于外部条件的限制,使需要得不到满足,目的得不到实现。如由于气候持续干旱所引起的水源紧缺,由于经济条件限制而买不起住房等。

(2) 损失,指一直获得满足的需要骤然停止而产生的挫折。如由于地震造成的财产损失,由于失业造成的经济窘迫等。

(3) 障壁,指由于受到外界干预,个体的目的得不到实现,需要得不到满足。如一对恋人由于家庭的干涉不能结婚,由于父母干预而不能报考理想的大学等。

2. 内部挫折

内部挫折是由于个体身体上或心理上的原因使活动目的不能实现,需要不能得到满足。它可以细分为以下三种。

(1) 缺欠,指由于某种身体或心理上的欠缺,个体不能从事想要从事的活动,需要不能得到满足。如口吃的人不能担任教师工作,交往能力差的人难以维持良好的人际关系等。

(2) 损伤,指由于身体生病或损伤所引起的挫折。如由于训练受伤不得不放弃比赛,由于身患疾病而中断学业等。

(3) 抑制,指个体自己从心底里禁止需要的满足。如为减轻家庭经济负担而放弃学业,为照顾年迈的父母而放弃自己极想从事的活动。

内部挫折比外部挫折更易引起个体的挫折感,而且后果也更严重。

(三)挫折反应

任何人都会遇到挫折,但不同的人会产生不同的挫折反应。主要表现在以下几方面。

1. 理智反应

理智反应即个体遭受挫折以后,能客观地分析挫折产生的原因,以积极的态度和顽强的毅力,排除困难,坚持不懈,向预定目标前进。许多重要的科学发现,都是科学家经历过多次失败后,仍坚持不懈地努力,最终取得成功的。

理智反应还表现在个体遭受挫折以后,能以冷静的态度分析所面临的挫折或问题,及时调整、改变过高的或不合理的目标,使现有的条件同目标相适应,最终实现目标。

2. 非理智反应

常见非理智反应主要表现在以下几个方面。

(1) 攻击,指个体遭受挫折后为发泄愤怒情绪而导致的过激行为,可分为直接攻击和间接攻击。将攻击行为直接发泄到引起挫折的人或事物上,这是直接攻击。如打斗、责骂、毁坏等。有时引起挫折的对象不能直接攻击或自身不便攻击时,个体把愤怒和不满发泄到其他人或事物上,这是间接攻击。如有人在单位受到领导批评,无法反抗,回家后把怨气发泄到家人身上或摔东西。还有人将愤怒和不满指向自己,导致强烈的自责、自虐甚至自杀。有时挫折的具体来源不明确,日常生活中各种压力长期积累,也会导致个体把烦闷情绪发泄到周围的人或事物上,有时自己也感到莫名其妙。

(2) 冷漠,指个休遭受挫折后表现出对挫折情境漠不关心或无动于衷的态度。它一般表现在长期遭受挫折,无力改变处境的情况下。如学生在多次考试不及格后,他们往往表现出对学习和考试漠不关心,不再努力学习,甚至不参加考试,对周围人的劝说也无动于衷。此时个体表面上对考试漠不关心,实际上并不一定是坦然地面对挫折,而是将痛楚暂时压抑。

(3) 退化,指个体遭受挫折后表现出与自身年龄和身份不相称的幼稚行为。个体遭受挫折后,不能理智地应对挫折,而是以简单、幼稚的方式应对挫折。此时个体不能正确判断是非,控制能力下降,行为盲从。如有的妇女在丢失钱包后号啕大哭,有的同志没评上职称躺在地上向领导示威,以求得别人的同情和照顾。

(4) 逃避,指个体遭受挫折后不敢面对现实,而放弃原来的目标。如大学毕业生在求职过程中屡屡失败,使个体丧失信心,畏缩不前,沉溺于网络以逃避现实。有的大学生恋爱失败后,就不敢再谈恋爱,以免再次遭到打击。

(5) 固执,指个体遭受挫折后刻板、盲目地重复某种无效的反应方式。一般说来,个体受挫后,需要机智果断,摆脱困境,但有人却依旧重复先前的无效反应方式。如人被围困在电梯间内,明知开门按键失灵,却在焦急中一遍遍地按开门键或明知手机无信号,却还是一遍遍地拨打。

(6) 幻想,指个体遭受挫折后企图通过想象的虚幻情境来应对挫折。如面对生活中的种种不如意,有的人幻想当自己功成名就时,如何受到他人的尊敬,无限风光的情境。幻想可以暂时使人获得一定的精神满足,但长此以往,会使人脱离现实生活,降低适应能力,甚至导致心理疾病。

3. 个性的变化

挫折不仅会引起个体一系列情绪和行为反应，持续的或重大的挫折还会使一些反应方式逐渐固定下来，引起某些个性特点的形成和改变。如一个在工作中勤奋敬业、乐观进取的人，在多次遭到不公正的待遇后，可能变得消极悲观、散漫松懈。又如一个长期处于逆境中的人，可能形成不屈不挠、坚韧刚毅的个性特点。

(四)挫折承受力

面对挫折，不同的个体会有不同的表现，与个体的挫折承受力密切相关。

1. 挫折承受力的含义

挫折承受力指个体遇到挫折时能够摆脱困扰以避免心理与行为失常的能力。不同的人挫折承受力存在差异，即使同一个人对不同挫折情境的承受力也存在差异。如有人能忍受工作中的失意，却难以忍受婚姻上的失败；有人能忍受婚姻上的失败，却难以忍受工作中的失意。

2. 提高挫折承受力的途径

"人生不如意十之八九"，挫折在所难免，提高个体的挫折承受力尤为重要。提高挫折承受力建议从以下几方面入手。

1) 正确认识和对待挫折

正确认识挫折是提高挫折承受力的重要因素。人们在日常工作、学习和生活中随时会遇到各种失败和挑战。首先，个体要认识到挫折是社会生活的组成部分，每个人都不可避免地会经历挫折。有了应对挫折的心理准备，个体就不会在挫折面前惊慌失措，而会坦然地面对挫折。其次，个体要辩证地看待挫折。不仅要看到挫折带来的不利影响，同时更要认识到挫折的积极作用。挫折能提高个体的认识水平，增强容忍力，激发个体挑战困难的勇气和决心，磨炼人的性格和意志。正确认识挫折，有助于个体有效摆脱困境。此外，个体遭受挫折后，要冷静分析挫折产生的真正原因，克服归因的片面性。认真总结经验教训，采取积极有效的措施，最终战胜挫折。

2) 正确认识和评价自我

正确认识和评价自我是提高挫折承受力的重要因素。如果个体过高评价自我，则会自傲，使个体制定的目标高于实际水平而导致受挫；如果个体过低评价自我，则会自卑，使个体缺乏行动的勇气和信心，逃避现实。个体应正确地认识和评价自我，结合自身实际能力确定期望水平，有助于提高挫折承受力。

3) 运用适当的心理防御机制

心理防御机制是指个体遇到挫折情境时，有意无意地寻求摆脱由挫折产生的心理压力，缓解内心紧张以恢复情绪和心理平衡的自我调节和自我保护方式。有意运用一些合理的心理防御机制，可以提高自身的挫折承受力。常用的心理防御机制如下。

第一，转移。个体采取有效方法转移对挫折情境的注意，把挫折引起的消极情绪及时排解出去。如遇到不顺心的事情时，可以通过听音乐、看感兴趣的书籍、找朋友聊天、旅游等方式，转移自己对挫折情境的注意，缓解内心压力，以便个体调整心态，更好地应对挫折。

第二，补偿。个体目标无法实现时，以其他方面的成功来弥补内心产生的挫折感。正所谓"失之东隅，收之桑榆"。如一个学生没能考入理想的大学，他通过四年的努力，如愿以偿成为了该所学校的研究生。补偿可以降低个体的自卑感和不适感。

第三，合理化。即文饰作用，指个体无法达到目标时，用有利于自己的理由来为自己辩解，寻求解脱。如"酸葡萄心理"，吃不到葡萄，就说葡萄是酸的，不好吃，表明自己并非得不到，而是不喜欢。"甜柠檬心理"，柠檬本来是酸的，但由于个体吃到了，就说柠檬是甜的，表明之所以想得到是有原因的。适当运用合理化作用，可以缓解挫折感，但如果过度使用则会妨碍个体去追求自己真正所需要的东西。

第四，升华。个体用崇高的、富有建设性和创造性的目标代替原有目标，借以消除内心的挫折感。如贝多芬虽一生失恋多次，没有就此沉沦，却创作出无数辉煌的乐章；少年维特失恋后，没有怨天尤人，而是创作出让无数年轻后人为之动情的不朽名作——《少年维特之烦恼》。他们就是将恋爱挫折升华为创作的力量。

第五，抵消。以象征性的事情来抵消已经发生了的事情，借以消除心理上的不适感。如误解了朋友，伤害了对方，于是通过帮朋友做事、排忧解难，或找理由给朋友送礼物等方式来抵消内心的愧疚。抵消可以缓解个体心中的不安和内疚，有助于恢复与朋友的友好关系。

第六，压抑。即当个体的愿望无法满足时有意识地去压抑、控制，并想办法延迟满足。如刚刚毕业的大学生，很想拥有属于自己的住房，又无力购买，他们中的一些人有意识地暂时压抑、控制自己的愿望，并努力工作争取早日实现愿望。但不可过分压抑正常的欲望。

4）寻求社会支持

"两个人分担痛苦，痛苦就减少了一半。"当一个人遭受挫折后，能得到周围亲人、朋友的关心、爱护、帮助，就会减轻挫折带来的痛苦，增强抵御挫折的信心，提高挫折承受力。可以列出最好的 10 个朋友的名字，当遭遇挫折时，这些朋友就是最大的精神与物质的支柱，应当毫不犹豫地请求他们的支援，以便顺利渡过危机。

拓展阅读

怎样才能更快乐

快乐，就像胆固醇水平一样，是一个受遗传影响的特质。但正如胆固醇会受饮食和锻炼的影响一样，我们的快乐在某种程度上也受个人的控制。这里有一些基于科学研究的建议，用以改善你的心境，提高你对生活的满意度。

(1) 认识到持久的快乐并不来自财富上的成功。人们能适应不断变化的环境——无论获得财产还是遭遇伤害。财富就像健康，完全缺失会引起痛苦，但是拥有它(或者任何我们渴望已久的事情)并不能确保快乐。

(2) 管理好你的时间。快乐的人总感到能驾驭自己的生活，通常从合理支配他们的时间中得到帮助。管理自己的时间有助于个人确立目标，并把总的目标分解为每天的工作。尽管我们经常高估了我们某一天能完成的工作量(这使我们灰心)，但我们也总是低估我们一年中能完成的很多任务，只要你每天都取得一点进步。

(3) 表现的快乐。有时，我们的行为表现能影响我们的心理感受。作出一个微笑的表情，人们会感觉更好；而当他们皱着眉头，整个世界似乎都阴沉下来。所以要面带笑容，讲话时要显得充满自信，乐观而开朗。通过这些动作可以引发愉快的情绪。

(4) 寻求能施展你才华的工作和娱乐方式。快乐的人常常处于一种被称为"畅态"的境界中——指热衷并沉醉于具有挑战性的任务。通常，比起园艺、社交、工艺等活动，昂贵、奢侈的娱乐方式(如坐在豪华游艇上消遣)并不能提供更多的"畅态"体验。

(5) 参加运动。大量的研究表明，有氧运动不仅能促进健康和储备能量，它也是一种矫正轻度抑郁和焦虑的方法。健康的心理归功于健康的身体，"皮之不存，毛将焉附。"

(6) 保证足够的睡眠。快乐的人积极乐观、充满活力，但他们也要留出时间来补充睡眠和享受独处。睡眠不足的人会导致身体疲惫、警觉性降低、心情忧郁。

(7) 重视亲密的人际关系。与那些深切关心你的人保持亲密的友谊可以帮助你渡过困难时期。信任别人对心灵和身体都是有益的。培养亲密关系的方法是：不要认为别人对你的亲密友好是理所应当的，对待好朋友也要像对待其他人一样友善，还有肯定他们，和他们一起玩耍，一起分享。

(8) 关注自我以外的人和事。帮助那些需要帮助的人。快乐会增加助人行为(好心情做好事)，而做了好事也会感觉心情好。

(9) 心存感激。心存感激的人，每天都会反思他们生活的积极方面(健康、朋友、家庭、自由、教育、意义及自然环境等)，体验着很高的幸福感。

(10) 培养精神自我。对于很多人来说，信仰提供了一个支持系统，一个关注自身之外的理由，一种追求目标和希望的意义。这有助于解释为什么活跃在宗教团体的人报告更多的快乐，并往往能更好地应对危机。

(资料来源：[美]戴维·迈尔斯. 心理学. 第7版. 黄希庭，等译. 北京：人民邮电出版社，2005：455)

本 章 小 结

情感和意志是人类重要的心理现象，也是每个人必须了解的内容。本章从情绪、情感和意志的概念入手，帮助大学生认识情绪和情感的区别，分析了情绪的内在生理反应和外在表情动作、情绪和情感的种类、意志行动的特征及心理过程，尤其是对发展健康情绪的途径、不良情绪的调节进行了详细阐述，帮助大学生认识与了解情绪、情感和意志现象，并针对良好意志品质的培养、如何提高个体的挫折承受力提出了建议。

思 考 与 练 习

1. 结合自身的体会，分析自己意志品质的特点并提出发展良好注意品质的方案。
2. 结合自身实际，分析挫折产生的原因以及如何提高个体的挫折承受力。
3. 分析自身情绪的特点，提出克服消极情绪的具体措施。

推 荐 阅 读

1. 程正方，等. 心理学. 第 4 版. 北京：北京师范大学出版社，2009
2. 黄希庭. 心理学导论. 第 2 版. 北京：人民教育出版社，2007
3. 张积家. 普通心理学. 广州：广东高等教育出版社，2008
4. 姚本先. 心理学. 第 2 版. 北京：高等教育出版社，2009

播种一个行动，你会收获一个习惯；播种一个习惯，你会收获一个个性；播种一个个性，你会收获一个命运。

——题记

第八章　个性心理与行为动力

本章学习目标

➤ 个性的概念和特征。
➤ 影响个性形成和发展的因素。
➤ 需要和动机的概念。
➤ 马斯洛需要层次理论。
➤ 成就动机理论及其作用。
➤ 青少年动机的培养。

核心概念

个性(personality)　需要(need)　动机(motivation)　社会需要(social need)　自我实现(self realization)　需要层次论(need hierarchy theory)

引导案例

海明威魔咒

我的爷爷是一位作家，他于1954年获得诺贝尔文学奖，代表作是《老人与海》，他的名字就是欧内斯特·海明威。爷爷为家族带来了无上的荣耀，然而几十年来，病魔一直缠绕着他的家族。爷爷在我出生前几个月因患抑郁症自杀，而他的父亲早在他年轻时也是因为抑郁症而自尽。他的妹妹、弟弟，我的一个叔叔、两个姐姐后来又相继因酗酒、吸毒、抑郁症或其他怪病而自杀或暴毙。人们都说海明威家族被诅咒了，所有家庭成员都将不得善终。

作为海明威的儿子，父亲继承了一笔沉重的负担：酒精成瘾和滥用药物的倾向、自暴自弃的痛苦，还有自我怀疑，觉得自己一辈子也比不上爷爷。我的母亲很漂亮，却也很痛苦。她的第一任丈夫死于"二战"，和我父亲结婚后，她一直恨父亲不是她最心爱的人。他们俩每天都打架。生活像钟摆一样，总是在反复地走着极端：不是冷若冰霜的沉默，就是炮火连天的争吵，两者常常紧密相连。

只有食物是唯一不变的。实际上，它是我们感受和表达爱意的途径。全家人始终都会关心晚餐做什么。一顿饭还没吃完，我们已经在计划下一顿了。每天晚上 6 点是"葡萄酒时间"，一杯酒下肚，一切都是快乐和笑脸，但是随着后续的每一杯酒，大家开始变得紧张易怒，等到第四杯酒过后，狂呼乱叫的家庭战争又开始了。

我 16 岁离开家乡，到好莱坞当了演员。为了保证不会发胖、生病或发疯，我下定决心要打败从家族那里继承来的偏执——那是一条与斗牛一起狂奔似的生活道路，它被深深地烙在家族基因之中，而我时刻都能感到它在身后飞快地追赶着我。

我无法改变基因，但是我拒绝向命运的诅咒低头，我想要健康地活下去。我觉得控制食物似乎是最好的方法，于是我几乎尝试了每一种食疗方法：长寿主义、素食主义、无脂肪、全脂肪、无蛋白质和高蛋白质等食谱。有一年我甚至除了水果和咖啡之外什么都不吃。但是这些痛苦的试验却对我毫无效果，对食谱的严格控制反而变成另一种偏执。

我开始审视自己的童年，尝试着回忆当初最平静最惬意的时刻，答案很快就变得清楚了：是夏天。夏天的时候，父亲常常去钓本地的红鲑鱼。家里每天都有新鲜鱼肉。我们还经常吃菜园里新鲜蔬菜拌成的沙拉。每年夏天我都要到俄勒冈州旅行，和我的教母一起住一段日子。她家有好多果树，新鲜水果多得吃不完，菜园里种着各种蔬菜，山上还散养着鸡和山羊，这样我们就有新鲜鸡蛋和羊奶了。回想起往事，我得到一个令人吃惊的启示：纯天然的食物不仅对身体有益，对心灵也有好处。

于是我开始吃最天然的食物，又戒掉了喝咖啡成瘾的习惯，每天做瑜伽和冥想，身心终于逐步健康起来，全家人其乐融融。后来我在电视电影界都取得不错的成绩，获得了奥斯卡最佳女配角奖提名，还登上《人物》杂志的封面。最近我又开办了自己的瑜伽健身房，写作出版了好几本关于身心健康的书。我还筹划去巴黎亲自执导、将爷爷的小说《流动的飨宴》拍成电影。我终于打败了海明威家族的诅咒。

(资料来源：玛丽尔·海明威. 海明威魔咒. 读者，2009(21)：59)

从玛丽尔·海明威的描述中你体会到什么？你能理解遗传和生活环境是如何影响人的个性的吗？个体的自我努力、自我控制以及坚定的信念在个性形成中具有怎样的作用？如果你想了解这一切并为塑造自己优良的个性而努力，那就一起去书中寻找吧。

俗话说"人心不同，各如其面"，意思是说人的个性的是千差万别、各不相同的。为什么人的个性是不同的？人的不同个性是如何形成的？要解释这一切，就需要去认识个性这种心理现象。

第一节　个性心理概述

从人出生那一天起，就存在个体差异，这种差异不仅表现在外貌、体型和性别上，还表现在心理上。人与人之间最显著的差异就是个性差异。

一、个性的概念与特征

京剧中，每个人都有一个脸谱，脸谱上会有颜色和图案，各种人物大都有自己特定的谱式和色彩，借以突出人物的性格特征，使观众能目视外表，窥其心理，所以脸谱被誉为角色"心灵的画面"。人的心理也如脸谱一样，每个人都有自己的特点，人的个性就是一个人独特心理特点的反映。

(一)个性的概念

个性(personality)是指个体在生活中形成的比较稳定的个性倾向性和个性心理特征的总和，它反映了一个人的独特的心理面貌。

个性也叫人格，源于古希腊文 persona，是指演员在表演时为扮演角色所戴的面具。在古代，带这种面具可以表示剧中人物心理的某种典型性。饰演的角色不同，所戴面具也不同。这与我国京剧的脸谱有相似之处。如宋朝的清官包拯就是黑脸，黑脸一般代表刚正威武，不媚权贵，黑额头上有一白月牙，则表示其清正廉洁。心理学沿用这一概念的含义，把一个人在人生舞台上所扮演的角色的种种心理活动风格称为个性。个性是个体生活经历在心理上的反映，它一方面体现了人比较稳定的需要、动机、兴趣、信念、价值观等个性倾向性方面的特点，另一方面也反映出人的能力、气质、性格等个性心理特征的差异，正因为有了个性，人的心理表现才千差万别，独具特色。

理解和把握个性的概念，要注意两个要点。

1. 个性的稳定性

个性一经形成就具有比较稳定的特点，轻易不会改变，不能把个体身上随时的变化都理解为个性。例如，某人从不助人，但某天却心血来潮帮助别人一次，就不能说他有助人为乐的个性，因为这不是他身上稳定的特点。

2. 个性是指一个人的心理品质的总和

个性概念中强调的总和，是各种心理特征在一个人身上独特的结合，而不是各种特征的机械相加。正是这种独特的结合，使每个人显示出自己独特的特色。

在当今强调展现个性的时代，青少年在学习和理解个性的概念时要学会处理好展示自己的个性与尊重他人的个性的关系，这样才能使个性知识更好地为自身服务。首先，学会展现个性，但不可唯个性。每个人都有自己的个性，也应力求表现自己的个性。如果世界上的每一个人都缺乏个性，人的心理特点就会千篇一律，毫无特色和生机可言。但人也不应使自己的个性太强，甚至无法与人相处。个性太强的人，过于强调自己与他人的不同，和所有人都没有共同语言，就无法与人相处，无法处理好人际关系，因而在生活中也就容易孤独，不利于自身的发展。其次，学会尊重他人个性，即尊重他人独特人格特点。所谓国有国格，人有人格，每一个人由于经历不同，都会形成各不相同的个性特点，这就要求人们在相处时要学会尊重他人的个性特点和习惯，不应强求别人和自己一样，更不能强求他人改变。这一点在青少年人际交往中尤其重要。

(二)个性的心理结构

个性与人格一词虽有共同的词源，但二者在应用时代表的内涵却是不同的。来自西方心理学体系的人格一词，它的内涵较小，主要包含气质和性格的内容，不包括个性倾向性中的动机、需要、价值观等内容，也不包括能力。来自前苏联心理学体系中的个性一词，涵盖了动机、需要等个性倾向性的内容，也包括了能力、气质、性格等个性心理特征的成分，内涵更大，它与心理过程共同构成了人的心理现象。从保证知识结构完整性的角度，结合师范生的现实需要，本书更倾向于选用个性的概念。从心理结构上分析，个性是由个性倾向性和个性心理特征两部分组成的。

1. 个性倾向性

个性倾向性是指人在与客观现实相互作用的过程中，对客观事物总的看法、态度和趋向。例如，一个人的心理经常指向什么，追求什么，是什么驱使其进行活动的，等等。

个性倾向性主要包括需要、动机、兴趣、价值观等具有动力性质的心理成分，它对人所有的心理活动起着支配和控制的作用，并使个体的心理活动具有鲜明的个人色彩。个性倾向性是个性的重要组成部分，它决定了人进行活动的基本动力，也决定了人的心理活动的倾向，因此，没有个性倾向性，就没有人的个性。

2. 个性心理特征

个性心理特征是指个体身上经常表现出来的本质的、稳定的心理特征，主要包括能力、气质和性格。由于不同个体先天遗传素质和后天环境影响的不同，人的个性心理特征也存在较大差异，这种差异致使每个人在现实生活中会表现出不同的特点。例如，在能力方面，有人聪明，有人迟钝；在气质方面，有人急躁，有人温和；在性格方面，有人自信乐观，有人阴险小气，这都是人的个性心理特征的不同表现。

个性心理特征是个性结构中比较稳定的成分，它以稳定的心理活动和行为特色表现着人与人之间的个性差异。个体已经形成的个性心理特征经常参与或表现在人的心理活动中，并对心理活动起着一定的支配作用，如能力在人的智力活动中就具有重要的作用。个性心理特征中的能力、气质和性格在活动中是一个完整的整体，共同发挥作用。

(三)个性的特征

个性是人和人之间心理差异的重要标志，也是展示人与人之间不同的心理基础。每一个人都有个性，每个人的个性都具有独特性、稳定性和生物制约性三个方面的特征。

1. 个性的独特性

个性的独特性是指每个人的个性中不同于其他人的特征。世界上绝没有心理面貌完全相同的两个人，即使是同卵双胞胎或连体人，他们的心理特点也是不同的。独特性是个性的根本特性。俗语所云"人心不同，各如其面"强调的就是个性的独特性。世界文学名著之所以千古流传、深入人心，主要原因之一就是作者成功塑造了典型的、个性独特鲜明的人物。《西游记》中的孙悟空、《水浒传》中的李逵、《红楼梦》中的林黛玉，个个鲜活，心理特点独特，绝不会混淆。因此，人的个性表现是极端个别化的，每个人都是独特的、绝无仅有的。

现实生活中，即使再独特的个体也会具有群体的特征，显示出一般性的特点。个性的一般性是指某一群体、某一阶级或某一民族共有的、典型的特征。它表现在人们对问题的看法或行为中所具有的、稳定地表现在个体身上的很多共同性或相似性。例如，中国人由于长期受儒家思想的影响，在性格中具有中庸、谦虚、克己、重人性、顺应环境、相互依存等特征，虽然随着时代的变化有所改变，但总体上是稳定并且一致的。因此，个性既有独特性又有一般性，个性的一般性寓于独特性之中，而个性的独特性是一般性的具体表现，个性的独特性与一般性是统一的。

2. 个性的稳定性

个性的稳定性是指个性一经形成后就具有在长时间内不易改变的稳固的特性。个性的稳定性包含两个方面的因素，第一，从个性的形成看，个性不是与生俱来的，也不能一蹴而就。个性是在遗传的基础上，通过环境、教育的影响，在社会生活实践中逐渐形成和表现出来的，它一经形成就具有稳定性。第二，从个性的表现方面看，个性是指那些经常出现的、比较稳定的心理特征，而不是一时的、偶尔表现的特点。个性的稳定性使每个人在各种情境下都表现出个人的特点，没有稳定性就没有个性。俗语"江山易改，秉性难移"，强调的正是个性的稳定性和难以改变的特点。

个性难以改变并不是绝对不可改变。个性既然是在社会生活中逐渐形成的，也可以在社会生活中改变，具有一定的可塑性。个性的可变性表现在两个方面：第一，个性中的核心部分如理想、信念、世界观等会随着生产关系、社会制度和个人思想的重大转变而改变；第二，个人生活经历的变化，也会使个性在一定程度上发生改变，如年龄、健康、生活中的打击等都会在一定程度上改变人的个性。因此，人的个性既具稳定性的一面，又有可变性的特点，是稳定性与可变性的统一。

3. 个性的社会制约性

人既是自然实体，也是社会实体。由于人生活在各种关系的社会环境里，个体在形成个性的过程中，虽然受自然因素的影响，但社会环境中的诸多因素的影响作用更为巨大。文化、时尚、道德、人际关系等都使人的个性打上深刻的社会痕迹，并在社会性的制约下，表现出明显的社会时代特点。因此，个性的自然生物性是个性形成的基础，并影响着个性形成的难易和个性的表现方式，而个性的社会性才是个性的本质。

个性的生物制约性和社会制约性是统一的，片面夸大任何一方面的作用都是不恰当的，因为缺少任何一方面，个性都不完整，也不可能完善。

个性的独特性与一般性是统一的，个性的稳定性和可变性是统一的，个性的社会制约性与其生物制约性是统一的，人的个性就是由各种特性组成的一个有机的整体，具有内在的和谐和统一。如果失去了个性的内在统一性，个体的行为就会经常处于几种相互抵触的动机的支配下，长此以往，容易形成人格分裂。因此，只有从个性的整体出发，人才能够正确地认识和评价自己，能及时地调整在个性上出现的相矛盾的特征，也才能真正促进自身个性的发展。

二、影响个性形成和发展的因素

在个性形成问题上，历来存在着不同学者之间的争论。有人主张遗传决定论，有人主张环境决定论。到底哪种因素在个性的形成和发展中起决定作用？现代心理学研究认为，个性并不是某种因素单独作用的结果，而是多种因素相互作用的产物。

(一)遗传素质是个性形成与发展的自然基础和前提条件

遗传素质是指个体那些与生俱来的生理解剖特征，包括有机体的构造、形态、感觉器官、运动器官和神经系统等。遗传素质在精子与卵子结合的那一刻就已经决定了，它是个性形成和发展的自然基础和前提条件，尤其是大脑和神经系统的结构和功能更是个性形成和发展的保障。

研究表明，遗传素质在能力、气质方面的作用是显著的。个体之间遗传因素越接近，在能力或气质方面的相关系数就越大。由此可见，良好的遗传素质在个性形成过程中的作用是十分重要的，它为个性的形成和发展提供了可能性和生理基础。支持遗传素质在个性形成和发展中具有重要影响的研究很多，下面仅选取三个方面进行简要阐述。

1. 高尔顿的谱系调查研究

高尔顿是典型的遗传决定论者，他在自己的研究基础上，提出了遗传在个性形成和发展中起决定作用的观点。他认为儿童的心理与品性早在生殖细胞的基因中就已经决定了，发展只是这些内在因素的自然展开，环境和教育只起引发作用。1869 年，高尔顿在其《遗传与天才》一书中提出了他的行为遗传学说，他依据大量家谱调查的数据统计结果，提出了天才的出现并不是偶然的，而是优秀家系遗传特质集结的结果的论断。高尔顿运用家谱调查法，从英国的政治家、法官、军官、文学家、科学家和艺术家等名人中选取 977 人，调查他们亲属中有多少人是名人。结果发现，名人的亲属中有 332 人也是名人。而对照组的 977 名普通人的亲属中只有 1 人是名人。同样，他还调查了音乐家巴赫家族，发现巴赫家系从 1550 年至 1880 年出现了 60 位音乐家，其中有 20 名是最为优秀的。由此，高尔顿认为，名人亲属或后代之所以成为名人的主要原因在于遗传而不是环境。

2. 双生子比较研究

双生子就是孪生子，因为他们是同时受孕并来到世界的，人们一般认为他们具有更多的相同遗传基因，更能说明问题，因此，心理学家经常用双生子研究法来研究遗传对个性形成的影响。实际上，双生子可以分为同卵双生子和异卵双生子两种，前者来自同一受精卵，一定是同性别且遗传素质具有较大相似性；后者来自两个受精卵，可能是同性别，也可能性别不同，他们的遗传基因就和普通兄弟姐妹没有区别。为了便于说明问题，心理学家更愿意选取同卵双生子进行比较研究。

大量的双生子研究表明，同卵双生子的个性相似度要远远高于异卵双生子。在个性的情绪稳定性特质上，同卵双生子的相似度达到 0.6～0.68，而异卵双生子的相似度接近 0。对异地抚养的双生子的研究也证明，遗传对个性形成具有一定作用。

📖 知识拓展 8-1

关于分开抚养的双生子的研究

在明尼苏达大学关于分开抚养双生子的研究中，研究者对参与研究的双生子进行了能力测验和人格测验，同时对这些双生子进行了长期访谈，并得到了他们对有关童年的经验、恐惧、嗜好、音乐兴趣、社会态度和性兴趣等问题的回答。结果发现了一些惊人的相似性。成长背景最不同的双生子要属奥斯卡·斯托尔和杰克·伊弗，他们出生在特里尼达，父亲是犹太人，母亲是德国人。刚出生时，他们就被分开。母亲把奥斯卡带到德国，由信奉天主教和纳粹主义的外婆抚养。杰克由犹太父亲抚养，他在青年时期大部分时光是在以色列的一个集体农场度过的。居住在两地的这一家人从未通过信，兄弟俩过着截然不同的生活。二十多年未曾见过面的兄弟俩竟然表现出显著的相似性：都穿着蓝色、双排扣、带肩章的衬衫，都留有短髭，戴金丝边眼镜，都喜欢吃辣的食物，喝甜酒，喜欢把涂了黄油的土司放在咖啡里，都习惯在便前先冲洗厕所，甚至乘电梯时都会打喷嚏，如此等等，使人难以置信。

另一对同卵双生女，她们在很小时(第二次世界大战期间)被分开，在两个社会经济地位迥异的家庭中长大，分开后第一次见面时都已经是家庭妇女了。令人惊奇的是，这次见面时两人手上都带着7枚戒指。

(资料来源：R L Atkinson，等. 心理学导论. 车文博，等译. 台北：台湾晓园出版社，1994：618～619)

3. 艾森克的理论

心理学家艾森克通过自己的研究也认为个性的差异主要是由遗传决定的。艾森克用自己编制的个性问卷，将人的个性划分为三种基本特质，即内-外向、神经质和精神质。他提出的证明遗传起决定作用的依据主要有三个方面：第一，个性的三种基本特质在一个人的一生中保持相当的稳定，并没有多少受后天环境影响的痕迹；第二，跨文化的研究表明，在不同国家、不同文化背景的人群中都发现了个性的三种特质，如果不是生物因素起主导作用，就不能解释这种不同环境和教育背景下的个体的跨文化的一致性；第三，对于个性的三个基本特质，都可以进行生物学的解释。例如，外向和内向的人交往偏好的差异，是由于大脑皮层的生理唤醒水平不同所致。

那么人的个性真的就是由遗传决定的吗？行为主义心理学家对此持否定态度。他们认为环境才是个性形成和发展的决定因素。

(二)社会生活环境是个性形成与发展的决定因素

行为主义心理学家认为，环境塑造人，一个人成为什么样的人，取决于他生活在什么样的环境中，而不取决于他拥有什么样的遗传素质。行为主义心理学的创始人华生的著名论断是只要给他健康的儿童，通过后天的环境塑造，可以将其培养成为任何一种人，无论是科学家还是乞丐。他在其著作中说："个体在其出生以后发生的事情，使得一个人或成为干苦力的人，或成为外交家，或成为贼，或成为成功的商人，或成为著名的科学家。"[①]

从广义上看，环境是与个体发生联系的所有外部世界。个体从胚胎孕育到其生命终止都生活在一定的环境中，这些环境都以各种方式影响着个体的心理发展，尤其是影响着个性的形成。个体的生活环境可以分为两大类，一类是人与动物共有的维持个体生存所必需的自然环境，包括食物、营养、气候和生存空间等条件，另一类是个体所处的政治、伦理、文化、教育环境所构成的社会环境。如果说遗传素质为个性的发展提供了可能性的话，那么社会生活环境和教育则规定了心理发展的现实性。由于教育在个性形成中有着特殊的作用，所以，在这里的社会生活环境是指除教育因素之外的所有环境因素。

---

① [美]华生. 行为主义. 李维，译. 杭州：浙江教育出版社，1998：266

从动物实验和环境对人的影响的追踪研究看，社会生活环境在个性形成和发展过程中确实起着决定作用。

1. 胎内环境的影响的研究

胎内环境是指影响个体成长的最早的环境，是个体出生前的环境。这种影响是指母亲的年龄、营养、情绪、生活习惯等因素构成的环境因素对胎儿的影响。

生育母亲的年龄偏大或偏小都会对胎儿产生影响。年龄太小生育(有人认为 18 岁以下，也有人认为 15 岁以下)产出低体重儿、死胎或发生分娩困难的概率要高于正常产妇；而年龄在 35 岁以上生育第一胎，易出现分娩困难和死胎增多，而且新生儿患上染色体引起的智力低下的唐氏综合症的可能性增大。母亲的营养对胎儿的影响主要表现在孕期严重营养不良造成的死胎、生理缺陷甚至智力低下。战争和饥荒年代出生的人健康状况和智能问题增多就与营养不良有关。营养状况是否良好与母亲的体重或食物摄入量无关，而是指营养的均衡。严重偏食甚至只吃一种食物也可能造成营养不良。母亲的情绪对胎儿的发育也有一定的影响。研究认为，母亲的种种激烈情绪反应，或者长时间的消极情绪，会在胎儿身上产生累积效应，从而使婴儿一出生就带有不良的情绪状态，影响个性发展。因此，孕妇保持平和的情绪状态对胎儿身心健康具有重要意义。

母亲的习惯，通常是指孕妇抽烟、喝酒、用药以及生活规律等状况对胎儿产生的影响。调查发现，吸烟的母亲所生婴儿都比正常孩子小，而且情绪也不稳定，及易紧张不安。喝酒严重的母亲生育的孩子易患上胎儿酒精综合征，它会造成胎儿躯干畸形、中枢神经系统损伤、心脏缺陷以及肌肉受损，严重影响儿童心理发展。如果母亲酗酒发生在怀孕的前 3个月，还会导致胎儿小头、关节畸变、动作迟缓及心理障碍。中度饮酒者也会导致胎儿的生理功能降低，偶尔会造成流产。

母亲用药对胎儿的影响也越来越受到重视，许多药物都被证明对胎儿正常发育有损害。最经典的案例发生在 20 世纪 60 年代初，西德一家医药公司推出了一种减轻孕妇恶心、呕吐等早孕反应的药物——反应停(thalidomide)，药物还具有止痛、定神、改善睡眠的作用，许多孕妇都服用了。结果服用反应停的孕妇生出了近万名的畸形婴儿，包括耳鼻发育不完全、心脏功能出现问题等，最典型的表现是婴儿四肢特别短，上肢的尺骨、桡骨可以完全不存在，手好像直接从肩部长出。因此，母亲用药要特别谨慎。

现代人生活节律快、应酬多，生活不规律，也可能给胎儿造成影响。因此，孕妇为保证胎儿的健康成长，要养成良好的生活习惯，从自身做起，为胎儿提供优良的环境，从而为个体的个性发展奠定良好的基础。

2. 养子和野兽抚育大的孩子的研究

动物实验证明，早期个体生活环境的剥夺会造成动物心理的失调，而丰富的生活条件则有利于动物大脑的发育和发展。哈洛(H.F.Harlow)等人的恒河猴社会剥夺试验和罗森茨韦格(Rosenzweig)等人的小鼠生存环境对大脑发育的比较研究都表明了这一点。对人类儿童的相关研究也证明：丰富的环境条件对个体的智商乃至个性都具有决定性的影响。国外一项来自 26000 多名儿童的大规模纵向研究显示，对 4 岁儿童 IQ 值的最好的预测器是家庭的社会经济状况和母亲的教育水平。研究者认为，经济状况决定了人的社会地位，而社会地位又与教育资源、丰富的刺激和良好的营养等相关，这正是环境对智力的影响的表现。

对儿童早期生活环境的对比研究也证明，良好的社会生活条件对个性的发展尤其是智商的提高具有决定性作用。被领养儿童的研究就证明了这一点。

一名研究者研究了从 2 岁起由中等阶层白人家庭抚养的两组孩子(Moore，1986)。一组 9 个孩子的双亲都是黑人；另一组 14 个孩子的父母，一个是黑人，一个是白人。在 7～10 岁时采用韦克斯勒智力量表测定每个孩子的 IQ 值。双亲均为黑人的孩子的平均 IQ 值为 108.7，另一组孩子的平均 IQ 值为107.2。这些 IQ 值都比美国黑人的平均 IQ 值高(Lynn，1996)。需要强调的是，造成 IQ 差异的并不是种族，而是在我们的社会和大多数国家中，与种族有关的经济、健康和教育资源。

早期经验对人类的影响是巨大的，尤其是在儿童发展的关键期，提供持续的丰富的刺激能够促进儿童语言、智力的发展，相反，不良的刺激或社会环境的缺乏也会阻碍个性的发展。由野兽抚育大的孩子的观察研究结果也显示，仅有遗传素质而长期缺少人类的社会生活环境，是无法形成人的完整个性的。狼孩的例子就是一个很好的说明。

环境对个性影响的研究还表明，许多儿童在突发性的不良的环境刺激中还可能发展出自我修复的能力，使他们能更好地应付环境中的不良影响，维护心理与个性的健康发展。这也可以解释为什么有的人能够"出淤泥而不染"，在挫折面前依然个性发展良好的原因。受创伤的儿童后续性的社会支持与环境改善，也可以使他们的个性得到较好的发展。对 1976 年唐山大地震留下的 4200 名孤儿的后续调查发现，这些早期经历地震创伤和家庭破碎打击的人，21 年后个性发展基本正常，心理健康良好，没有特殊的应激障碍。

3. 电视、网络等社会传播环境的影响

当代社会中，人们的社会生活发生了变化，电视、网络等媒体成为青少年生活中新的社会环境因素。国外一项对近 900 名对象的跟踪研究发现，男孩在三年级观看暴力电视片的数量与当时同伴评定他们在教室中出现的攻击性行为有显著相关；十年后，那些在三年级时看攻击性行为电视数量多的男孩攻击性行为偏多。相关研究还显示，在不同国家中，低年级收看的暴力电视越多，其攻击性越强。由于网络的不恰当使用导致的"网络依赖"和"网络成瘾"人群的出现，也使研究者不得不关注新的社会生活环境可能带来的影响。

📖 知识拓展 8-2

生活与个性

➢ 如果孩子生活在批评中，他便学会谴责。
➢ 如果孩子生活在敌视中，他便学会好斗。
➢ 如果孩子生活在恐惧中，他便学会忧心忡忡。
➢ 如果孩子生活在怜悯中，他便学会垂头丧气。
➢ 如果孩子生活在嫉妒中，他便会心虚。
➢ 如果孩子生活在鼓励中，他便学会自信。
➢ 如果孩子生活在容忍中，他便学会耐心。
➢ 如果孩子生活在赞扬中，他便学会自赏。
➢ 如果孩子生活在受欢迎的环境中，他便学会钟爱别人。
➢ 如果孩子生活在赞同中，他便学会自爱。

> 如果孩子生活在互相尊敬中，他便学会建立目标。
> 如果孩子生活在平等中，他便会懂得什么是公正。
> 如果孩子生活在诚实中，他将懂得什么是真理。
> 如果孩子生活在安全中，他便学会相信自己和周围的人。
> 如果孩子生活在友谊中，他会觉得他生活在一个多么美好的世界。

(资料来源：全国少工委办公室、中国心理卫生协会、中国青少年发展服务中心组织编写.
心理健康辅导基础理论. 北京：世界图书出版公司，2009：225)

(三)教育在个性形成与发展中起主导作用

按《新华词典》的解释，教育是指以影响人的身心发展为直接目的的社会活动。主要指学校的正规教育，也包括社会上一切含有教育因素的活动，如家庭教育、社会教育等[①]。学校教育是一种有目的、有计划、有组织的对受教育者实施系统影响的活动，学生在学校中不仅学习了知识，而且也形成着自己的个性。家庭和学校教育作为特殊的环境和特殊的活动，不仅是环境的重要组成部分，更是个性形成和发展的主导因素。

研究表明，不同类型家庭的教育态度和教育方式，对个性形成有不同的影响。对教养态度的研究显示，父母的教养态度是保护的、非干涉的、合理的、民主的或宽大的，儿童就容易显示出领导能力、积极性、态度友好、情绪稳定的特性；而双亲的教养态度如果是拒绝的、干涉的、溺爱的、支配的、独裁的或者压迫的，儿童就容易表现适应力差、胆怯、任性、执拗、情绪不安的个性特征。而在教养方式方面，相对而言人们更赞同权威-民主的方式，这种方式一方面要求儿童服从一些必需的规则，同时又给儿童自主的空间，这对儿童个性的发展极为有利。可见，恰当的教养态度和合理方式的选择对个性的形成具有积极作用。

社会学习理论认为，环境对个体的影响是通过个体主动的学习模仿而产生的，这种影响可以是潜移默化的，也可以是主动引发的。学校教育如果能够创设条件，为青少年提供恰当的环境、良好的榜样，而且青少年也认可这种影响的话，就可以促进青少年个性的健康发展。学校教育能否对人的个性发展起主导作用，不仅取决于它本身的水平，而且取决于它和其他环境、活动影响之间的协调，学校教育不是对任何人、在个体发展的任何阶段和个性的任何方面都起主导作用的。来自美国低收入家庭的研究显示，对教育影响的重要性和有效性缺乏信念，影响了低收入家庭受教育者的未来目标和工作目标的确立，他们甚至在所有人生的阶段都表现为低抱负倾向。目前，心理学家和教育家共同关注的问题是，学校教育应该进行哪些改革并具备哪些条件，才可能对所有人的个性发展都起主导作用。

(四)个体内心世界的矛盾运动是个性形成与发展的动力

心理学研究认为，随着个体的成长，个体在和客观事物相互作用过程中，社会和教育向他们提出的要求所引起的新需要与个体原有的心理水平之间的矛盾，就构成了个体心理发展的内部矛盾，这种矛盾推动个体不断发展心理水平，以满足需要。因此，个体内心世界的矛盾就成为个体心理发展的动力。个性形成和发展的根本动力也是主体的内部矛盾。

---

① 商务印书馆辞书研究中心修订. 新华词典. 2001 年修订版. 北京：商务印书馆，2004：493

当个体原有的心理水平不能满足新的需要时，就产生了矛盾，而一种需要满足后，又产生新的需要，由此循环往复，使人的个性逐渐发展。

心理学家埃里克森将人的个性的发展分为 8 个阶段，每一阶段都有其基本的矛盾和新的需要，需要的满足促进个性发展，否则个性发展受到阻碍，就会形成问题。埃里克森认为，0～2 岁是基本的信任感与基本的不信任感的矛盾，个体有安静、舒适的需要；2～3 岁是自主感与羞耻、怀疑的矛盾，个体有探索、自主需要；4～5 岁是主动感与内疚感的矛盾，个体有主动的需要；6～11 岁是勤奋感与内疚感的矛盾，个体有学习需要；12～18 岁是自我同一感与同一感混乱的矛盾，个体具有自我认知的需要；18～30 岁是亲密感与孤独感的矛盾，个体有建立友爱关系的需要；30～60 岁是生殖与停滞的矛盾，个体有成就的需要；60 岁以后是满足感与绝望感的矛盾，个体具有反省的需要。埃里克森的个性发展的阶段论，提出了每一个阶段发展的矛盾和个体的心理需要，这对教育有效地引导和培养学生的个性具有重大的积极意义。

(五)社会实践是个性形成与发展的主要途径

实践活动是主体与客体、主观与客观相互作用的桥梁。人通过实践活动作用于客观世界，在这个过程中，逐渐形成人的需要、动机、兴趣、价值观等个性倾向和气质、性格等各种个性特征。人的个性不是表现在一时一事中，而是经常表现在行为活动中，个性不仅是在实践活动中形成的，也只能在实现活动中表现出来，没有实践活动，人就没有需要，也不会发展能力，个性就不能形成。例如，在前面所讲的埃里克森个性发展理论中，6～11岁儿童是进入小学学习的年龄，这时儿童如果顺利地解决了 6 岁以前的所有危机，那么他们的任务就是准备系统地发展各种能力。学校活动和体育活动为儿童知识技能和运动技能的发展提供了场所，与同伴、老师的交往为儿童发展社会技能提供了场所，那些努力追求这些技能并实践着的儿童，感到自己越来越有能力，并投以更大的热情参与实践。这使他们能够顺利渡过此阶段而向下一阶段发展。相反，一些经常作为旁观者而不是参与者的儿童，可能由于他们在实践中经历太多的失败，致使他们产生了自卑感，导致他们无法面对下一阶段的发展要求。

同样，一个人能力、气质、性格等因素不通过实践活动，也无法表现出来。运动员在运动场上的自信、科学家在研究领域的睿智、社会活动家演讲的机敏都是他们长期实践积累的展示。因此，人的实践是个性形成和发展的重要途径，更是个性展现的途径。

(六)自我意识对个性形成与发展起监督、调整的作用

自我意识是指个体对自己作为客体存在的各个方面的认识，是对于自己以及自己与周围事物的关系，尤其是人我关系的认识。自我意识包括自我认识、自我体验和自我调节三个层面，其中自我概念、自我评价是自我认识的核心，自尊在自我体验中作用巨大，而自我调节则是自我监督、自我控制和自我教育等构成的意志系统，完成对个性的调整和修复。

知识拓展 8-3

描绘积极的自我意象

不管我们是否意识到，在我们每个人的心灵深处都有一幅关于"自己是什么样的人"

的自画像，虽然它不够清晰，但是却详细描绘着你的一切方面。这就是心理学里所说的自我意象(self-image)。

心理学家曾经对一个中学篮球队进行过这样一个研究，他们把水平相似的队员分为三个小组，告诉第一个小组停止练习投篮一个月，第二个小组在一个月中每天下午在体育馆练习投篮一小时，第三组在一个月中每天在自己的想象中练习一个小时投篮。结果，第一组由于一个月没有练习，投篮平均水平由39%降到37%，第二组由于在体育馆中坚持了练习，平均水平由 39%上升到 41%；第三组在想象中练习的队员，平均水平由 39%提高到42.5%。这真是很奇怪！在想象中练习投篮怎么能比在体育馆中练习投篮提高得快呢？很简单，因为在那些球员的想象中，所投出的球都是中的！通过想象，球员们为自己描绘出一幅成功的自我意象，并最终在行动上获得了成功。

自我意象的作用正是在于它树立了你对自己的根本的看法和感受。正像投篮一样，一个人的自我意象是可以通过训练而改变的，我们可以让它变得美丽多彩。我们完全有权力，也有能力重新为自己描绘一幅美丽的自画像！既然这样，还等什么呢？开动脑筋，放开想象，描绘一个积极的自我吧。

(资料来源：林崇德，申继亮. 大学生心理健康读本. 北京：教育科学出版社，2005: 193)

关注自我研究的最坚定的早期倡导者是美国心理学家威廉·詹姆斯，他将自我经验分为物质我(躯体我)、社会我(别人眼中的我)及精神我(思想与情感的我)。他认为一切与自身相关的事物都会在某种程度上成为自我的一部分。现代对自我的研究集中在自我概念、自尊表现等方面的作用上。自我概念是动态的心理结构，包括对自己的记忆、对自己的信念的感知，理想的自我，自我评价，以及关于别人怎么看待自己的信念。它引发、解释、组织、调节内心及人际的行为和活动，控制和管理着自己并依此解释他人的行为。自我概念对确立个性发展的目标具有极大的影响，具有积极自我概念且高自尊的个体更容易形成恰当的个性发展目标，并努力调控行为实现目标。而低自尊者由于自我评价低、缺少自知之明，往往不能树立适合的个性发展目标，也影响了个性的发展。研究表明，积极的自我意识对良好的个性培养具有重要的调控作用。因此，在个性形成和培养中个体要注意从调整认知出发，发展并培养健康的自我情绪体验，有意识地进行自我锻炼和自我监控，不断完善个性，实现自我的发展。

总之，自我意识的自我认知、自我体验和自我调节三个层面构成了人的自我调节系统，监督和控制着个体的心理活动和行为，促使个性自我发展与完善。

引导案例分析

在篇首案例中，美国著名作家、诺贝尔文学奖得主海明威的孙女玛丽尔·海明威的经历告诉人们一个深刻的道理：人的良好个性的形成和发展是多方面因素作用的结果，其中自我有意识的调控和不懈地实践发挥着重要的作用。

从遗传的角度，玛丽尔·海明威继承了母亲的美貌、父亲家族的聪明，但同时家族成员的抑郁症(即自杀倾向)也困扰着她，尤其是家庭不和谐环境对其个性产生了严重的负面影响，并且引发了她内心的困惑。随着成长和自我意识的发展，玛丽尔·海明威有了保持身材并维持身心健康的新的需要，新需要与其原有心理发展状况(从家族那里继承来的偏执)

的矛盾激起了她想改变命运的巨大内在动力，使她有了完善自我的强大动力。正是在这种动力推动下，她能够充分发挥人的主观能动作用，不断地在实践中反省和改进自己的做法，注意将科学的饮食习惯和良好的情绪培养结合起来，并运用自我意识的调控作用，最终战胜了家族的魔咒，实现了个性的完美发展。

第二节　需要及其引导

人类行为的一切动力都源于需要，需要是人类机体活动积极性的源泉。所以，了解人类行为的动力必须从需要开始。

一、需要及其种类

与人类认识的多样性、复杂性一样，人的需要也是多样和复杂的。正因为需要的复杂性，心理学家们在界定需要时各执己见，提出了许多不同观点。随着现代心理学的发展，人们逐渐形成了比较一致的需要概念。

(一)需要的概念

需要(need)是有机体感到某种缺乏或不平衡状态而力求得到满足或恢复平衡的心理倾向，也可以说是有机体生理的或社会的要求在人脑中的反映。

需要是由机体的某种缺失或不平衡引起的，这种缺失与不平衡必然带来一种力量，促使个体弥补缺失或寻求平衡。例如，几天没吃饭的人会产生饥饿求食的需要，长时间不喝水的人会产生口渴想喝水的需要，生命或财产受到威胁时人会产生安全的需要，长期孤独寂寞的人会产生交往的需要，等等。这种缺失带来的动力会随着机体内部缺乏或不平衡状态的解除而丧失，即需要得到了满足，满足这种需要的动力就不存在了。只有当新的需要产生时，这种力量才会恢复。正因如此，需要就成为有机体活动的积极性的源泉。

需要与人类自身的活动密切相关，它是推动人类活动的基本动力。人的各种活动，从饮食、学习、劳动到创造发明，都是在需要推动下进行的。需要激发人去行动，使人朝着一定的方向，追求一定的对象，以求得自身的满足。需要越强烈、越迫切，由它所引起的活动动机就越强烈。同时，人的需要也是在活动中不断产生和发展的。当人通过活动使原有的需要得到满足后，人和周围现实的关系就发生了变化，又会产生新的需要。这样，需要推动着人去从事某种活动，在活动中不断地满足需要又不断地产生新的需要，从而使人的活动不断地向前发展。

(二)需要的种类

人的需要是一个极其复杂的多维度、多层次的结构系统，因此，对需要的分类也可以按照不同的标准进行。

1. 生物需要和社会需要

按照需要起源的角度，可以将人类的需要划分为生物需要和社会需要。

生物需要(biological need)是指保存和维持有机体生命和延续种族的需要，如对饮食、运动、休息、睡眠、觉醒、排泄、避痛、配偶、后嗣等的需要。生物需要也叫生理性需要或者原发性需要，它是个体与生俱来的需要，如果这类需要长期得不到满足，个体就无法生存，种族就无法延续。因此，生物需要是十分重要的基本需要。

生物需要是人和动物共有的需要。但人类的生物需要和动物的生物需要是有本质区别的。人类生物需要的对象和满足需要的方式，受具体的社会历史条件的制约，具有社会性。正如马克思所说："饥饿总是饥饿，但是用刀叉吃熟肉来解除的饥饿，不同于用手、指甲和牙齿啃生肉来解除的饥饿。"而且人具有意识能动性，能调节和控制自己的需要，例如，对排泄需要、性需要的调节，都表明人的生物需要与动物的生物需要有着本质的不同。

社会需要(social need)是指与人的社会生活相联系的需要，是个体在后天生活中习得的需要。如对劳动、交往、成就、奉献等的需要，就属于社会需要。社会需要受社会生活条件的制约，因而不同生活条件下的个体，其社会需要也会有所不同。对人类个体而言，社会需要也是个人生活中必不可少的需要，如果这类需要得不到满足，同样会引发个体的焦虑、痛苦，进而影响其身心健康。

2. 物质需要与精神需要

按照需要指向的对象不同，人类需要可以划分为物质需要和精神需要。

物质需要(material need)是指对维持个体和社会的生存、发展所需物质产品的需要，也就是对物质条件的需要，包括对衣、食、住、行等有关物品的需要，也包括对劳动工具、文化用品、科技设备等物品的需要。人类的生存和发展一刻也离不开一定的物质条件，缺少必要的物质条件人类是无法生存的，更谈不上发展。因此，满足基本的物质条件是必要的，而且这种需要会随社会的发展而发展。

精神需要(spiritual need)是个体参与社会精神文化生活的需要，也是个体对社会生活及其产品的需要，包括认识的需要、交往的需要、审美的需要、道德的需要、成就需要以及权力需要等。这类需要为人类提供了精神家园，是人类特有的需要。

📖 知识拓展 8-4

人为什么有交往需要

交往需要(need for affiliation)就是个人想与他人交流思想感情、沟通信息的需要。交友、家人团聚、参加各种社会团体的活动等都可以使个人的交往需要获得满足。对自愿者进行的绝对孤立状态下的个案研究表明，长时间的孤独隔离会使人产生突然的恐惧感和类似焦虑症发作的情感，并且隔离时间越长，产生的恐惧和焦虑就越强烈。

沙赫特(Schachter，1959)的一项研究证明了人们的交往需要。实验过程如下：他请人到一间没有窗户但有空调的房间去住，每小时付给15美元的酬金。房内除了一桌、一椅、一床、一灯，别无他物。三餐由人送至门底下的小洞口，住在里面的人伸手就可拿进食物。他把5个自愿应征参加实验的被试分别关进5间与外界隔绝的小房。1个被试仅呆了25分钟就要求出来，放弃了实验。有3个被试待了2天。1个被试待了8天，其感受是：再待1分钟就会发疯。该研究说明，脱离人群的人是无法生存的，同时人们对孤独、隔离的容忍力存在相当大的个体差异。沙赫特同期的另一个实验还揭示了交往需要的某种理由。该实验将被试分为实验组(32人)和控制组(30人)，要求两组被试在约定的时间分别到实验室听主试讲研究的相关说明。研究者让实验组的被试看到一些外形丑陋甚至令人望而生畏的仪器，并告诉该组被试，在正式实验中将使用这些仪器对他们实施有痛苦但无伤害的电击。对控制组的被试，既不让他们知晓电击的事，也不让他们看到仪器。研究者这样做的目的是意欲在两组被试心理上制造不同的焦虑程度。实验假设是：实验组的焦虑水平高，控制组的焦虑水平低。然后，分别告诉两组被试，实验前需提前到达实验室等候。前往实验室时可以单独来，也可以结伴而来。最终的结果表明，实验组 32 人中有 20 人选择了与人结伴，而控制组 30 人中只有 10 人作同样选择。因此，在高焦虑的情境下，个体将会增强与他人亲近的心理需要。

实际上，即使人们能够自立生存时，也仍然会力图与他人保持亲密关系，这有多方面的原因：①我们生活在一个大的社会网络中，能否与他人合作共处，决定了我们事业的成败，这是为社会文化价值所鼓励的东西。②在社会生活中，我们与他人的关系不仅局限于合作共事的关系，还有一些情感因素使我们喜欢与他人在一起。③人们总希望自己能成为某一社会群体中的一员，被其他成员所认可。因此，交往需要的满足一方面可以使人格得到健康发展，另一方面交往还可以使团体成员之间、团体与团体之间加深理解，相互信任，有助于创造一个文明、和谐的社会生活环境。

(资料来源：黄希庭. 心理学导论. 第 2 版. 北京：人民教育出版社，2009：170)

(三)需要的特点

需要这种心理现象也具有自身的特点，一般认为需要主要具有 5 个方面特点。

1. 需要的对象性

个体的需要总是指向一定的对象，因为由缺失引起的任何需要都要得到满足，个体的需要就要指向能满足某种需要的客体或事件，这就是需要的对象性。如饮食需要就指向食物，而获得食物就满足了需要。没有对象、无所指向的需要是不存在的。

2. 需要的紧张性

有机体感到某种缺乏或不平衡状态又是伴随着一定的体验的，这就是紧张感。紧张感与需要的强度密切相关。一般需要越强烈，心理的紧张感就越强，而需要得到满足后，紧张感就减弱或消失。

3. 需要的动力性

需要是人的活动的基本动力，这种动力是由个体对某种缺失的主观感受引起的。人的各种活动，从日常的饮食到文学创作、科技发明等，都是在需要的驱动下完成的。需要越强烈，动力就越大，人的活动积极性越高。而个体没有意识到的缺失，就不会成为需要，也不会具有推动个体行为的动力作用。

4. 需要的发展性

人的需要不是孤立的、静止不变的，而是具有发展性。需要的发展性表现在两个方面，一方面，人的需要会随着原有需要的满足而不断产生新的需要，或者低层次的需要满足了又会产生高层次的需要，永无止境；另一方面，需要也会随社会的发展而不断更新，并不断产生新的需要。

5. 需要的周期性

人的某些需要特别是生理需要是具有周期性的，这是由生理活动的周期性决定的。例如饮食需要，就是日复一日、周而复始的。如果人的某种周期性需要总是得不到满足，那么这种需要或者逐渐减弱，或者更强烈地爆发。有些节食减肥的人对食物更强烈的需求就是一种体现。

二、马斯洛的需要层次理论

美国人本主义心理学家马斯洛(Abraham H. Maslow)在总结前人的大量研究基础上，将人类的需要分成 7 个有序的层次，以此来说明需要对人的行为的推动力量。这就是马斯洛提出的著名的需要层次论(need hierarchy theory)。

马斯洛认为，人的需要的 7 个不同层次是可以按由低级向高级的顺序排列的，如图 8-1 所示。位于最底层的是基本的生理需要(physiological need)，包括食物、水、氧气、休息的需要，性欲表达的需要，消除紧张的需要等。它是维持生存和种族延续的需要，是一切其他需要产生的基础。当这一层次需要得到满足后，下一层次的需要就会产生。安全需要(safety need)是人们寻求安全、舒适、宁静和不害怕的需要，不仅是生命受到威胁时表现出来的要求，而且个体生活无保障或处于不可控的情景时也会产生强烈的安全需要。归属与爱的需要(belongingness and love need)是个体希望融入别人中间并和他人建立联系的需要，是爱以及被爱的需要。这种需要的满足使个体有归属感，能够感到被群体接纳、爱护、关怀和支持，不满足就会引发强烈的需求和焦虑感。如果一个人饮食无忧、安全且有社会归属，那就可以进入尊重的需要。尊重的需要(esteem need)是个体对自己社会价值追求的需要，包括自信的需要、价值和能力感的需要、自尊和受别人尊重的需要等。认知的需要(need to know)是个人对自身和周围世界的探索、理解及解决疑难问题的需要，是高级的成长需要，包括知识的需要、理解的需要、了解新奇事物的需要等。审美的需要(aesthetic need)是人类对秩序和美感的渴望和需求，它展示了人性富有创造性的一面，是高级的成长需要。审美需要得不到满足可能影响幸福感。自我实现的需要(self-actualization need)是个体对自己的潜能得到充分发挥及拥有意义深远的目标的需要。它是需要层次的最高端，是每个人力求达到的理想自我的动力。在此阶段人类寻求潜能的充分发展，已经超越了人类的基本需要。

按照马斯洛的观点，人的需要发展是有层次的，低一层次的需要没有得到满足时，就不会产生高一级的需要。需要的层次越低、越基础，对人的影响也就越大。人的 7 种需要又可以分为基本需要和成长需要两类。基本需要(basic needs)包括生理需要、安全需要、归属与爱的需要和尊重的需要。这类需要得不到满足会影响个体的生存，包括产生危机和身心疾病，而一旦满足，需要就会降低。成长需要(growth needs)是指认知需要、审美需要、自我实现需要这类对维系生存不具有决定意义但对基本需要具有引导作用的高级需要，这种需要的满足能促使人健康、长寿、精力旺盛，产生更深刻的幸福感、宁静感，以及内心生活的丰富感。这类需要不会因满足而减弱，反而会因获得满足而增强，无论求知，还是审美，都是永无止境的。而且在需要层次的"金字塔"中，不同层次需要在全部人口中所占比例大小不同，越低层次的需要人数越多，越高层次的需要人数越少，真正达到自我实现的人是极少数的，仅为全部人口的 1%，大多数人都停留在中间的某一层次。

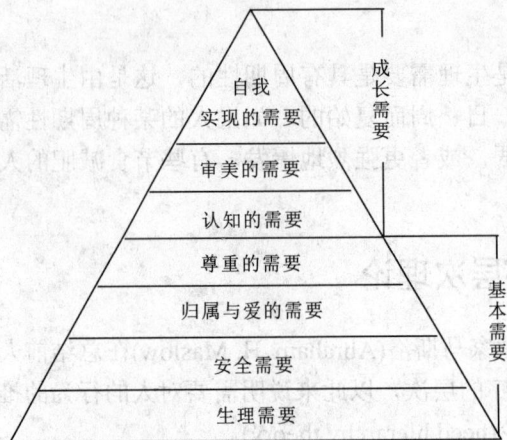

图 8-1　马斯洛的需要层次模型

　　尽管人类的需要可能比马斯洛归纳得更为复杂，并非简单地能够以等级排列的方式来表达，但马斯洛把人类的需要看成一个有组织的系统，确实为人们理解需要提供了一个有用的框架，这对于深入理解人类的需要是有启发的，并且该理论在教育、管理等实践领域有一定意义，也得到了较为广泛的应用。

三、青少年健康需要的引导

　　需要是人的一切行为动力的源泉，不同的需要会转化成为推动人们行为的不同动机，决定着人的行为，影响人的心理发展。因此，加强对需要形成关键时期的青少年的教育和引导，促进他们健康的需要的发展，具有深远的意义。

　　(1) 提高认识，正确对待个体的基本需要。青少年时期是认知发展的重要时期，也是需要等个性倾向性形成的关键时期。在这一时期加强对青少年的教育和引导，尤其是帮助青少年正确认识自身需要并形成合理的物质需要，是促进其需要健康发展的关键一步。青少年时期，随着个人身体、心理发育的成熟，其需要也变得丰富起来，不仅有基本的生理需要，还有更多的物质需求。基本的生理需要和合理的物质需求是青少年生活必须满足的需要，也是正常的需要。但过于追求物质享受的需要就可能成为不合理的需要。例如，不管家庭经济情况如何，一味地追求穿名牌、用高档货、吃大餐或者过早的性需要等，都可能对青少年健康发展不利，必须从认识上帮助他们调整，从而克服不良需要的诱惑，维护正常的需求。青少年已经具有了较好的认知能力，只要引导得当，他们是会形成健康的生理或物质需要的。

　　(2) 提供机会，培养健康的精神需要。精神需要是个体参与社会精神文化生活的需要，包括认识的需要、交往的需要、审美的需要、道德的需要和成就的需要等人类特有的需要。在马斯洛的需要层次理论中，这类需要更多地属于成长的需要。成长需要的培养对青少年构建自己的精神世界、形成健康的个性具有重要价值。要结合青少年时期需要的特殊性，有针对性地提供合适的条件和机会，培养他们健康的精神世界。比如培养良好的认知需要，学校就可以有计划地按青少年的兴趣多开讲座，为他们提供优秀的著作、影视作品、文化资料、榜样人物等，总之通过有意识地提供人类优秀文化知识，满足他们的认知需求，并兼顾培养他们健康的审美需要和适度的成就需要。这种增加主导培养模式的投入力度的做法，也有助于防止青少年因为认知需要旺盛、猎奇心理强，而被黄色书刊、网站、不健康游戏所侵袭，真正促进其身心健康发展。

(3) 加强引导，激发自我实现的需要。自我实现的需要是马斯洛需要层次理论的重要概念，它是指人发挥潜力和拥有意义深远的目标的需要，是需要层次中的最高层次的成长需要。具有自我实现需要的人具有强烈的发挥自身全部潜能的愿望，更能理解人生的意义，并努力追求有意义的人生目标。自我实现需要是自我实现的内在力量，而自我实现的人不仅有高峰体验的平静美妙感受，而且在生活中，他们能够实现潜能和天资、生活富裕、有安全感、被别人爱、也爱别人、有信心、善于思考并有创造力。这些人已经超越了人类的基本需要，达到了自己确立的理想境界。

自我实现需要的产生与人的目标确立和对人生的理解有很大关系，生活中只有少数人能够拥有这种需要。有人认为拥有自我实现需要的人数少主要是因为：自我实现的需要依赖于自身的潜力，这种潜力容易被现实文化的规范阻滞、压抑，使其被更改或消失，而且许多人由于对自我实现所需要的那种知识缺乏自知，也使自己根本不知如何达到这一层次。因此，从教育层面，以马斯洛需要理论为依据，对青少年加强教育和引导，促进其自我实现需要的发展，是教育的重要使命。在具体做法上，可以通过帮助青少年树立有意义的人生目标、追求自身潜能的最大限度发挥，激发其自我实现的需要，真正促进其幸福、健康地成长。

第三节 动机及其培养

人类一切有目的行为都是在某些动力推动下完成的。登山爱好者努力攀登一个个高峰，既不是职业也不是生存需要，那么推动他们克服困难的动力到底是什么呢？这种内在动力无法直接观察到，只能根据人们的行为表现间接地推知。心理学家关于动机的研究，可以帮助人们更好地了解隐藏在行为后面的推动人们活动的内在动力。

一、动机概述

为什么有的人在活动中能够坚持，有人却放弃？是什么成为维持人们行动的真正力量？看了下面这则短文，也许会有助于更深刻地思考动机的作用。

1999 和 2000 年两届环法自行车赛的冠军、自行车手兰斯·阿姆斯特朗，曾在 1996 年被诊断为患有睾丸癌并已扩展到了肺部和脑部。在承受了高强度的化疗后，阿姆斯特朗作出了重回训练场的决定。在接下来的 3 年里，他完成了运动生涯中最辉煌的事件。他的反对者们曾断言他 1999 年获得的冠军已是强弩之末，然而他 2000 年的胜利证明他能打败世界上最优秀的自行车选手。

是什么力量支撑着身患重病的阿姆斯特朗重返赛场，并且向自己的体能发起挑战？心理学家们认为动机可以解释其中的潜在原因。

(一)动机及其功能

动机(motivation)就是激发和维持个体进行活动，并导致该活动朝向某一目标的心理倾向或动力,也可以说是推动个体从事某种活动的内在原因。动机可以用来解释人们从事某种活动的原因。

作为活动的一种动力,动机具有三种功能。

1. 激发功能

动机能激发机体产生某种活动。带有动机的个体对某些刺激变得敏感,特别是当这些刺激和当前的动机有关时,有机体去从事某种反应或活动的倾向更易被激发。例如,饥饿状态下,人们对与食物有关的刺激特别敏感,易激起觅食活动。

2. 指向功能

动机使机体的活动针对一定的目标或对象。例如,在成就动机的支配下,人们可以放弃舒适的生活条件而到艰苦的地方去工作。动机不同,活动的方向和它所追求的目标也不同。

3. 维持和调节功能

当个体的某种活动产生以后,动机维持着这种活动,并调节着活动的强度和持续时间。如果活动达到了目标,动机促使有机体终止这种活动;如果活动尚未达到目标,动机将驱使有机体维持(或加强)这种活动,或转换活动方向以达到某种目标。

在具体的活动中,动机的上述功能的表现是很复杂的。不同的动机可以通过相同的活动表现出来,不同的活动也可能由相同或相似的动机支配,并且人的一种活动还可以由多种动机支配。因此,在考察人的行为活动时,必须揭示其动机,才能对其行为做出准确的判断。

(二)动机种类

人的动机是多种多样的。根据不同的标准可以划分不同的动机,下面仅从对青少年实用性的角度,简单介绍几种动机类型。

1. 生物性动机和社会性动机

根据动机的起源,可把动机区分为生物性动机和社会性动机。生物性动机,也称为生理性动机或原发性动机,是与人的生理需要相联系的动机,如饥饿、渴、睡眠、性、躲避危险等动机。这些生理需要引发的动机具有强大的动力作用。社会性动机,也称为心理性动机或习得性动机,是与人的社会需要相联系的动机,如成就动机、权力动机、交往动机等,这类动机也具有较大的动力作用。

2. 远景性动机和近景性动机

根据动机的影响范围和持续作用时间,可把动机区分为远景性动机和近景性动机。远景性动机是与活动的社会意义相联系、影响范围广、持续作用时间久的动机。近景性动机是与具体活动本身相联系、只对个别具体行动暂时起作用的动机。例如,如果仅仅为了考试得高分数或应付老师的提问而努力学习,这种动机是短暂的、具体的,是近景性动机。

3. 外在动机和内在动机

根据引起动机的原因，还可将动机分为外在动机和内在动机。外在动机是由外在因素引起的、追求活动之外的某种目标的动机。例如，为获得老师、家长的表扬或为了获得一枚奖章而努力学习，就是外在动机。内在动机是指由于活动者本人的好奇、兴趣或活动本身的引力诱发的动机。因对某门课程特别感兴趣而努力学习的动机，就是内在动机。在一定条件下，外在动机可以转化为内在动机。

4. 高尚动机和卑劣动机

根据动机具有的社会性质划分，可以把动机分为高尚动机和卑劣动机。高尚动机是符合某种社会要求或道德准则的动机。例如，推动人们在各种活动中表现出利他行为的动力，就是高尚动机。卑劣动机是指违背了某种社会要求或道德准则的动机。例如，有意识地进行的损人利己的行为的内在推动力，就是卑劣动机。

对动机进行分类，目的是从不同的侧面来研究动机的性质、机制及其在活动中的作用。上述各种分类仅具有相对的意义，而不是绝对的。此外，根据研究的需要还可以以其他标准对动机进行分类。

二、动机的理论

人类的动机是很复杂的。心理学家对动机的理论探索也是多侧面的。早期研究中，心理学家们更倾向于把本能看成推动行为的内在动力。例如，弗洛伊德认为，人有生的本能和死的本能，两种本能在现实生活中都不能自由发展，常常受到压抑而进入潜意识领域，并在潜意识中并立共存，驱使我们的行动。人的每一种动机都是潜意识的生的本能和死的本能的混合物。随着动机研究的发展，认知的动力作用逐渐被人们注意，并逐渐形成了认知失调论、成就动机理论、归因理论和自我效能理论等多种较有影响的动机理论。

(一)认知失调论

认知失调理论(cognitive dissonance theory)又称认知不协调理论，最初是由社会心理学家费斯廷格于 1957 年阐明并完成的。认知失调理论认为，当各认知因素之间出现"非配合性"(non-fitting)关系时，认知主体就会产生认知失调。这种失调会产生压力，促使个体改变某种观念或行为，以减少或避免这种失调。这样认知失调就具有了动机作用。

费斯廷格认为，认知失调通常在逻辑的违背、文化价值的冲突、观念层次的冲突和新旧经验的矛盾 4 种情况下发生，而认知失调的程度则取决于个人所具有的失调认知的数目和协调认知数目的相对比例，还与某一认知元素对个人生活的重要性成正比，涉及的认知后果越不重要，失调程度越低。

认知失调一经产生，就会带来机体的紧张和不愉快的体验，这种体验会驱使个体设法减轻或消除失调状态。一般个体会通过改变行为、或者改变态度、或者引进新的认知因素等途径来消除原有的不协调。

将认知失调理论运用在教育教学中，对激发个体行为的动机和行为的改变有一定的意义。尤其对青少年来说，利用认知不协调激发动机，可能比单纯的外在目标吸引或空洞的说教更有效。

(二)成就动机理论

成就动机理论是阿特金森在总结前人理论研究的基础上，于1963年提出的具有广泛影响的成就动机模型。成就动机一般是指由成就需要引起的、推动人对于自己认为重要的或有价值的事力求达成的内部动力。该理论认为，成就动机的强度是由动机水平、期望和诱因的乘积来决定的，它们之间的关系可以用公式表示为：动机强度=F(动机水平×期望×诱因)。其中，动机水平是一个人稳定地追求成就的个体倾向，期望是人对某项任务成功可能性的主观概率，诱因是成功时得到的满足感。

根据阿特金森的研究，成就动机其实包含着两种彼此抵消的心理作用，即希望成功和恐惧失败。因此，成就动机又被分为力求成功的动机和避免失败的动机。一个人的成就动机越高，希望成功的动机就强于恐惧失败的动机，并且为了获得成功后的快乐，他倾向于选择较困难的工作；反之，一个人的成就动机越低，对失败的恐惧就大于对成功的期望，因此为了避免失败的痛苦，只能选择较容易的工作。研究还表明，成功概率在50%的任务最能调动力求成功者的积极性，因为这种任务对他们最富挑战性。而力求避免失败者则正好相反，他们尽量避免选择成功概率在50%的任务，而倾向选择成功概率极低或极高的任务，因为容易的任务可以确保成功，而非常困难的任务即使失败了，也会得到他人的理解和原谅，这样就可以避免或减少失败感。

针对两种成就动机不同的个体进行教育时，要考虑他们的动机差异而有针对性地设置任务，才能保证教育效果。针对力求成功动机强的人，应提供新颖且有一定难度的任务，安排竞争情境，激发其动机；而对避免失败动机较强的人，则要安排能够给其成功体验的活动任务，而且及时强化奖励，避免其失败感受，维护其动机。

(三)归因理论

归因理论是由几种不同理论观点和实验成果集合而成的。1958年，美国心理学家海德最早提出归因理论。他认为，人们都具有理解世界和控制环境这两种需要，使这两种需要得到满足的根本手段就是了解人们行为的原因，并预测人们将如何行为。它将行为的归因分为环境归因和个人归因两种，如果个体把行为原因归为环境，他可以不对行为结果负责，如果把行为原因归于个人，则个人对其行为结果应当负责。20世纪60年代，美国社会心理学家罗特提出了关于个人归因倾向的控制点理论。他把人划分为"内控型"和"外控型"两类，前者认为自己能控制事情的发展与后果，事情的后果取决于自己在相关事情上的投入，如努力程度等；后者认为生活中多数事情的后果是个人不能控制的外部力量作用的结果，他们相信命运、运气等因素决定了自己的状况，个人努力无济于事。后续研究也证明了内控的学生比外控者成就动机更高、更多自信、更富挑战性、更喜欢学习。

美国心理学家韦纳在吸收了前人的成果基础上提出了情绪-动机归因理论，以此来分析个体的动机过程。他以可控性、稳定性和内外因三个维度将人们活动的成败原因归结为能力、努力、任务难度和运气等几个因素，并考察个体如何运用信息对事件进行归因以及归因的动力作用。研究结果认为，把行为结果的成败归结为外部的不可控的因素，会降低个体后续行为的动力，而归因于内部的可控因素，则会增强个体后续行为的动力。

归因理论的作用，一方面可以帮助人们理解个体心理与行为的因果关系，并可以利用个体的归因倾向预测他后续行为的动机。例如，对于把学习失败归结为不努力和归因为能力不行的两个人而言，前者会增强动机，通过努力奋力挽回失败，后者则可能因为能力的不可控而放弃努力。另一方面，进行有效的归因训练也有助于提高自我认识。归因不一定是真正的原因，只是主观上认为成功或失败的原因，它规定着人们后续的动力，也影响着人们的自我认识，因此，引导学生合理归因，促进个体发展就是教育者的一项任务。

(四)自我效能感理论

自我效能感是美国心理学家班杜拉1977年提出的理论。班杜拉认为自我效能或自我效能感(self-efficacy)是一种相信自己在某种情景下能够充分表现的信念，有人也把其解释为个体对自己能否成功地进行某一成就行为的主观判断。个体的自我效能感会以多种方式影响着人的知觉、动机和绩效。

班杜拉认为，人的行为受两个因素的影响，一是行为的结果因素的影响，即强化的影响，另一个是行为的先行因素的影响，即期待或预期的作用。他认为行为出现的原因不是随后的强化的结果，而是人在认知之后产生的期待作用的结果。人的期待可以分为对结果的期待和对效能的期待两种。前者是人对自己的某一行为会导致的结果的推测，后者是个体对自己行为能力的推测。当个体预期不能产生效果时就不会尝试采取任何行动或捕捉机会，当个体认为条件不够充分时就会逃避。甚至当事实上自己拥有能力并且存在意愿时，如果主观判断自己缺乏完成某件事情需要的资源，个体也不会采取需要的行动或者不能坚持完成任务。就像爬山，就快到山顶了，但这时个人认为离山顶还很远或自己根本没能力爬上去了，即使他还可以坚持，也不会再努力一步，从而导致前功尽弃。

班杜拉认为，人们对自我效能感的判断，一是依据个体以往成败的经验，包括直接经验和替代性经验，后者是看着别人成败的经验。一般而言，成功的经验会提高自我效能感，反复的失败则会降低自我期待，从而影响了自我效能感。稳定的自我效能感一旦形成之后，不会因一时的挫折而改变。二是依据个体的归因方式，不同的归因方式对自我效能感的影响不同。

自我效能感影响人们在人生的各种情境下，当面临困难时愿意付出多少努力和能够坚持多久。研究表明，自我效能感经训练可以提高，而且自我效能感高的学生，学业成绩也会更好。

📖 知识拓展8-5

自我效能感和儿童的学业成绩

班杜拉和他的同事(1996)在罗马附近一个社区召集11～14岁共279名儿童进行一项研究，研究的目的是为了发现儿童及他们的父母的自我效能感水平对他们学习成绩有何种影响。儿童和他们的父母回答了他们对一些陈述的同意程度。对于儿童，这些陈述是有关他们对自己完成功课能力的信心以及他们对于自己改变周围环境以促进学习能力的信念，例如，"当你在功课中遇到困难时你能很好地让你的老师帮助你吗？"对于父母，测量使用的问题主要是关于他们激励孩子学习兴趣和成绩表现的能力，例如，"你能够在多大程度上帮助你的孩子努力学习他们的功课？"这些儿童的老师提供孩子们在学习成绩上的评价。

这个研究的结果证明了父母和儿童的自我效能水平能够相当程度地影响儿童的学习成绩。值得一提的是父母对孩子的激励有助于孩子获得好成绩。孩子的信念与学习成绩的关系也证明了研究假设：强的信念与高的自我学习成就相关。

(资料来源：理查德·格里格，等. 心理学与生活. 第16版. 王垒，等译. 北京：人民邮电出版社，2007：403)

三、青少年良好动机的培养

在教学中，不仅要传授知识，更重要的是培养学生对学习的需要和兴趣，维持学生学习的内在动力，即培养学生良好的动机，这对一个人的一生都具有积极意义。

(1) 提高教学艺术，激发学习动机。研究者普遍认为动机不仅能促进学生学习，也能增进学生的自尊心。青少年时期是求知欲最旺盛的时期，也是个体知识储备的黄金时期，通过教育教学激发和培养青少年的学习动机，对改善青少年学习动力不足的现状具有重要作用。这就要求教师在教学中要调动各种因素，引导学生树立明确的、自我认可的目标，对学生的积极行为给予及时的反馈指导，适当提供学习的诱因，通过各种方式引发学生认知不协调，从而激发学生内在改变的需要，并形成学习行为的推动力量。其中，教师良好的、富有吸引力的教学方法和人格魅力也能成为激发学生学习积极性的诱因。因此，一个合格的教师要不断提高自己的教学艺术，通过具体教学环节来引发学生学习的动力。

(2) 引导学生正确归因成败并提供成功的机会。归因理论认为，归因具有动机作用，对学生进行恰当的归因训练，有助于学生形成良好的动机。对学生进行归因训练要分步骤进行。

首先，要培养学生的归因意识，即学生面对事件的成败结果时自觉进行归因的倾向，这对那些总是选择逃避问题的青少年很重要。

其次，要引导学生进行积极正确的归因。这要求教师在教学中，当学生面临成功或失败时，要对其进行恰当的引导，尽量让学生形成有利于今后动力引发的归因，而减少不利于动力形成的归因。比如，对学习失败的青少年，一定要帮助其认识到失败是努力不足导致的，绝不是能力不强或运气不佳的结果，这样才有助于其内在力量的培养。在训练青少年正确归因时，要充分理解归因的意图是为了激发学生学习的动机，不是为了寻求学生学习成果或失败的真正的原因。因此，即使对能力有点弱的学生，也不要让其将失败归结为能力不足，不要让其主观上感受到失败的不可避免，否则他就不会继续努力了。

最后，要提供成功的机会。积极正确的归因训练，如果再能结合成功的体验，就会发挥更大的动力作用。就像一个学生因学习成绩不好而努力学习后，成绩有明显提高，就会强化他的这种积极归因，而且这种归因训练还有助于个体提高自我认识，形成对自我的肯定评价。否则，长期不提供成功的机会和体验，就会形成无助感，即使成功就在眼前，人们也会因为自感无法控制环境而放弃任何努力。

(3) 增强自我效能感，促进学生自我提高。班杜拉的自我效能感理论认为，影响自我效能感形成的因素是个体成败的经验和归因方式。从个体经验的角度看，体验到的成功会增强自我效能感，而长期的失败经历则会降低自我效能感。从归因方式方面看，个体将成功归于外部的不可控因素，如运气、任务难度等，就不会增强自我效能感，而将失败归因于内部的可控因素，如努力，也不会降低自我效能感。自我效能感较高的个体更有自信、更具备成功的信念，而这种成功的预期和信念"也可以创造出一个预期的反馈而变成一种自我实现的预言"。因此，在教育中，要为青少年设立一些目标，并让他们不断实现目标以此来增加成功的体验和积累，同时通过有效的归因训练，增强他们的自我效能感，提高自信，并通过自我效能感的增强，加强行为动机的强度和稳定性，促进学生自我提高。

🔑 拓展阅读

美国心理学之父——威廉·詹姆斯的成长之路

在威廉·詹姆斯于 1875 年教授心理学之前，美国大学里还没有心理学教授。詹姆斯本人从没有上过心理学课程，因为当时并没有这样的课程可上。对此他嘲弄说："我听过的第一次心理学讲座，主讲人是我自己。"但在短短的 20 年之内，20 多所美国大学纷纷开设了心理学课程，出版了 3 本心理学杂志，还成立起一个专业性的心理学学会。心理学这么快地繁荣起来主要有三个原因：许多大学校长希望仿效德国心理学机构的成功；冯特训练的心理学家大批回到美国；最重要的就是詹姆斯的影响。他通过教学，通过他十几篇极受欢迎的文章和一部杰作——《心理学原理》将这些影响扩散出去。

威廉·詹姆斯 1842 年出生于纽约市，家境富裕。不管从哪个角度说，他都应该成为一个纨绔子弟，或至少说，应该成为一个业余的花花公子。

他的祖父是苏格兰—爱尔兰商人，从爱尔兰来到美国。精明强干的他发起组织了伊利湖运河的开掘，从中赚取了几百万美元。这使其儿子亨利(威廉的父亲)得以坐享其成，不再为生存而奔波。亨利读了两年的教会学校，实在受不了那里呆板的长老会教条，坚决辍学。然而，这个学业上不求上进的人却对宗教及哲学极感兴趣，而且这种兴趣终生都没有减退。33 岁时，他遭遇到一次严重的情感危机。晚餐后，他闲下无事，坐在那里呆看着火堆。突然，一股莫名的恐惧感从心底油然而生，并将他彻底笼罩。"一股完全失去理智且可怕的恐惧，完全没有任何来由"，他后来说。这种感觉虽然仅持续约 10 秒钟，却对他触及颇大，并在此后的两年里，阵发性地使他陷入莫名的焦虑之中。他采用一切办法，包括求医、旅行分散注意力等，全都无济于事。最后，他在瑞典神秘主义者依曼纽·斯维登堡的哲学里寻到了解救办法，因为斯维登堡本人也曾受到这种焦虑的打击。

恢复健康后，亨利便将一部分时间花在写作上，同时致力于对几个孩子的教育。他对美国学校颇有偏见，因而时不时地带着家人赴欧漫游(威廉·詹姆斯是 5 个孩子中的长子)，使他们增长见识，接受欧洲文化的熏陶。而后，他再把孩子们带回纽约华盛顿广场的家中，以保持其与美国文化的接触。

这种独特的教育方式使孩子们受益匪浅。威廉·詹姆斯在美国、英国、法国、瑞士和德国都读过书，还接受过私人教育；他随家人去过许多名城的博物馆和画廊，并能用 5 种语言与他人交流；梭罗、爱默生、格里利、霍桑、卡莱尔、丁尼生和 J. S. 密尔等名家都是他家里的常客，他对他们当然并不陌生，而且深受他们的影响；在父亲的影响下，他阅读广泛，哲学基础扎实。

亨利·詹姆斯并不是一个严厉的监工或墨守成规的学究。相反，就他那个时代而言，他随意得不同寻常，而且还是位可亲可爱的父亲，他鼓励孩子们在餐桌上随便谈论任何话题，允许他们去剧院。然而，这位和蔼与放任的父亲并不是事事都顺依着孩子。17 岁时，威廉·詹姆斯希望成为一名画家，可亨利·詹姆斯却希望这个孩子能在科学或哲学上面有所建树，因而怎么也不同意，并执拗地带着全家再赴欧洲，在那里呆了整整一年以冲淡此事。后来，由于威廉再三坚持，亨利终于勉强让其跟纽波特的一位画家学画。半年之后，威廉发现自己缺乏这方面的天赋，也可能觉得这样做过于对不住父亲，于是决定遵照父亲的愿望，入哈佛学习化学。

但繁文缛节的实验室工作再一次使他失去耐心。不久，他即转向生理学，因为穆勒、黑尔姆霍茨和杜布瓦·雷蒙在欧洲做出的开创性工作使这门学科生机勃勃。然而，没过多久，家庭的经济状况开始转坏，威廉意识到自己迟早得谋生计，因此，他转入哈佛医学院学习医学，希望将来做一名医生。但医学同样唤不起他的热情，苦恼的威廉于是花去将近一年的时间跟随哈佛大学的著名博物学家路易·阿加西兹学习自然史，两人一道远赴亚马逊河流域，希望这门学科能成为他的最爱。结果没有，因为他并不喜欢搜集标本。

他回到医学院，在这里又受到各种疾病——腰痛、视力欠佳、消化不良、阵发性自杀冲动等的折磨，而所有这些疾病，或大部分疾病，则起因于他对未来的担忧。为了寻找解脱办法，他再赴法国和德国，并在那里度过了两年的时间，一边沐浴，一边跟着黑尔姆霍茨和其他著名生理学家学习，对新心理学渐渐熟悉起来。之后他又回到美国，并于27岁那年完成医学院的全部课程。由于身体原因，他并没有行医，而是将大部分时间花在对心理学研究上。这一时期，他前途未卜，再加上自己关于意识和整个世界的观点与其父亲的神秘主义和精神追求格格不入，因而总是郁郁寡欢。1870年，也即他28岁时，他经历了与父亲极为相似的情感危机。

威廉在成熟之后曾解释过他父亲的危机，认为是对其暴君般的父亲(即威廉的爷爷)长期敌对的且受到压抑的情绪的总爆发，可威廉从没有暗示自己的危机根源。雅克·巴赞曾提出过假设："人们完全可以合理地猜想，这是无法忍受的压力所造成的，因为他无法反叛一个从没有对他施暴、心中只有慈爱的父亲。"

同父亲一样，他也是通过阅读从情感危机的压抑中得到解脱的。不过，他阅读的不是斯维登堡的书，而是法国哲学家查尔斯·赫努叶(Charles Renouvier)论自由意志的一篇文章。他相信自由意志的意愿果真起到作用，他开始慢慢恢复了。不过，他的一生从没有强壮过，而且总是时不时地产生短暂的压抑情绪。在接下来的两年里，他阅读了大量的生理学和生理心理学著作，因而心理恢复了健康。1872年，他已年近30，但经济上并没有完全独立，而且对未来毫无打算。就在此时，哈佛大学校长查尔斯·埃利奥邀请他去哈佛大学教授生理学，查尔斯·埃利奥是詹姆斯一家在剑桥生活时的邻居。他接受了这个职位。在此后的35年中，他一直守在那里。3年之后，他开始教授生理心理学，并与劳伦斯·黑尔合作一个小型实验室，他在那里向学生们进行演示。他继续杂乱无章地博览群书，渐次形成自己玄妙的心理学概念，并在接下来的3年里，写出大量文章和书评，极力鼓吹他的概念。出版商亨利·霍尔特与他签约，让其就这门新的科学心理学写一部教科书。詹姆斯答应下来，但说需要两年。结果他食言了，因为他在这本书上花了整整12年的时间，直到1890年，他才完成全部书稿。大大出乎出版商的预料，该书在出版后大获成功，很快就成为畅销书。

詹姆斯开始写作该书那年，也即1878年，在某种程度上是一个里程碑。这年他36岁，走向了婚姻。尽管他相信自由意志，但在选择配偶时，他似乎无法支配自己的自由意志。两年之前，他父亲到波士顿激进者俱乐部开会，回来后向大家宣布，他为威廉物色了一个未婚妻。她叫艾丽丝·吉本斯，是波士顿的一位小学教师，也是一个小有名气的钢琴家。

尽管威廉不大情愿地前去相亲，然而，一旦走了第一步，他也只有继续走下去，经过一段马拉松似的求爱过程之后，艾丽丝最终成为他忠实、坚强的妻子和帮手，并为他生养 5 个孩子，充当他的抄写员和智慧伴侣。她欣赏他的天才，理解他的情感需要，容忍他的反复无常。他们的关系有时剑拔弩张，尤其在威廉每次长期外出旅行之前——要与他分开一阵——但就总体而言，他们仍是互敬互爱、彼此忠诚的夫妻。结婚之后，詹姆斯的神经与生理上的症状奇迹般地完全康复。尽管身体远非臻善臻美，但他对生活的态度却大为改观，全身爆发出一股此前从未体验过的热情和能量。是的，他终于成为一个经济独立、有身份地位的男人，有家有室，收入不菲，并可以自由自在地追逐自己的目标。两年之后，哈佛大学对他的特别兴趣和才华称赞有加，晋升其为哲学系副教授(比起生理学系来说，他对心理学的观点在这个系里似乎更为合适一些)，并于 1889 年再次更改他的称号，晋升其为心理学教授。

(资料来源：墨顿·亨利. 心理学的故事——源起与演变. 李斯，等译. 海口：海南出版社，2002：141～147)

本 章 小 结

　　个性是个体之间差异的表现，人的个性具有独特性、稳定性和生物制约性三个方面的特征，其形成受遗传素质、社会生活环境、教育、实践活动、个体内部的矛盾运动和自我意识等多方面因素的影响，其中环境是决定因素，而教育发挥着主导作用。个性倾向性中的需要和动机历来被人们认为是推动行为的动力因素，对需要和动机的研究，尤其是需要的层次理论、动机的认知失调论、成就动机理论、归因理论和自我效能理论等多种较有影响理论，为人们从教育层面更好地解释和激发青少年的行为动力提供了依据。

思 考 与 练 习

1. 结合本章的学习，你认为应该如何培养自己良好的个性？
2. 结合教育和自身的理解谈谈马斯洛需要层次理论对当前教师的启示。
3. 简要阐述当代大学生动机的种类及其具体表现。
4. 根据 4 种动机理论，评述它们在教育教学中的应用价值。

推 荐 阅 读

1. 全国十二所重点师范大学联合编写. 心理学基础. 北京：教育科学出版社，2007
2. 黄希庭. 心理学导论. 第 2 版. 北京：人民教育出版社，2007
3. 彭聃龄. 普通心理学. 第 2 版. 北京：北京师范大学出版社，2008
4. [美]理查德·格里格，等. 心理学与生活. 第 16 版. 王垒，等译. 北京：人民邮电出版社，2004

❖❖❖

第九章　能　　力

本章学习目标

➢　能力的概念。

➢　能力的种类。

➢　智力的内涵。

➢　智力理论。

➢　智力测量。

➢　能力的个别差异。

➢　青少年能力的培养。

核心概念

能力(ability)　才能(talent)　天才(giftedness)　智力(intelligence)　比率智商(ratio intelligence quotient)　离差智商(deviation intelligence quotient)　智力超常(extraordinary intelligence)　智力不足(mental deficiency)

引导案例

能力的奥秘——白痴天才

大约 20 年前，美国电影《雨人》向世人展示了一位"白痴天才"的神秘世界。电影中的主人公在智力上处于弱智水平，正是由于大脑处于一种非常神秘的混乱状态，"雨人"在一些方面拥有超乎常人的天赋，但在其他方面却非常低能。所谓白痴天才，是指那些智力低于常态，但在某一非常有限的领域内，如在心算、日历计算、艺术或音乐方面，表现出异常的心智才能的人。例如英国青年丹尼尔·塔米特对数字有独特的感知力：计算速度比计算器还快；能轻松背出圆周率小数点后的两万多位；还能不假思索地说出某年某日是星期几。塔米特还有惊人的语言学习能力，他会 10 种语言，曾在短短 7 天内学会了冰岛语。他甚至还自创了一门包含 1000 多个词汇的语言。日本的山下京司 12 岁时，作为先天痴呆症患者，住进了一家慈善医院进行治疗。住院后对绘画表现出兴趣，他的画作于 1957 年底，在神户一家商店展出，竟受到各界人士的一致赞赏，有十多万人前往参观和选购。各种杂志争相以他的作品作为封面。在35岁时，山下京司出版了自己的彩色画册，很快便成了全日本的畅销书。我国的音乐指挥家舟舟，直到8岁才数到1、2、3、4、5，但随着音乐响起，舟舟动作优美而流畅的指挥却能让全场观众的掌声久久不能平息。

白痴天才的案例说明了智力并非能力的唯一组成部分，人类所表现出来的能力可能存在差异。本章将深入探讨能力这一种类繁多、表现各异的个性心理特征。

从远古社会至今，人们总在掌握学习经验，解决问题，这就要求人们必须具备起码的知觉能力、记忆能力和思维能力。学生的学习也是如此，处于同一水平的学生在教室里学着相同的内容，有的学生接受知识很快，掌握较好；而有的学生接受很慢，掌握较差，这说明学生之间的能力水平存在个体差异。针对个体差异进行因材施教是教育的重要任务。

第一节　能 力 概 述

有人聪慧，被人们称为天才，视为能力出众的人；有人笨拙，被人们嘲为"白痴"，视为能力贫乏的人。到底什么是能力，能力和才能、天才之间有什么关系，能力可以分为哪些种类，下面将一一揭晓。

一、能力的概念

能力是一个复杂的概念，虽然"能力"一词人人皆知，但对能力科学含义的界定却让心理学家们付出近百年的努力。

(一)什么是能力

现实生活中，人们需要完成各种各样的任务活动，这就需要人们具备完成各种任务活动的能力，能力是顺利、成功地完成活动的重要心理前提。例如，顺利进行音乐实践就必须具备音乐基本素质(音高、音色、音强)的听觉感受性和音乐表象；彩色鉴别、线条比例、形象记忆对画家具有重要意义；而记忆的清晰、思维的敏捷、反应的灵活是更一般的、完成多数活动都应具有的能力。因此，能力(ability)是直接影响活动的效率、保证活动顺利完成的个性心理特征，是人们表现出来的解决问题的可能性，是完成任务、达到目标的必备条件。能力直接影响活动的效率，是活动顺利完成的最重要的内在因素。

理解能力的概念，可以从两方面入手：第一，能力总是与活动紧密联系的。要顺利地完成一种活动，总要有一定的心理和行为条件作保证，能力就是其中的心理条件。不具备相应的能力，就不可能顺利完成活动。但并不是所有在活动中表现出来的心理特征都是能力。只有那些直接影响活动效率、使活动的任务得以顺利完成的心理特征，才是能力。如活泼、沉静、暴躁、谦虚、骄傲等心理特征，虽然和活动能否顺利进行有一定关系，但在一般情况下，不是直接影响活动的基本条件，因而不能称为能力。节奏感和曲调感对于从事音乐活动是必不可少的；准确地估计比例关系对于从事绘画活动是必不可少的；观察的精细性、记忆的准确性、思维的敏捷性则为完成许多活动必不可少。缺乏这些心理特征，就会影响有关活动的效率，使这些活动不能顺利进行，因此它们就是保证有关活动得以完成的能力。第二，能力是直接影响活动效率的基本条件。这并不是说能力是影响活动效率的唯一因素。在活动中表现的其他心理特征如气质、性格等特征也与活动效率有一定关系。灵活或缓慢等气质特征也影响活动效率，但这种影响并不是直接的，不会导致活动无法进行。只有能力直接影响活动效率，并保证活动顺利完成，可见能力是活动的必备心理条件。

(二)才能和天才

当我们评价他人能力时，总会涉及 "才能"或"天才"这样的字样，说明这两个词语都和能力有着紧密联系，但获得这两种评价的个体的能力却有着不同的表现。

1. 才能

能力并非以单一的形式贯穿于活动中，完成任何一项活动都需要人的多种能力的结合。例如绘画，就需要有观察力、再造与创造表象的能力、想象能力、目测大小比例的能力、估计大小与亮度关系的能力、透视能力、用线条表现实物的能力以及灵活自如地运笔能力等。将这些能力结合在一起，出色地、顺利地完成绘画任务，就具有绘画才能。因此，一个人具有某些突出的能力并能将各种能力结合起来，出色地完成有关的任务，我们就说他有某方面的才能。才能 (talent) 就是在完成某种活动中，各种能力的独特结合。

才能是出色完成任务的各种能力的组合，因此，才能存在个体差异。不同的个体，都能出色地完成相同的任务，但完成任务时所组合的能力并非完全相同。同样具有教学才能，有的人以语言表达能力见长，有的人则以逻辑严密性见长。一个人的能力不可能样样突出，甚至还会有缺陷，但是人可以利用自己的优势或发展其他能力来弥补不足，同样也能顺利地完成任务或表现出才能。这种现象叫做能力的补偿作用。例如，盲人缺乏视觉，却能依靠异常发展的触摸觉、听觉、嗅觉及想象力等去行走、辨认币值、识记盲文、写作或弹奏乐曲，有时表现出惊人的才能。又比如，有些人机械记忆能力比较薄弱或在成年后有所减退，但仍然可以依靠或发展自己特有的理解力、判断力去掌握各种知识，或做出有分量的决策，并不比其他人逊色。所有这些都表明，才能并不取决于一种能力，而有赖于各种能力的独特结合。

2. 天才

如果一个人的各种能力或主要能力在活动中达到了最完备的发展和结合，能使人高效率、创造性地完成多种或某一领域的活动任务，通常就被称作天才。天才是高水平的、多种能力的结合，任何单一能力即使达到较高水平，也不能称为天才。天才不是天生的，它是人们凭借先天带来的健全的生理条件，通过后天环境、教育的影响，加上主观的努力而发展起来的。天才是才能的高度发展，是多种能力完备的结合并创造性地解决问题。

(三)知识、技能与能力

能力与知识技能之间是辩证统一的关系，二者既有联系，又有区别，相互促进又彼此制约。能力与知识技能的联系表现在：能力与知识技能辩证统一地存在于个体的活动之中，获得和运用知识技能是能力发展的途径，能力也只有通过对知识技能的获得和运用才能表现出来，而知识技能的获得和运用又是能力活动的结果。一个人的能力发展情况与他对知识技能的获得和运用是相互制约的；能力的发展水平与获得和运用知识技能的水平基本上是一致的。能力与知识技能的区别表现在：能力与知识技能的本质不同，它们分属于不同的范畴，知识是人类社会历史经验的总结，技能是通过学习巩固下来的"自动化"的活动方式，而能力却是人的一种个性心理特征。能力与知识技能在来源上有区别，个体的知识技能完全是后天的，能力则除了要受后天的环境教育等因素的影响外，还要受个体先天遗传因素的影响。个体的能力尤其是智力的发展与知识技能的获得在时间上是不同步的，智力发展较早，知识技能的获得相对要晚一些。知识技能的获得和运用是无止境的，而智力的发展却是有止境的，知识技能的掌握和能力、智力的发展在水平上并非完全一致。

二、能力的种类

根据不同的划分标准，可以将能力划分成不同种类。

(一)一般能力和特殊能力

根据能力的指向性划分，能力可分为一般能力和特殊能力。一般能力是指在进行各种活动中必须具备的基本能力。它保证人们有效地认识世界，也称智力。智力包括个体在认知活动中所必须具备的各种能力，如感知能力(观察力)、记忆力、想象力、思维能力、注意力等，其中抽象思维能力是核心，因为抽象思维能力支配着智力的诸多因素，并制约着能力发展的水平。特殊能力又称专门能力，是顺利完成某种专门活动所必备的能力，如音乐能力、绘画能力、数学能力、运动能力等。各种特殊能力都有自己的独特结构，如音乐能力就是由4种基本要素构成：音乐的感知能力、音乐的记忆和想象能力、音乐的情感能力、音乐的动作能力。这些要素的不同结合，就构成不同音乐家的独特的音乐能力。

一般能力和特殊能力相互关联。一方面，一般能力在某种特殊活动领域得到特别发展时，就可能成为特殊能力的重要组成部分。例如人的一般听觉能力既存在于音乐能力之中，也存在于言语能力中。没有听觉的一般能力的发展，就不可能发展音乐和言语的听觉能力；另一方面，在特殊能力发展的同时，也发展了一般能力。观察力属一般能力，但在画家的身上，由于绘画能力的特殊发展，对事物一般的观察力也相应增强起来。人在完成某种活动时，常需要一般能力和特殊能力的共同参与。总之，一般能力的发展为特殊能力的发展提供了更好的内部条件，特殊能力的发展也会积极地促进一般能力的发展。

(二)创造能力和再造能力

根据创造性大小可将能力划分为再造能力和创造能力。再造能力是指在活动中能顺利地掌握别人积累的知识、技能，并按现成的模式进行活动。这种能力有利于学习活动的要求，人们在学习活动中的认知、记忆、操作与熟练能力多属于再造能力。创造能力是指创造出独特的、新颖的、有社会价值的产品的能力。它具有独特性、变通性、流畅性的特点。

再造能力和创造能力是互相联系的。再造能力是创造能力的基础，任何创造活动都不可能凭空产生。因此，为了发展创造能力，首先就应虚心地学习、模仿、再造。在实际活动中，这两种能力是相互渗透的。

(三)认知能力、操作能力和社会交往能力

根据功能划分，能力可以划分为认知能力、操作能力和社会交往能力。认知能力是指个体接受信息、加工信息和运用信息的能力，它表现在人对客观世界的认识活动之中。操作能力是指人们为了适应和改造客观世界，协调自己的动作，掌握和运用技能必备的心理因素和条件。社会交往能力是指参加社会群体生活与周围人们相互交往、保持协调的能力等。

第二节 智力及其开发

智力是保证人们有效地认识世界，完成各种活动的各种基本能力。心理学家们从不同的角度对智力进行界定和研究，因此形成了不同的理论观点，这些理论观点对智力的开发产生了十分重要的影响。

一、智力的内涵

人类对智力的研究已有一个世纪之久，虽然存在着各种学术争论，但也形成了一种共识：智力是一个非常复杂的系统。

(一)智力的概念

心理学家一般认为智力不是具体的物质，而是一个概念。然而，在这个概念上，心理学家们却争论不休：我们是否应该把智力定义为一种先天的心理能力，一种心智操作所达到的水平，或者是一种被赋予的品质。20 世纪初期，大多数心理学家认为，智力由思维、推理和问题解决能力构成，这些内容大体上就是传统智力测验所反映的内容。但越来越多研究表明，传统的智力概念只涉及了智力的极小部分，由智力测验所获得的智商几乎不能决定一个人事业是否成功、生活是否圆满。从这个意义上讲，智力是一个社会建构性的概念，社会文化认定的"智能"，就是在其社会文化中能够成功的那些特质。在农村，智力可能是辨别哪些天然草药能够有效治疗特定疾病的一种才能。在亚洲文化里，智力可能是社交技能。在西方国家，智力是在认知任务中的优秀表现。在各种社会背景下，智力(intelligence)都是从经验中学习、解决问题、运用知识适应新情境的能力。

(二)智力的发展

对个体而言，智力的发展千差万别，但对人类这一总体而言，智力的发展又存在着相对稳定的共性。

1. 智力发展的一般趋势

智力的发展呈现出最初逐渐升高、最后又有所下降的过程。心理学家贝利用三种智力量表，对同一组被试进行了为期 36 年的跟踪研究。根据贝利的研究，13 岁以前智力是直线上升发展的，以后缓慢发展到 25 岁时达到最高峰，26～35 岁保持高原水平，35 岁开始有下降趋势，如图 9-1 所示。

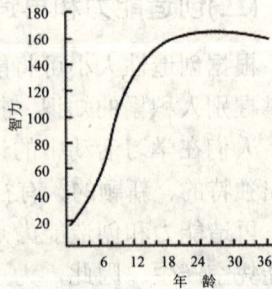

图 9-1 智力年龄曲线

智力年龄曲线说明了智力随年龄发展的一般趋势，但对智力的不同成分的研究发现，不同性质的智力衰退的速度是不均衡的。如手眼协调、动手操作以及技术能力一般从33岁开始表现出衰退现象，到66岁衰退速度加快，而写作能力约在65岁之后才出现衰退现象，如表9-1所示。

表9-1 不同年龄的智力变化[①]

年　　龄	10～17	18～29	30～49	50～69	70～89
知觉	100	95	93	76	46
记忆	95	100	92	83	55
比较、判断	72	90	100	87	67
动作、反应速度	88	100	97	92	71
合计	355	385	382	338	239

2. 智力发展的稳定性和预见性

智力的稳定性是指一个人从出生到中年其智力测验的分数是否有一致性。比如，一个人在5、10、20、30岁所测智商均在100分左右，说明其智力有很高的稳定性。稳定性越高，预见性就越高，也就是说，以此时的智力去预测今后的智力的发展水平的可靠度越高。

一般来说，测验时年龄越小，其结果的预见性越低。因为婴儿脑发育极快，能力发展也快。只有当脑发育基本成熟，其智力才趋于稳定。在2～5岁之间，预见性显著增加，5岁时的智商已可显著地预示未来各年龄县至40岁的智商了。当然，这并不是说一个人5～40岁都保持着不变的智力，而是说他的智力以一定的速度发展，从而使他在同辈人中保持着相对稳定的水平。

在9～18岁期间，智力的可预测性进一步提高。到20岁时，预见性达到非常好的程度，这是因为在20岁以后智力基本保持在一定水平上。然而，不同方面的能力有着不同的发展时间表，如图9-2所示。因此，对不同能力方面的预测就有所不同。

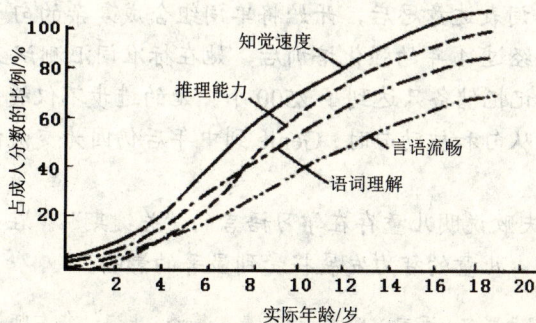

图9-2 4种不同能力的发展变化

---

① 表9-1是测量许多人后计算出的平均数，其实不同人的智力衰退速度是不相同的。一般说智力水平高、受教育程度高的人智力衰退的年龄会推迟，而且衰退的速度也较为缓慢。

3. 智力发展的关键期

在某一时期，人对外界刺激的变化特别敏感，容易接受特定影响而获得某种能力。这一时期就是能力发展的"关键期"(critical period)。这种现象最早在动物身上发现，比如猫在出生4～5天时，是获得形状和颜色视觉的关键期。如果在这个时候把猫眼缝上，日后打开，它不再有正常视觉，变成瞎猫。

不少学者探讨了人类智力发展的关键期问题。平特纳(R. Pintner)认为："从出生到5岁时，智力增加最快，5～10岁时，生长虽没有如此之大，但是仍旧是固定的，并且是容易测量的。再后的5年，生长就逐渐减小。"皮亚杰认为，从出生到1岁是人的智力发展的决定时期。如果把17岁所达到的普通水平看作100%的话，那么从出生到4岁就已获得了50%的智力，4～8岁又获得30%，最后的20%的智力则在8～17岁时获得。

📖 **知识拓展 9-1**

错过关键期的儿童

电影《嘲鸟难鸣》是根据美国一起悲惨的儿童虐待案件改编而成的。故事中的主人公叫 Genie，她从18个月起，就被父亲关在一间小房子里，锁在儿童便椅上，几乎不能移动。房间里既没有什么可以看，也没什么可以摸，也没有声音刺激——没有收音机和电视。整个成长过程中，Genie 不能跟父亲和懦弱半瞎的母亲说话，如果她自己说话则会遭到父亲的毒打。直到 Genie 13岁半时，她的母亲才鼓起勇气带着她离家出走，可此时的 Genie 还不能直立站立，大小便失禁，也很不善于社交，总是沉默。

人们开始尝试用各种方法帮助 Genie 克服心理和生理的问题，其中对 Genie 语言能力的培养被看成是一项艰巨的挑战，心理学家们也想以此来证明是否儿童在青春期以后还能学会语言。而真正着手这项工作的是一个心理语言学专业的研究生，她叫苏珊·格特斯(Susan Gurtiss，1977)。在进行精心细致的安排后，苏珊在之后的几年时间里努力教授 Genie 语言技能。苏珊花费了大量的时间激发 Genie 学习使用语言跟他人交流的兴趣，并详细记录下这个孩子的每一点进步。在苏珊的帮助下，Genie 逐渐开始理解并说出单词，并由此建立起了词汇，在学会用单个单词表达意思后，开始将单词组合成复杂的句子表达意思。但是，她的进步是非常缓慢的。经过4年的强化培训后，她在标准词汇测试上只达到了5岁孩子的水平，并且她对双词的记忆储备只达到了2500个。她的进步不仅缓慢而且有限，特别是在学习语法和如何造关系从句和被动句时。Genie 到中年后仍因为交流能力非常有限而与其他人隔绝。

Genie 学习语言的失败说明儿童存在学习语言的"关键期"。在个体的毕生发展中如果错过智力发展的关键期，儿童的智力发展将受到显著的影响。

(资料来源：[美]卡罗尔. 语言心理学. 谬小春，等译. 上海：华东师范大学出版社，2007：227)

(三)智力与非智力因素

非智力因素有广义与狭义之分，广义的非智力因素是指智力因素之外的对智力发挥或发展有影响的一切心理因素；狭义的非智力因素主要指动机、兴趣、情感、意志、性格等对学生学习有重要作用的心理因素。非智力因素在人的认识活动中具有动力作用、定向作用、引导作用、维持作用、调节作用、强化作用。

智力与非智力因素之间是相互作用的关系。首先，智力促进非智力因素的发展。这又表现在两方面：一方面，智力活动的开展会对非智力因素提出一定的要求，从而促进它的发展；另一方面，智力的各个因素在实践活动中逐渐具有了稳定性，就可以直接转化为性格的理智特征，如记忆力的敏捷性、正确性、持久性，思维力的批判性、独立性、深刻性及广阔性等，而性格是非智力因素的重要成分。可见，智力的发展过程也是非智力因素的发展过程。其次，非智力因素又能支配智力活动，只有在非智力因素的主导下，智力活动才会积极主动，才会克服困难、坚持到底。最后，非智力因素还能补偿智力方面的弱点，"勤能补拙"就是说明非智力因素对智力的补偿作用。由此可见，培养非智力因素是发展智力的重要条件与方法。

必须指出的是，智力与非智力因素发展的一致性不是绝对的、自发的，在教学中既要发展学生的智力，也要注意培养学生的非智力因素。

二、智力理论与测量

智力理论最早是由心理学家为制定智力测验，并解释各类测验结果间相互关系而提出来的。例如比奈、韦克斯勒等都认为"智力是一种总括的或综合的能力"，是由言语、理解、推理、空间认知等方面的特性共同构成的，他们制定的智力测量也就包括了空间关系、属概念、理解、推理、言语等方面的内容。

(一)智力理论

尽管人类对智力的研究已有一个世纪之久，但关于什么是智力这个问题，长期以来一直存在着争论。其主要原因在于智力是一个复杂的系统，心理学家们从不同的角度对智力进行研究，因此形成了不同的理论观点。

1. 二因素理论

二因素理论是英国心理学家斯皮尔曼(C.E.Spearman)在运用因素分析的方法对智力测验的各项目之间的相关进行统计分析之后提出的。斯皮尔曼认为，智力是由一般因素(G)和一组特殊因素(S)两种因素组成的。个体完成任何一种作业都需要这两种因素的参与，前者是一切智力活动所共同具有的因素，而后者是某种智力活动的特殊因素，这种特殊因素会随活动的不同而各不相同。每个人的一般因素和特殊因素都不相同，即使具有同样一种特殊因素，在程度上也会有差异。一般因素和特殊因素互相联系，其中，一般因素是智力结构的关键和基础。

2. 群因素理论

1938年，美国心理学家瑟斯顿(L.L.Thurstone)通过对实际智力测验分数进行因素分析提出了智力的群因素论。瑟斯顿认为，智力并不是由斯皮尔曼所说的一般因素和特殊因素组成的，而是由许多彼此无关的原始能力或因素所组成的。这些构成智力的原始因素共有7种，也称为7种基本心理能力，这些基本心理能力的不同搭配，便构成每个个体独特的智力结构。这7种基本心理能力是：①语词的流畅性，即正确、迅速地拼字和词义联想敏捷的能力；②语词的理解能力，即了解词的意义的能力；③空间知觉能力，即运用感知经验正确判断空间方向及各种关系的能力；④知觉速度，即迅速而正确地观察和辨别的能力；⑤计算能力，即正确而迅速地解答数学问题的能力；⑥推理能力，即根据已知条件进行推断的能力；⑦记忆力，即对事物强记的能力。这些基本心理能力又包括若干密切相关的智慧因素，实质上是一种群体因素。

3. 三维智力结构理论

三维智力结构理论是美国心理学家吉尔福特(J.P.Guilford)于 1959 年提出的一种智力结构理论。他认为，智力因素由三个维度构成，好比一个有长、宽、高三个向度的方块，每个维度又由有关的要素组成。智力的第一个维度是操作，即心理活动或过程，包括认识、记忆、发散思维、辐合思维和评价 5 个方面。第二个维度是材料内容，即信息材料的类型，包括视觉、听觉、符号、语义和行为 5 个方面。第三个维度是产物，即信息加工的结果，包括单元、类别、关系、系统、转换和蕴涵 6 个方面。每个维度中任何一个项目相互结合，总共可得出 5×5×6=150 种结合，每种结合代表一种智力因素，如图 9-3 所示。吉尔福特试图在现实的智力活动中寻找这 150 种智力因素，以验证智力的三维结构。1959 年发现了 40 种因素，1970 年又增加至 98 种因素(其中认知因素 24 个，记忆因素 18 个，发散思维因素 23 个，辐合思维因素 15 个，评价因素 18 个)，1971 年又宣布达到 100 多个。吉尔福特智力结构理论是对群因素理论的发展，是对智力复杂结构认识的深化。各种智力活动都因受内容影响而表现出不同结果，特别是发散思维与辐合思维相结合对人的创造活动极为重要。但他否定了智力普遍因素的存在，坚持智力因素的独立性，受到心理学家的批评。

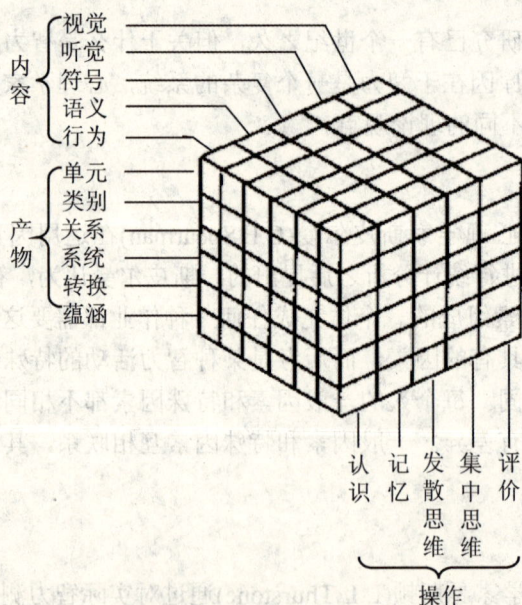

图 9-3　智力三维结构模型

以上三种智力理论试图通过寻找智力的各种构成因素来揭示智力的本质，又被称作传统智力观。在传统智力观的影响之下，为了适应儿童智力的个别差异，在教学组织形式上主要采用的是同质分组的办法。所谓同质分组，就是按儿童的智力或知识程度分校、分班或分组。同质分组的优点在于有利于缩小儿童之间的差距，便于用统一的进度和方法进行教学，在一定程度上可以提高教学质量。但是，同质分组也存在着许多局限性。第一，很难找到一种理想的分组标准。若以智商分组的话，只适合小学低年级儿童，因为随着年级的升高，儿童的智力发展和学业成绩不完全同步，智商相同的儿童在学业成绩上可能有较大的差距。如果以学业成绩分组的话，由于儿童各学科成绩参差不齐，很难得到对各学科成绩的一致评价。而且，这种方法不考虑儿童学习的潜力，将不利于有学习潜力的儿童的发展，也容易出现儿童学习成绩的两极分化。第二，同质分组客观上给儿童贴上了不同的标签，容易使成绩好的儿童骄傲自满，使成绩差的儿童自卑，有挫折感，因此，不利于儿童的健康成长。例如，在我国一些地区所分的重点学校和非重点学校以及学校内部各年级所分的重点班和非重点班，性质上都是同质分组，只不过我国的重点和非重点学校、学校中的重点班和非重点班主要是按儿童的学业成绩来进行划分的。也可以采用在常规教学班内灵活分组的办法来对儿童进行因材施教。有时，为了便于进行因材施教，教师可按儿童的学习程度将全班儿童临时分为若干组，然后根据各组儿童实际，采用不同的方法和进度进行分别指导，也可布置难度不同的作业。为了促进儿童之间的相互影响，也可将不同程度的儿童进行混合编组，共同完成某项任务，以便他们取长补短。

4．多元智力理论

随着时代的进步，特别是认知心理学的发展，人们对智力的研究和认识也得到了不断的深入和发展。心理学家们发现人的智力应该是复杂而多层面的，而传统的智力所测试的仅仅局限于学业智力，而且这种测试也忽略了智力与现实世界的联系，用这种测试来衡量和评价人的智力就难免会失之偏颇。因此，自20世纪后半期以来一些心理学家提出了不同于传统智力理论的新智力观。

多元智力理论是新智力观的代表之一，该理论由美国哈佛大学心理学家加德纳(H.Gardner)于1983年提出。他认为，智力应该是指在某种社会或文化环境的价值标准下，个体用以解决自己遇到的真正的难题或生产及创造出有效产品所需要的能力。他认为人的智力结构中存在着7种相对独立的智力，每种智力都有其独特的解决问题的方法，都有其自身符号系统。这7种智力在每个人身上的组合方式是多种多样的，有人可能在某一个方面是天才，而其余方面却是蠢材，有人可能各种智能都很一般，但如果他所拥有的各种智能被巧妙地组合在一起，则可能在解决某些问题时会显得很出色。这7种智力是：①语言智力，即学习和使用语言文字的能力。主要表现为个体顺利而高效地利用语言描述事件、表达思想并与人交流的能力。②逻辑-数学智力，即数学运算和逻辑推理的能力。主要表现为个体对事物间各种关系(如类比、对比、因果和逻辑等关系)的敏感及通过数理运算和逻辑推理进行思维的能力。③视觉-空间智力，即凭知觉识别距离、判断方向、辨别色彩的能力。主要表现为个体对线条、形状、结构、色彩和空间关系的敏感及通过平面图形和立体造型将它们表现出来的能力。④音乐智力，即对音律的欣赏及表达的能力。主要表现为个体对节奏、音调、音色和旋律的敏感以及通过音乐表达自己的思想和情感的能力。⑤身体-运动智力，即支配肢体以完成精密作业的能力。主要表现为个体控制身体动作、对事件作出身体反应以及利用身体语言表达自己的思想和情感的能力。⑥人际智力，即与人交往并能和睦相处的能力。主要表现为个体觉察他人情绪、欲望和意图并据此作出适宜反应的能力。⑦自我认识智力，即认识自己并选择自己生活方向的能力。主要表现为个体意识自身的情绪、欲望、个性等并在自我评价的基础上形成自尊、自律和自制的能力。同时，加德纳还认为，每个人都拥有相对独立的 7 种智力，它们在每个人身上以不同的方式和程度进行组合，从而使每个人的智力各具特色。同样具有高度发达智力的人，可能是一名作家、数学家，也可能是一名音乐家、画家等。

5. 三元智力理论

在多元智力理论中，各种不同形式的智力是相互独立的，而美国耶鲁大学的心理学家斯滕伯格(R.J.Sternberg)所提出的三元智力理论却关注将各种智力成分组合起来。斯滕伯格认为，一个适当的智力理论应该考虑智力与内在世界、外在世界以及人的经验的关系。由此，他提出人的智力由三部分构成：①成分智力，主要是指个体对初级信息进行加工的能力；②背景智力，主要指个体在日常生活中，运用所掌握的知识经验处理日常事务、适应环境的能力；③经验智力，主要是指个体运用自己已有的经验处理新问题的能力。斯滕伯格认为，成分性智力在整个智力结构中起着核心的作用。成分性智力又包括元成分、操作成分和知识获得的成分三个子成分。元成分用于智力活动的计划、资源分配、监控和策略的选择等高级管理过程；操作成分是用于执行元成分的指令(编码、储存、提取等)，并提供反馈信息的过程；知识获得的成分主要指获取新知识和新信息的过程。

(二)智力测量

智力测量是在一定的智力理论和测量理论指导下，通过测验的方法来衡量人的智力水平高低的一种方法。现行的智力测量所依据的理论基础还主要是传统的智力理论，它偏重于个体的语言能力、数理逻辑能力和空间关系等方面，其结果一般反应的是人的分析能力，或者说只是一种和学业成就有关的智力，因此，在应用智力测量结果时应加以注意。

1. 斯坦福-比奈量表

1905 年，阿尔弗雷德·比奈(Alfred Binet)和他的同事西奥菲勒·西蒙(Theophile Simon)为了将发育迟滞儿童与正常学龄儿童区分开来，编制了世界上第一个智力测验量表，该量表被称为比奈-西蒙量表。他们对不同年龄的孩子都进行了测量，这样不同年龄的正常儿童的平均分数被计算出来。然后每个孩子的成绩与同龄孩子的平均成绩相比较。测验的结果以达到某一特定分数的正常儿童的平均年龄来表示，这被称为心理年龄(mental age)。例如，当一个孩子的成绩与一组 5 岁孩子的平均成绩相当，那么他的心理年龄是 5，而不管他的生理年龄(chronlolgical age)是多大。

1916 年，美国斯坦福大学推孟(L.M.Terman)发表了经过修订的比奈-西蒙量表，通常被称为斯坦福-比奈量表。在斯坦福-比奈量表中，为了便于不同年龄儿童智力的比较，推孟提出了智商(intelligence quotient，IQ)这一概念。IQ 即是心理年龄与生理年龄的比率再乘以 100 之后的值，也称比率智商(ratio intelligence quotient)，计算公式如下：

$$IQ = \frac{MA(心理年龄)}{CA(生理年龄)} \times 100 \qquad (乘 100 是为了消除小数)$$

如果一个 8 岁的孩子所测得的心理年龄是 10，那么他的 IQ 值为 125。而同一生理年龄的孩子如果只完成了 6 岁孩子的任务，那么他的 IQ 值为 75。那些心理年龄与生理年龄相当的个体的 IQ 值为 100。

该量表在 1937、1960 和 1972 年进行过多次修订，同时也被英、德、日、意等国的心理学家翻译成本国文字，并进行本土化修订。我国学者也曾对该量表进行过多次修订，使之适合于中国人使用，1982 年由吴天敏修订的《中国比奈测验》共 51 题，适用于 2～18 岁的儿童。

2. 韦克斯勒量表

美国心理学家韦克斯勒(D.Wechsler)为了使成人智力测验不再依赖于语词项目，他在 1939 年发表了韦克斯勒-贝尔维尤智力量表。自此，韦克斯勒先后编制或修订了韦氏儿童智力量表(WISC，1949)，用于评定 6～16 岁儿童的智力；韦氏成人智力量表(WAIS，1955)，用于评定 16 岁以上成人的智力；韦氏学前儿童智力量表(WPPSI，1967)，用于评定 4～6 岁儿童的智力。韦氏量表均包括言语和操作两个分量表，每个分量表又由一些分测验构成。各分测验自成系统，其测题由易到难顺序排列。言语分量表由常识、理解、算术、类比、词汇和数字广度 6 个分测验组成。操作分量表由填图、积木、图片排列、拼图、符号转换和迷津 6 个分测验组成。每个分测验均有指导语。由于有言语和操作两个分量表，所以测验结果就有言语智商、操作智商和全量表智商之别。

韦氏智力量表的另一个重要特点是，它废除了心理年龄的概念，保留了智商的概念。但在韦氏量表中的智商已经不是传统意义上的那种比率智商了，而是离差智商。离差智商(deviation intelligence quotient)以智力的正态分布曲线为基础，将人们的智商看作平均数为 100、标准差为 15 的正态分布，它表明被试的分数相对地处于同年龄标准化样组的均数之上或之下有多远，即以离差大小表明智力高低，离差大，且为正数者智商高，离差小，且为负数者智商低。计算公式如下：

$$离差智商 = 100 + 15Z = 100 + 15 \times \frac{X - \overline{X}}{S}$$

式中：Z 为标准分数；X 为被试测验分数；$\overline{X}$ 为团体的平均分数；S 为团体分数的标准差。

用离差智商代替比率智商可谓韦氏智力量表的重大贡献，因为离差智商克服了比率智商的不足，即不会再由于一个人的心理年龄和生理年龄的不同步增长，而出现年龄越大智商越低的现象。

3. 瑞文推理测验

瑞文推理测验(Raven's progressive matrices，SRM 或 RM)是英国心理学家瑞文(J.C.Raven)于 1938 年编制的一种非文字智力测验。题目由两种形式组成，一种题目形式是从一个完整图形中挖掉一块，另一种是在一个图形矩阵中缺少一个图形，要求被试从提供的几个备选答案中，选择一个能够完成图形或符合一定结构排列规律的图案。

瑞文推理的优点在于测验对象不受文化、种族与语言等条件的限制，适用的年龄范围也很宽，从 5 岁半直至老年，而且不排除一些生理缺陷者；测验既可单独进行，又可团体施测，使用方便，省时省力；结果以百分登记常模解释，直观易懂。因而该测验在世界各国广泛使用。

三、青少年智力发展的特点与开发

青少年阶段是人生发展的重要时期，对青少年智力发展特点的理解有助于促进青少年智力的发展，有助于有针对性地开发青少年的智力。

(一)青少年智力发展的特点

青少年时期一般指十二三岁到十七八岁这一年龄阶段，在我国的学校教育中，一般处于中学阶段，具体又可以分为初中阶段和高中阶段。

1. 初中生的智力发展

伴随着初中生生理、心理发生的显著变化，其智力发展也取得了巨大进步。这种智力进步体现在量和质两个方面。在量方面的变化，主要表现为他们能更轻松、更快捷、更有效地完成各种认知任务，这是由于初中生各种基本智力因素(如言语、感知觉、记忆、想象及思维能力)的进一步提高和完善导致的；在质的方面，主要表现在初中生认知结构及思维过程的具体变化上，新的认知结构的出现使得初中生在解决问题时，能逐渐熟练地运用假设、抽象概念、逻辑法则以及逻辑推理等手段，提高了解决问题的精确性及成功率。朱智贤也认为，初中生思维活动的基本特点是抽象逻辑思维已占主导地位，但有时思维中的具体形象成分还起作用。

此外，与初中生心理发展的矛盾性特点相呼应，在初中生的思维品质中也显示出明显的矛盾性，主要表现为在思维创造性和批判性得到明显增加的同时，思维中的片面性和表面性的表现依然突出。在思维创造性方面，初中生具有强烈的求知欲和探索精神，他们兴趣广泛、思想活跃、敏感，与成人相比较少有保守性，他们喜欢进行丰富的、奇特的幻想，喜欢别出心裁和标新立异，他们在许多方面都表现出强烈的创造欲望。在思维的批判性方面，初中生思维批判性的明显增长，一方面表现在他们不愿轻易地接受别人的意见，对别人的思想、态度及意见，经常要做一番审查，甚至有时持过分怀疑和批评的态度；另一方面，表现在他们开始严肃认真地对待自己的思想和主张，能够有意识地调节、支配、检查和论证自己的思想；最后，还表现在对世界宇宙的看法上，开始热衷于探讨那些极为深奥而神秘的星辰运转、生命起源等问题，显露出一种不愿盲目生存的人生态度的萌芽。在思维的片面性方面，初中生思维的片面性主要表现在其思想的偏激与极端，不能全面、辩证地分析问题、解决问题，而是抓住一点而不计其余。在思维的表面性方面，初中生思维的表面性主要表现为，他们在分析问题时，经常被事物的个别特征或外部特征所困扰，难以深入到事物的本质中。总之，初中生思维品质的发展也具有矛盾性，同样体现出半成熟、半幼稚的特点，随着他们各种相关能力的增强，其思维品质也将获得更全面的发展。

2. 高中生的智力发展

高中阶段，又称青年初期(也有人称为青年中期)，从十四五岁开始到十七八岁结束。经过初中阶段生理及心理上的剧变及动荡，高中生的生理及心理均趋于成熟和稳定。这首先表现在其智力的发展水平上。

高中生智力的发展，一方面是表现在其观察能力、记忆能力、想象能力等方面的发展变化和完善上，但更主要的是体现在其思维能力的提高上。进入高中阶段以后，学生的抽象逻辑思维属于理论型，高中生已能在头脑中进行完全属于抽象符号的推导，能以理论作指导去分析、解决各种问题。高中生抽象逻辑思维发展的总特点可概括为三个方面：①高中生的抽象逻辑思维已具有充分的假设性、预计性及内省性；②形式逻辑思维处于优势，辩证逻辑思维迅速发展；③抽象逻辑思维的发展在高中阶段进入成熟期。

高中生形式逻辑思维的发展，主要表现为三个方面：①在概念的发展上，在正常的教学条件下，高中生能够对他们所理解的概念作出比较全面的反映事物本质特征和属性的合乎逻辑的定义。并使掌握的概念，逐步摆脱了零散、片断的现象，日益成为有系统的、完整的概念体系。②推理能力的发展上，从高中一年级开始，学生的推理能力有了明显的进步，各种推理能力都得到了较好的发展。高中二年级以后，学生的推理能力已基本达到成熟，各种推理能力都达到了比较完善的水平。③逻辑法则的运用能力，到高中二年级，学生在掌握和运用逻辑法则方面已趋于成熟。同时，他们在掌握不同逻辑法则的能力上存在着不平衡性。

高中生辩证逻辑思维的发展，是与他们的形式逻辑思维的发展相辅相成的。当然，高中生形式逻辑思维的发展水平高于辩证逻辑思维的发展水平。而且，他们形式逻辑思维发展较为稳定而匀速，而辩证逻辑思维的发展则比较迅速。形式逻辑思维和辩证逻辑思维毕竟是一个人抽象逻辑思维的两个不可分割的组成部分，前者是后者的基础，后者是前者的发展，两种思维形式的相互促进，使得高中生的思维水平更高、更成熟、更完善。

(二)青少年智力的开发

贝利认为 13 岁以前智力是直线上升发展的，以后缓慢发展到 25 岁时达到最高峰。这说明青少年时期智力的发展相对缓慢，教师可以基于认知策略、元认知以及思维品质的角度促进青少年的智力开发。

1. 基于认知策略开发智力

虽然认知策略不是认知基本成分，但认知策略对信息加工过程的效能具有重要影响，是制约认知过程的重要因素。因此，认知策略训练在智力开发中具有独特的意义，"学会学习"、"学会思维"、"学会创造"等观念早已成为教育界十分流行的口号。目前关于认知策略的研究主要集中在 4 个领域：识记策略、复述策略、精加工策略和组织策略。

识记策略和复述策略的作用仅仅是保持信息，是一种较低水平的信息加工策略。对于简单的识记任务，口头重复即可完成对识记材料的维持；对于某些复杂的任务，则需要依据"遗忘规律"来组织自己的复述，以将新学的材料保持在长时记忆中。

精加工策略是一种更高水平的更精细的信息加工策略，是在意义理解基础上的信息加工策略。具体方法有画线法、笔记法和卡片法。画线法能使学生快速找到和复习课文中重要的信息，而在画线的旁边注释可能是一种更为有用的方法。记笔记则是学生借助笔记有效控制自己的认知加工过程。记笔记有助于维持学习注意和兴趣，有助于概括新的知识和建立新旧知识之间的联系。卡片法指将要记录的内容写在卡片上，既有利于归类存放，又有利于存取、批注。它广泛地适用于零散资料的收集，是非系统性自学最适宜的笔记形式。

画线法的常用方法有：圈出不知道的词；标明定义；标明例子；列出观点原因或事件序号；在混乱的章节前画上句号；给自己作注释，如检查上文中的定义；标出可能的测验项目；画箭头表明关系；注上评论，记下不同点和相似点；标出总结性的陈述。

5R 笔记法是一种典型的课堂笔记形式，诞生于美国康奈尔大学，所以又名康奈尔笔记法，它几乎适用于一切课堂自学场合。其具体内容由 5 个方面组成：①记录，在听讲或阅读的过程中，在主栏内尽量多记有意义的概念、论据等；②简化，课后将主栏内容恰当概括，并简明扼要地写进辅栏；③背诵，即遮住主栏内容，以辅栏内容为线索，叙述课堂上学习过的知识，叙述后打开主栏核对正误；④反省，即把自己听课或阅读时的想法、意见等，写在卡片或笔记本的某一单独部分，并加上标题和索引，编制成提纲、摘要，分类别群；⑤复习，每周花一定时间快速浏览笔记，主要是看辅栏。

卡片法中做卡片应做到：①一卡一"题"；②在卡片的左或右上角，标明分类号、材料性质等；③在卡片下方正中打孔，用线串卡成整，便于保存和查找。卡片法在用于学科知识的学习时应注意：同笔记法配合使用，即在认真记好笔记的前提下将那些意义性不强的、容易遗忘而又重要的知识点记到卡片上；还要和复述策略配合使用，即依据遗忘规律进行复习。

组织策略是将经过精加工提炼出来的知识加以构造，形成更高水平知识结构的信息加工策略。具体方法是列提纲和制作结构网络图。

在教列提纲技能时，教师可先提供一个列得比较好的提纲，然后解释这些提纲是如何统领材料的，下一步就可以利用各种不完整的提纲，逐步对学生进行训练：①提供一个几乎完整的提纲，需要学生听课或阅读时填写一些支持性的细节；②提供一个只有主题的提纲，要求学生填写所有的支持性的细节；③提供一个只有支持性细节，而要求填写主要观点的提纲。

制作结构网络图通常按以下步骤进行：①全面了解材料，识别主要知识点；②把材料分成各个组成部分，找出每个部分的联系或关系；③把各个部分按照它们的联系或关系联成一个统一的整体。

此外，丹塞路(Dansereau)等人发展了一种"网联技术"，让被训练者识别材料中各种思想之间的主要内部联系，这实际上是对组织策略的训练。这种"网联技术"对于提高大学生的组织策略十分有效。美国心理学家科文顿等人(Cobington、Crutchfield Davis) 提出的"创造性思维训练"，是专门教被训练者一些如何产生假设、如何检验假设之类的策略，通过训练来提高个体问题解决的创造能力。美国心理学家梅耶 (Mayer) 提出的"样例学习"法，是基于专家与新手解决问题的思维模式的差异，教新手以专家的问题解决策略来解决问题，提高新手的能力。

2. 基于元认知开发智力

元认知是一个人所具有的关于自己思维和学习活动的认识和监控，是一种不同于一般能力倾向的特殊的认知，既包括个体对自己或他人的认知过程、认知结果的认识，也包含对认知过程的情感体验以及个体内在的对当前认知活动的监控和调节。有研究表明，元认知在儿童的学习、记忆、理解、问题解决等方面的活动中起着重要的作用。对个体元认知的训练将有助于促进个体注意和记忆的发展，能够弥补某些智力发展的不足，提高学习和解决问题的能力。元认知训练方案中较为著名的有弗斯坦(Feuerstein)工具强化训练、利普曼(Lipman)的儿童哲学课程、董奇的儿童阅读中元认知的培养方案等。在实际教学中，元认知训练的方法主要有三种：自我提问法、相互提问法、知识传授法(三种训练方法的具体操作详见第十一章)。以上几种元认知训练，都能一定程度地提高学生的元认知水平，特别是对复杂、困难的问题，元认知的训练就更为有效。元认知能力的培养可以通过元认知学习意识的提高、元认知知识体验的丰富、元认知知识操作的指导等途径实现。

3. 基于思维品质开发智力

单独对思维的某个品质或能力进行训练也具有智力潜能开发的效果。早在 20 世纪 30 年代，克劳福德 (Crawford) 就开创了训练思维流畅性的先例，发明了"属性罗列法"，强调通过养成一种思维习惯来培养思维的流畅性。之后，奥斯本(Osborn) 在 20 世纪 40 年代开始推广"头脑风暴法"(brain storming)。采用小组讨论的方法，让被训练者彼此相互提供刺激，促使在短时间内产生大量的思想冲突，从而达到开发思维流畅性的目的。近来，许多心理学家从关注思维品质的训练转向具体的思维能力的训练，如解决问题能力、归纳推理能力和演绎推理能力等。例如，归纳推理能力训练的基本形式是首先呈现一些具体的事例，然后要求训练者对事例进行研究或探索，归纳出一个规则，再把规则应用到具体例子中，以便检验归纳的正确性。而演绎推理能力则是把一些推理的规则教给被训练者，让被训练者利用这些规则来解决逻辑推理问题。

第三节　能力的个别差异与培养

世界上没有能力完全相同的两个人，这是因为在个体成长过程中受遗传与环境的交互影响，使个体之间在身心特征上显示了彼此的不同，把这种能力上的差异称为个体差异(individual difference)。了解个体之间的能力差异，是"因材施教"的前提条件。

一、能力的个别差异

能力的个别差异是指在个体能力发展的过程中所表现出来的发展水平的差异、能力类型的差异以及能力表现的年龄差异。

(一)能力发展水平的差异

个体的能力水平有高低之分，即使能力水平相当的人，在其不同的能力类型上也可能存在发展水平的差异。这种发展水平的差异主要表现在三个方面：智力、特殊能力和创造力。

1. 智力发展水平的差异

总体说来，智力在人口总体中表现为正态分布(normal distribution)：两头小，中间大。智力的高度发展称为智力超常或天才，智力发展低于一般人叫智力低下或智力落后，中间分成不同的层次。如果用斯坦福-比奈量表来测量某一地区全部人口的智力，则不同智商水平在人口中所占百分比是不同的，如表 9-2 所示。

表9-2　IQ 的含义及其在全部人口中的分布

智　商	含　义	占全部人口的百分比/%
139 以上	极优秀	1
120～139	优秀	11
110～119	中上	18

续表

智　商	含　义	占全部人口的百分比/%
90～109	中等	46
80～89	中下	15
70～79	临界	6
70 以下	智力落后	3

1) 智力超常与智力不足

智力高度发展叫超常，约占全人口的 1%。在斯坦福-比奈的测量中，凡智商达到或超过 140 的个体被称为天才。天才一般都具有如下共同特征：①强烈的动机、浓厚的兴趣和坚忍的意志；②别出心裁、独具匠心地解决新问题，提出新见解，具有创造性；③挫折、困难并不使其消沉，反而促成奋斗而取得成就。但在实际测量中发现，在智商测量中表现优异的儿童并非都是学习成绩优异者，并非都得到了家长和教师恰当的帮助，也并非都得到了更好的发展。教师应该如何去帮助这些拥有超人天赋和才能的学生，下面给出了几点建议。

(1) 针对学生的特殊才能进行个性化教学。

例如，教师给一个有过人阅读技能，并且对莎士比亚作品很感兴趣的中学生布置了阅读莎士比亚戏剧的任务，然后让他与一个附近大学英语专业的老师讨论每一出戏剧。

(2) 让有相似能力和兴趣的学生组成学习小组。

例如，一个音乐教师让有出色音乐天赋的学生组成四重唱小组并进行每周教学。

(3) 在某个特定学科主题的情境之中传授复杂的认知技术，而不是把这种传授与正常的学校课程分离开来。

例如，教师让高年级科学小组的学生做与一个单独主题相关的一系列实验，为了促进批判思维，教师给学生提供了几个他们在做实验过程中能进行自我提问的问题。

(4) 鼓励学生为自己设立更高的目标。

例如，教师鼓励一个低收入家庭的学生考虑去上大学并帮助这个学生寻找可能的接受高等教育的经济资助。

(5) 寻找外部资源帮助学生发展他们超人的才能。

例如，让一个有着很强外语学习能力的学生在当地一个大学学习俄语。

智商在 70 分以下者为智力不足。智力不足并非某种心理过程的破坏，而是各种心理能力的低下，其明显的特征是智力低下或社会适应不良。智力不足分为三个等级：①轻度，智商 50～70，生活能自理，能从事简单劳动，但应付新奇复杂的环境有困难，学习有困难，很难领会学习中抽象的科目；②中度，智商 25～50，生活能半自理，动作基本可以或部分有障碍，只能说简单的字或极少的生活用语；③重度，智商在 25 以下，生活不能自理，动作、生活有困难。

总体说来，智力不足者总的特点是：知觉速度慢，知觉范围窄，知觉内容笼统、贫乏；记忆保持能力差，回忆困难，所依赖的视觉表象贫乏，缺乏分化且不稳定；对词和直观材料的识记都较差，再现中有大量的错误和歪曲，再现内容缺乏逻辑的意义联系；言语出现迟，发展慢，语义含糊，词汇量较小，言语缺乏连贯性；在比较和认识活动中，缺乏概括性，不能整体地认识客体。

📖 知识拓展 9-2

智力低下的原因

智力低下并非只是某一方面的心理过程障碍，而是整个心理活动能力的低下。一般认为导致智力低下的原因包括三个方面。

1. 遗传

有些遗传异常是导致儿童智力低下的直接原因，其中有两种比较典型。

(1) 家族黑蒙性白痴，这是由遗传基因造成的脊髓神经细胞张大并充满脂肪所致，症状表现为：儿童 4～7 岁时视力减退直至失明，继而智力、体力均丧失，于 10～12 岁前后死亡。

(2) 苯丙酮尿症，这是由遗传基因所致，使肝脏缺乏一种酶，从而导致苯丙氨酸无法转化为可利用的物质，而在肝脏里大量积淤，变成有害的苯丙酮酸，损害婴儿的神经系统的发育。

2. 染色体异常

唐氏综合症：又称先天愚型。伸舌样痴呆，是染色体异常导致智力低下的典型，是因为第 21 对染色体畸形或多出一条造成的。其症状是：身材矮小，鼻梁平，头围小，舌沟纹粗而深，两眼间距大，指、趾畸形，语言不流利，抽象思维能力差。造成染色体异常的原因主要是一些环境因素，如产妇高龄，孕期受 X 射线过度照射，病毒感染，化学物质中毒等。

3. 其他环境因素

胎儿期神经系统发育很快，也很敏感，易受环境影响。这时的环境包括母体内、外的环境，如母体疾病、药物、放射线、创伤、营养，以及出生后的一个时期的营养，都会影响婴儿的发育。比如，孕妇若患风疹，则婴儿有 12% 的可能会耳聋、视觉障碍及发生其他心理异常。

(资料来源：孟昭兰. 普通心理学. 北京：北京师范大学出版社，1994：471～472)

2) 能力超常与成就的关系

智商与成就之间并非成正比例关系，智商并不等于成就。有的人智商很高，但却无大成就，有的人智商一般，但却在某些方面有突出成就，这两方面的例子都很多。低智商高成就的现象大多见于一些人仅在某一方面有突出能力，如本章引导案例中提到的白痴天才。高智商低成就的原因很多，其最主要的原因是机遇和性格品质。当具备充分的天赋时，机遇和性格品质，尤其是后者，几乎是取得成就的重要条件。一般地说，智力是成就的条件之一，但不是全部条件。认定高智力必然有大成就，并不是一件有把握的事。

2. 特殊能力发展水平的差异

人们在特殊能力上也有很大不同。有人专长音乐，有人精通绘画。你也许早就注意到，你的音乐能力不如贝多芬，绘画能力不如达·芬奇，你觉得世界很不公平。其实你没有必要为自己悲哀，也许你的绘画能力比贝多芬强，音乐能力也胜过达·芬奇。

📖 引导案例分析

在篇首案例中，白痴天才在完成各种活动所必备的基本能力上处于非常贫乏的水平，甚至大多数白痴天才生活不能自理。也就是说他们的智力发展水平严重不足，但他们在特殊能力的表现上非常突出，也就是说他们的特殊能力发展处于超常水平。这既说明能力的结构比较复杂，智力并非其唯一的组成部分；也说明个体能力发展水平的差异非常大，这种差异既表现在智力发展上，也表现在特殊能力的发展上。

3. 创造力发展水平的差异

把科学、技术和艺术领域中非常成功的人和平常人进行比较时，就会发现他们之间在创造力上存在十分明显的差异。达尔文曾经在自传中写道："我具有相当的发明才干、相当的常识或判断力。"由此可见，创造力对科学家来讲是十分重要的。

创造力并不是全有全无的现象，而是所有人都不同程度地具有的一种能力。例如，学生们解答同一道题时，他们各自采用的不同解法就体现了学生们在创造力方面的差异。

(二)能力类型的差异

能力类型差异是指构成能力的各种因素存在质的差异，主要表现在知觉、记忆、想象、思维的类型和品质方面。如有人听觉发达，有人视觉敏锐，有人善于观察，有人长于推理，有人记忆力过人，有人想象力丰富。

在知觉方面的差异有三种类型：综合型，即知觉具有概括性和整体性，但分析能力较弱；分析型，即知觉具有强的分析能力，对细节感知清晰，但整体性较差；分析综合型，具有上述两种类型的特点，即同时具有较强的分析能力和概括能力。记忆类型的差异，根据人们怎样记忆材料可分为：视觉型，运用视觉记忆效果好；听觉型，运用听觉识记效果好；运动型，有运动参加时记忆效果较好；混合型，运用多种记忆效果较好。言语和思维方面的差异表现为：有的人言语特点富于形象性，情绪因素占优势，属于生动的言语类型或形象思维类型；有的人言语特点富于概括性，逻辑因素占优势，属于逻辑联系的言语类型或抽象思维类型；还有居二者之间的混合型。在思维能力方面，每个人在思维的深刻性、灵活性和批判性等品质上又都有自己的特点。

能力的类型差异，一般不代表智力水平的高低，只影响人们学习的过程和获取知识经验的方式。

(三)能力表现的年龄差异

个体的能力不但存在发展水平和类型的差异，还存在表现年龄的差异，即有的个体在人生早期就表现出优异的能力，但有的个体的能力直至老年才得到人们的认可。

1. 能力的早期表现

能力的早期表现也叫早慧，是指人们优异的才能表现得比较早，甚至在童年时期就优先表现出来了。如王勃10岁能赋；夏完淳5岁知五经，9岁善词赋古文；奥地利作曲家莫扎特5岁开始作曲，8岁试作交响乐，11岁创作歌剧。据研究表明，能力的早期表现，在音乐、绘画等领域中最为常见。据哈兑(Haecker)、齐汉(Ziehen)的统计，儿童在3岁左右开始显露音乐能力的情况最多，如表9-3所示。

表 9-3　最早出现音乐能力的年龄阶段

	3 岁以前	3～5 岁	6～8 岁	9～11 岁	12～14 岁	15～17 岁	18 岁以上	合　计
男	22.4	27.3	19.5	16.5	10.7	2.4	1.2	100%
女	31.5	21.8	19.1	19.6	6.5	1.0	0.5	100%

2. 能力的中期表现

能力的中期表现是指人们优异的才能在中年得以展露。这些人在年轻时并未显示出众的能力，但到中年才崭露头角，表现出惊人的才智。英国著名生理学家谢灵顿年轻时放荡不羁，连爱人都找不上。后来受到刺激，幡然悔悟，立志向学，终于获得巨大的成就。研究也表明，40 岁左右是创造和发明的最佳年龄，大多数人才都在中年出成绩。

3. 能力的晚期表现

有些个体的才能表现得晚，属于大器晚成型。这指智力的充分发展在较晚的年龄才表现出来。比如陈宏文，60 岁学画，70 岁他的画就走向各级展厅和报刊，被中国艺术国际交流中心及世界华人文化研究中心评定为一级画师，并被授予"21 世纪亚洲华人书画艺术 500 杰"称号。北京世界华人艺术中心对陈老的作品润格为一平方米 1600 元人民币。大器晚成的现象在科学和政治舞台上也屡见不鲜，可见，并不是取得重大成就的人，智力都是早熟的。

📖 知识拓展 9-3

关于学生差异的一般原理

(1) 学生之间的差异会随时间改变，这些差异不一定是永恒的差异。

在教学过程中，教师千万不可基于学生目前的表现对他们未来的成功与失败做出远期预测。因为尽管学生目前没有表现出多少创造力，但是要相信有创造力的行为的出现是可能的，而且要设计教学活动来提高这种创造力。

(2) 在任何一个单一的民族、性别、社会经济群体中，成员之间总有大量的不同点。

教师千万不可仅仅基于学生的性别、种族背景或其他群体成员对学生的性格和能力下结论。并对此要持相当乐观的态度：有了你和你同事的支持，许多来自较低的社会经济背景的学生也能取得好的成绩。

(3) 根据某一特征，当两个群体大致不同时，通常在这两个群体之间存在这一特征的大量重叠之处。

教师应记住群体间的一般差异不一定适用于那些群体内的个体。从历史的一般经验来说，男孩发展运动的能力强于女孩，但只要给予平等的机会，男孩和女孩在运动能力上都可取得成功。

当教育考虑到个体和群体的差异时，学生会取得更大的成绩。

教师在设计活动时要考虑到学生独特的背景和能力，如果学生的文化背景强调合作和集体成就的价值时，教师就应多开展合作型学习活动。

(资料来源：Jeanne Eills Ormrod. 教育心理学. 彭运石，等译. 西安：陕西师范大学出版社，2006：120)

二、青少年能力的培养

青少年时期是个人能力发展的重要时期，家长及教师有意识地对青少年能力进行培养，将对其毕生发展起着至关重要的作用。具体可从 5 个方面进行。

(一)积极进行早期教育

从出生到青少年时期，是个人生长发育的重要时期，也是能力发展的重要时期。在这个时期中，人的神经系统在出生后的头 4 年内获得迅速发展，为能力的发展提供了物质基础。"狼孩"、"猪孩"的能力发展明显落后，也说明了这一事实。某些实验研究表明，丰富的环境刺激有利于儿童能力的发展。孩子出生后，如果睡在有花纹的床单上，床上吊着会转动的音乐玩具，他们仰卧时，就能自由地观察这一切，那么，两星期后，他们就试着用手抓东西。而没有提供刺激的婴儿，这种动作要 5 个月时才出现。前苏联心理学家赞科夫认为，如果教给学生的东西使其智力活动负荷不足，就会导致智力的退化，因而他提出了教学生的高难度、高速度的原则，而基于这种思想的教学实验取得了可喜的成绩，加快了学生的智力发展。这些研究说明，在青少年能力发展的过程中，应注重早期教育，为引导孩子走在发展的前面做出必要的努力。从另一个角度讲，如果对儿童能力发展过于强调难度和速度，会加重儿童的负担，并可能导致能力的衰竭。

在早期教育的过程中，应该注意避免两种倾向：低估儿童能力发展的潜能和对儿童能力的开发提出不切实际的过高要求。在遵循循序渐进、量力而行的原则下，从实际出发，在尊重实际的前提下，提出高于他们现有水平的要求，正确引导青少年能力的发展，让教育恰当地走在发展的前面。

(二)在教学活动中培养学生的各种能力

知识是构成能力的重要因素，也是能力发展不可缺少的条件。知识、技能与能力的关系告诉我们：能力是在掌握和运用知识、技能的过程中得到发展的。因此，在教学中教师必须首先注重基础知识的教学。通过语文课的教学，培养和发展学生的理解力、语言表达能力、记忆力、材料的组织能力；通过数学知识的教学，培养学生的概括能力、空间想象力、计算能力和判断推理能力。语文能力和数学能力的培养是学科教学中重点研究的课题，教师也认识到这些能力的培养比单纯的知识传授要重要得多，对个体长远的发展作用与影响也大得多。其次，要注意开阔学生的视野，拓宽知识面。教师在教学中要把基础知识、基本概念、基本原理讲清楚，并予以适当的归类、组织，使之具有一定的概括水平。因为只有经过高度概括和合理组织的知识，才有利于学生良好认知结构的形成，才有利于学生学习迁移的产生。最后，教学中重视学生智力技能的训练，这对学生学习能力的提高也是必不可少的。有研究表明，学有成就的学生与较一般的学生的重要区别之一，就在于前者拥有一些可以广泛应用的智力技能和有组织的思考问题的习惯，在解决较复杂的问题时，前者多采取提出假设再加以检验的方式去解决；而后者则倾向于运用尝试和逐渐排除的方式获得偶尔成功。由此，教师要善于指导学生掌握解答各类课题的程序、解题规则、方法和步骤，经过反复强化训练，形成较稳固的智力技能，以促进学生的思维能力、概括能力的发展。

(三)在实践活动中培养学生的各种能力

人的各种能力是在社会实践活动中最终形成起来的。离开了实践活动，即使有良好的素质、环境和教育，能力也难以形成和发展起来。正是有了各种性质不同的实践，才形成了各种不同的能力。长期从事管理工作的人，组织领导的能力得到发展，他们善于观察群众的情绪和思想动向，善于处理各种人际关系，善于在纷繁复杂的情况下做出正确的决策；长期工作在高炉前的炼钢工人，发展了根据火焰颜色判断壁炉温度的能力；整天和油漆打交道的工人，能分辨400～500种颜色。这些都说明坚持不懈地参加某种社会实践，相应的能力就能得到高度发展。因此，在实践活动中培养学生的各种能力具有现实意义。

另一方面，对于学生而言，丰富多彩的实践活动远比枯燥乏味的书本更有吸引力，实践活动能将学生的学习兴趣持久地保持在某一能力的提高过程中。使得学生有兴趣地锻炼，在做中学，能力得到了提高，学习的兴趣始终保持。

(四)培养学生的非能力因素

影响青少年能力发展的不仅只是能力本身，还有非能力的因素，如兴趣、爱好、勤奋、意志品质等。这些非能力因素与青少年能力水平并无直接联系，但优秀的个性品质能影响青少年将注意力及全部智力倾注于活动对象上，从而产生愉快的情绪和坚强的意志力，最终达到提高活动的效率，发展相应能力的目的。勤奋的性格特征对能力的发展也有重大的意义。因为能力的形成是一个比较长期的学习和锻炼过程，只有孜孜不倦地学习和锻炼，才能形成和发展能力。因此，教师在教学中，除注重发展学生能力因素外，还要特别重视对学生非能力因素的培养与引导，因为这两方面都是我们的教育目标。

在实际教学中，培养非能力因素可按三个阶段进行。第一阶段，用个别教育的方法，分别培养每个学生的兴趣、意志、情感等。第二阶段，采用整体教育的方法，使整个班级甚至全校都形成良好的学习风气，让学生在其中受到熏陶，逐步培养自己良好的个性品质。教师在此阶段要为学生树立身边的、好的学习榜样，使学生从榜样身上汲取力量。第三阶段，教师要采取个别化教育的方法，有针对性地、逐个纠正学生自身的一些不良习惯，使之在原有的水平上得到不同程度的提高和进步。

(五)根据能力的个别差异因材施教

能力差异规律使我们认识到，学生的能力发展是不可能齐头并进的，每个儿童都有自己的独特之处。因此，教师可以通过观察、测验等方法了解并掌握学生能力的差异，从而对学生采取不同的教育教学措施和方法，进行个别指导。首先，在教学中根据学生的不同特点，分别提出不同的要求。对能力发展水平较高、学习成绩优良的学生，应提供较难的学习任务，鼓励他们独立进行思考，创造各种条件发挥他们的才智；对智力发展较差的学生，要给他们更多的帮助，对作业进行具体的指导，使他们树立起信心；对那些智力水平不差，但学习成绩差的学生，要针对他们各自的特点，主要从端正学习态度和培养良好学习习惯入手，不断完善其良好的个性品质。其次，教师不应歧视在某些能力方面有缺陷的学生，教师要树立一种观念，即任何儿童都有可能发展某种活动所需要的能力，要鼓励他们树立信心，扬长避短，同时采取适当的方法使学生长善救失，人尽其才。最后，教师要善于发现和培养有特殊兴趣和才能的学生，对于有某方面特长的学生，应给予机会，通过组织各种课外活动来促进他们的特长进一步发展。

🔑 拓展阅读

信息加工的速度对智力来说重要吗

描述速度的术语也经常被用来说明智力。当人们说："她脑子很快"或者"他来得很快"时，他们在暗指这个人在一定程度上比那些需要很长时间才能想出答案的人要聪明。那么速度和智力有什么关系呢？

第一种观点，智力与信息加工的速度密切相关。

一些研究者建议用纯粹的信息加工速度来理解智力，并且他们排除其他变量的干扰，用他们所能设计出的最简单的任务来测量纯粹心理速度。这些研究者认为，面对从两个或多个按钮中进行选择的任务，个体对给定刺激的反应时间可以作为他的智力水平的一个指标。根据这种观点，如果一个人完成简单任务的速度提高了，那么他加工新信息的效率也会相应提高。比如，学生如果能够从长时记忆中迅速回忆起有关词语的信息，那么他阅读和理解课文的速度就会更快。因为绝大多数的智力测验是有时间限制的，学校也经常要求孩子快速思考，所以即使是最简单的信息，高效率的加工也会带来高的学业成绩和高的智力测验分数。

Robert Sternberg 认为，速度对解决复杂问题来说可能也是重要的，如类比问题，律师：当事人：医生：患者(或医药)。在解决这个类比问题的过程中会用到如下的加工过程：将参与类比的每个基本项目进行编码，推理律师和患者的关系，并把这种关系用于医生。这些过程进行得越快、越精确，而且整个过程中采取了有效策略的人就越聪明。

第二种观点，速度快不一定就更聪明，聪明的人速度也不一定总是很快。

一般说来，冲动型的学生急于给出答案或完成工作，但是他们的答案不一定正确，或者说他们在第一次不一定能做好。相反，沉思型的学生在行动之前会考虑问题或进行思考，他们更可能给出正确答案或把工作做好。

例如，Sternberg 发现，在完成复杂的推理和阅读任务时，聪明的学生在开始做之前会花更多的时间思考。聪明的学生利用前面的这段时间考虑怎样把整个任务完成好，Sternberg 称之为整体计划。而不太聪明的学生则相反，他们在局部计划上花更多的时间，也就是说在完成任务的过程中不时地制定一些小计划。因此，不聪明的学生经常犯错误，而且有时候不得不重新开始。

因为每天都有一些重要的任务，如决定学习哪门课，选择哪个工作，这些任务不一定急着去完成，那些花许多时间来计划的人虽然看起来比较慢，但实际上可能会做得更好。

第三种观点，一种综合：好的信息加工不仅要求快，而且要求知道什么时候应该快。

教师如果想帮助学生发展智力，不仅要帮助他们提高速度，而且要帮助他们提高计划能力。为了帮助学生更快地完成简单的加工过程，教师可以帮助他们学会对这类信息进行自动化的加工，比如阅读。教师还应当鼓励学生在开始行动之前用足够的时间来进行计划。有经验的教师一有机会就帮助学生构造整体的计划模型，他们和学生一起为任务和作业计划各种不同的解决办法。教师也可以通过告诉学生制定整体计划的价值，以及完成当前任务应该遵循的具体步骤来鼓励学生自己进行整体计划。比如教师可以告诉学生在开始干之前先要进行全盘考虑，并收集成功解决问题所需的所有资料。教师还可以建议学生想出两种或两种以上的方法用于解决问题，然后帮助他们从中选出一个最好的。教师应当为学生提供足够的时间做整体计划。

(资料来源：[美]Robert J Sternberg，等. 教育心理学. 张厚粲，译. 北京：中国轻工业出版社，2003：115)

本 章 小 结

能力是在解决问题中表现出来的个性心理特征，直接影响着各种任务的顺利完成。本章在总结心理学家们多年研究成果的基础上，从能力的概念、种类入手，对能力的重要组成部分——智力的内涵、相关理论及智力的测量进行了深入分析，并提出了能力存在个别差异，为帮助大学生认识能力，并在今后的从教生涯中进行针对性的能力培养提出了建议。

思 考 与 练 习

1. 在本章介绍的智力理论中，你最赞同哪一个？为什么？
2. 你赞同用智力测量的方式对学生进行分级教学吗？为什么？
3. 试分析能力的个别差异及其对当前教育的启示。
4. 结合本章所学内容及当前教育背景，设计一个培养青少年能力的方案。

推 荐 阅 读

1. 孟昭兰. 普通心理学. 北京：北京大学出版社，1994
2. 彭聃龄. 普通心理学. 第2版. 北京：北京师范大学出版社，2008
3. [美]理查德·格利格，等. 生活心理学. 王垒，等译. 第16版. 北京：人民邮电出版社，2004
4. [美]戴维·迈尔斯. 心理学. 第7版. 黄希庭，等译. 北京：人民邮电出版社，2005

在现实生活中，人们常常发现，有的人总是活泼好动；有的人总是安静稳重反应缓慢；有的人孤僻；有的人急躁，人们对客观现实的看法和态度千差万别、待人接物的方式存在着很大的差异。作为未来教师，要能根据这些差异，更好地因材施教。

——郑渊洁

第十章 气质与性格

本章学习目标

➤ 气质和性格的概念。
➤ 气质的类型。
➤ 性格的结构特征。
➤ 气质与高级神经活动类型。
➤ 良好性格的培养。

核心概念

气质(temperament) 性格(character) 胆汁质(choleric temperament) 多血质(sanguine temperament) 粘液质(phlegmatic temperament) 抑郁质(melancholic temperament) 人格特质理论(theory of personalitytrait)

引导案例

四个看戏迟到的观众

某剧院的演出正式开始5分钟后，剧院门口来了4个迟到的观众，工作人员按照惯例，禁止他们入场。

先到的A面红耳赤地与检票员争执起来，他争辩说，剧院的时钟快了，打算推开工作人员径直跑到自己的座位上去，并说他不会影响任何人，结果与工作人员闹得不可开交。

迟一点到来的B立刻明白，检票员是不会让他们进入剧院的，但楼上还有个检票口，他认为从那里进入或许便当一些，就跑到楼上去了。

差不多与B同时到达的C看到不让进正厅，心想：第一场大概不太精彩，还是暂时去小卖部转转，到幕间休息时再进去吧。

最后到来的D说："真不走运，偶尔来一次剧院，就这样倒霉！"接着就回家去了。

类似案例中的人，在现实生活中人们或许常常遇见，通过本章的学习，看看能否将案例中的人对号入座。

(资料来源：波果斯洛夫斯基，等. 普通心理学. 魏庆安，等译. 北京：人民教育出版社，1979：354)

在心理学史上，气质是一个古老的概念。从古希腊学者开始，人类对气质的探索已经有两千年的历史。心理学家究竟研究了气质的哪些内容，他们的研究又能给人们哪些启示呢？

第一节　气　　质

心理学中所说的气质，并非日常生活中人们所指的一个人的风度或仪表，而是俗称的"脾气"、"秉性"。

一、气质概述

"气质"一词源于拉丁语，原意是"搀和"或"混合"的意思，后被用来描述人的激动或兴奋的个体特征。从古希腊学者恩培多克勒(Empedocles)提出的"四根说"开始，人们就一直在探索气质的内涵。那么现代心理学是如何界定气质的呢？

(一)气质的定义

在心理学上，气质(temperament)是一个人先天具有的、比较稳定的心理活动的动力特性。心理活动的动力特性主要指心理过程的强度(如，情绪体验的强度、意志努力的程度)、心理过程的速度和稳定性(如，知觉的速度、思维的灵活程度、注意集中时间的长度)和心理活动的指向性(有人倾向于外部事物，有人倾向于内心世界)等方面的特点。气质的这些动力特点，并不是推动个体进行活动的心理原因，也不以个体活动的内容、目的和动机为转移，更不决定其活动的具体方向，而是一种稳定的心理活动特征。它总是在人的心理和行为活动中表现出来并具有个人色彩。

(二)气质的特性

气质是与遗传最为密切的一种心理现象，它是与生俱来的个性心理特征，因此具有自身独特的特性。

1. 气质的天赋性

气质是具有先天禀赋的个性心理特征，人的气质特点，几乎在出生后不久就能观察到。例如，婴儿出生后不久就会在心理活动和动作上表现出差异，有的婴儿多动、哭声响亮，有的宁静、声微安详，即使是同样在哭叫，声音大小、急缓和持续时间上也有差异。这种差异都是个体神经活动类型决定的，是先天的。气质的先天特点可能会影响其父母或哺育者与婴儿的互动关系，从而影响其个性的形成。心理学的研究表明，气质是婴幼儿期在心理动力反应上的基本形式，是其能力、性格形成与发展的最初心理基础。

2. 气质的稳定性

由于气质更多地依赖于先天素质，因此具有较大的稳定性。与能力和性格相比，气质更难以改变。气质的稳定性是人的心理活动动力特性的一致性和持续性表现，如没有特殊刺激，这种稳定性不仅使人在各种活动中不会因条件变化改变气质特点，而且也不会随时间、年龄变化发生大的改变。因此，具有某种气质特征的人，常常在不同内容的活动中，在不同目的支配下，都会表现出同样方式的心理活动的动力特点。如一个人脾气急躁、易于冲动，在学习、工作和生活中，处处都会表现出难以控制自己的情绪，而安静稳重的人，在任何场合下都能心平气和，沉着从事。可看出气质使人的全部心理活动稳定地染上了个人的独特色彩。

3. 气质的可塑性

气质具有较强的稳定性，并不是说气质绝对不可以有丝毫改变。人在实践中形成的各种个性特征，能掩蔽和改造气质，使其具有一定的可塑性。气质的可塑性表现在两个方面：①长期的社会生活环境、教育或实践活动的影响下，气质的先天特性可以被掩蔽。在这种情况下，个体的外在表现可能与其神经活动类型决定的气质特点不一致，例如职业训练导致的气质改变就是这样。②气质的可塑性还表现在气质特点随年龄变化而变化，早年更活跃，晚年更稳重。气质既然具有可塑性，虽然这种可塑性并不容易，教育工作者也应利用气质变化的规律，因材施教，培养学生良好的个性特征。

二、气质的类型

心理活动的不同动力特征组合，构成不同的气质类型。气质类型的划分和特点的研究，为人们更好地了解不同人的气质特点奠定了基础。

(一)气质类型及其特征

气质类型是指在某一类人身上共同具有的气质特征的有规律的结合。气质是一个古老的概念，古希腊学者、医生希波克拉底(Hippocrates)最早提出有关气质的概念，后来罗马医生、解剖学家盖伦(Claudius Galen)把气质归为 13 类，随着古代医学的发展，根据气质的特性和外部表现，又把气质逐渐简化、归纳为 4 种典型的类型：胆汁质、多血质、粘液质和抑郁质，并一直沿用至今。这 4 种典型气质类型在情绪和行为方式上以及在智力活动方面具有不同特点和表现，如图 10-1 所示。

目前，心理科学尚未积累足够的事实，以便按某种程序对一切气质类型特征作出完整的证明，但仍可以找出其对人的心理活动和行为的影响中的规律。现将传统上的 4 种气质类型的基本特征表述如下。

(1) 胆汁质(choleric temperament)：表现为直率热情，精力旺盛，情感体验强烈，意志坚强；勇敢果断，善于助人，能与人合作；反应迅速，思维敏捷但准确性不高；性情急躁，易于冲动；情绪强烈，外露，但持续时间不长，他们明显特点是兴奋性高，不均衡，行为迅速而突发。

(2) 多血质(sanguine temperament)：表现为活泼好动，充满朝气；行动敏捷，灵活机智；善于交际，适应性强，乐于助人，善与人合作；注意力容易转移，兴趣容易变换；情感体验不深刻并明显外露，其明显特征是具有很高的灵活性，容易适应变化的生活环境。

(3) 粘液质(phlegmatic temperament)：表现为安静稳定，反应缓慢，沉默寡言；内刚外柔，情绪内向、稳定不易外露，不易激动；注意力稳定且难转移；善于忍耐，沉着坚定，善于自制；固执、冷淡，不善于与人合作，其显著特点是安静、均衡，反应缓慢。

(4) 抑郁质(melancholic temperament)：表现为行为反应迟缓，对事物反应敏感；善于觉察别人易疏忽的细节；情感发生慢，但持续时间长；体验深刻，具有内倾性，缺乏朝气，不爱交际，固执己见，难与人合作，其明显特点是迟缓、内倾。

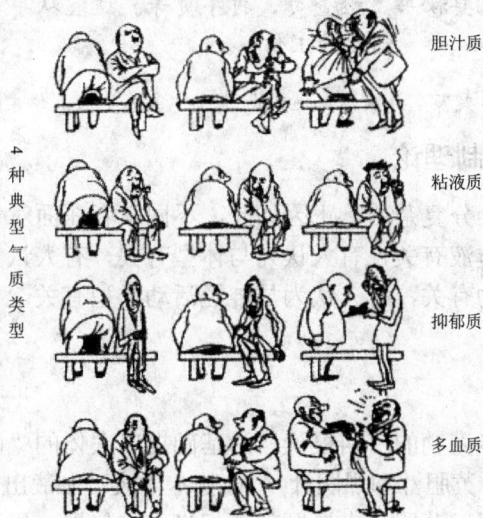

图 10-1　4 种典型的气质类型

📖 引导案例分析

在篇首案例中，描述了 4 种基本气质类型的人在同一情景中的不同行为表现，A 做事冲动，自己看戏迟到，还要和检票员发生争执，属于胆汁质的人；B 处理事情比较灵活，看戏迟到了，他立刻明白，检票员是不会让他进入剧院的，但楼上还有个检票口，他就从那里上去看戏，属于多血质的人；C 看戏迟到，心想：第一场大概不太精彩，还是暂时去小卖部转转，到幕间休息时再进去吧，属于粘液质；D 看戏迟到，心想："真不走运，偶尔来一次戏院，就这样倒霉！"接着就回家去了，属于抑郁质。

文学作品中，经常会有 4 种典型气质类型的人，如胆汁质的李逵、多血质的王熙凤、粘液质的唐僧、抑郁质的林黛玉等。但事实上，典型气质类型的人在现实生活中并不多，大多数人的气质类型是混合型。

📑 知识拓展 10-1

多血质气质类型的人其行为特征主要表现为活泼好动，敏捷、反应迅速，喜欢与人交往，注意力易转移，兴趣易变换，具有外倾性。这类气质类型的人适宜做社交工作、推销员、采购员、外交工作、律师、新闻记者、演员、侦探等适宜需要有表达力、活泼力、组织力的工作。

粘液质气质类型的人其行为特征主要表现为安静、稳重，反应缓慢，沉默寡言，情绪不易外露，注意稳定，但难转移，善于忍耐，具有内倾性。这类气质类型的人适宜做自然科学研究、教育、医生、财务会计等。适宜从事安静、独处、有条不紊、思辩力较强的工作。

胆汁质气质类型的人其行为特征主要表现为直率、热情、精力旺盛，情绪易冲动，心境变化剧烈，具有外倾性。这类气质类型的人适宜做社交工作、政治工作、经济工作、军事工作、地质勘探工作、推销、节目主持人、演说家等。

抑郁质气质类型的人其行为特征主要表现为孤僻，行为迟缓，情绪体验深刻，善于觉察到别人不易觉察到的小细节，具有内倾性。这类气质类型的人适宜做研究工作、会计、化验员、雕刻、刺绣、机要秘书、检查员、打字员等。适宜从事不需过多与人打交道而需较强分析与观察力，需要耐心、细致的工作。

(资料来源: 韩永昌. 心理学. 修订 3 版. 上海: 华东师范大学出版社, 2005: 170)

(二)气质的生理机制理论

气质的生理机制是十分复杂的。正因如此，不同学者在面对气质时提出了不同的理论解释，有人认为气质与体液有关，有人认为与体型有关，有人认为与性格有关，有人认为与激素或内分泌腺的活动有关，有人认为与神经活动类型有关。下面介绍几种主要的气质理论。

1. 气质的体液说

希波克拉底以恩培多克勒的"四根说"为基础提出人体的"四液说"。他认为人的身体内部也有血液、粘液、黄胆汁和黑胆汁 4 种基本体液。血液出自心脏，相当于火根；粘液出自脑部，相当于水根；黄胆汁来自肝部，相当于空气根；黑胆汁生于胃部，相当于土根。这 4 种体液在人体内以不同比例配置结合，构成人体不同体质，同时占优势的体液主导着人的气质类型。例如，在体液的混合比例中，血液占优势的人属于多血质，粘液占优势的人属于粘液质，黄胆汁占优势的人属于胆汁质，黑胆汁占优势的人属于抑郁质。

希波克拉底认为，每一种体液都是由寒、热、湿、干 4 种性能中的两种性能混合而成的。血液具有热-湿的性能，因此多血质的人像春天一样温暖而滋润；粘液具有寒-湿的性能，所以粘液质的人似冬天一样安静而无情；黄胆汁具有热-干的性能，因此胆汁质的人如夏季一般热情而烦躁；黑胆汁具有寒-干的性能，所以抑郁质的人像秋天一样冷峻而内燥。在人体内某种体液过多或过少，或 4 种体液比例不当，人就会感到痛苦，而配合恰当时，身体便健康。希波克拉底还指出，胆汁过多会使个体头脑过热，从而导致恐惧和害怕；粘液过多会使个体头脑过冷，从而导致忧虑和悲伤。

500 年后，盖伦将希波克拉底的"四液说"，发展为用拉丁语 temperamentum 一词表示的 4 种气质类型学说，这就是当前人广泛使用的"气质"概念的来源。

盖伦把 4 种气质类型的表现概括如下：多血质类型的人热心、活泼、快乐、好动；粘液质类型的人冷静、善谋、淡漠、不好动；胆汁质类型的人易怒、动作亢奋、急躁；抑郁质类型的人忧郁、寡欢、易哀愁，但有毅力。

2. 气质的体型说

德国的精神病学家、心理学家克雷奇默(Ernst Kretschmer)通过多年的临床观察发现，精神分裂症类型与患者的体型特点有关，而且不同体型特点的正常人，在气质类型上也带有某些精神病患者的特征，正常人与精神病患者并没有本质上的区别，只是程度上的区别。因此，他在探讨体型与性格关系的基础上提出了按体型划分人的气质类型的理论。

克雷奇默把人的体型分为瘦长型、矮胖型和筋骨型三类，并按狂躁症和精神分裂症两种内因性精神病分类，认为精神分裂症患者与瘦长体型有关，狂躁症与矮胖体型有关，癫痫病患者与筋骨体型有关。瘦长体型的人，表现为内向、退缩、害羞沉静、寡言多思、不善交际、孤僻和神经过敏等气质特点；矮胖体型的人，表现为好社交、通融、健谈、活泼、乐观、好动、表情丰富和情绪不稳定等特点；筋骨体型的人，表现为节俭、遵守纪律和秩序、注意礼仪、正义感强、固执、认真、容易爆发情绪等气质特点。

3. 气质的血型说

血型是人类血液特征之一，分为 A、B、AB 和 O 型 4 种，它们在输血时具有重要的生命意义。一些心理学家认为，人的气质与人的血型有关，气质类型是由不同血型决定的。日本学者古川竹二为此提出了人体血型与气质类型之间关系的观点。根据人的血型，他把人的气质也分为 A 型气质、B 型气质、AB 型气质和 O 型气质。

由 A 型血型决定的 A 型气质的人，具有内向、保守、温和、稳妥、多疑、怕羞、依赖、缺乏果断性和容易灰心丧气的气质特点；由 B 型血型决定的 B 型气质的人，具有外向、积极、善交际、不怕羞、好管事、感觉灵敏、轻诺言的气质特点；由 AB 型血型决定的 AB 型气质的人，具有 A 型气质和 B 型气质特点的混合型的气质特点；由 O 型血型决定的 O 型气质的人，具有胆大、好胜霸道、喜欢指挥别人、不愿吃亏、自信坚强、积极进取的气质特点。

现代心理学家的大量研究表明，气质血型说并没有充分的科学根据。其实在现实生活中，同一种血型的人具有不同的气质类型特征，而不同血型的人则有相似的气质类型特征，气质与血型之间的关系仍有待进一步深入研究。

4. 气质的激素说

激素是由内分泌腺体和内分泌细胞分泌的具有生物活性的物质，它在血液中的浓度极低，但与有机体的新陈代谢密切相关，对生命和心理活动具有重要影响。伯曼(L.Berman)等人认为，人的气质是由某种内分泌腺的活动决定的，并根据某种内分泌腺是否特别发达而把气质划分为 5 种类型：甲状腺型、脑下垂体型、肾上腺型、副甲状腺型和性腺过分活动型，认为不同的激素型具有不同的气质特点。

甲状腺型的人腺素分泌增多，表现为精神饱满、感觉敏锐、意志坚强、处事迅速、易动感情、具有野心和专制倾向；甲状腺腺素分泌减少的人，表现为懒惰、智力低下、行动迟缓、缺乏感情，可能发生痴呆症。脑下垂体型的人腺素分泌增多，表现为性情强硬、积极进取、自制力强、喜欢思考、做事有计划、肌肉强劲且有力；脑下垂体腺素分泌减少的人，身材矮小、肌肉萎缩、皮肤干燥，表现为善良诙谐、胆怯懦弱、忍耐善思考。肾上腺型的人腺素分泌增多，表现为雄伟有力、精神健旺、毛发浓密、专横、好斗等各方面皆有的早熟现象；肾上腺素分泌减少的人，体力衰弱、反应迟钝，表现为发育迟滞。副甲状腺型的人腺素分泌增多，表现为极度安定状态、缺乏生活兴趣、肌肉无力；副甲状腺腺素分泌减少的人，表现为轻举妄动而不能制止、容易激动、感觉容易疲劳。性腺过分活动型的人腺素分泌增多，表现为常感不安、具有攻击性；性腺分泌不足的人，表现为攻击性较少，对艺术、文学和音乐颇感兴趣。

生理学家的研究表明，内分泌腺的活动、激素的合成是受神经系统调节与支配的。同时，内分泌腺体的活动也会影响神经系统的活动。虽然气质的某些特征与某些内分泌腺体的活动有关，但是，孤立地强调内分泌腺的活动对气质的决定作用则是片面的。

总的说来，上述几种理论都没有从根本上解决气质的生理机制问题。从 20 世纪 20 年代开始，巴甫洛夫在神经动力学的水平上探索了人的气质的一系列理论问题，50 年代以后，他的学生又进一步发展了这一学说，为解决人的气质的生理机制问题提供了新的视角。

5. 高级神经活动类型说

巴甫洛夫在创立高级神经活动学说过程中发现，不同的狗条件反射形成和演变的特点不同。有些狗在外界强烈刺激下，能报以相应的兴奋反应；有些狗不能引起兴奋，甚至产生抑制；有的狗能连续耐受抑制 5～10 分钟，有的则只能抑制 15～30 秒。他总结 66 只狗的实验资料，提出了决定气质特点的三种最主要的神经系统特性。

(1) 兴奋和抑制的强度，即指神经细胞和整个神经系统在工作上是否经得起较强的刺激，并能持久工作的能力和耐力。因不同的人有强弱之分：强性神经系统的人，随着强化，条件反射增加；而弱性神经系统的人，随着强化，条件反射减弱或消退。

(2) 兴奋和抑制过程的平衡性，指兴奋和抑制两种神经过程的力量对比关系。如果两者力量"势均力敌"，则平衡性高。如果其中之一占优势，即平衡性差或不平衡，不平衡状态有两种：兴奋占优势与抑制占优势，一般情况下，以兴奋占优势居多。

(3) 兴奋和抑制过程的灵活性，即指兴奋和抑制两种神经过程相互转换的速度，灵活性与人适应多变的环境有关，周围环境常变，有时变化又往往是意外的迅速，要求神经过程一定要"追上"它们。

巴甫洛夫将上述神经活动类型的三个特征结合成 4 种高级神经活动的基本类型，即兴奋型、活泼型、安静型和弱型，以此来对应人的 4 种典型气质类型。

(三)气质与高级神经活动类型

巴甫洛夫研究认为，兴奋型、活泼型、安静型和弱型 4 种高级神经活动类型具有自己的特点，兴奋型的特点是强而不平衡，兴奋占优势，易兴奋，难以抑制，好争斗，奔放不羁，是一种易怒而难以控制的类型；灵活型的特点是强、平衡而灵活，兴奋和抑制较强，两种过程易转化，反应灵敏，外表活泼，能很快适应迅速变化的外界环境，是一种易兴奋而灵活的类型；安静型的特点是强、平衡而不灵活，兴奋和抑制都较强，两种过程不易转化，坚毅，行动迟缓，是一种难以兴奋而庄重的类型；弱型的特点是兴奋和抑制两种过程都很弱，而且抑制过程占优势，它以胆小、经不起冲击、消极防御为特征，也称为抑制型。这种类型的儿童和动物，一旦将其放在一个新地方，会很久不动。这是因为外来作用对他们能发生强烈影响的缘故，他们难以形成条件反射，持续或过强的刺激都能引起他们精力的迅速消耗，引起神经官能症。

巴甫洛夫认为，兴奋型相当于胆汁质，活泼型相当于多血质，安静型相当于粘液质，抑制型相当于抑郁质。高级神经活动类型、气质类型及其行为特征的关系如表 10-1 所示。

表 10-1　高级神经活动类型与气质类型及其行为特征

高级神经活动				气质类型	行为特征
类　型	强　度	平衡性	灵活性		
兴奋型	强	不平衡	—	胆汁质	急躁、直率、热情、情绪兴奋高。容易冲动、心境变化剧烈、具有外向性
活泼型	强	平衡	灵活	多血质	活泼、好动、反应迅速、喜欢与人交往、注意力容易转移、兴趣容易变换、具有外向性

高级神经活动				气质类型	行为特征
类型	强度	平衡性	灵活性		
安静型	强	平衡	不灵活	粘液质	稳重、安静、反应缓慢、沉默寡言、情绪不易外露。注意稳定不易转移、善于忍耐、具有内向性
抑郁型	弱	—	—	抑郁质	行动迟缓、不强烈、孤僻、情绪体验深刻、感受性很高、善于观察别人不易觉察的细节、具有内向性

(四)气质的测量

气质的测量是评定气质特征和类型的一种手段。最常用的方法有实验法、问卷法、作业测定法、行为观察法等。

1. 实验法

由于气质的生理基础是高级神经系统活动类型，因此，通过实验手段来对神经过程的基本特征进行测定，就能对气质的类型进行鉴定。其中代表性的实验方法有：根据被试形成条件反射时能否经受强烈的刺激，可以测定被试神经系统类型的强弱。例如，用哨声形成皮肤电条件反射，如果不断增大哨声强度，甚至在超强度的情况下，仍然有一定数量的电流反应，则为强型，否则就是弱型。通过对被试形成阳性的与阴性的两种条件反射所需要的次数比较，可以测查被试神经过程的平衡性。如果被试形成这两种条件反射所需要强化的次数相当，则为平衡型，否则就是不平衡型。在不平衡型中，阳性条件反射的形成比阴性条件反射的形成需要强化的次数少，则是兴奋过程占优势；反之，则是抑制过程占优势。应用条件反射的方法研究神经系统的灵活性，通常有两种做法：一是改造法，即在改造刺激物的信号意义的情况下记录被试的反应时间。在这种情况下，有些被试的反应时间没有明显变化，说明他们的神经系统具有较大的惰性。二是记录定型建立和改造时被试的反应时间。从定型形成的速度和改造的容易程度，可以了解神经系统的灵活性。

用这种方法测定气质类型比较科学，测定的结果也比较精确，但是采用这种方法需要有一定的仪器设备和技术经验，需要在专门的实验室条件下才能进行，而且这种在实验室条件下考查人类神经系统特性的方法，遇到的最大麻烦就是许多研究结果之间存在着很大的不一致性，影响结果的信度。

2. 问卷法

用问卷法评定气质就是要求被试对一系列标准化的问题进行回答，然后根据回答分析出被试的气质特征。这种方法实施简便，评分确定，容易得到数量化的结果，因此经常被研究者所采用。但这种方法的一个主要缺点是被试可能作假，因此，在问卷中应设置测谎题以检验测验的效度。

代表性的气质问卷主要有塞斯顿气质量表、斯特里劳气质调查表和陈会昌的气质调查表。塞斯顿气质量表包括7种类型的题目，每类20题，共140题，每类题目测试一种气质特征。回答方式是三选一，即在"是"、"不是"或"不肯定"中选择其一。7 类题目称为 7 种因素。因素 A——活动性：通常做事动作较快，在必须安静时仍浮躁不安。因素 J——健壮性：喜欢体育，喜欢户外活动，爱好运用肌肉及消耗体力的活动。因素 I——冲动性：乐观大方，容易冲动，喜欢竞争，常常调换工作，遇事做决定很快，但容易草率。因素 D——支配性：常被认为能负重任，应居领袖地位。具有领袖才能但不凌驾他人之上，喜欢当众讲话、组织社交活动，能够说服他人，并善于处理工作。因素 E——稳定性：情绪稳定，即使环境嘈杂吵闹，仍能使自己宽松舒畅。在危急中也能保持镇静。注意力集中，即使工作有时为琐事打断，也不会烦恼。因素 S——社会性：喜欢与人相处，善交友，有同情心，极易合作，容易适应新环境。因素 R——沉思性：深思熟虑，重理论轻实践，爱好安静而精细的工作，但总体说来是计划多于实践。斯特里劳气质调查表是用来评定神经系统的 4 个特性的，即兴奋强度、抑制强度、神经过程平衡性和灵活性，共有 134 题，回答方式也是三选一。

陈会昌的气质调查表是陈会昌研究员等人根据 4 种气质类型编制的气质调查表，每种气质类型 15 题，共 60 题。测验方式是自陈式，计分采用数字等级制。记分时，很符合自己情况的记 2 分；比较符合的记 1 分；介于符合不符合之间的记 0 分；比较不符合的记负 1 分；完全不符合的记负 2 分，根据得分确定气质类型。该调查表简便易行，信度和效度均较高。

3. 作业测定法

作业测定法是在一定的条件下让被试完成某种作业，从而根据被试完成作业的质和量来评定气质的一种方法。这种方法具有以下优点：一是被试难以了解测验的意图，不易作假；二是可以进行团体测验，经济、省时；三是简便易行。因此，这是一种常用的气质评定法。

代表性的气质作业测定法有两种：内田-克列别林测算法是要求被试把相邻的一位数字连续相加，1 分钟移动一行，按照计算 15 分钟、休息 5 分钟、再计算 10 分钟的顺序进行。根据被试的作业量和休息前后的作业量，做出图示并与常模相对照，就可以评定出被试的气质类型。检查表法是要求被试在 30 分钟(按照作业 5 分钟、休息 5 分钟的顺序交替进行)的时间内在图中从左到右逐行逐个地划去规定的符号，然后计算被试划去符号的总数和漏、错率，根据标准评定气质类型。

4. 行为观察法

行为观察法就是通过在自然条件下的观察，了解一个人的气质特征，从而判断气质类型的方法。通过观察，记录一个人在行为、言语、情绪表达等方面的特征，对照气质类型的心理指标，从而确定一个人的气质类型。例如，教师要想了解某个学生的气质类型，就可以细心地观察该生在各种场合下的行为，如能否迅速、准确地完成作业，能否坚持已经开始的各项工作；当受到表扬或批评时，其情绪活动有什么特点；是否愿意与别人交往，主动性如何；日常活动中是否活泼好动；对新环境是否易于适应等。通过该生日常行为的表现，推断出该生的气质类型。

用行为观察法来判断一个人的气质类型要注意几点要求：要在自然条件下进行，不能让被观察者产生防御心理；要明确观察的目的、计划和步骤；要有选择、有重点地进行观察，把握住能反映个体气质特点的重要信息；要做好记录，避免主观性。

用这种方法判断气质类型可能会受到观察者的主观意识的影响，因而对观察者的个人经验、专业素养有一定的要求。而且，由于气质在生活环境的影响下会受到掩蔽和改造，有时根据行为表现来判断一个人的气质是相当困难的。因此在使用行为评定法时，必须对学生进行深入细致的了解，才能发现一个人真正的气质特点。

三、气质类型与教育

气质是个性的重要组成部分，它不仅影响人的一切行为的外部表现，而且贯穿到心理活动的一切方面。了解气质类型的特点，是教师做好因材施教的重要依据。

(一)气质无好坏之分

气质作为心理活动和行为动作方面的动力特点的综合，本身无所谓好坏，每一种气质类型都有它积极的和消极的方面。例如，胆汁质的人热情、积极、勇敢、朝气蓬勃、有进取心；多血质的人灵活、机敏、亲切、开朗；抑郁质的人感情深刻、稳定、细心、富于想象；粘液质的人实干、坚毅、冷静。这些都是典型气质类型的积极方面的特征。但同样 4 种气质类型的人也有消极的一面，如胆汁质类型的人冲动、粗暴、易于发脾气，多血质类型的人做事虎头蛇尾、易变、感情肤浅、不稳定，抑郁质类型的人过度的孤僻、多疑、缺乏自信，粘液质类型的人不灵活、冷淡、固执，都是他们气质类型的消极特征，是个体在现实生活中必须克服的。因此，在生活中人们不能说哪种气质类型好或哪种气质类型不好，而且作为教师也不能以自己的偏好喜欢哪一种类型的学生，疏远其他类型的学生。

(二)气质本身不决定人的智力水平和社会价值

气质只影响人们智力活动的方式，并不决定人们智力发展的水平和人的社会成就。相同气质的人可能表现出不同的智力水平，不同气质类型的人，也可能会做出同样的成就。以俄国作家为例，诗人普希金是胆汁质，以小说的政治色彩深厚而著称的赫尔岑是明显多血质，寓言小说大师克雷洛夫是粘液质，喜剧小说家果戈理是抑郁质。他们不同的气质类型并没有影响他们在文学上的成就，他们对俄罗斯文学都做出了同样的贡献。

(三)气质特征是教育工作的依据之一

气质类型的特征为教育工作者提供了因材施教的依据。作为教师，为了做好教育工作，必须准确地了解学生的气质类型的特点，依据学生的不同特点，有针对性地实施教育，才能取得理想的教育效果。

首先，教师必须掌握气质的基本知识，并清楚地了解每个学生的气质特征。其次，教师要善于认识自己的气质特点，学会发挥积极的一面，控制消极的一面。最后，教师要在教育教学活动中，依据学生不同的气质特征，采取不同的教育策略。针对 4 种典型的气质类型，教师要因材施教，真正促进学生的气质朝积极的方面发展。

(1) 对胆汁质的学生，要着重发展热情、豪放、爽朗、勇敢、进取和主动的心理品质，防止粗暴、任性、高傲等个性的产生。为此，应该要求他们善于自制，能沉着、深思熟虑地回答问题，能镇静、从容不迫地进行活动；锻炼他们沉着冷静地对待事物，培养他们在行为上和在态度上的自制力和扎实的工作作风。对胆汁质的学生进行教育时，也要考虑学生的特点。注意不要轻易激怒他们，宜用"以柔克刚"和"热心肠冷处理"等有效方法；保持冷静，轻声细语，实实在在、干脆利落地讲清道理，切忌急躁。

(2) 对多血质的学生，要培养其朝气蓬勃、满腔热情、足智多谋等心理品质，防止朝三暮四、虎头蛇尾、粗心大意、任性等不良个性特点的产生。在教育方法上，要注意要求他们埋头苦干，在激起他们多方面的兴趣的同时，要培养中心兴趣；在给予参加多种活动机会的同时，要强调认真负责的态度和坚持性；要严格要求他们的组织纪律性。对多血质的学生进行教育时，一定要"刚柔交替"：在他们满不在乎时，批评要有一定的刺激强度；在他们对错误能冷静对待时，要耐心帮助，做好巩固工作。

(3) 对粘液质的学生，要着重发展诚恳待人、工作踏实、顽固等品质，注意防止墨守成规、冷淡、迟缓等品质。这种气质的学生，由于他们安静，不妨碍别人而且很勤勉，因而常常被教师忽略。这类学生的教育应当培养他们所欠缺的品质——高度的灵活性、积极性，杜绝可能发生的冷漠和萎靡不振。对粘液质的学生，教师应当满腔热情地吸引他们参加集体活动，激发他们的积极情绪，引导他们生动活泼、机敏地完成各项任务。

(4) 对抑郁质的学生，要着重发展敏感、机智、认真细致、有自尊心和自信心等品质，防止怯懦、多疑、孤僻等消极心理产生。在教育方法上，教师要给予更多的关怀，要经常给予帮助，尤其是在陌生的或困难的情况下更应给予具体的帮助；要引导他们多参加集体活动，在交往中消除疑虑；应安排他们从事有一定困难的工作，鼓励他们前进的勇气，根据他们的接受能力，随时调整要求；对他们的要求应逐渐提高，不可操之过急。对这些学生，称赞、嘉许、奖励等对他们的发展起积极的作用，要避免在公开场合指责他们，而引发不良反应。

第二节 性 格

性格是在后天的环境中形成和发展的，教师只有很好地掌握性格的内涵、性格的结构特征，才能更好地培养学生良好性格特点，适应当今社会的需要。

一、性格的概念

性格是一个人的心理面貌的本质属性的独特结合，是人与人性格相互区别的主要方面，准确掌握性格的内涵，是十分必要的。

(一)什么是性格

性格(character)是个性中比较稳定的心理特征，它是人对现实的比较稳定的态度和与之相应的行为方式。我们经常用正常、谦虚、爱护集体，或者虚伪、狡猾、自私自利、懒惰、粗心、傲慢等词来表示一个人的各种性格特征。每个人都有这样或那样的一些特征，其中有些是积极的，有些是消极的，这些特征相互结合，构成一个整体，这就是一个人的性格。性格并非个性的全部，主要有以下几方面的特点。

1. 性格表现为人对客观现实稳定的个性特征

从出生那天起，作为一个社会成员，生活在集体中，处于各种社会关系的影响下，每个人都意识到社会现实给予他的影响，并对这种影响有其特定的应答活动。如果这些应答活动获得成功，就得到积极强化；如果失败了，则被否定。人们在这种不断的应答活动中，调整着自己的认知和行为方式，如果其中有些反应已经经常而稳定下来，成为他经常采取的态度和习惯了的行为方式，即他在某种情况下，知道自己应该做什么，不应该做什么，那么，这意味着这些态度和行为方式已能标识这个人的性格特征。

因此，在十分困难情况下表现出来的坚定、在面临危险的情景中表现勇敢、由于一贯好逸恶劳养成懒惰、面对困难畏缩不前形成怯懦，所有这些坚定、勇敢、懒惰、怯懦等都是人对现实稳定的态度。

2. 性格是表现人的行为方式方面的个性特征

每个人对现实的态度均有个人相应习惯化了的行为方式，如具有高度事业心、改革精神的人，无论做什么工作或遇到什么阻力，都会坚持不懈，开拓创新，而缺乏理想和懦弱的人，则会心灰意冷，无所事事，可见，人对现实的稳定态度决定着他的行为方式，而人习惯化了的行为方式又体现着他对现实的态度。

3. 性格是个性中具有核心意义的部分

人格在书中通常指一个人所具有的独特的稳定的心理特征的综合。个性与人格通常互用，但个性与人格实质上不尽同义，较多强调人格给人的行为以特色，使一个人成为有别于他人的独特个体。而性格则是人格的核心，用以区别一个人与众不同的、明显的和主要的差别。文学家总善于抓住一个人最本质、最核心、最具有代表性的性格特征行为加以描绘，在读者面前展现着一个非常鲜明的、活灵活现的人物，使读者感到这是一个栩栩如生、如见其形、如闻其声的现实人物。莎士比亚的汉姆莱特、歌德的浮士德、塞万提斯的堂·吉诃德、曹雪芹的贾宝玉、鲁迅的阿Q，都是作者抓住人物的性格特征，加以形象化塑造出来的典型人物。

必须指出，性格是贯穿在一个人全部行为中具有稳定倾向的心理特征，一时或偶然性的表现，不能视为性格特征。一个人在一次偶然的场合，表现出胆怯的行为，不能据此就认为这个人具有胆怯的性格特征。一个人在某种情况下，一反常态地发了脾气，也不能据此认为这个人具有暴躁的性格特征。所以，当我们一旦掌握了某人的性格特征，就能预见他在某种情况下将会出现什么样的态度和行为。

(二)性格与气质的关系

性格与气质都是人脑的活动，也都是在生活实践中形成和发展的。有些专家认为性格包含气质，如科瓦列夫等人指出气质不是人的性格中的某种外在的东西，而是有机地包含在它的结构之中。既有区别又紧密联系。

1. 区别

气质是先天的，更多地受人的生理特点的制约；性格主要是后天的，更多地受社会生活条件的制约；气质表现范围较窄，局限于心理活动的速度、强度、稳定性、倾向性等方面。性格表现范围较广，几乎包括人的全部心理活动的一切稳定特点。气质无所谓好坏，性格有明显的好坏之分；气质可塑性极小，变化极慢，即使能改变，也很不易，一般不需培养。性格可塑性较大，变化较快，虽稳定，但较易改变，特别需要培养。

2. 联系

气质是性格形成的基础，气质能够影响性格的表现方式。气质的特性必然要在性格特征上打上自己的烙印，如乐于助人，可表现为满怀热情、积极主动地助人；也可表现为不声不响、从容不迫地去帮助人。如同样是具有勤奋性格的人，在劳动过程中，胆汁质的人表现为精力充沛，不知疲劳；多血质的人表现为机智灵活，充满热情；粘液质的人表现为踏实肯干，操作精细；抑郁质的人则表现为认真而默默无声地埋头苦干。

气质对性格的影响，还表现为气质可以影响性格的形成和发展的速度，如对于自制力的性格形成，胆汁质的人需要经过极大的克制和努力，而抑郁质的人则可能比较容易养成。

性格对气质也有深刻影响。气质尽管是最稳定的一种个性心理特征，但由于社会生活实践的要求和个人对现实稳固的态度体系和行为方式的作用，性格在一定程度上能掩盖和改造气质。如从事精细操作的外科医生应具备"沉着冷静"的性格特征，在形成过程中就有可能改造着胆汁质的不可遏止和容易冲动的气质特征。专门的研究证明，在良好的生活环境和教育影响下，各种气质类型的人，都可以培养积极的特征，从而说明性格对气质有重要影响。同一气质类型的人又可以形成不同的性格特征，如勤奋、懒散；不同气质类型的人可以形成相同的性格特征，如吝啬。

二、性格结构的特征

性格是一个完整的系统，只有很好地把握性格结构特征，才能更好地培养学生良好的性格。

(一)性格的结构

性格是由许多特征组成的复杂心理结构。由于每个人的性格特征组合及其表现形式不同，因而形成了千差万别的性格。从总体上看，根据一个人对现实的稳定态度与习惯化的行为方式以及在心理过程中表现出来的特点分析，性格结构具有以下 4 个方面的基本特征。

1. 性格的态度特征

人在对现实环境的稳定态度方面表现出来的个别差异，是性格特征中最重要的组成部分。性格的态度特征具体由以下三方面的内容构成。

1)　对社会、集体、他人的态度特征

对社会、集体和他人方面的态度特征包括积极的和消极的两个方面。积极的态度特征表现为爱祖国、爱集体、具有社会责任心、对人富有同情心、为人正直、诚实、有礼貌等。消极的态度特征表现为个人主义、对社会与集体和他人漠不关心、冷酷无情、极端自私自利、圆滑、狡诈或虚伪等。

2)　对劳动、工作和学习的态度特征

对劳动、工作和学习的态度特征包括积极的和消极的两个方面。积极的态度特征表现为勤奋刻苦、认真负责、细心忍耐、精益求精、敢于创新、勤俭节约、严守纪律等。消极的态度特征表现为懒惰、马虎、粗心、草草了事、墨守成规、挥霍浪费、自由散漫等。

3) 对自己的态度特征

对自己的态度特征包括积极的和消极的两个方面。积极的态度特征表现为谦虚、谨慎、自尊、自信、朴实无华等。消极的态度特征表现为骄傲、自负、自贱、自卑、拘谨、腼腆、虚荣、轻浮等。

2. 性格的理智特征

性格的理智特征也称为性格的认知特征，指人在感知、记忆和思维活动过程中表现出来的性格特征。在感知方面存在着主动观察型和被动观察型、记录型和解释型、罗列型和概括型、快速型和精确型等；在记忆方面存在着主动记忆型和被动记忆型、直观形象记忆型和逻辑思维记忆型；在识记上有快慢之分；在保持上有长短之分等；在想象方面存在着主动想象型和被动想象型、幻想型和现实型、敢于想象和想象受阻型、狭窄想象型和广阔想象型等；在思维方面存在着独立型和依赖型、分析型和综合型、灵活型和呆板型等。

3. 性格的情绪特征

性格的情绪特征是指人在情绪活动时在强度、稳定性、持续性和主导心境等方面表现出来的性格特征。①在情绪情感方面，具体表现为情绪的感染力、支配性和受意志控制的程度。有的人情绪活动强烈，性格受情绪的支配；有的人情绪活动微弱，性格的情绪色彩不浓。②在情绪的稳定性方面，表现为个体情绪的起伏和波动。如有的人容易激动，有的人比较稳定；有的人非常急躁，有的人比较沉稳。③在情绪的持久方面，表现为情绪对个体身心方面影响的时间长短，有的情绪发生后，很难较快平息，而有的人情绪则持续很久。④在情绪的心境方面，指不同主导心境在个人身上的影响作用。不同的主导心境，反映了不同的性格特征。有的人愉快并乐观向上，而有的人总是郁郁寡欢和悲观失望。

4. 性格的意志特征

性格的意志特征指个体在对自己行为的自觉调节方式和控制水平、目标明确程度以及在处理紧急问题方面表现出来的性格差异。①对行为目的明确程度。如具有明确的行动目标目的性或盲目性、独立性或易受暗示性、纪律性或散漫性。②对行动的自觉控制能力。如主动性或被动性、自制力或缺乏自制力、冲动性等。③在紧急或困难条件下处理问题的特点。如勇敢或怯懦、沉着镇定或惊慌失措、果断或优柔寡断。④在长期的工作中表现的特征。如恒心、坚韧性或见异思迁、虎头蛇尾等。性格的各个方面的特征相互联系，在每个人身上结合为独特的统一体，形成不同于他人的独特性格。以上 4 个方面的特征中，态度和意志特征是最主要的两个方面，其中态度特征在性格结构中具有核心意义，它是性格特征结构中的"灵魂"，直接体现了一个人对事物所特有的、稳定的倾向，其他特征在不同程度上都受其影响。

(二)性格的类型

性格类型是指某类人身上共同具有的性格特征的独特结合。按照一定标准和原则对性格进行分类有助于揭示性格的本质。

1. 培因划分的人格类型

英国哲学家、心理学家培因(Carl Gustay Jung)等人根据知、情、意何者占优势，把性格类型划分为理智型、情绪型、意志型。理智型的人，一般以理智来评价发生在周围环境中的一切事物，以理智来支配、调节、控制自己的行为，行为表现稳定、情绪谨慎，一般不善于思考，言谈举止容易受到自己情绪的左右，但情绪体验深刻。意志型的人，行为目标一般比较明确，主动积极，果敢和坚韧，有自制力。在日常生活中，很少有以上单一的三种典型性格类型中的一个，绝大多数是中间类型，如理智—意志型、情绪—理智型等。

2. 荣格划分的性格类型

瑞士心理学家荣格(Carl G. Jung)根据人的心理活动倾向于外还是倾向于内，把性格分为外向型和内向型两大类。外向型的人，心理活动倾向于外部，活泼开朗，喜欢交际；内向型的人，心理活动倾向于内部，谨慎小心、交际狭窄。在现实生活中，极端的内、外向类型的人很少见，一般人都属于中间型，即一个人的行为在某种情境中外向，而在另外的情境中则为内向。

3. 威特金划分的性格类型

美国心理学家威特金(Herman A.Witkin)根据认知方式的场依存性和场独立性特点，把性格分为独立型和顺从型。独立型的人善于独立思考，不容易受到周围环境因素的干扰，能够独立地发现问题和解决问题，但有时则会把自己的意见强加于别人。顺从型的人容易受到周围环境因素的影响和干扰，经常没有主见，有时不加分析地接受他人的意见而盲目行动，应变能力较差。

4. 斯普兰格划分的性格类型

德国哲学家、心理学家斯普兰格(E.Spranger)根据人的社会生活方式，以及由此形成的某一种价值在个体生活目标和行为方式上所占的优势，把性格分为理论型、经济型、审美型、社会型、权力型和宗教型等 6 类。

理论型的人能自制、好钻研、求知欲强，善于把自己的知识系统化、条理化，但往往脱离实际生活。经济型的人认为，一切工作或活动都应从实际情况出发，不然则应当抛弃，重视财力、物力和效能，讲求实惠。审美型的人重视形象与心灵美的和谐，善于欣赏好的情景和追求多种情趣，认为美的价值高于其他一切事物，以优美、对称、整齐、合宜等标准来衡量一切，对任何事物都从文艺的观点加以评论，对实际生活很不关心。社会型的人以关心他人、服务社会为职责，一般都热衷于社会活动。行为表现为随和、善良、宽容、喜欢人际交往。权力型的人对权力具有极大的兴趣，获取权力是其行为的基本动机，一般都有领导他人和支配他人的欲望和才能。宗教型的人相信命运和超自然的力量，把宗教信仰作为生活的最高价值，这类人一般有坚定的信仰，富有同情心，但容易从现实生活中退却。斯普兰格认为，在现实生活中，纯粹属于上述某种类型的人很少，绝大多数都是各类型的混合型。

5. 日本学者矢田部达朗等划分的性格类型

日本学者矢田部达朗等人将性格类型划分为 6 种。

A 型性格的人：性情急躁、好胜心强、直爽坦率、对周围环境适应性差，人际关系不甚融洽，其行为常引起人们的注意或议论，又称行为型。

B 型性格的人：能力一般、不善交际，情绪温和、乐观，能正确对待困难和挫折，生活有节奏，社会适应性较好，与他人关系协调，遇事丢得下，想得开，不耿耿于怀，又称平衡型。

C 型性格的人：情绪特征是安定的，社会适应性良好，属内向型，性格较平稳、被动、不太胜任领导工作，因此也称"安定消极型"。

D 型性格的人：情绪特征是安定的，社会适应性平均，是外向型，群众关系较好，工作能力强、积极、主动、肯动脑筋、能独当一面，有领导能力，因此又称安全积极型。

E 型性格的人：情绪特征是不安定的，社会适应性较差或一般，属内向型，喜欢独立思考问题，不大喜欢与人交往和出门，有自己的偏爱和兴趣，在专业研究或业余爱好方面可能有一定的修养。古代不少文人名士就属于这一类型，他们大多数是"独善其身"、对现实不满的"怪人"，现代专家则称之为"反常型"或"现实逃避型"。

(三)性格的类型理论

特质一词是英语 trait 的译名，有时亦译为特性。性格的特质论认为，人的性格是由一组特质组成，特质是构成人的性格的基本单位，特质决定个体的行为。性格特质在时间上具有普遍性。通过对性格特质的了解，可以预测个体的行为。他们认为，性格特质是所有人共有的，但每一种特质在量上因人而异，这就构成了人与人之间在性格上的差异。

德雷格(Dreger)曾将性格特质论者分为两大类：偏重于统计方法的和偏重于非统计方法的。前者以卡特尔和吉尔福特等人为代表，他们用统计分析划分特质，并且偏重于描述个体特质量的差异，比较强调特质之间的依赖性。后者以奥尔波特等人为代表，他们用逻辑和语义分析来划分特质，并且偏重于描述个体各种特质的不同，比较强调特质之间的独立性。下面主要介绍几种特质理论。

1. 奥尔波特的特质论

美国心理学家奥尔波特(G.W.Allport)是现代个性心理学的创始人之一，也是性格特质论的创始人。他认为：性格是由许多特质所组成，特质是一种神经心理结构。特质除了反应刺激产生行为外，还能够主动地引导行为，使多种刺激在机能上等值起来，使反映具有一致性，即不同刺激能导致相似的行为。例如，具有谦虚特质的人，对不同的情景会作出类似的反映。相反，具有不同特质的人，对同一个刺激物，反映也会有所不同。一个具有谦虚特质的人和一个具有骄傲特质的人对客人的态度是不同的。

奥尔波特对特质进行了分类。他首先把特质分为共同特质和个人特质。共同特质(common trait)是指同一文化形态下群体都具有的特质，它是在共同的生活方式下所形成，并普遍地存在于每一个人身上。共同特质被认为是一种概括化的性格倾向。个人特质(individuai trait)为个人所独有，代表个人的性格倾向。奥尔波特认为，世界上没有两个人具有相同的个人特质，只有个人特质才能表现个人的真正特征。他认为，心理学家应该集中力量研究个人特质。

奥尔波特进一步把个人特质按照它们对于个体性格影响和意义不同，划分为 3 个重叠和交义的层次：①首要特质(cardinal trait)。这是个人最重要的特质，它代表一个人性格最独特之处，往往只有一个。它在性格结构中处于支配的地位，影响一个人的全部行为。例如，吝啬被认为是葛朗台的特质。②主要特质(central trait)。又称"重要特质"。这是性格的"构件"，个体的性格是由几个彼此相联系的主要特质所组成。主要特质虽不像特质那样对行为起支配作用，但也是行为的决定因素。奥尔波特用社会性、乐观和人道主义来表述詹姆斯的性格。③次要特质(secondary trait)。这是个人无足轻重的特质，只在特定场合下出现，它不是性格的决定因素。

2. 卡特尔的特质论

英国出生的美国心理学家卡特尔是用因素分析法研究特质的著名代表。他同意奥尔波特把特质分为共同特质和个人特质的论点。但他认为奥尔波特所列举的特质数量太多。他将奥尔波特所收集的1万多个形容性格特质的词归纳为171个，然后再将它合并为35个特质群，卡特尔称为表面特质(surface trait)。他进一步把这些表面特质进行因素分析，得出16个根源特质(source trait)。他认为，共同特质是用因素分析法得到的共同因素，个人特质是用因素分析法得到的独特因素。共同因素是人类所有社会成员所共同具有的特质，独特特质是指单个个体所具有的特质。卡特尔的主要贡献在于把许许多多的特质划分为表面特质和根源特质。卡特尔认为，表面特质直接与环境接触，常常随环境的变化而变化，是从外部可以观察到的行为；根源特质隐藏在表面特质的后面，深藏于人格结构的内层，它是制约表面特质的潜在基础和人格的基本因素，是建造人格大厦的砖石。卡特尔认为，根源特质必须通过表面特质的中介，通过因素分析法才能发现。例如，独立、坚韧和大胆等特质都可以在个体身上直接表现出来，并能直接观察到，它们都是表面特质。通过因素分析，这些表面特质之间有很高的相关，通过因素分析可以得出它们的共同根源特质——"自主性"。

卡特尔认为，根源特质各自独立，并且普遍地存在于各种不同年龄的人和不同社会环境的人身上。但是，各个根源特质在每个人身上的强度是不同的，这就决定了人与人之间在性格上的差异。卡特尔及其同事经过长期的研究，确定了16种根源特质，并据此编制了16种个性因素问卷，是国际上通用的个性问卷。

3. 吉尔福特的特质论

美国心理学家吉尔福特将人的性格分为12种特质：①抑郁质(是否忧郁，容易悲伤)；②循环性(情绪是否容易变化，不稳定)；③自卑感(自卑感的大小)；④神经质(是否容易担心某种事情或容易烦躁)；⑤主观性(是否容易空想，过敏而不能入睡)；⑥非合作性(是否信任别人，与社会协调)；⑦攻击性(是否不倾听别人的意见而自行其是？是否爱发脾气，有攻击性)；⑧活动性(是否开朗，动作敏捷)；⑨乐天性(开朗还是不开朗)；⑩思维外向性(是否喜欢沉思，愿意反省)；⑪支配性(是否能当群众的领袖)；⑫社会外向性(是否善于交际)。在12种特质中，第1～4种特质是情绪稳定性指标；第5～7种特质是社会适应性指标；第8～12种特质是向性指标。

吉尔福特指出，各个特质最后组成一个阶层式结构(hierarchical structure)。在这个结构中，最基层的特质叫做基倾。一个基倾是个体在少数情景中表现某种一致性行为的倾向，如，喜欢参加宴会、喜欢参加舞会等。中间一层叫基本特质(primary trait)，它位于基倾上，每一个基本特质都是几种基倾的共同元素，因此涉及的范围比基倾要广得多。如，社会性就是一种基本特质，而喜欢某种社交场合则是一种基倾。最高层叫类型(type)，它位于基本特质之上。在吉尔福特看来，类型就是涉及范围极广的特质。因此，一个人可以同时具有几种类型，这与性格类型论者对类型的看法有所不同。每一种类型是多种基本特质的共同元素。吉尔福特认为，在性格结构中，上层特质可以影响或决定下层特质。

4. 五因素模型

塔佩斯等(Tupes&Christal)运用词汇学的方法对卡特尔的特质变量进行了再分析，发现了 5 个相对稳定的因素，后经许多学者进一步验证，形成了著名的大五因素模型。开放性(openness)具有想象、审美、情感丰富、求异、创造、智能等特质；责任心(conscientiousness)显示了胜任、公正、条理、尽职、成就、自律、谨慎、克制等特质；外倾性(extraversion)表现出热情、社交、果断、活跃、冒险、乐观等特质；宜人性(agreeableness)具有信任、直率、利他、依从、谦虚、移情等特质；神经质或情绪稳定性(neuroticism)具有焦虑、敌对、压抑、自我意识、冲动、脆弱等特质。1989 年麦克雷和可斯塔(McCrae&Costa)编制了"大五人格因素的测定量表"(NEO-PI-R)。

▶ 知识拓展 10-2

人格五因素的遗传性

人格的大五因素模型提出后，研究者把注意力集中到另一个问题上，即是否存在一个与该模型的因素相对应的特殊遗传基础。在一个研究中，德国和荷兰的研究小组对 660 对同卵双生子和 340 对异卵双生子进行了测量，全部采用自我报告(即这些双生子都要填写人格问卷)和亲友报告(即朋友和家庭成员分别对双生子进行人格等级评定)的方法。而过去的研究一般只使用自我报告的数据。对遗传研究提出的批评在于：同卵或异卵双生子将自己和他们的同胞兄弟(或姐妹)进行比较时与自己和其他个体进行的比较之间存在着偏差。亲朋的报告剔除了这种可能，即高遗传性仅仅是双生子进行自我报告时的偏差造成的结果。事实上，在任何情况下，都是同卵双生子的人格会被评价比异卵双生子有更多的相似性。例如，结果显示双生子之间的相关分别是 0.52(同卵双生子)和 0.23(异卵双生子)。通过使用自我和亲朋的评定，研究人员揭示出：大五因素的每一个因素都有其本质的遗传性。

(资料来源：[美]理查德·格里格，菲利普·津巴多. 心理学与生活. 第16版. 王垒，等译. 北京：人民邮电出版社，2007：390、392)

三、性格的测量

对性格的测量比能力或其他心理现象的测定困难，由于环境因素和人的行为表现相当复杂，因此，要鉴定一个人的性格就需要进行系统的观察与研究，要善于从多种多样的行为方式中选择出典型的行为方式，并要区分出偶然行为和体现性格主要特征的行为表现。

测量性格的方法很多，但需要把多种方法结合起来交叉应用，互相补充、互相印证，才能达到目的。目前一般采用综合评定法、自然实验法和问卷测验法。

(一)综合评定法

综合评定法是指把观察、谈话、作品分析等多种方法结合起来加以运用来评定性格的方法。运用这种方法，可以通过多种途径来了解某个人在活动中对各种事件与现实环境的态度与行为，并系统地加以分析整理，归纳或找出能概括其态度与行为倾向的性格特征和形成原因。

(二)自然实验法

自然实验法是指在自然条件下，实验者根据性格研究的目的，创设一定实验情景，以引起被试的某种性格特征。自然实验法是一种比较简便易行的研究方法，其优点是被试并不知道自己正在接受心理学实验，而实验者又能较好地控制情境，这对于了解人的性格特征十分重要。

(三)问卷测验法

问卷测验法是指被试进行询问的标准方法，是目前性格测验中常用的研究方法。问卷测验法一般是让被试按一定要求依次回答问卷中的测试题目，然后根据标准答案和测验分数来推知其性格类型和性格特征。目前，国外较为常用的性格测验问卷量表有明尼苏达多项人格测验(MMPI)、卡特尔16种人格因素测验(16PF)和艾森克人格问卷等。

1. 明尼苏达多项人格测验

明尼苏达多项人格测验(Minnesota multiphasic personality inventory，MMPI)是由美国明尼苏达大学教授哈瑟韦(S.R.Hathaway)和麦金力(J.C.Mckinley)于20世纪40年代研制的，是迄今应用极广、颇具权威的一种纸-笔式人格测验。该问卷的制定方法是分别对正常人和精神病人进行预测，以确定在哪些项目上不同的人具有显著不同的反应模式，因此，该量表常用于鉴别精神疾病，也被用来评定正常人的人格特征。

MMPI内容包括健康状态、情绪反映、社会态度、心身性症状、家庭婚姻问题等26类题目，可鉴别强迫症、偏执症、精神分裂症和抑郁性精神疾病等。

原始的MMPI由50个题目组成，每个问题涉及一种行为或态度或认知内容，所有问题都采用"是"、"否"、"不一定"来回答。测验分为14个分量表，其中10个临床量表，4个效度量表。MMPI十分庞大，能提供十分丰富的信息，但实施起来比较费时费力，尤其是对病人更为困难，往往要分段实施。

2. 卡特尔16种人格因素测验

卡特尔16种人格因素测验(16 personality factor questionnaire，16PF)与MMPI完全不同，它是以正常人为对象而建立起来的测验量表。卡特尔和他的同事们首先找出4500多个用于描述人类行为的形容词，然后简化为170个涵盖原始词表主要含义的形容词。再用这70个形容词来要求大学生描述他们的熟人，最后用因素分析的统计区分出这些条目的项目归类，即主因素，由此提出鉴别人格的16个根源特质因素，它们能够反映人格的关键特征或本质。与MMPI比起来，16PF规模较小，但获得的信息十分丰富。16PF问卷共有187道题，每道题让被试从"是的"、"不一定"、"不是的"三个答案中选择其中一个回答。每题答案分别得0、1和2分。然后运用统计方法，把每种人格特征所得分数加起来，换算成标准分并填在格子图表中，能够比较直观地了解被试的人格轮廓。目前，普遍认为 16PF 是迄今比较完善的人格特质评鉴方法。

3. 艾森克人格问卷

艾森克人格问卷(Eysenck personality questionnaire，EPQ)是英国心理学家艾森克于 20 世纪 40—50 年代建立的自陈量表，分为成人和青少年两种。问卷由 4 个分量表 E、N、P、L 组成，分别测量人的内倾外倾、神经质(情绪性)、精神质(倔强性)、掩饰性(指被试是否真实地反映自己的感受)。与 MMPI 和 16PF 人格测验相比，EPQ 的题目较少，只有八九十个问题，测验时间较短，实施较为容易，但由于该测验所得到的结果相对简单，提供的信息量比较有限。

(四)投射测验法

投射测验法是运用具有多种含义、模棱两可的刺激物，如墨迹、暧昧含义图片等，让被试在不受任何限制的情况下自由地解释或表现其反应，即在通过对刺激物的不知不觉反应中，表露其内在的态度、动机、需要、感情及性格特点，然后对其反应进行分析来推知若干人格特征的方法，简称投射法。投射法在西方心理学界应用较广。著名的投射测验有罗夏墨渍测验和主题统觉测验。

1. 罗夏墨渍测验

罗夏墨渍测验由瑞士精神病学家罗夏于 1921 年创立。他用带有墨渍的图片，如图 10-2 所示，作为刺激呈现给被试，让他们给予解释。然后根据被试的反应来推知其性格特点。

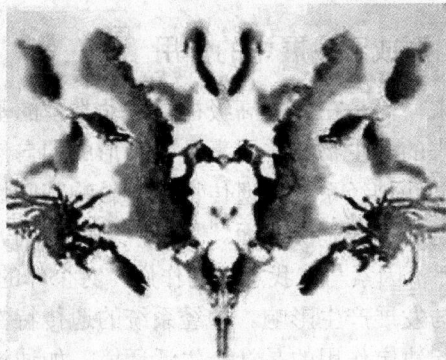

图 10-2　罗夏墨渍

2. 主题统觉测验

主题统觉测验(thematic apperception test，TAT)由美国心理学家默里(H.A.Murry)于 1935 年编制。这种测验与看图说话的形式比较相似。图片内容多为人物，也有部分景物，如图 10-3 所示。测验时每次给被试一张图片，让他根据所看到的内容说话或编故事。TAT 的目的主要是唤起被试的联想，引起被试对自己生活中最重要事件的联想。当要求被试猜想与解释某些模棱两可、含糊不清的情节时，他们的内在倾向和欲望就容易表露出来，为探索其性格特征提供了条件。

图 10-3　主题统觉测验

投射法必须由受过专门训练的专业人员来操作，由于其中一些反应结果很难评定，记分又有一定主观臆测，因而会影响测量的信度，因此，一般只供鉴定某种类型的性格特征时参考。

四、良好性格的培养

人的性格并非与生俱有，而是随着人类的历程而形成和发展的，我国的"三岁看大，七岁看老"之说，虽有道理，但也夸大了童年的作用，幼小的儿童并不能意识到自己对现实的态度，他的行为方式也没发展起来，更没有定型，儿童是在后天环境中，在成人、家庭、学校和社会的影响下，通过自己的实践活动积极主动性，在先天素质的基础上才逐渐形成他们独有的性格。遗传因素为心理发展提供自然基础和发展的可能性，但社会环境有着决定性的作用。

(一)遗传因素在性格形成和发展中的作用

人的性格并非与生俱来，而是在人的高级神经活动类型的基础上，通过社会生活过程的影响逐渐形成和发展起来的。生物遗传因素是性格形成的自然基础，它为性格形成和发展提供了可能性。例如，某些神经系统的遗传特性会影响某些性格特征的形成，这种影响主要表现在某些性格特征的加速或延缓方面。另外，人的性别、相貌、身高、体重等生理特征，会由于社会文化的评价因素与自我意识的作用，对个体的独立性、自信心、支配性、自尊感等性格特征的形成与发展产生影响。神经系统的遗传特性只是为个体形成某些性格特征提供了可能，而最终起决定作用的是社会生活环境。如通过双生子研究法来研究性格形成中遗传因素和环境因素作用的方法，同卵双生子的遗传因素是完全相等的，异卵双生子则如同同胞兄弟姐妹，比较他们的性格特征大都看出遗传因素对性格形成的作用。1931年，洛廷等人对 13~39 岁的同卵双生子和异卵双生子的性格进行研究，这些双生子从小就分开养育，结果发现虽然生活环境不同，但她们在气质上、心理测验反应和生活表现上都是相似的。因此，在性格的形成和发展上有两种极端错误观点，即遗传决定论和环境决定论。

(二)家庭因素在性格形成和发展中的作用

家庭是"制作人类性格的工厂"。父母把遗传基因传递给后代，家庭是孩子最早接触的社会环境。心理学研究表明，从出生到五六岁时是性格形成的最主要阶段。在这个阶段，儿童在家庭中生活的时间最长，受到父母的爱抚、保护、教育和影响最多，因此，整个家庭环境对儿童性格的形成产生着极为重要的影响。在家庭各方面的因素中。父母的教养态度、家庭氛围和父母的榜样等因素，对儿童性格的形成有着深刻的影响。

1. 父母的教养态度和方式

在家庭中，父母和子女的关系最为密切，也是子女最重要的教养者。前苏联教育家克鲁普斯卡娅指出："母亲是天然的教师，她对儿童特别是幼儿的影响最大。"研究表明，母爱在 5 岁前儿童的性格形成中起着重要作用，是儿童性格发展的必要条件。缺乏母爱的儿童往往会形成孤僻、不合群、任性和情绪反应冷漠等不良性格特征。父爱在儿童心理发展，特别是性别角色的形成与发展过程中是不可或缺的。父亲为男孩提供了模仿和同化的榜样，为女孩提供与异性交往的样例。幼儿时没有与父亲接触过的孩子，在性别的社会化方面，存在着不完全。由此可见，父母对子女的教养态度，在儿童良好性格的形成和发展过程中起着不可忽视的作用。心理学家鲍德温等人通过研究概括了母亲的教养态度和子女性格之间存在的关系，如表 10-2 所示。

表 10-2　父母教育方式与儿童性格的关系

教育方式	儿童性格
支配性的	消极、顺从、依赖、缺乏独立性
溺爱性的	任性、骄傲、利己主义、缺乏精神独立、情绪不稳定
过于保护的	缺乏社会性、依赖、被动、胆怯、深思、沉默、亲切的
过于严厉的(经常打骂)	顽固、冷酷、残忍、独立的；盲从、不诚实、缺乏自信心和自尊心
忽视的	妒忌、情绪不安、创造力差，甚至有厌世轻生情绪
父母意见分歧的	易生气、警惕性高；或有两面讨好、投机取巧、好说谎的作风
民主的	独立、直爽、协作的、亲切的、社交的、机灵的、安全、快乐、坚持、大胆、有毅力和创造精神

2. 家庭氛围和父母的榜样

家庭氛围可以划分为融洽氛围与对抗氛围两种类型。家庭氛围是由家庭全体成员造成的，但最重要的是由夫妻两人之间的关系造成的。家庭中的夫妻关系影响着家庭其他成员之间的关系，也影响着孩子性格的形成与发展。研究表明，如果夫妻关系融洽，孩子在家里感到愉快、有安全感，容易形成开朗、活泼的性格特征；如果夫妻关系对立与不和谐，孩子在家会缺乏安全感，情绪不稳定，容易形成紧张、焦虑和不安的性格特征。心理学许多研究表明，在宁静而愉快氛围家庭中成长的孩子，与家庭氛围紧张与冲突不断的家庭中的孩子在性格上会有很大差异。

心理学认为，破裂家庭对孩子性格的发展会带来不良影响。家庭破裂有两种情况，一种是父母中的一人死亡，另一种是父母离婚，即离异家庭。父母离婚比父母死亡对孩子性格形成与发展的影响更大。孩子由于父母死亡或离婚而得不到家庭的温暖和正常教育，容易形成悲观和孤僻等不良性格特征，产生的行为问题也比较多。波尔拜(J.V.Bowlby)等人的研究结果表明，少年犯罪率最高的是出生 1~4 岁之间丧父或丧母的孩子，其犯罪率高出一般人的两倍以上。从年龄上看，婴幼儿期间丧母对个体性格特征的影响很大，儿童期间则是丧父对孩子性格的影响大。但有些研究表明，如果有良好的教育，破裂家庭或丧失父母的孩子仍然可以形成坚强、合作，甚至是开朗等良好的性格特征。

(三)学校教育在性格形成和发展中的作用

学校教育对学龄儿童的性格发展具有重要作用，学校是对学生进行有目的、有计划教育的场所。学校教育在学龄儿童性格形成与发展中具有重要作用，学校不仅是传授文化科学知识的场所，而且是发展智力、进行政治和思想品德教育的地方，是促使儿童形成和发展良好性格特征最重要的部门。学生要在学校里，通过学习与潜移默化的影响，形成自己优良的性格特征，才能顺利地走向社会，适应社会生活，并为社会的发展做出自己的贡献。

学生通过课堂教育接收系统的科学知识，同时形成科学的世界观。科学世界观对发展良好性格特征具有重要意义。学习是艰苦的身心劳动，通过学习可以形成与发展学生坚持性、顽强性、主动性和独立性等优良的性格特征。

校风和班风也是影响学生性格形成与发展的重要因素。良好的校风和班风能促使学生养成积极性、主动性、独立性和自觉遵守纪律等良好性格特征；不良的校风和班风，可能会使学生养成懒散、无组织、无纪律等不良性格特征。

在学校，教师要通过各种教育教学活动，寻找适合不同年龄学生的心理发展水平的教育方法，培养学生良好的行为习惯，塑造学生的性格。同时，教师又是学生学习的榜样，教师的言行对学生的性格同样会产生潜移默化的影响作用。学生的年龄越小，受教师的影响越大。

(四)社会文化因素在性格形成和发展中的作用

不同的文化背景、社会制度、经济地位以及不同的职业等都会对人的性格特征的形成与发展产生深刻影响。

就社会文化背景而言，世界上有许多国家和民族，不同国家、不同民族在风俗习惯，政治、经济和文化发展水平及道德规范等方面存在着很大差异。表 10-3 描述了新几内亚三种不同文化民族的群体性格差异。这种差异从小就影响着儿童，并对儿童的性格产生不同的影响。同时，不同国家、不同时代的社会风气或社会风尚对人的性格形成与发展也有重要的影响。社会风气或风尚，即社会上普通流行的爱好、风气与习惯等，它们通过各种渠道影响学生的爱好、道德评价与行为习惯的形成，其中最具影响力的是电影、电视、互联网和各种普及读物，当它们提供的内容是健康的、积极向上的，则会激发青少年丰富的情感和想象，引起他们强烈的模仿意向并付诸行动，经过反复实践而巩固下来，成为他们性格特征的组成部分；当它们提供的内容是不健康的、有害的、颓废的，甚至是黄色下流和反动的，那么就会使青少年形成消极的思想情感和不良性格特征。

另外，人们长期从事某种职业，在实践活动中会根据职业的要求改变自己一些不太好的性格特征，形成一些新的、好的性格特征。例如，医护人员的耐心细致、沉着冷静；运动员的勇敢、顽强等性格特征都会因职业的要求而形成。

表 10-3　新几内亚的三种文化和群体性格[①]

	阿拉伯契族 (Arapesh)	芒杜古穆尔族 (Mundugumor)	乍蒙布里族 (Tchambuli)
居住地域	山地	河流	湖泊
分工特点	保持着女性的传统习俗，但男性也一样，从事栽培植物和养猪	男性传统，有猎取人头吃人肉的习惯，好斗，攻击性强	男女分工与一般社会相反：女性从事生产经营活动，掌握消费权；男性从事雕刻、绘画、祭司等活动
育儿方式	男女都抚养子女，但没有严格的教养，对子女宽容溺爱	男女对子女都不关心，经常打骂、嘲笑孩子，把子女看作多余物	对子女无严格教养；母亲除保护其身体、哺乳外，平时很少接触孩子，孩子出生一年后由父亲抚养
男女关系	控制性欲，无性纠纷事件，家庭、家族间以强烈的爱为基础，关系融洽	性欲旺盛，男女间有强烈的结婚愿望，对于男女间权力地位和优越性存在着争端	男性处于从属地位，女性有优越的社会地位和支配权
群体性格特征	憎恶暴力和自私，自我观念淡薄，非攻击性的，协作的，善良的，安危观念强，亲切，温和	自私(特别是女性)，攻击性的，占有欲、指挥欲强，不协作的，残酷，冷漠，粗暴，自大	女性是攻击性的、支配的、保护者的，会做生意，活泼，亲切；男性图虚荣，好嫉妒，多愁善感，自卑，爱打扮

(五)个人主观因素在性格形成和发展中的作用

性格是人在与环境相互作用的实践活动中形成与发展起来的，但任何环境都不能直接决定人的性格，它必须通过个体已有的心理发展水平和心理活动才能发生作用。社会上各种影响因素，首先要为个人接受和理解，才能转化为个体的需要、动机和兴趣，才能推动他去思考与行动。个体已有的心理发展水平对性格特征形成的作用，会随着年龄的增加而日益增强。个人的理想、信念、世界观、价值观和人生观等对接受社会环境的影响，对其良好性格特征的形成与发展具有决定性作用。

拓展阅读

性格与职业、专业相互适应性理论

我国著名心理学家张厚粲教授针对我国实际情况，提出了性格与职业、专业相互适应的理论。她认为：人的性格可以分为艺术型、经营型、事务型、研究型、自然型、技术型、社会型这7种类型，其行为特点以及与其相适应的职业类型如下所述。

➤ 艺术型的人在个性上敏感深刻，自由奔放，他们喜欢在宽松自由的环境中，借助于音乐、文字、形体、色彩等形式表达自己的感受，追求与众不同。他们情感丰

---

① 黄希庭. 心理学导论. 北京：人民教育出版社，2005：147

富，做事凭直觉，不适合常规性的工作。他们所适合的工作应为作曲、服装设计、写作等。

➤ 经营型的人在个体上精明自信、乐观进取、对商业信息比较敏感，善于说服他人接受自己的观点。喜欢追求经济效益和个人成就，具有一定的组织计划能力。他们工作时精力旺盛，喜欢冒险竞争，不喜欢讨论纯学术问题。他们喜欢从事营销、经营管理、与法律打交道的工作等。

➤ 事务型的人细致认真、严谨自律，喜欢规范明确、秩序井然的工作环境，偏爱系统性、条理性、规则性比较强的活动，不太喜欢变化过多或比较冒险的活动。他们喜欢做的工作是银行业务员、秘书、图书馆资料管理员等。

➤ 研究型的人严谨缜密、勤学好问，善于观察分析，更偏重逻辑思维，喜欢以理性思考的方式探究事物，富有批评精神，喜欢独立的工作氛围，重视知识在个人发展中的作用。他们喜欢成为数据统计分析师、科研人员等。

➤ 自然型的人喜欢户外运动，对大自然的事物充满浓厚的兴趣。喜欢探索生命现象，了解各种动植物的生活习性和生长发育规律，不喜欢受约束，实干意识比较强。他们喜欢从事农产品开发、医疗、矿产勘探等工作。

➤ 技术型的人稳重踏实、崇尚实干。在人和事物之间，偏爱与具体有形的事物打交道，不善于社交，喜欢在需要动手的环境中，通过使用各种工具、设备，按照一定的工作程序，制造出具有使用价值的产品。这类职业有信息工程技术人员、机械师、飞行员等。

➤ 社会型的人为人热情友善，容易相处。在人和事物之间，偏爱与人打交道。善于表达，喜欢倾听和了解他人，关心社会，乐于助人。交友广泛，亲和力强，有较强的合作精神，但缺少竞争意识。适合从事的职业有教师、社区工作者、心理咨询人员、导游等。

(资料来源：姚本先. 心理学. 第2版. 北京：高等教育出版社，2009：226～227)

本 章 小 结

气质和性格是人类重要的个性心理特征，其中性格是个性中最具有核心意义的特征，因此，它是每个人必须了解的内容。本章从气质和性格的概念入手，帮助大学生认识气质的类型、性格的特征，要理解良好性格特征的培养，对于今后大学生在实际生活中具有的重要意义。

思考与练习

1. 结合本章的学习内容，设计塑造自己良好性格的方案。
2. 结合自身的体会，分析自己的气质的特征。
3. 假设你是一名初中老师，在教学中如何运用本章的知识培养学生良好的气质特征和性格特点？

推 荐 阅 读

1. 黄希庭. 心理学导论. 第 2 版. 北京：人民教育出版社，2007

2. 彭聃龄. 普通心理学. 第 2 版. 北京：北京师范大学出版社，2008

3. 叶奕乾，何存道，梁宁建. 普通心理学. 第 2 版. 上海：上海华东师范大学出版社，2007

4. [美]理查德·格里格，等. 心理学与生活. 第 16 版. 王垒，等译. 北京：人民邮电出版社，2003

第十一章　青少年学习心理

本章学习目标

➤ 学生学习的特点。
➤ 学习的类型。
➤ 行为主义学习理论。
➤ 认知学习论。
➤ 建构主义学习论。
➤ 学习迁移。
➤ 学习策略。
➤ 学习风格。

核心概念

学习(learning)　智慧技能(intelligential skills)　认知策略(cognitive strategies)　动作技能(motor skills)　强化(reinforcement)　学习迁移(transfer of learning)　学习策略(learning strategies)　元认知(meta-cognition)　学习风格(learning styles)

引导案例

学习中的意义建构

比尔终于找到了一个方法使他的初二学生在第五个学时中记住了词汇表上的单词，他感到很高兴。在上一次测试前，比尔花了整整一堂课的时间帮助他的学生对词汇进行复习，但最终平均分只有 59 分，这让他很不满意。在那次复习课上，他念一个单词，学生重复一次词义，他带领学生读了三遍，眼看着学生解释得越来越熟练，于是他确信学生们已经掌握了词及词义，分数应该比较理想了，但看来这种复述性的训练并不是教授词语的最佳方法。

比尔意识到他必须重新思考他的计划，他想起了一本教学杂志上有一篇文章介绍了一些有经验的教师是如何教词汇的，他们尽量使词汇对于学生有趣而有意义。就比尔自己的学习经验来看，的确应该使词汇变得更有趣一些。于是，他决定要使词汇对他的学生变得有意义。一开始，他结合书中故事的上下文引入词汇，在全班阅读特定的章节之前，他先给每个学生发一张表格，上面列出了涉及的新词。但是，这一次比尔让学生用自己的语言来解释词语。在复习课上，由比尔读单词，然后让学生自己解释词语，他对那些不太确切的回答做了修正，然后再让一些同学结合自己的情况用词语造句。结果在下一次测验中，平均分达到了 82 分，比尔的新方法起作用了。

为什么后一种学习方法能促进学生成绩的提高？后一种学习的实质是什么？本章将对青少年的学习进行深入探讨。

(资料来源：[美]斯腾伯格，等. 教育心理学. 张原粲，译. 北京：中国轻工业出版社，2003：242)

人类发展史从某种意义上讲也是人类学习史，学习与人类生存同步，与社会发展同步，是人类个体和人类社会发展的重要条件。因此，在心理学中，学习是一个非常重要的范畴。其核心是研究学生的学习心理，即探讨学生由不知到知、由不会到会的过程在心理上是如何实现的，包括学习的规律、学习策略以及学习促进等方面的内容，目的是帮着人们更有效地学习。

第一节 青少年学习的特点与意义

在个体的毕生发展中，学习起着至关重要的作用。对于处于青少年时期的个体而言，学习既受到早期学习经历的影响，也受到自身心理发展的影响。因而，青少年的学习既具有学生学习的共同特点，也有自身阶段性的特点，其中学生学习的特点是其主要特点。

一、学习的定义与特点

心理学家从不同角度、用不同措辞给予了学习不同的定义，并在不同的定义下解释了学习的不同特点。随着对学习研究的不断深入和扩展，心理学家们对学习的定义和特点的认识逐渐趋于一致。

(一)学习的定义

学习的概念有广义和狭义之分。从广义上说，学习是人或动物在后天生活过程中，通过活动、练习而获得行为经验的过程。广义的学习一般包括三个要点：第一，学习是人和动物共有的普遍现象；第二，学习是有机体后天习得经验的过程；第三，学习表现为个体行为由于经验而发生的较稳定的变化。因此，广义的学习也可以说是有机体在后天生活过程中经过练习或经验而产生的行为或内部心理的比较持久的变化的过程。

从狭义上说，学习(learning)是在社会生活实践中，在社会传递下，以语言为中介，自觉地、积极主动地掌握社会和个体的经验的过程。这种学习专指人类的学习，尤其是学校的学习。人类是万物之灵，人的学习除了具有有机体学习的一般特征之外，还有其特定的特征。首先，从学习内容上看，人的学习比动物广阔得多。动物的学习，仅仅是掌握个体经验，而人的学习，不仅是掌握个体经验，更重要的是以个体的形式掌握社会的经验。其次，从方式上看，动物的学习主要是一个自发的过程，而人的学习是在社会的传递下，以语言为中介而实现的。语言是人们传递经验和交际的手段，也是记载人类社会历史经验的工具，个体一方面可以通过语言直接与别人进行交往，获得社会经验，另一方面通过语言获得用语言符号记载下来的关于客观世界的知识，这是一种间接的交往而获得的知识。最后，从性质上看，人的学习是自觉的、有目的的、积极主动的过程。动物的生活方式是以其对外界自然条件的适应为特征的，其学习是不自觉的，只是消极被动地适应其生存的环境。而人不是消极被动地接收人类的经验，而是在积极地作用与改造周围环境的过程中，在与人们积极地交往的过程中获得知识经验的。因而，人类的学习与动物的学习具有本质的不同，它在人类个体的生活和发展中发挥着重要的作用。

(二)学生学习的特点

人类学习与学生学习是一般与特殊的关系，学生的学习是人类学习的一种特殊形式，学生的学习既有人类学习的一般特点，但又有其特殊性。

1. 学生的学习以系统学习人类的间接知识经验为主

人类的认识是从实践开始的，但学生的学习是以接受间接经验为主，而不是通过个人的实践获得直接经验。间接经验的学习使学生能够迅速掌握人类积累的大量知识、思维方法和技能，迅速地成长为有理论基础的实践者。当然，学生的学习也强调直接的实践经验，强调感性认识在理解间接经验方面的重要作用，但这种过程与人类认识世界的过程有所不同。因此，在教学组织和教学方法上，要求教师能把学校学习与实际生活和学生原有经验相联系，促进学生更好地掌握间接经验。如果不了解学生学习的特点，就可能使学生的学习成人化，事事要求直接经验，或是放弃指导，强调生活即教育，这都是不恰当的。

2. 学生的学习在教师的指导下进行

学生的学习是在教师的指导下，有计划、有目的和有组织地进行的。这种指导体现在学习计划、学习目的、学习内容和学习手段的安排上，体现在学习过程中教师检查和督促学生完成学习任务上，同时还体现在教学生学会思维和学会学习上。由于教师既掌握所教知识的内在联系，又了解学生学习过程的特点，因此，能够保证在较短时间内，采用特殊有效的方法，帮助学生学会学习，完成掌握前人经验和建构自己的认知结构的学习过程。在教师指导下的学习，并不是一个被动的过程，一方面通过教师的传授，学生能够理解和消化教材，达到知识的获得，另一方面也需要在教师的指引下，让学生通过自己的独立思考而主动地获取知识，培养学生学习的主动性和积极性。

3. 学生的学习是促进学生全面发展的过程

学生的学习不仅是掌握知识、形成技能，还要通过学习发展能力、掌握方法，促进个性的全面发展。学生通过教师的指导和知识的学习，能够更加科学地认识世界、认识自我和完善自我，充分发挥自己的个性，使之形成良好的道德品质、行为习惯和树立正确的价值观念，使学生的心理素质和身体素质都能获得和谐的发展，同时也要使学生成为学习的主体。

二、学习的类型

学习是一种非常复杂的现象，学习内容广泛，学习形式多样，学习的深度和层次也不尽相同。因此，心理学中对学习的分类也是多角度的。

(一)我国学者的学习分类

根据教育系统中传递的经验内容不同，我国学者将学生的学习分为三类，即知识学习、技能学习(包括智力技能的学习)和道德品质或社会规范的学习。这种分类比较笼统，是我国学者依据过去教育工作的实际需要和教育内容的特点提出的一种分类方法，它已随着学习分类研究的发展逐渐被新的分类取代。

(二)布鲁姆的学习分类

布鲁姆(B.Bloom)根据学生在课堂中发生的学习进行划分，将学生的学习分为认知、情感和动作技能三大领域的学习，每一领域的学习又由低级到高级分成若干层次。认知学习分为 6 个层次，即知识、领会、运用、分析、综合与评价；情感学习分为 5 个层次，即接受(注意)、反应、评价、组织和价值的性格化；动作技能学习包括 4 个层次，即整个身体的运动、细致动作的协调、非言语沟通和言语行为。

(三)加涅的学习分类

加涅(R.M.Gagne)根据学习结果，即各种习得的能力或性情倾向，将学习分为言语信息的学习、智慧技能的学习，认知策略的学习、态度的学习和动作技能的学习 5 种类型。

言语信息(verbal information)的学习，即学生掌握的是以言语信息传递(通过言语交往或印刷物的形式)的内容，学生的学习结果是以言语信息表达出来的。这一类的学习通常是有组织的，学习者得到的不是个别的事实，而是根据一定的教学目标给予的许多有意义的知识，使信息的学习和意义的学习结合在一起，构成系统的知识。言语信息的学习是帮助学生解决"是什么"的问题，智慧技能(intelligential skills)的学习要解决"怎么做"的问题，以处理外界的符号和信息，又称过程知识。如怎样把分数转换成小数，怎样使动词和句子的主语一致等。加涅认为，每种水平的学习中都包含着不同的智慧技能，每一级智慧技能的学习要以低一级智慧技能的获得为前提，最复杂的智慧技能则是把许多简单的技能组合起来而形成的。认知策略(cognitive strategies)是学习者用以支配自己的注意、学习、记忆和思维的有内在组织的才能，这种才能使得学习过程的执行控制成为可能。因此，从学习过程的模式图来看，认知策略就是控制过程，它能激活和改变其他的学习过程。认知策略与智慧技能的不同在于智慧技能定向于学习者的外部环境，而认知策略则支配着学习者在对付环境时其自身的行为，即"内在的"东西。简单地说，认知策略就是学习者用来"管理"他的学习过程的方式。这种使学习者自身能管理自己思维过程的内在的、有组织的策略非常重要，是目前教育心理学研究中的热门课题，认知策略的培养也应该成为学校教育的重要任务之一。态度(attitude)是通过学习获得的内部状态，这种状态影响着个人对某种事物、人物及事件所采取的行动。学校的教育目标应该包括态度的培养，态度可以从各种学科的学习中得到，但更多的是从校内外活动中和家庭中得到。动作技能(motor skills)又称动作技能，如体操技能、写字技能、作图技能、操作仪器技能等，它也是能力的组成部分。

(四)现代认知心理学的学习分类

认知心理学家安德森(Anderson)依据信息加工中知识的分类标准，将学习分为陈述性知识的学习和程序性知识的学习。

安德森认为在信息加工过程中人们获得了两类知识：陈述性知识和程序性知识。陈述性知识是关于事物及其关系的知识，或者说是关于"是什么"的知识，它包括事实、规则、发生的事件、个人的态度，对这类知识的学习就是陈述性知识的学习。程序性知识是关于"如何做"的知识，它是一种经过学习自动化了的关于行为步骤的知识，表现为在信息转换活动中进行具体操作。对这类知识的学习就是程序性知识的学习。

三、青少年学习的意义

从生物学意义上讲，学习是个体适应环境的重要手段。人类有史以来就离不开学习，而人类以后的发展、演化更需要学习。对青少年而言，学习是个体发展的重要条件，也是个体成才的必经之路，其意义具体表现在以下三个方面。

(一)学习是青少年和环境取得平衡的条件

学习是有机体与其生存环境保持平衡的必要条件。动物为了适应变化的环境，需要学习，而人不仅要适应环境，还要改造环境使环境更好地为人类服务，这就更需要学习。可以广义地说，学习与生命并存，对一切具有高度组织形式的动物而言，生活就是学习。但生物的发展水平不同，它们的生存环境也各不相同，因此学习在它们生活中所起的作用也就不同。对于人类而言，个体生活从出生到老死的整个过程，都离不开学习。处于青少年时期的学生，学习的意义尤为重大，一方面，学习是青少年和所处环境保持平衡的必要条件。青少年通过学习，掌握了相应的知识技能，能恰当处理学习、人际交往、人格完善等问题，为自身发展营造良好的环境氛围。另一方面，学习是青少年和未来环境保持平衡的基础条件。未来社会需要综合型的人才，而青少年时期的学习正是综合型人才塑造的关键时期。

(二)学习可以影响青少年的成熟

个体的生理结构和机能为学习提供了可能性，在个体发展的一定阶段，学习什么，从何开始，都要以学习者的相应成熟为条件。但是，个体的生理结构如果得不到使用的话，它的机能就会消退。如果对初生的动物剥夺其某方面的刺激作用，则可以影响其相应的感觉器官的发育和成熟。下面这个例子说明了这点。

理森(Risen)对黑猩猩进行了"剥夺研究"。他把两只刚刚出生的黑猩猩放在完全黑暗的环境中饲养，剥夺光刺激对它们视觉器官的作用，过了16个月后，发现这两只黑猩猩的视觉严重落后，视觉器官也出现异常(视乳头盘苍白)。

上例还说明，没有环境的刺激作用及学习活动，正常的成熟是不可能的。脑成像的研究揭示，在学习进程中，随着经验的丰富，皮层表征会发生相应的变化。例如，早期双语者和晚期双语者说双语时脑区激活情况存在一定差别，晚期双语者两种语言在布洛卡区的激活区域相互分离，而早期双语者两种语言在威尔尼克区的激活区域相互重叠。

(三)学习能促进青少年心理的发展

从个体的一生发展来看，其心理发展无疑都是在不断的学习过程中得以实现的，学习在心理发展中是一个最直接的决定因素。对于青少年时期的中学生来说，一方面，不断出现的新的学习情境会引起个体的认知不平衡，即产生一种问题情境，并导致个体产生相应的学习需要与学习期待，使个体学习动机由潜在状态转为活动状态，成为学习的实际动力。学习需要与需要期待的不断产生、不断满足，为心理发展提供了动力源泉。另一方面，个体通过不断学习，获取各种知识、技能与符合社会规范要求的行为，并通过广泛的迁移，逐步形成能稳定调节个体活动的多种类型、多种水平的能力与品德。能力与品德作为个体的两种典型的心理特征，其产生与逐步形成、完善的过程，就是心理不断发展、变化的过程，这也是通过不断的学习得以实现的。

此外，学习还能激发大脑的潜能，并以此促进个体心理发展。我们知道有些人在小时候的学习成绩和能力水平都很差，但后来他们成为了伟人，有了很高的智力水平和伟大成就。例如，达尔文小时候曾被认为是低能儿，牛顿小时候学习很差，华罗庚在初一时还补考过数学。那么是什么使他们产生了如此巨大的变化呢？是学习把他们大脑中的潜能发展起来了。因此，在教育中若能充分而有效地利用学习规律，通过促进学生有效学习，亦能促进青少年的心理发展。

第二节 学习的理论

早在心理学尚未分化成为独立的学科时，就有不少哲学家论及学习。自 19 世纪末心理学从哲学中分离出来成为一门独立的学科开始，心理学界对学习的性质、过程与规律进行了大量的研究，形成了不同的学习理论。学习理论的研究，有助于人们掌握学习的实质及规律，改进自身的学习，更有效地通过学习来认识世界和改造世界；也有助于学校教育工作者了解和掌握学生学习的规律，提高教学质量。

一、行为主义的学习理论与行为塑造

总的来说，行为主义学习理论强调外界环境对个体学习的作用，认为学习是个体对外界刺激的反应，是因环境而导致的行为的改变。

(一)经典条件作用理论与学习

第二章介绍了巴甫洛夫经典条件作用，即一个原是中性的刺激(铃声)与一个原来能引起某种反应的无条件刺激(食物)相结合，而使动物学会对那个中性刺激作出反应。行为主义的创始人华生根据经典条件作用的原理做了一个著名的恐惧形成实验。实验的被试是一个出生只有 11 个月的婴儿——艾尔波特。他首先让艾尔波特接触一个中性刺激小白兔，艾尔波特毫无害怕的表现，似乎想用手去触摸它。然后兔子出现后，紧接着就出现用铁锤敲击一段钢轨发出的使婴儿害怕的响声；经过 3 次结合，单独出现小白兔也会引起艾尔波特的害怕与防御行为；6 次结合后，艾尔波特的反应更加强烈，随后泛化到相似的刺激。艾尔波特对任何有毛的东西感到害怕，如老鼠、制成标本的动物，甚至是有胡子的人。据此，华生认为，人类出生时只有几种反射(如膝跳反射、抓握反射等)和情绪反应(如惧、爱、怒等)，所有其他行为都是通过这样的条件反射建立新刺激-反应联结而形成的。

案例：将经典条件作用理论应用于课堂[①]

(1) 创造一个良好的课堂环境，建立良好情绪与学习活动之间的联系。

一个三年级老师总是安排很多的活动使得课堂气氛非常活跃，他从不因为学生犯了错误而嘲笑他们。

(2) 使学生把成功与所有的课程联系起来。

一位中学教师采取让学生掌握的方法来进行代数教学。只有在学生掌握了每一个概念和每一个步骤的时候他才开始进入更高层次。

(3) 如果某些课程或是任务引起学生的焦虑的话，那就在他们高兴和放松的情况下，逐渐和缓慢地引入它们。

要教一个对水有极端恐惧的小孩游泳的话，首先教练应该在婴儿游泳池中开始他的第一堂课，在小孩逐渐适应水后再慢慢地向深处游去。

条件反射作用包含了许多重要的学习规律，其中最重要的就是学习的消退律和学习的泛化和分化律。

1. 消退律

如果条件刺激出现多次而没有无条件刺激的强化，则已经建立的条件反射将逐渐减弱甚至消失。但条件反射的消退带有暂时性，在某一种情况下，条件反射没消失多久就自行恢复了，而在另一种情况下，为了要达到恢复的目的，就必须再次使用条件反射和无条件反射结合或别的办法，不同的条件反射又会有不同的消退速度。

2. 泛化和分化律

条件反射一旦确立，其他类似最初条件刺激的刺激也可以引起条件反射，称为泛化。如果两个条件刺激间相似程度越高，反应强度越强。在实际学习过程中，为了避免有机体所形成的条件反射的泛化，需要在条件反射建立过程中或建立后进行分化活动，分别向有机体呈现条件刺激和与之类似的无关刺激，对条件刺激给予强化，对无关刺激不给予强化，这样就可以使有机体对条件刺激与相似的无关刺激产生分化，对前者作出反应，对后者不予反应。

(二)操作性条件作用理论与行为塑造

美国心理学家斯金纳(B.F.Skinner)是操作性条件作用理论的创始人。斯金纳认为，学习行为可以分为两种，一种是经典条件作用所代表的应答性学习，比如学生听到上课铃声后迅速安静坐好的学习过程；另一种则是操作性条件反射作用所代表的操作性条件学习，如学生的书写、讨论、演讲等自发性的学习过程。斯金纳通过对动物学习的实验研究，来探讨操作性行为的学习过程。他将饥饿的小白鼠置于斯金纳箱中，白鼠在箱中自由活动，偶然踩到杠杆，一粒食丸就落入食盘。白鼠经过几次尝试，会不断按压杠杆，直到吃饱为止。此时可以说白鼠学会了按压杠杆以取得食物，而在此过程中，强化起着关键性的作用。

斯金纳认为，强化物是指使反应发生的概率增加或维持某种反应水平的任何刺激，而

---

① Jeanne Eills Ormrod. 教育心理学. 彭运石，等译. 西安：陕西师范大学出版社，2006：336

强化(reinforcement)则是利用强化物使某一操作反应的概率增加的过程。可以说，食丸的出现强化了白鼠按压杠杆的行为。斯金纳按照强化的性质将其分为正强化和负强化。如果呈现某一后继刺激物，有机体的操作性反应概率增加，那么该刺激所产生的作用称为正强化；如果撤走某一刺激物，有机体的操作性反应概率增加，那么该刺激所产生的作用称为负强化。比如，在白鼠按压杠杆获取食物的实验中，食丸就可以作为正强化物，电击则可以作为负强化物。斯金纳认为，正强化和负强化都是人类学习中经常使用的方法。比如给予微笑、赞扬、奖品，提供学生喜欢的活动等都可以对教师希望学生学会的某种行为或本领进行正强化，而收回批评、停止打骂、取消学生不感兴趣的活动等都是在对上述行为进行负强化。惩罚与负强化是两个不同的概念，前者导致反应概率的降低，后者导致反应概率的增加。下面的案例可能会增加你对斯金纳的强化与行为塑造的理解。

案例：强化期望的行为[①]

老师对一个出色完成口头读书报告的学生说："做得很好！你的报告使我觉得这本书很有意思，我很想一睹为快。其他同学不一定赶得上你。"教师用表扬和鼓励的方式完成了强化，使得教师期望的行为——学生的读书行为将会做得更好。但在强化期望行为中应注意以下几点。

(1) 对具体的行为而不是笼统抽象的行为进行反馈。

例如，在上完一堂艺术课后，幼儿园的老师在打扫教室，她说："我想每一位同学都记住要把桌子周围的纸屑捡起来。大家看看拉玛和茉莉亚，她们已经开始回收每一组的标记牌和胶水了，这可不是我要求她们做的，她们很主动。"

(2) 给学生提供训练正确行为的机会。

例如，在一次篮球课上，体育老师使每一位学生都可以投中几个球。

(3) 记住不同的强化适合于不同的学生。

例如，一位老师允许学生每天在自己争取到的自由活动时间玩自己喜欢的游戏。有人玩电脑，有人做工艺品，还有人在和同学聊天。

(4) 如果期望行为的基线水平很低，逐渐地通过强化近似行为的方法培养出期望行为。

例如，老师表扬一位性格内向害羞的男孩，因为他对同学微笑或有眼神的接触。当微笑和眼神接触成为习惯后，老师又因为他对同学的问题或评论做出回答而表扬他。随着这种交流行为的增加，老师就只在他主动发起话题与同学聊天的时候表扬他。

(5) 暗示恰当行为。

例如，学生们正在做合作型的小组作业，老师发现有一个小组只有一位同学在做，他就对全班说："请注意我开始说的话，只有在所有的小组成员都想办法的时候，这个作业才做得好。"

(6) 一旦学生经常表现出期望行为时，继续间隔强化，防止行为消退。

例如，一个曾经好斗的学生现在学会了与人交往，并且在教室里经常与同学交往，老师隔了一段时间后就表扬他这样的良好交往行为。

① Jeanne Eills Ormrod. 教育心理学. 彭运石，等译. 西安：陕西师范大学出版社，2006：347

案例：减少和消除不希望的行为①

减少和消除不希望的行为可以采取以下方法。

(1) 不要无意强化不希望的行为。

例如，教师注意到一个女生总是在课堂上有不合适的语言，她对任何的注意都有兴趣，而且这样的行为越来越多。但老师没有公开地批评她，而是在放学后和她讨论，共同签订了契约来改善她的行为。

(2) 当学生有不合适行为出现的时候，给他们暗示。

例如，当教师在布置作业时，她注意到两个男孩在讲话，没有听到她说话，于是她就慢慢走到那两个男孩子旁边。

(3) 强化与不希望行为不相容的行为。

例如，一个学生总是离开座位，不完成作业，干扰他人的学习。老师与他谈话，共同决定如果她不离开座位并且完成作业的话，她就可以获得一定的点数，可以用点数"购买"与朋友自由活动的时间。

一般而言，尽管惩罚在改变行为方面是一种有效的方法，但它在塑造行为中的效果不如强化好，而且带来很多消极影响。在教育实践中，教师要思考如何善用惩罚，使惩罚除了消极地制止学生不当行为之外，更能积极地产生负强化作用，从而有助于良好行为的培养。教育心理学家就这一问题提出了 4 点建议②：①在实施奖励与惩罚之前，必须让全班学生充分了解奖与惩的行为标准；②惩罚只限于知过能改的行为；③使用惩罚时应考虑学生心理需求上的个别差异；④多使用剥夺式惩罚，少使用施予式惩罚，前者指剥夺其权利，如家庭作业未完成前不得看电视，后者指加诸其痛苦的措施，如体罚。

课堂讨论

詹姆斯的家里有 9 个孩子，他是老六。他喜欢的东西很多：摇滚乐、笑话书、篮球和草莓冰激凌，但是他最喜欢的还是别人对他的注意。他很善于吸引他人的注意。他大声回答问题，在老师的眼皮底下传递纸条，把黑板擦丢来丢去，不交课堂作业，这一切引起了老师对他的注意。他开同学玩笑，取笑他们，在卫生间的墙上写脏话，这样同学们也经常注意到他。到了期中的时候，由于他经常被老师叫到办公室去批评，校长也开始注意到他了，这可谓意外的"奖赏"。尽管他获得的是老师的批评、同学们气愤的回报、校长"不要再这样，否则我们会开除你的"的警告，但毕竟，他获得了所有人的注意。

为什么詹姆斯会通过这样的行为(而不是其他更恰当的行为)吸引他人的注意力？你觉得可能的原因有哪些？到底詹姆斯学会了什么？你能从他这种吸引别人注意力的方式中归纳出一条学习的原则吗？

---

① Jeanne Eills Ormrod. 教育心理学. 彭运石，等译. 西安：陕西师范大学出版社，2006：355

② 张春兴. 教育心理学. 杭州：浙江教育出版社，1998：186

(三)社会学习理论

社会学习这个概念是由班杜拉(Albert Bandura)第一次提出来的,他和他的同事进行了一系列的"充气娃娃"的模仿行为实验。实验中,儿童观看成人电影,影片中的成人行为具有很高的侵犯性,对充气娃娃拳打脚踢,还朝充气娃娃扔东西。这部电影有三种不同的结局,每组儿童看一个结局的电影版本。第一组儿童看到的结局是,那些成人因为他们的侵犯性行为而得到奖励;第二组儿童看到的结局是成人被惩罚;第三组儿童没有看到成人受奖励或是惩罚的结局。看完电影后,让儿童和充气娃娃玩。结果发现,第一组儿童比第三组儿童表现出更多的侵犯性行为,第二组比第三组儿童表现出更少的侵犯性行为。

班杜拉通过该实验证实了观察和模仿在学习中的作用,并依此提出了社会学习理论。班杜拉认为,个体可以通过观察他人的行为而学到新的行为反应,强化并非增强行为出现的频率,而是为个体提供了信息和诱因,使他认识到什么样的行为会导致什么样的后果。例如,某个学生看到别的同学因欺骗被老师批评,就懂得欺骗行为是错误的,是不能学习的行为;看到别的同学因乐于助人得到老师的表扬,就知道助人行为是可以模仿的、有价值的行为。班杜拉的社会学习理论强调观察学习和替代性强化。

📖 知识拓展 11-1

学校教育中的观察学习

在学校教育中存在着大量的观察学习。教师需要明确意识到它们的存在并按照观察学习的过程来指导学生的观察学习。

(1) 教学内容中的新技能。例如,语文课上的书写技能、数学课上的制图技能、打字、操作实验仪器,以及体育、艺术课中的形体动作等。

(2) 教师的榜样作用。教师以身示范,身教胜于言传。教师要注意自身在问题解决、创造性思维、批判性思维以及学习方法等方面也是一个很好的榜样,有时可以有意识地明确说出自己的思维过程。教师在情感、态度、道德品质等方面更是一个活生生的榜样。教师对学科的兴趣爱好、意志力、对他人的尊重、良好的倾听和交流习惯等,都在无形之中影响着学生,学生可能在暗中观察、模仿,形成相同的品质。反过来,教师的消极社会行为就极有可能误导学生。

(3) 学生习得行为的表现。学生可能已经学会某种行为,并且知道自己需要做出这种行为,但是,他们需要教师进行角色示范,来促使他们表现出这些行为。例如,教师表示出对学生的尊重、礼貌以及宽容等,学生就可能受到激励而表现出这些行为。

(4) 教师的学习热情和态度。教师对世界的好奇心、对本学科的热爱以及对学习的热情等将感染学生。如果一个教师总是要求学生不断学习,而自己从来不学习本学科的新知识,学生们可能认为这门学科知识已经失去了活力,没有学习的激情。一个教师对学习本身的巨大热情会为学生树立良好的榜样,学生将加以模仿,并从中体验学习的乐趣,获得内在的学习动力。

(资料来源:陈琦,等.教育心理学.北京:高等教育出版社,2005:118)

二、认知主义的学习理论与知识获得

认知主义不同意行为主义对学习的论述，即不同意学习是刺激与反应间建立联系的过程，而认为学习是个体获得知识、形成认知结构的过程。学习的基础是学习者知识结构的形成与改组，而不是通过练习和强化形成的反应习惯。

(一)布鲁纳的发现学习论

布鲁纳(Jerome Seymour Bruner)认为学生的知识学习，主要是通过类别化的信息加工活动，积极主动地形成认知结构或知识的类目编码系统的过程。学习的结果是形成认知结构，认知结构即反映事物间稳定联系的内部认知系统，是用来感知和概括新事物的一般方式，它是在过去经验的基础上形成的，并在学习过程中不断变动。因此学习是一个主动形成和发展认知结构的过程。学生学习的核心内容，也即教学的最终目标，是理解各门学科的基本结构。如何去理解所学知识的基本结构呢？布鲁纳认为应该采用发现式的学习，即学生独立获得知识的方式，指学生通过自己独立地阅读书籍和文献资料，独立地思考而获得对于学习者来说是新知识的过程。布鲁纳认为，发现学习的方式有利于学生直觉思维、批判性思维、创造性思维的发挥，有利于使外在动机转化为内在动机，提高学习的积极性，有利于学会发现的最优方法和策略，有利于信息的保持和检索。

发现学习可以依据以下步骤实施：①提出和明确使学生感兴趣的问题；②使学生体验到问题某种程度的不确定性，以激发探索的欲望；③提供解决问题的各种假设；④协助学生搜集和组织可用作结论的资料；⑤组织学生审查有关资料，得出应有的结论；⑥引导学生验证结论，最终使问题得到解决。在发现学习中，教师所扮演的角色不再是单纯地讲解和灌输知识，而是鼓励学生有发现的信心、激发学生的好奇心和求知欲、帮助学生寻找新问题和旧知识的联系、训练学生运用知识解决问题的能力、协助学生进行自我评价、启发学生进行对比等多重角色。

(二)奥苏贝尔的认知同化论

奥苏贝尔(David Paul Ausubel)和布鲁纳一样都强调学习是在已有经验的基础上建立和完善认知结构的过程。并根据学生学习的方式将学习分为发现学习和接受学习，根据学习材料与学习者原有知识结构的关系将学习分为机械学习和意义学习。奥苏贝尔认为学生学习的主要方式不是发现学习，而是有意义的接受的学习，即以符号代表的新观念与学习者认知结构中原有的适当观念建立起非人为和实质性的联系的过程。有意义的接受学习的完成取决于三个条件：①学习者应具有有意义学习的心向。即学生积极主动地把新学习的内容与认知结构中已有的知识建立联系的倾向性，使新旧知识发生相互作用，导致新知识的意义的同化，结果，学生的旧知识得到改造，新知识获得了新的意义。②学习材料对学习者应具有潜在意义。即能够和学生已有的知识结构联系起来。③学习者原有认知结构的适当性。即学习者原有的认知结构对新知识的学习而言具有可利用性。只有满足了这三个条件，意义学习才可能进行。

奥苏贝尔认为学校中的学习应该是具有意义的接受学习和有意义的发现学习，因为有意义的学习能促进学习者建立和完善认知结构，而建立和完善认知结构的过程意味着学生对知识的掌握过程。但他更强调有意义的接受学习，认为它可以在短时期内使学生获得大量的系统知识，而这正是教学的首要目标。

引导案例分析

在篇首案例中，比尔采用了两种方法引导学生学习和复习词汇。第一种方法即引领学生机械复述，属于奥苏贝尔谈到的机械学习。第二种方法即引导学生在学习之前主动对所学词汇进行积极的意义建构，使得新学的词汇和学生已有的知识经验之间建立联系，这属于奥苏贝尔谈到的有意义的发现学习；在学生意义建构的基础上，由教师对不恰当的建构进行修正，这属于奥苏贝尔谈到的有意义的接受学习。采用第二种方法时学生的成绩显著高于采用第一种方法时学生的成绩，这正说明了意义学习的过程优于机械学习的过程。

(三)加涅的信息加工论

加涅(Robert Mills Gagne)将行为主义学习观和认知主义学习观相结合，把学习过程比喻为计算机的加工过程，认为学习就是信息加工，即学习者将来自环境的信息进行内在加工的过程，如图 11-1 所示。

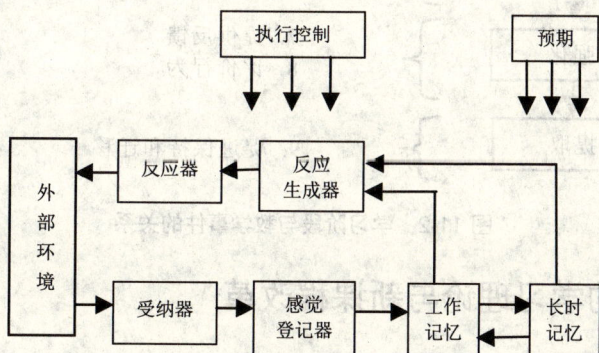

图 11-1　学习的信息加工模式

学习的信息加工模式表明，来自外部环境中的刺激作用于它的感受器，并通过感觉登记器进入神经系统。信息最初在感觉登记器中进行编码，最初的刺激以映像的形式保持在感觉登记器中，并随后进入短时记忆。短时记忆中的信息会得到再次编码，并以语义的形式储存下来。短时记忆中的信息保持时间很短，但如果学习者经过复述、精细加工和组织等编码，信息被转移到长时记忆中进行储存，以备日后的记忆。当学生做出反应时，需要对这些信息进行搜索和提取，然后通过反应发生器将它们转化为行动。"执行控制"选择和启动认知策略对信息流程予以监控和修正。"预期"是学生对目标的期望，即动机系统对信息加工的影响。根据这一流程，学生从不知到知的学习的内部加工过程可以分为 8 个阶段。这 8 个阶段之间相互联系，教师可根据学生所处的学习阶段进行教学设计，如图 11-2 所示。

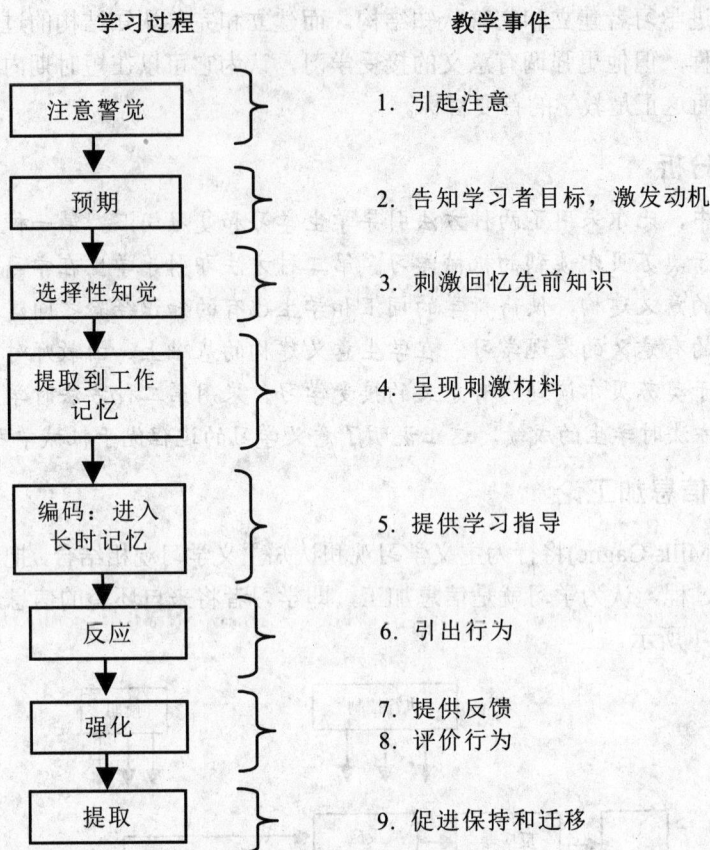

图 11-2　学习阶段与教学事件的关系

三、建构主义的学习理论与新课程改革

20 世纪 80 年代,由于信息技术对教育的挑战,传统学习和教学理论无法适应新的要求,于是教育界的学者们重新兴起了建构主义的理论思潮,并将这种思想作为教学和课程改革的基础。建构主义认为,世界是客观存在的,但对世界的理解和赋予的意义却是由每个人决定的,个体是以自己的经验为基础来建构现实,每个个体的经验都是由自己的头脑创建的。这种与传统学习理论迥异的新思想,注定成为了新时代课程改革的开端。

(一)知识观的变革

认知主义认为,知识是对客观现实的描述,强调其客观性,而建构主义强调知识的动态性和相对性。建构主义认为,个体的知识是由个人建构的,对事物的理解不仅取决于事物本身,事物本身没有意义,意义是由个人建构的;它同时取决于我们原来的知识经验背景。不同的人由于原有经验的不同,对同一事物会有不同的理解。对知识的应用,建构主义强调应用的情境性。建构主义认为,知识不可能放之四海而皆准,不可能适用于所有的情境。人们面对现实问题时,不能仅仅靠提取已有的知识就能解决好问题,而是需要针对具体问题对已有知识进行改组、重建和创造。知识的高度主观性和情境性决定了学习是终生的活动,决定了学生的学习更重要的是对知识的猜测、质疑、检验和批评。

(二)学习观的变革

与传统学习理论不同,建构主义认为学习不简单是由外到内的转移和传递,而是学习者主动地建构自己的知识经验的过程。即通过新经验与原有知识经验的双向的相互作用,来充实和改造自己的知识经验。学习不是知识由教师向学生的传递过程,而是学生建构自己的知识的过程,学习者不是被动的信息吸收者,而是主动建构者,这种建构具有不可替代性。学习者的这种建构具有三个重要特征:①主动建构性,即学习者作为学习活动的主人,承担着学习的责任,需要对学习活动进行自主的自我调节和管理。②社会互动性,即学习活动需要通过一个学习共同体的合作互动来完成,学习共同体包括教师、专家、学习伙伴等。③情境性,即学习应该与情境化的社会实践活动结合起来。

(三)教学观的变革

教学不是传递客观而确定的现成知识,而是激发出学生原有的相关知识经验,促进知识经验的"生长",促进学生的知识建构活动,以促成知识经验的重新组织、转换和改造。教学要注重以学生为中心,要为学生创设理想的学习情境,激发学生的推理、分析、鉴别等高级的思维活动,同时给学生提供丰富的信息资源、处理信息的工具以及适当的帮助和支持,促进他们自身建构意义以及解决问题的活动。建构主义认为,教师角色是学生建构知识的忠实支持者;教师要成为学生建构知识的积极帮助者、促进者,应当激发学生的学习兴趣,引发和保持学生的学习动机;学生的角色是教学活动的积极参与者和知识的积极建构者。基于建构主义教学观的变革,研究者提出了许多新的教学方法,如支架式教学、抛锚式教学、随机通达教学和自上而下的教学等,这些教学方法对教学实践产生了巨人的影响。

四、中国古代的学习论述与学习理论的本土化

我国教育心理学思想的产生及应用,早在古代就已经开始了。但现代教育心理学的发展却是在引入西方教育心理学研究理论及成果的基础上进行的,学习理论的真正本土化是随着西方心理学的发展而逐步形成的。

(一)中国古代的学习论述

中国古代的学习思想极其丰富。我国古代伟大的教育家孔子在《论语》中谈到"学而时习之",这说明了练习法在学习中的重要作用。《学记》以铁匠、乡匠之子与小马学驾车为例,说明必须从最基本、最简单的功夫练习起,打好基础。"不愤不启,不悱不发,举一隅不以三隅反,则不复也"则第一次精辟地表达了启发式教学法的原则。"独学而元友,则孤陋而寡闻",说明学生通过对所学内容的讨论,可以集思广益,互相启发,加深理解,提高认识,同时还可以激发学习热情,培养对问题的钻研精神和训练语言表达能力。"古人教者,比物及类",说明通过类比,能发展学生的思维,提高学习的效率,使学生具有"触类旁通"的能力。而宋代大教育家朱熹对孔子教学经验概括中的一句话"夫子教人各因其材"则说明因材施教的观点早已为孔子所用。

我国古代对于学习过程的论述更为精辟完善。先秦时期的荀子将学习视为一个"闻一

见—知—行"的活动过程，"不闻不若闻之，闻之不若见之，见之不若知之，知之不若行之；学至于行之而止矣。行之，明也。" 闻(听)、见(看)是学习的开始，是间接地、直接地获得感性经验的过程。知是在闻、见的基础上，通过对学习材料的分析、综合、抽象、概括等一系列心理活动，将感性经验上升为理性经验。行是将所学的经验加以应用的过程，荀子特别强调"行"的重要性，认为只有行，才能使学习落到实处，行既是学习的一个阶段，同时又是对前面几个阶段的检验。通过行，才能真正理解、掌握所学的内容，达到学习的最高境界——"明也"。《中庸》 在继承先哲们论述学习过程的基础上，提出了更为科学的五步学习观，即"博学之，审问之，慎思之，明辨之，笃行之"。与先秦观点比较而言，该观点对于"审问"、"明辨"给予了特殊的重视，既强调对所学知识的深层次的理解，又强调知识之间的区别与联系；既强调"思其当然"，又强调"思其所以然"，这对于深入理解学习过程具有重要意义。《中庸》的五步学习观曾引起了历代学者的普遍重视，后人在综合吸取前人有关思想的基础上，提出了"立志—博学—审问—慎思—明辨—时习—笃行"的七步学习观，这表明对学习过程的理解更趋合理、完善。

由此可见中国古代教育家的思想中蕴涵着非常丰富而科学的学习观点，这无疑为揭示学习的内在机制提供了极其有益的启示。

(二)学习理论的本土化

我国心理学工作者对学习理论的研究起步较晚，其研究工作也是在国外研究的基础上开展的，他们试图提出本土化的学习理论。其中在教育心理学界产生影响的有冯忠良的结构-定向教学理论、朱新明的示例演练学习理论和莫雷的学习双机制理论。

1. 冯忠良的结构-定向教学理论

在国外相关研究的基础上，我国心理学工作者冯忠良通过20多年的教学实验，提出了结构-定向教学理论。该理论主要包括两个观点：结构化教学和定向化教学。结构化教学是指教学应该首先确立以构建学生的心理结构为中心的观点，着眼于学生心理结构的形成。而教学系统中所要建构的心理结构就是学生的能力和品德结构，能力与品德结构是在教材与学生的相互作用过程中，通过学生的各种心理活动而在头脑中建构起的心理结构。定向化教学是指教学必须依据心理结构的形成和发展规律，有计划、有目的地进行定向培养。并以此为基础探讨了 5 个方面的学习规律，即学习动机及积极性形成与发展的规律、学习的迁移规律、知识的掌握规律、技能的形成规律与行为规范的接受规律。涉及教学体制的 4 个方面的改革(即教学的目标系统、教材系统、教学活动系统、教学成效考核及评估系统)及 17 条执行原则。

2. 朱新明的示例演练学习理论

示例演练，即给学生呈现例题、问题和答案，使学生通过考察例题和解决问题的形式进行学习。我国心理学工作者朱新明与美国著名认知科学家西蒙(Simon)合作对事例学习进行了研究，提出了示例演练学习理论。"示例"就是学生观察有解答的例题，推出相应的假设，指导其后的解题练习，也称为"例中学"。"演练"是根据例题的

> **产生式**：是表征程序性知识的最小单位，是指人脑中储存的一系列"如果……那么……"形式表示的规则。一个产生式是一个由条件和动作组成的指令，即所谓的条件-活动规则。

格式或例题中的解答步骤解决问题而进行的学习，也称为"做中学"。示例演练教学的基本过程与模式为：

(1) 将知识统一表征为产生式规则。

(2) 围绕产生规则设计示例学习材料。安排一系列精心设计的有解答的例题和串联成组的问题，使学生通过考察例题和解决问题学习特定领域的知识和技能。

(3) 通过条件建构和条件优化直接获取产生式。

(4) 加强学生对产生式条件的认知，促进问题解决技能的发展。在条件建构阶段加强对产生式条件的学习，发展顺向推理的问题解决技能。

3. 莫雷的学习双机制理论

我国心理学工作者莫雷在总结与分析国内外有关的学习理论的基础上提出了学习的双机制理论[①]。双机制理论认为，人有两类学习机制，一类是联结性学习机制，另一类是运算性学习机制。联结性学习机制是指个体将同时出现在工作记忆的若干客体的激活点联系起来而获得经验的那种机能或机构。运算性学习机制是指有机体进行复杂的认知操作而获得经验的那种机能或机构。个体运用不同的学习机制去获得经验，则形成不同类型的学习。因而，有机体的学习也相应地分为联结性学习与运算性学习。所谓联结性学习，是指个体通过将同时出现在工作记忆中的若干客体联系起来而获得经验的学习，例如巴甫洛夫的研究中狗获得铃声是进食信号的经验等。所谓运算性学习，是指个体通过复杂的认知操作而获得经验的学习，例如学习"三角学内角和等于180°"这个命题，需要通过复杂的认知操作而获得。

第三节 学 会 学 习

心理学家比格(M.L.Bigge)指出："学校的效率大半依学生们所学材料的数量和质量而定。因此，学习迁移是教育最后必须寄托的柱石。"我国著名的教育家叶圣陶也曾说："教是为了不需要教，就是说咱们当教师的人要引导他们，使他们能够自己学，自己学一辈子，学到老。"这些观点说明，在教学过程中教师应教学生学会学习，不但使学生掌握知识、形成技能，还在于使学生能够在新问题或新情境中应用知识、在掌握学习迁移技巧和学习策略的基础上能自己学习。

一、学习迁移及其培养

人类对其所学不仅能够重复应用和表达，而且能够举一反三、触类旁通以及推广类化，这些都是学习迁移的表现。探讨迁移规律在教学中的应用，从而有计划、有意识地通过各种教学活动促进学习的积极迁移，消除或尽量避免消极迁移，对帮助学生更为有效和高效地学习具有非常重要的意义。

① 莫雷. 教育心理学. 广州：广东高等教育出版社，2002：143

(一)学习迁移概述

1. 学习迁移的含义

学习是一个连续的过程，任何学习都是在学习者已有知识经验、认知结构、动作技能及习得的态度等基础上进行的。而新的学习过程及结果又会对学习者的原有知识经验、技能和态度甚至学习策略等产生影响，这种新旧学习之间的相互影响就是学习迁移。简单地说，学习迁移(transfer of learning)就是指一种学习对另一种学习的影响，或习得的经验对完成其他活动的影响。例如，学会骑自行车有助于学习驾驶摩托车。迁移广泛存在于各种知识、技能与社会规范的学习中。日常生活中的动作技能、知识、态度都可以产生迁移。

2. 学习迁移的种类

学习迁移可以从不同的角度进行分类。从迁移的影响效果方面看，可以分为正迁移和负迁移。正迁移是指一种学习对另一种学习的促进作用，包括一种学习使另一种学习具有了良好的心理准备状态，一种学习使另一种学习活动所需的时间或练习的次数减少，或使另一种学习的深度增加或单位时间内的学习量增加，或者已经具有的知识经验使学习者顺利地解决了面临的问题等情况。负迁移是指一种学习对另一种学习产生的阻碍作用，多指一种学习所形成的心理状态，如反应定势等对另一种学习的效率或准确性产生了消极的影响，或一种学习使另一种学习所需的学习时间或所需的练习次数增加或阻碍另一种学习的顺利进行、知识的正确掌握等。

根据迁移的方向不同，可以分为顺向迁移和逆向迁移。顺向迁移是指先前学习对后继学习产生的影响，通常所谈的大部分迁移都属于此类迁移。逆向迁移是指后继学习对先前学习产生的影响，即后面的学习影响着前面学习形成的经验结构，使原有的经验结构发生一定的变化，即得到充实、修正、重组或重构等。

根据迁移发生方式的不同，可以分为特殊迁移和非特殊迁移。特殊迁移指学习迁移发生时，学习者原有的经验组成要素及其结构没有变化，只是将一种学习中习得的经验要素重新组合并移用到另一种学习之中。非特殊迁移指一种学习中所习得的一般原理、原则和态度对另一种具体内容学习的影响，即将原理、原则和态度具体化，运用到具体的事例中。

根据迁移层次的不同，可以分为横向迁移和纵向迁移。横向迁移也叫水平迁移，指先行学习内容与后继学习内容在难度、复杂程度和概括层次上属于同一水平，这样的学习活动之间产生的影响即横向迁移。纵向迁移也叫垂直迁移，指先行学习内容与后继学习内容是不同水平的学习，这样的学习活动之间产生的影响即纵向迁移。

根据迁移范围的不同，可以分为自迁移、近迁移和远迁移。如果个体所学的经验影响着相同情境中的任务操作，属于自迁移。如果个体把所学的经验迁移到与原初的学习情境比较相近的情境中属于近迁移。如果个体把所学的经验迁移到与原初的学习情境极不相似的其他情境中，属于远迁移。

3. 学习迁移的影响条件

1) 相似性

许多研究证明，相似性是影响迁移产生的一个重要因素。相似性既包括客观因素的相似，也包括主观因素的相似。一般而言，较多的共同成分将产生较大的相似性，并导致迁移的产生。这些共同成分包括学习材料的相似性、学习目标与学习过程的相似性，以及学习情境中涉及的其他成分的相似性。

2) 原有认知结构

原有的学习对后继学习的影响是比较常见的一种迁移方式。可以说，原有经验的特性直接决定了迁移的可能性及迁移的程度，这一点已为许多研究者认可。原有认知结构对学习迁移的影响包括学习者原有经验水平、原有经验的组织性和原有经验的可利用性对学习迁移的影响。

3) 学习的定势

定势使个体在认识方面和外显的行为方面以一种特定的方式进行反应，使个体在活动方向的选择方面有一定的倾向性。正因为如此，定势对迁移也有一定的影响，表现为对迁移的促进和阻碍两个方面。定势既可以成为积极的正迁移的心理背景，也可以成为负迁移的心理背景，或者成为阻碍迁移产生的潜在的心理背景。

(二)促进学习迁移的教学原则

教学过程如何促进学习迁移的发生是教育心理学家十分关心的问题，因此，他们总结了促进学习迁移的原则，即从教学内容、教学程序和教学技巧三个方面发挥教学的作用。

1. 合理选取教材和编排教学内容

要促进学习迁移的发生，对教学的内容需要进行科学的选择。根据学习迁移规律的要求，应把各门学科中具有广泛迁移价值的成果作为教材的主要内容。所谓具有广泛的迁移价值，就是指掌握这些主要内容后，在以后的学习或实践应用中，许多与之相关的其他内容无需重新教学或学习，只需稍加引导和点拨，学生即可掌握。在精选教材时还应注意其时代性，不断取舍，使之既符合科学发展的水平，又具有广泛的迁移价值。

选择恰当的教材后，还需要对教材内容进行合理的编排，才能使其充分发挥迁移的效能，学习与教学才能都做到省时省力。怎样才能做到合理编排教材呢？从迁移的角度来看，其标准就是使教材内容达到结构化、一体化、网络化。结构化是指教材内容的各构成要素具有科学的、合理的逻辑联系，能体现事物的各种内在关系，如上下、并列、交叉等关系。只有结构化的教材，才能在教学中促进学生对教材的重构。一体化是指教材的各构成要素能整合为具有内在联系的有机整体。只有一体化的教材，才能通过同化、顺应与重组的相互作用，不断构建心理结构。为此，要防止教材中各要素之间的相互割裂、支离破碎，还要防止内容的相互干扰或机械重复。网络化是一体化的引申，指教材各要素之间上下左右、纵横交叉联系要沟通，要突出各种基本经验的联结点、联结线，这既有助于了解原有学习中存在的断裂带及断裂点，也有助于预测以后学习的发展带、发展点，为迁移的产生提供直接的支撑。

2. 合理处理教学程序

合理编排的教学内容是通过合理的教学程序得以体现、实施的，教学程序是使有效的教材发挥功效最直接的环节。教学程序的处理可以从两个方面入手：一是从宏观方面进行把握，即对学习的先后顺序的整体安排。教学中应将基本的知识、技能和态度作为教学的主干结构，并依此进行教学。因为基本的知识、态度、技能等都具有适应面广、包容性大、概括性高、派生性强等特点，作为主干教材，可以最大限度地发挥其迁移效用。二是从微观方面具体实施，即具体每一节课的教学活动的安排。教学中应合理组织每一堂课的教学内容，合理安排教学顺序。依据从已知到未知、从简单到复杂、从具体到抽象等顺序来沟通新旧经验、构建经验结构。并在激发学习动机，引入新内容，揭示重点、难点，反馈等诸环节上都应精心设计，以利于学生真正理解和掌握学习内容，并能将所掌握的内容进行适当的迁移。

无论是宏观的教学规划还是微观的课堂教学活动，都应体现迁移规律，都应该把各门学科中的具有最大迁移价值的基本内容的学习置于首要地位。处理好这种教学与学习的程序是非常必要的，否则教学效率会受到影响，学生学起来也感到吃力，不易把握所学内容的内在联系，这直接影响到学生认知结构的建构，影响到学习的迁移。

3. 使用促进学生学习迁移的教学技巧

心理学的研究成果表明，两种学习之间存在的共同成分越多，越容易发生迁移；两种学习之间存在相同或相似的一般原理，且教师对原理的解释越清楚，学习迁移越容易发生。因此，在教学中促进学生对基本概念、原理和科学规律的掌握，提高学生对这些内容的理解水平，是促进学生学习迁移的基本技巧。例如，在讲我们看到水中物体的位置与物体实际所处的位置存在差别时，有经验的教师总是先讲光线在水中发生折射的一般原理，让学生通过对一般原理的掌握而将习得的经验迁移到更多的学习情境中去。

为了让学生理解基本原理，最初给予恰当的学习内容或练习课题，使学生充分掌握以至达到过度学习的程度是十分必要的。接着，不但要演算基本原理、练习习题，也要练习解答复杂的应用问题。不过，教师不要在学生还未充分理解基本原理的时候，就要求学生应用原理去解决应用问题，那样容易使学生造成混乱，导致负迁移或出现机械学习。此外，在学习过程中，学生自己总结出来的规律或方法有助于学习的迁移，因此，应鼓励学生自己总结、归纳和概括学过的知识，充分掌握运用基本原理的条件、方法，使基本原理达到最有效的迁移。下面的案例可能会增加你对促进学生学习迁移的理解。

案例：促进成功的迁移[①]

(1) 深入地讲授某些主题并确保学生完全学会。

一个教授中级西班牙语课的老师只在秋季学期讲授两种动词时态(过去时和未完成时)，而其他时态(如，一般过去时、一般将来时)则稍后再教。

(2) 把课堂材料与学生已经知道的知识联系起来。

在讲授了水结成冰后会膨胀的知识点以后，一个科学课的老师解释说，公路上的很多汽车相撞是由于水结成冰以后所产生的膨胀引起的。

(3) 让学生练习处理定义不明的问题，并告诉他们如何使这些问题的定义更明了。

在一堂综合课上，一个老师要求学生解决热带雨林减少的问题。他这样启发学生："努力保护的最终目标是什么？""在你们解决这个问题的时候需要考虑哪些生物的、社会的、政治的因素？"

---

① Jeanne Eills Ormrod. 教育心理学. 彭运石，等译. 西安：陕西师范大学出版社，2006：316

(4) 讲授问题解决所需的基本信息和技巧，并达到自动化的水平。

一个小学老师在讲授长除法之前，先确保他的学生完全掌握了基本的乘除运算。

(5) 提供让学生在新情境和新问题中应用所学知识的机会。

一个地理老师要求学生运用它们所学的关于人类定居模式的知识，来解释不同国家的人口分布状况。

(6) 要求学生在测验和其他测试活动中应用所学知识。

一个科学老师要求学生运用物理原理描述，他们如何单独把一个 500 磅重的物体移到 20 英尺以外的地方。

(7) 使学校里的任务与学生将在外部世界遇到的任务更为相似。

一个英语老师要求学生给校报写评论，他以此来传授有说服力的写作技巧。

4. 学习方法的传授与训练

在阅读理解的研究中发现，对学生学习策略的训练不仅可以提高学生的学习成绩，还能使其将学到的策略迁移到其他学习中。这也说明教师在教学中有意识地教学生一些学习策略将有助于学生学会如何学习，从而促进学习的迁移。

学习方法的学习大致包括以下 4 个方面，即学习为课题或解决问题制订方案；有效观察、分类、记忆、归纳、概括等的策略和方法；图标阅读、工具书使用的方法；在学习过程中的自我调节与自我监控等。

在学习方法的传授和训练过程中，可让学生不断地总结自己的学习经验，同学之间开展学习方法和经验的交流，结合座谈会、报告会等方式使学生尽快掌握能促进积极迁移的学习方法。

二、学习策略及其训练

学习策略的研究时间还不长，但大量的研究结果却表明，学习策略的掌握对学生的学习起着积极的促进作用，而教育学生成为良好学习策略的使用者是可能的。

(一)学习策略的概念

教育心理学家们已经意识到，掌握良好的学习策略有助于个体学习的提高。但对于学习策略如何界定却存在争议，不同学者从不同角度给予了学习策略不同的定义。形成学习策略的基本概念，理解这些基本概念对学习策略的培养十分必要。

1. 学习策略的定义

几十年来，不同的学者给予了学习策略不同的定义，但一般认为，学习策略(learning strategies)是学习者为了提高学习的效果和效率，有目的、有意识地制定的有关学习过程的复杂的方案。具体说来，应从 4 个方面理解学习策略的定义：首先，学习策略的采用是个体有意识的心理过程，并且是根据自身学习任务和特点进行选择的。其次，学习策略的采用能促进任务的完成，但个体在进行学习时如果不使用策略，也并非不能达到最终目标，只是完成任务的效果和效率相对不好。第三，学习策略是有关学习过程的策略，它规定学习时做什么不做什么、先做什么后做什么、用什么方式做、做到什么程度等诸方面的问题。

第四，学习策略是学习者制定的学习计划，由规则和技能构成。每一次学习都有相应的计划，每一次学习的学习策略也不同。但对同一种类型的学习，存在着基本相同的计划，这些基本相同的计划就是常见的一些学习策略。

2. 学习策略的分类

不同的学习者对学习策略的成分和层次提出了自己的看法，也因此对学习策略进行了不同的分类。其中最典型的分类方式有三种。

(1) 温斯坦(Weinstein)的分类。温斯坦认为学习策略包括 4 个方面：认知信息加工策略(如精细加工策略)、积极学习策略(如应试策略)、辅助性策略(如处理焦虑)和元认知策略(如监控新信息的获得)。

(2) 丹瑟洛(Dansereau)的分类。丹瑟洛认为学习策略是由相互作用的两种成分组成的：基本策略和辅助性策略。基本策略被用来直接操作课本材料，包括获得和存储信息的策略以及提取和使用这些信息的策略。辅助性策略被用来维持合适地进行学习的心理状态，如专心策略。辅助性策略包括计划和时间安排、专心管理和监控与诊断三种策略。

(3) 迈克卡(Mckeachie)的分类。迈克卡等人认为，学习策略可以分为认知策略、元认知策略和资源管理策略三种。资源管理策略是辅助学生管理可用的环境和资源的策略，对学生的动机具有重要作用。成功的学生使用这些策略帮助他们适应环境及调节环境以适应自己的需要，如图 11-3 所示。

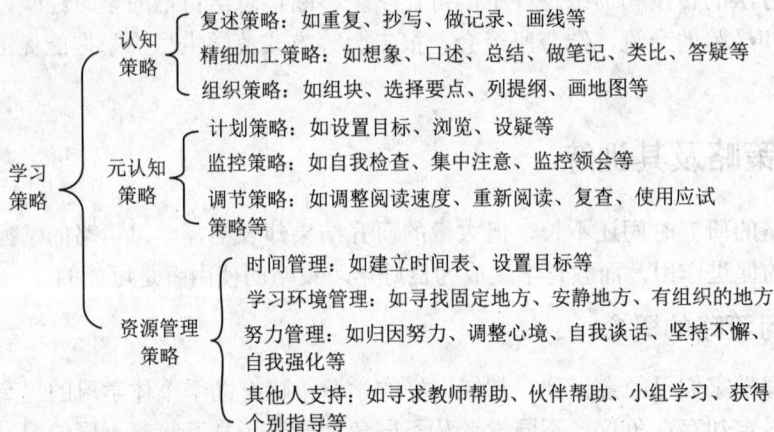

学习策略
- 认知策略
  - 复述策略：如重复、抄写、做记录、画线等
  - 精细加工策略：如想象、口述、总结、做笔记、类比、答疑等
  - 组织策略：如组块、选择要点、列提纲、画地图等
- 元认知策略
  - 计划策略：如设置目标、浏览、设疑等
  - 监控策略：如自我检查、集中注意、监控领会等
  - 调节策略：如调整阅读速度、重新阅读、复查、使用应试策略等
- 资源管理策略
  - 时间管理：如建立时间表、设置目标等
  - 学习环境管理：如寻找固定地方、安静地方、有组织的地方
  - 努力管理：如归因努力、调整心境、自我谈话、坚持不懈、自我强化等
  - 其他人支持：如寻求教师帮助、伙伴帮助、小组学习、获得个别指导等

图 11-3　学习策略的分类

📭 知识拓展 11-2

儿童学习策略的发展

心理学家认为，儿童学习策略的发展要经过三个阶段。

第一阶段：儿童不能自发地产生策略，而且，即使别人教给他们某种策略，他们也不能有效地使用。雷斯(Reese)将这种情况称作调解的缺乏(mediational deficiendy)，即指年幼儿童因缺少产生策略及有效地应用策略的心理装置，而不能对认知活动进行合理的调节。

第二阶段：虽然儿童仍不能自发地产生某种策略，但却可以在他人的指导下，学会某种策略,从而提高认知活动的反应水平。弗拉维尔(Flavell,1970)将这种情况称为产生的缺乏(production deficiendy),即指儿童已具有使用某种策略的能力,但如果离开外力的帮助,自己不能产生策略。

第三阶段:儿童可以自发地产生并有效地使用策略。初高中时期,某些青少年在他们熟悉的知识领域,可以在无人指导的条件下,自觉运用适当的策略改进学习,而且能根据任务的需要来调整策略。

此外,学习者掌握和运用学习策略的能力是在学习中随经验的增长而逐渐发展起来的。学习者对自己学习系统的了解及对进入学习系统的信息怎样处理做出决定,是有效运用学习策略的基础和前提。学生对学习策略的掌握和选择存在明显的个体差异。研究发现,智商水平较高的比智商水平较低的更能自发地获得有效的学习策略。学习动机则决定学习者选用何种策略,动机强的学生倾向于经常使用已习得的策略,动机弱的则对策略使用不敏感;具有内部动机的学生较多使用意义学习的策略,而具有外部动机的学生更多采用机械学习的策略。

(资料来源:莫雷. 教育心理学. 广州:广东高等教育出版社,2002:219)

(二)常见的学习策略

掌握一定的学习策略,有助于提高学习效果。学习过程中常见的学习策略主要有复述策略、精加工策略、组织策略和思维策略等几种。

1. 复述策略

复述策略是指在工作记忆中为了保持信息,运用内部语言在大脑中反复重复学习材料或刺激的策略。例如,为了将一个电话号码保持在短时记忆中,我们会口头重复这个号码,这是对所需记忆材料的维持性复述。

2. 精加工策略

精加工策略是一种深加工策略,是指人们为了更好地记住所学的知识而对学习材料作充实意义性的添加、构建和生成。即通过把所学的新信息和已有的知识联系起来,以此来增加新信息的意义。精加工策略可以分为两类,一类是当学习材料本身意义性不强时,可以采用人为联想策略,牵强附会地赋予意义,以帮助记忆;另一类是用于意义性较强的学习材料,称之为生成策略,或内在联系策略。形象联想法、谐音记忆法、歌谣口诀法等都是人为联想策略,而在学习过程中做摘录或画线、列提纲与标题、提问、记笔记等都适用于意义性较强的学习材料,是常用的生成策略。

3. 组织策略

组织策略是指整合所学新知识之间、新旧知识之间的内在联系,形成新的知识结构的策略。组织实质上也是一种编码过程,只不过它比编码更深,更复杂,层次更高,是对信息进行更深度的加工。组织策略主要由叙事策略、网联策略(包括部分、类别、类比、特征、证据等联系)、聚类策略和概括策略组成,运用这些策略有助于学生对学习材料的理解和形成较为清晰的知识网络。

4. 思维与解决问题策略

思维与解决问题策略是指一般性的较普遍使用的思维方法，它不同于解题思路，但它指引着具体的解题思路。根据国内外研究，可以将思维与解决问题过程分为表征问题、解答问题、思路总结三个阶段，提出有关的 10 条思维策略。

1) 表征问题阶段的思维策略

在表征问题阶段的主要任务是清楚、准确地理解和分析题意。这个阶段的具体策略是：①准确理解习题的字词语句，不要匆忙解答。②从整体上把握题目中各种数量之间的关系。提高把握题意能力的一个重要练习方法是尽可能地在读题之后自拟一个草图来表达题目的整体关系。③在理解题的整体意义的基础上判断题的类型。

2) 解答问题阶段的策略

在解答问题阶段的策略有：①善于进行双向推理，要充分利用已知条件进行顺向推理，同时重视运用未知条件来进行逆向推理。②克服定势，进行扩散性思维。③要善于评价不同思路，选择最优思路进行集中思维。

3) 思路总结阶段的策略

解答完成阶段之后，我们的任务是检验答案是否正确，但更重要的任务是总结解题的思路，进行反思。主要策略是：①思考自己是否把握与题有关的知识结构，是否达到了通过练习掌握知识的目的。②回忆自己的解题思维过程，找出其中的问题。一般来说在解题之前要考虑眼前这个题和过去解过的题有什么相似之处；但解题之后，则要考虑眼前的这个题和过去解过的题有什么不同。③思考还有没有更简洁的思路和更佳的解决办法。最好能和同学的解题思路相比较，体验别人的思路和技巧。

(三)学习策略的训练

目前虽对学习策略性质的识别、观察、测量等问题还有待于进一步研究，但可以肯定学习策略是存在的，是可教与可迁移的。但要有效地进行学习策略教学，有效地进行学习策略的训练，教师要善于识别概括性、实用性较广的学习策略并对其结构进行分析，确定各种策略的动作或心理成分及其联系与顺序，真正使策略的每个步骤具体化、操作化。丹瑟洛认为教学应首先激发学生形成学习策略的认知需要，再确定适合于所学材料的学习策略，这些策略应具有有效性和可操作性，能够通过指导后获得改进，然后，指导学生在不同学习情境下进行训练，并对学习结果进行评价与及时反馈矫正。从学习策略的具体训练来说，主要有结合学科知识的教学进行训练和注重元认知策略的训练两种形式。

1. 结合学科知识的教学进行训练

形成学生的学习策略应结合各科教学内容来进行，而脱离知识内容的单纯训练易导致形式化倾向，难以保证学生学习策略的提高；那种对策略知识不完善和不聪明的使用也有害学习。

案例：数学解题策略训练

一位小学老师在教学生学习应用题时，采用让学生"一读、二画、三点、四想、五算"的方法，提高学生解答应用题的能力。一读，即读一下题目讲了一件什么事情；二画，即画出应用题中的条件和问题；三点，即点出关键词语；四想，即想出正确的数量关系；五算，即列算式正确解答。他叫学生"自我提问"，引导学生掌握阅读理解应用题的操作程序，要求学生每解一道应用题，都根据这个操作程序进行，便于理解题意，自我提问，控制自己的学习活动，自我调节，逐步积累"会学"的经验。

(资料来源：莫雷. 教育心理学. 广州：广东高等教育出版社，2009：238～239)

2. 注重元认知策略的训练

元认知(meta-cognition)是指个体对自己的认知过程和结果的意识与控制，其实质就是人对认知活动的自我意识和自我控制。在具体学习中，人们能够对学什么、如何学、何时学、何地学及达到何种学习结果产生明晰的自我意识和自我体验，就是元认知的作用。元认知策略在学习中具有三方面作用：①可以使学生意识和体验到学习情境有哪些变量，并意识和体验到这些变量之间的关系及它们的变化情况。②可以使学生意识和体验到自己拥有哪些可供选择的学习方法，并且明了这些学习方法和变量之间的关系，从中选择最有效的学习方法。③可以使学生根据学习任务的特点激活学习方法的使用，根据任务的变化调整学习方法的使用，根据学习效果客观评价和改进学习方法的适用性。

一般地说，学习能力强的学生，其元认知发展水平较高，具有较多有关学习策略方面的知识，善于监控自己的学习过程，灵活应用各种策略去达到特定的目标。研究表明，元认知训练能在一定程度上提高学生的元认知水平，特别是对于复杂的问题，元认知的训练更有效。因此，教师除教学生获得学习策略外，还应在教学中加强对学生元认知策略的训练，以促进学生学习能力的提高。

元认知训练的方法主要有自我提问法、相互提问法和知识传授法。自我提问法就是在元认知训练中，通过提供一系列供学生自我观察、自我监控、自我评价的问题单，不断地促进学生自我反省而提高问题解决能力。以波利亚的启发式自我提问法为例，自我提问法的问题单如下。

案例：波利亚的启发式自我提问法[①]

波利亚(Polya，1945)最初提出启发式这一术语时，是为了解决数学问题的，现已证明，启发式适用于各学科的问题，并且有助于培养学生的元认知能力。表 11-1 是波利亚建议的学习自我提问的启发式问题。

表 11-1　自我提问的启发式问题

解题阶段	启发式问题
理解问题	未知条件是什么？
	已知条件是什么？
	已知数据是什么？
	已知条件能决定未知量吗？多余还是不足？
	能画一个草图或使用其他记号简化问题吗？
	过去见过这个问题吗？或者见过这个题目吗？
	它以稍许变化的方式出现吗？

---

① 张向葵. 教育心理学. 北京：中央广播电视大学出版社，2003：170

续表

解题阶段	启发式问题
拟定计划	你能发现一个用得上的定律吗？
	你能想出一个更加容易解决的相关问题吗？
	你使用所有的已知条件和数据了吗？
执行计划	你能清楚地认识到这一步是对的吗？
	你能检验结果的正确性？
回顾	你能检验推理过程吗？
	你能运用这个方法于其他问题吗？

　　相互提问法即将学生每两人分成一组，给每个学生一份类似于上述案例中的提问单，要求学生在尝试解决问题的同时，根据问题单相互提问并做出回答。知识传授法主要是通过传授学习理论的有关知识，特别是关于元认知的知识，使学生通过学习，认识到元认知在学习中的重要性，自觉地将元认知运用于学习中生成适当的学习策略，提高学习效果。

三、个人学习风格的差异

　　学生的学习具有个体差异性，这种差异性也表现在学习方式上。例如，有的学生擅长利用视觉学习，有的学生擅长利用听觉学习。一般说来，每个人都是通过多种学习方式进行学习的，但有些人惯于采用某种学习方式学习，而不习惯采用其他方式学习，有些人可能刚好相反。这种学习者在完成学习任务时所表现出来的一贯的、典型的、独具个人特色的学习策略和学习倾向就是学习风格(learning styles)。谭顶良认为，个体学习风格的差异主要表现在三个层面，即生理因素的差异、心理因素的差异和社会因素的差异。

(一)学习风格的生理因素差异

　　学习风格的生理因素差异主要是指个体对外界环境生理刺激、对一天内时间节律以及在接受外界信息时对不同感觉通道的偏爱的差异。

1. 生理刺激差异

　　个体在学习过程中感受外界环境生理刺激的差异主要表现在三个方面：①声音。学习者对学习的背景声音(或噪音)的偏爱或承受能力是不同的。有的人需要绝对安静，有的人则喜欢边学习边听音乐。②光线。由于生理结构和功能上的差异，个体对光线的感受性不尽相同，因而对光线的明暗要求不等。强光会导致偏爱弱光的个体情绪紧张，弱光会导致偏爱强光的个体提不起精神学习。③温度。个体学习时的适宜温度略有差异，有的需要室内温暖，有的则偏爱潮湿凉爽。

2. 时间节律差异

　　个体在最佳学习时间上的偏爱存在差异，不同的个体在不同时段的心理状态各不相同。有的人在早晨学习效率高，有的人在晚上学习效率高。

3. 感觉通道差异

感觉通道差异是指个体在识记材料时对某种感觉通道偏爱的差异，并将其分为视觉型、听觉型与动觉型。视觉型的人擅长于通过自己读或看来学习，听觉型的人善于通过听来学习，动觉型的人则以动手、动口来学习效果最好。

(二)学习风格的心理因素差异

学习风格的心理因素差异包括认知、情感和意动三个方面的差异。

1. 学习风格的认知差异

学习风格的认知因素差异主要涉及对信息和经验进行组织加工的方式和特征，被称为认知风格。认知风格(cognitive styles)是指个体感知、记忆、思维、问题解决、决策以及信息加工的典型方式。下面介绍几种经典的认知风格。

1) 场独立型认知风格和场依存型认知风格

场独立型认知风格和场依存型认知风格是由美国心理学家赫尔曼·威特金(Herman Witkin)提出的，他设计了一种可以倾斜的房间，让被试坐在一张椅子上，椅子可以通过转动把手与房间同向或逆向倾斜。当房间倾斜后，要求被试转动把手使椅子转到事实上垂直的位置。结果发现：有的被试在离垂直差35°的情况下，仍然坚持认为自己是完全垂直的；而有的人则在椅子与倾斜的房间看上去角度明显不正的情况下，仍能使椅子非常接近垂直状态。威特金由此提出，有些人依据外部线索判断客观事物，态度和自我认知受环境影响，称为场依存型(field dependence)。有些人对客观事物的判断以自己内部线索为依据，不易受环境的影响，称为场独立型(field independence)。场独立型和场依存型学生的不同学习特点和各自适应的教学特点参见表11-2。

表11-2 场独立型和场依存型学生的不同学习特点和各自适应的教学特点[①]

	场 独 立	场 依 存
学习兴趣	自然科学、数学，喜欢学习一般原理	社会科学，喜欢学习具体知识
学习成绩	自然科学和数学成绩好于社会科学	社会科学成绩好于自然科学
学习优势	善于解决需要灵活思维的问题	善于解决熟悉的常规问题
学习策略	独立自觉地学习，由内部行为支配	易受暗示，学习欠主动，由外部动机支配
对教学的要求	不强调"社会敏感性"的教学结构，不严密教学	强调"社会敏感性"的教学结构，严密的教学

2) 冲动型认知风格和沉思型认知风格

杰罗姆·卡根(Kagan)等人在研究儿童解决一些复杂的、不确定的认知任务时发现，一些儿童反应很快，而另一些儿童并不急于反应，会用更多的时间思考。由此，卡根编制了匹配相似图形测验，并通过这类测验来识别冲动型和沉思型认知风格。冲动型(impulsive)

---

① 邵瑞珍. 教育心理学. 上海：上海教育出版社，1996：284

认知风格的学生认知问题速度快、错误率高，在低层次事实信息的问题解决中占优势，但并非所有反应快的学生都属于冲动型，有些学生反应快是因为对任务熟悉或思维敏捷。沉思型(reflective)认知风格的学生谨慎、全面、反复求证，速度慢，错误率低，在高层次事实信息的问题解决中占优势。

3) 具体型认知风格和抽象型认知风格

哈维及其同事根据儿童在进行信息加工时所采用概念水平的高低将认知风格划分为具体型和抽象型。具体型认知风格的学生在进行信息加工时，善于比较深入地分析某一具体观点或情境，但必须向他们提供尽可能多的有关信息，否则很容易造成他们对问题的偏见。抽象型的学生对事物进行认知时，能够看到某个问题或论点的众多方面，可以避免刻板印象，能够容忍情境的模糊性并能进行抽象程度较高的思考。

2. 学习风格的情感和意动差异

学习风格的情感和意动差异涉及情绪表露、价值判断、行为决策等活动的方式及其特征，诸如学生好奇心、焦虑水平、坚持性、成就动机、志向水平、主动性以及冒险性等方面的差异。

(三)学习风格的社会因素差异

学习总是在一定的社会环境中进行，因而具有社会性，或多或少受到社会因素的影响，如受到同伴、师长的影响。个体学习的社会因素差异主要体现在三个方面：①独立学习与结伴学习。有的学生喜欢独立学习，与他人结伴学习则不易集中注意，学习效率低下；有的学生喜欢结伴学习，喜欢在集体的环境中相互激励、相互督促，增进学习效率。有经验的教师既会提供小组或合作学习的机会，也会给学生留出独立学习的机会。②竞争与合作。有些学生喜欢和同学竞争，竞争更能激发他们的学习动机；有些学生则偏爱合作学习，觉得在合作的情境中学习更有安全感。③成人支持。有的学生学习时希望获得成人的支持，有的学生学习时只要有人陪伴就好。

课堂讨论

6 岁的鲁比达刚上佩迪拉女士的幼儿班。鲁比达的父母是移民，她在墨西哥由祖母抚养长大，祖母经济能力有限，很少给她诸如智力玩具、蜡笔、剪刀之类的玩具。佩迪拉女士在课堂上很少向她提问，因为她明显缺少学习技能，而且她也害怕让鲁比达在同学们面前出丑使她尴尬。到了一学年的中期，佩迪拉女士便考虑让鲁比达再上一年幼儿园。

鲁比达在课堂上总是十分安静，表现很好。事实上，她太静了，以致老师有时都忘记了她的存在。然而一位研究者的摄像机捕捉到了鲁比达的另外一面。有一次，鲁比达迅速完成了她的西班牙语作业，在空闲时间里便开始玩智力玩具。这时，一个男孩走过来，他们俩开始玩玩具。助教老师问这个男孩是否完成了他的西班牙语作业，暗示他应该回去完成作业，但男孩没有明白老师的意思，这时鲁比达温和地说服了这个男孩回去做作业，然后她又继续玩智力玩具，而且成功地把大部分积木拼在一起。拼不好积木的另外两个同学请求鲁比达帮忙，鲁比达非常能干和耐心地告诉这两位同学怎样拼，怎样互相帮助。

当佩迪拉女士看到这段录像时非常吃惊，因为这段录像表明鲁比达完全可能成为具有很强辅导和领导才能的学生。佩迪拉女士承认，"我已经放弃她和另外三个，但是他们却没有辜负我的期望，我不能再指望别的什么了。"佩迪拉女士和她的助手开始在学习技能上密切关注鲁比达，他们经常让她在小组活动中担任组长。学年末，鲁比达取得了合格的测试成绩，在语言技能和数学方面表现出了不同寻常的才能。她顺利地升入了小学一年级。

为什么老师认为鲁比达学习成绩差？是否因为鲁比达的出身背景？抑或是因为她的课堂表现？如果鲁比达和她同学的表现没有被注意到，情况又会怎样？她的求学之路又将是怎样的不同？

（资料来源：[美]Jeanne Eills Ormrod. 教育心理学. 彭运石，彭舜，等译.

西安：陕西师范大学出版社，2006：119）

🔑 **拓展阅读**

行为主义方法是道德的吗

行为主义理论是影响学生学习的有力工具。但有些人认为行为主义学习方法在伦理上是不可接受的，而且可能是无效的。人们争论的焦点就集中在操作性条件作用，特别是奖励学生的问题上。

第一种观点：反对行为主义方法。

有些学者认为行为主义技术太过偏向控制了，是"为儿童做事情而不是和他们一起做事情"。教师很容易误用奖励和惩罚，例如教师可能会不知不觉地更多鼓励男生在课上举手回答问题，从而导致女生很少参与课上活动。

另外，行为主义原则有时会起反作用，而非产生长远的效用。例如，有些学校使用各种奖励手段，甚至是现金，来强化学生集中注意、阅读的行为和好的名次。然而，对这种奖励政策的批评是，学生完成任务是为了得到奖励或者避免惩罚，一旦奖励或惩罚实施之后，学生就不再继续努力学习。更糟糕的是，有些研究发现这种奖励会使原本有内部动机的学生的内部动机下降。例如让一个喜欢阅读的学生一周必须读两本书，才能得到奖励，这实际上削弱了他读书的乐趣。

第二种观点：赞成行为方法。

行为主义方法的拥护者认为学生的行为总会得到不同形式的奖励或惩罚，行为主义控制的结果使教育更加公平，给每个人都提供了得到奖励的机会。例如，数学教师可以对学生学习减法时的每一步进行表扬，而不只是让学得最快或者成绩最好的那一个学生获得奖励。另外，行为主义方法对学生的学习成绩提供了反馈。Paul Chance 认为，人们在有反馈的环境里学得最好，教师对学生成绩的表扬或奖励就是为学生提供了一个有反馈的环境。

学生有很高的内部动机，但也有很高的外部动机的需求。他或许很喜欢在社会研究课上阅读关于异国人文的材料，他也会因为自己进行了一次成功的课堂演讲得到教师的表扬而高兴。另外，任务的性质也会影响奖励的效果，例如，有些研究表明，奖励能够增强复杂任务中发挥的创造性，而对简单任务没有影响。

第三种观点：一种综合，行为主义学习的方法，特别是操作性条件作用，是有意义的。

有经验的教师如何有效使用行为主义学习的方法是我们面临的最大挑战。学生不应是行为技术的被动接受者，教师应带动学生自主地参与行为矫正的计划，并鼓励学生每当取得进步就进行自我奖励。外部奖励可以是教师给的，也可以是自我奖励，这能帮助学生克服最初遇到的困难或是对某一科目缺乏兴趣。

有证据表明一旦掌握了初级阶段，无论有没有奖励，学生能力的增长已经成为一种对自我的奖励。例如，学生在写一篇小故事时，每写一部分都需要奖励，但当他能够不依靠帮助很快写完一篇故事时，这种写作的乐趣就变成一种内部动机。行为主义学习技术的目的，也即所有教师的目的，就是让学生在没有教师帮助的条件下，获得期望的行为。

(资料来源：Robert J Sternberg，等. 教育心理学. 张厚粲，译. 北京：中国轻工业出版社，2003：151)

本 章 小 结

学习是青少年进步和发展的基础，是通向成功的必由之路。本章从青少年学习的特点和意义入手，帮助大学生理解各种学习理论关于学习实质、学习过程的核心观点，掌握对应的教学方法。并在认识学习迁移、学习策略和学习风格的基础上，提出了学习迁移培养、学习策略训练的具体方法。

思 考 与 练 习

1. 结合自身体会，谈谈青少年学习的作用和必要性。

2. 综合分析行为主义学习理论的共同特点及各自的合理成分，并根据自己的理解分析如何在学习和教学中加以运用。

3. 通过对学习理论的了解和综合分析，提出你对学习过程的看法，并探讨其合理性和实践价值。

4. 结合自身的体会，分析促进学习迁移的教学原则。

5. 结合本章的学习内容，设计一套训练学生学习策略的方案。

6. 假设你是一名初中老师，你在教学中如何针对学生的学习风格因材施教？

推 荐 阅 读

1. 张向葵. 教育心理学. 北京：中央广播电视大学出版社，2003

2. 陈琦，等. 教育心理学. 北京：高等教育出版社，2005

3. Robert J Sternberg. 教育心理学. 张厚粲，译. 北京：中国轻工业出版社，2003

4. Jeanne Eills Ormrod. 教育心理学. 彭运石，彭舜，等译. 西安：陕西师范大学出版社，2002

"师者，传道授业解惑也。"新时代的大学生要想成为一名优秀的教师，除了需要具备良好的教学能力外，还需要具备合理影响学生、正确评价自己、恰当心理调适的能力。

——题记

第十二章　教师心理

本章学习目标

- ➤ 教师的角色。
- ➤ 教师的必备能力。
- ➤ 专家型教师。
- ➤ 教师心理对学生的影响。
- ➤ 教师威信。
- ➤ 教学效能感。
- ➤ 教师心理健康。

核心概念

教学能力(teaching ability)　教学监控能力(regulated skills of teaching)　教学反思(teaching reflection)　专家型教师(expert teacher)　教师期望效应(effect of teacher expectancy)　教师威信(teacher's prestige)　教学效能感(teaching efficacy)　职业倦怠(burnout)

引导案例

生命的抉择　逃走还是留下

2009 年 5 月 12 日，一个名叫范美忠的人民教师在汶川地震发生的时候丢下学生一个人跑出了教室。并于 5 月 22 日在天涯上发帖《那一刻地动山摇——"5.12"汶川地震亲历记》，文中细致地描述了自己在地震时所做的一切以及过后的心路历程。文章提到："我是一个追求自由和公正的人，却不是先人后己勇于牺牲自我的人！在这种生死抉择的瞬间，只有为了我的女儿我才可能考虑牺牲自我，其他的人，哪怕是我的母亲，在这种情况下我也不会管的。因为成年人我抱不动，间不容发之际逃出一个是一个，如果过于危险，我跟你们一起死亡没有意义；如果没有危险，我不管你们，你们也没有危险，何况你们是十七八岁的人了！"这番言论引起了网民铺天盖地的批评与漫骂。同时，范美忠也获得了"范跑跑"

这一称呼。在范跑跑冲出教室的那一刻，距都江堰百里之遥的绵竹汉旺镇，51 岁的谭千秋也带着学生冲出教室。只不过，在看到隔壁教室中仍然有学生滞留时，他再度冲了进去。数小时后，当救援人员挪开一块断裂的预制板时，他们看到了一个头发花白、后脑内凹的汉子，趴在一张被砸得变形了的课桌上，而课桌下，是 4 个已经昏迷、尚有生命迹象的学生。

教师在相同的情境下表现出了截然不同的行为，哪一种行为更符合人们对教师的期望？是什么样的心理导致了他们的行为？本章将对教师的心理进行深入探讨。

教师心理对教育教学的成败起着重要的作用，有时甚至直接影响学生能否顺利成才。作为一名未来的人民教师，如果不具备一定的心理学知识，缺乏教师职业所必备的心理素质，那么也很难成为一名合格的人类灵魂工程师。现代教育要求教师不仅要具有良好的专业知识基础，理解学生，还要了解教师职业的相关内容，具有不断提升自我、调整自我的能力，进而促进学生的全面发展。

第一节　现代教师的基本能力

如何能成为一名优秀的现代教师？现代教师在教育过程中扮演着什么样的角色？应具备哪些基本的能力？如何才能完成从教学新手到专家型教师的转变？教师的心理对学生会造成哪些影响？这可能是每个师范专业的学生都很容易想到，但却不容易回答的问题。

一、教师的角色

随着社会的发展，教师对社会所产生的重要作用逐渐受到人们的重视，社会对教师也提出了更高的要求，因此，教师所扮演的角色也随之不断发生变化。在传统教学中，教师的角色是比较单一的，教师在知识、技能和道德等方面具有不可动摇的权威性，他的基本职责主要限于阐明事理、监督学生，师生之间是直接的传递和接受关系。在现代教学中，从教学目标到教育内容、教育方法都在发生着巨大的变化，师生关系也从传统的授受关系向多重关系转变，与此相应，教师在教学中扮演的角色也变得更具时代特征。

(一)教学的设计者

现代教学要求教师不仅是教学的执行者，更应该是教学的设计者。教师作为教学的设计者，需要完成三个基本任务：教学目标的设置、教学策略和教学方法的选择、教学效果的评估。教师需要针对这三个任务分析教学情境，进行教学设计。教师的这一角色是传统教学中教师角色的延续，现代教学赋予了该角色更为丰富的意义。要求教师在进行教学设计的过程中要更多地考虑学生因素，在理解和灵活运用各种教学策略、原则的基础上，针对学生的特点和特定的教学内容等，创设一定的学习环境。其中涉及教学中各种社会性的相互作用，包括师生间的相互作用和学生之间的相互作用，学生与教学内容及媒体和实物之间的相互作用。此外，还要教师设计出一定的测验手段来评估教与学的效果，针对其中的不足做出相应的调整和补救。教师作为教学设计者的过程也是教师创造性活动的体现。

(二)学习的指导者和促进者

传统教学中一直认为教师是知识的传授者，学生是知识的接受者。但现代教育心理学的研究认为，学生的学习是一个积极主动的知识建构过程，教师所应该充当的角色是学生学习的指导者和促进者。这一角色定位对教师的要求主要表现为两个方面，一是教师指导学生掌握基础知识和基本技能，指导学生在获得科学知识的同时学会如何学习并发展各种能力，从而保证学生在未来的社会生活中能不断扩充知识；二是教师要起到促进学生学习的作用，教师要激发学生的动机，要为学生提供支架。任何时候教师的指导和促进作用都不能被否定，必要的讲解和指导，特别是对低年级学生而言，是永远必不可少的。在学习的初期，学生可以获得更多的支持，如教师的示范、提示、学生间的启发帮助等。而在学习的进行过程中，学生获得的支持应逐渐减少，逐渐让学生自己独立地探索学习。在指导学生学习的过程中，教师既要面向全体学生，促进每个学生的全面发展，又要因材施教，发展每个学生的特长。

(三)行为规范的示范者

"学高为师，身正为范。"教师在培养学生道德品质和人格特性的过程中，不仅要指导学生掌握社会价值观念和行为规范，更要充当示范者的角色，通过言传身教，给学生提供榜样示范。教师要不断反省自己的思想品德、行为作风、处世态度，充分意识到自己的榜样作用，使自己的言行成为学生的表率。例如，要求学生正直公正，教师首先要公正地对待学生；要求学生关心他人，教师首先要关心学生。

引导案例分析

在篇首案例中，范美忠在地震发生的时刻丢下学生独自跑出了教室，而谭千秋是带着学生冲出了教室，并在看到隔壁教室仍有学生滞留时再次返回，最终用生命作为代价保护了学生。在相同的情境下，同为教师的两人的行为表现如此不同，主要是因为两人对教师作为行为规范的示范者这一角色的不同理解所造成的。范美忠忽视了一个教师所应当承担的学生行为规范的示范者的角色，忽视自身道德素质的提高，既没有通过"言传"对学生道德品质的形成进行教育，更没有通过"身教"给学生提供榜样示范。与此形成鲜明反差的是谭千秋老师，他不仅充分理解教师作为学生行为规范的示范者的含义，而且用自己的行动对教师作为行为规范的示范者作出了充分的解释，成为了学生的表率。

(四)组织者和管理者

学生的学习是在班集体这种特有的社会群体条件下进行的，要保证班集体的教学和各项活动的顺利完成，教师还必须承担组织者和管理者的角色。科学、良好的教学管理是保证教学顺利完成的重要条件。担任班主任工作的教师是班集体正式的领导者，没有担任班主任的教师在班集体活动中也担负着领导者的责任。尽管不同教师对课堂的控制和对学生的管理程度不同，但维持一定的教学秩序是进行教学的前提。教师要激发学生的学习动机，进行班级管理，组织课堂教学，维持课堂纪律，处理教学中的偶发事件等；要组织学生参加体育锻炼，准备考试；要记录学生的表现，并与家长和其他教师进行交流。特别是随着人们对合作学习和交互性学习的重视，教师作为组织者和管理者的角色更为突出。

(五)反思者与研究者

在教学过程中，教学反思被认为是教师专业发展和自我成长的核心因素。教师通过对自己教学情况的不断反思和评价，提高教学活动的自我觉察，发现和分析其中存在的问题，并针对性地提出解决方案，不断提高自身专业素质。

现代教学中，教师还承担着对自己教学进行研究的任务：我该如何导入这堂课？如何把这些深奥的道理讲得明白易懂？该怎样吸引调皮的学生？只有教师成为了一个研究者，才能够以一定的理论为基础，灵活地解决教学中的各种实际问题。

(六)终身学习者

在科学技术飞速发展的社会，随着学生获取知识、信息渠道的多样化，教师作为学生唯一知识源的地位已彻底动摇。因此，教师不能仅是知识的传播者，同时还必须作为一个终生学习者，不断更新知识和教学理念，完善教学手段，发展教学能力，使自身更好地适应信息化时代教育发展的新形势，成为真正合格的教师。作为学习者，教师不仅要树立终身学习的理念，还要全面拓展学习领域，努力掌握新知识、方法和技能；不仅要向书本学习，还要向学生学习，实现教学相长；不仅将学习作为改变自己生存状态的手段，还将其视为实现专业成长的自我发展的途径。因此，具有学习理念的教师，上课不再是单向的付出，而是生命活动、专业成长和自我实现。

(七)心理保健者

随着当代学生心理问题的增多，对教师角色又提出了新要求，即教师必须是学生心理保健者。学生正处于心理发展的过程中，会经常受到各种心理挫折，出现各种心理困扰。这就需要教师随时帮助学生，维护学生的心理健康，促进学生良好人格特征的形成。此外，随着现代社会生活节奏的加快，竞争日趋激烈，在生活条件和生活质量逐渐提高的同时，学生也面临着许多选择和挑战，使学生的心理压力不断增大，心理问题日趋增多，这也要求教师做好学生的心理健康教育工作，担当学生的心理保健者的角色。

二、当代教师必备能力分析

教师的必备能力是对教师群体的整体要求，它是在教师具有优良的先天特性的基础上经过正确而严格的教师教育所获得的。一般来说，一个优秀的当代教师要拥有一般教学能力、教学监控能力、教学反思能力和沟通能力。

(一)教师的一般教学能力

教师的一般教学能力(teaching ability)是指教师从事教育活动(教育教学工作)所需要的能力，是一种特殊能力。国内学者一般认为，教师的一般教学能力包括教师的专业知识、组织教材的能力、言语表达能力、组织教学能力、教学媒体的应用能力。

1. 专业知识

"要给学生一杯水，教师应该首先要有一桶水"，这说明了教师的专业知识储备在教学过程中的重要性。学生是通过教师的传递来学习知识的，教师的知识结构水平与教学效果之间关系密切。关于教师专业知识的结构，不同研究者有不同论述。在众多研究中，舒尔曼所建构的教师专业知识是最具影响的。舒尔曼认为，教师的专业知识可以分为学科内容知识、一般教学法知识、课程知识、学科教学法知识、有关学生的知识、有关教育情境的知识和其他课程知识。斯滕伯格对专家型教师的专业知识进行分析后提出，教师的专业知识主要包括内容知识、教学法的知识和实践的知识。我国学者申继亮和辛涛等人从认知的角度，提出了一个具有中国特色的教师专业知识结构，即教师的专业知识包括本体性知识，即教师所具有的特定的学科知识；实践性知识，即教师在面临实现有目的的行为中所具有的课程情境知识和与之相关的知识；条件性知识，即教师所具有的教育学和心理学知识。

📖 知识拓展 12-1

中学教师的专业知识结构

威尔逊(Wilson，1987)对中学教师的研究发现，教师上好一节课需要7个方面的知识：①关于课程内容的知识；②关于学生情况的知识；③关于教学目标的知识；④教与学原理与教学论方面的知识；⑤这一学科和教材的内容、结构方面的知识；⑥与这一部分内容相关的其他学科的知识；⑦如何把教材的内容教给学生的教学方法方面的知识。

威尔逊等人还指出，在备课写教案的过程中，教师要综合运用这 7 个方面的知识，第一步是理解教材；第二步是根据教材与教学目标去选择适当的材料；第三步是选择适合这些材料的教学方法；第四步是根据这个班级儿童的心理特点分析教学方法是否恰当。

(资料来源：莫雷. 教育心理学. 广州：广东高等教育出版社，2002：526)

2. 组织教材的能力

教师组织教材的能力是指区分出教材中本质的和最主要的内容，并根据学生的理解水平对教材进行分析综合、加工改组，将教材恰当地概括化、系统化的能力。教材的组织能力表现为三个方面：①通过对教材的研究，充分理解教材的知识内容，融会贯通，使教材的知识内容转化成教师自身的知识。②在研究教学大纲、教学目的、教材内容和学生实际情况的基础上，明确教学目的要求及重点，使之成为教师教学的指导思想。根据这些决定教材的重点、难点，决定讲解的详略和教材内容的增减。③根据教学目的的要求，探讨适应学生接受能力，又能促进学生智力发展、完成教学任务的可行的教学方法和步骤。教师通过对教材的深入分析，将教材内容以简要和容易理解的方式传授给学生，可以使学生顺利地掌握知识。同时，教师组织教材的过程也能使学生从中领悟思考问题的方法，从而促进学生思维能力的发展。

3. 言语表达能力

良好的言语表达能力是教师职业的基本条件之一。教师言语表达得流利准确、易懂而富于表现力和感染力，会对学生的知识理解和言语智力的发展起到了很大的促进作用。教师良好的言语表达能力表现为形式简单、语句不长、停顿适当、词汇丰富、简练准确、内容具体、形象生动、逻辑严密并符合学生理解水平。教师职业口语是教师在教育教学过程中运用的语言，它要求教师的口语具有规范性、科学性与生动性。规范性要求用普通话进行教学和教育活动；科学性要求以科学的规律指导教育教学，讲述内容科学无误；生动性要求以生动的表达增强教师职业口语的可接受性。

4. 组织教学能力

组织教学的能力是指教师在课堂教学中，利用各种积极因素，控制或消除学生消极情绪行为的能力。组织教学能力是教师教学活动的有力保障，是教师在课堂中克服种种干扰，控制学生注意力，保证教学顺利进行的必要前提。组织教学能力主要包括制定课堂教学计划的能力、选择和运用教学方法的能力和调节课堂气氛调动学生积极性的能力。其中，制订教学计划是课堂教学有序进行的重要依据，正确的教学方法是教师达到教育教学目的的工作手段，学生积极性的调动是学生在学习中发挥积极作用的重要保障。

5. 教学媒体的应用能力

在现代教学过程中，教学媒体以信息量大、形象化、丰富的表现力等优势，在教学中起到了提高教学效率、增强教学效果等方面的积极作用。因此，教师一方面要具有使用传统教学媒体的能力，如对教科书、黑板、挂图的运用，另一方面还必须具有使用现代教学媒体的能力，包括对幻灯机、投影仪、录像机、计算机及相应的幻灯片、投影片、录像带、计算机软件等现代媒体设备的使用。

(二)教师的教学监控能力

教学监控能力(regulated skills of teaching)是指教师为了保证教学达到预期的目的而在教学的全过程中，将教学活动本身作为意识对象，不断地对其进行积极主动的计划、检查、评价、反馈、控制和调节的能力。根据教学监控能力在不同阶段的表现形式，教学监控能力可包括4个方面。

1. 课前的计划和准备

课前的计划和准备是在课堂教学之前，明确所教课程的内容、学生的兴趣和需要、学生的发展水平、教学目标、教学任务以及教学方法与手段，并预测教学中可能出现的问题和教学结果，这是教师进行教学监控的前提。

2. 课堂的反馈与评价

课堂的反馈与评价是指教师对于课堂的状况、学生的反应敏感程度，以及所发现问题的解释与分析。评价和反馈是教师教学监控能力的基础，教师的教学监控过程都是从其对教学活动的反思、评价和反馈开始的。

3. 课堂的调节与控制

如果说评价与反馈是教师教学监控能力的基础的话，那么调节与校正则是教学监控能力的目的。教学监控能力的根本作用就在于它使教师能够有意识地、自觉地对自己的教学活动进行调节和修正，使之达到最佳效果，能最大限度地促进学生的发展。

4. 课后的反省

在一堂课或一个阶段的课上完之后，教学监控能力高的教师会对自己已经上过的课的情况进行回顾和评价，仔细分析自己的课在哪些方面有所成功，在哪些方面还需要改进，分析自己的教学是否适合于学生的实际水平，是否能够有效地促进学生的发展等。相反，教学监控能力差的教师一般就不能认真地考虑这些问题。

📑 **知识拓展 12-2**

教学监控能力的提高

沃建中等人经研究发现，有三种技术可以提高教师的教学监控能力。

(1) 角色改变技术。其目的是让教师形成正确的教育观念，提高其参加教育科研的自觉性和主动性，从而自觉地实现角色的改变。包括专家讲座、听观摩课、参加教育科研工作，并要求教师围绕自己班的学生设计一个小实验，最终写出自己的研究报告。

(2) 教学反馈技术。其目的在于使教师对自己的教学各环节有一个准确而客观的认识，正确地评价自己的教学效果和学生的学习状况。这是教师形成教学监控能力的基础，教师教学监控过程都是从其对教学活动的反思与评价开始的。这是通过多种教学反馈技术实现的，具体地说，从反馈来源分，有自我反馈、测验反馈等。

(3) 现场指导技术。这种技术可以帮助教师针对不同教学情境，选用最佳的教学策略，以达到最佳的教学效果，使其最终能达到对自己课堂教学的有效的调节和校正。

(资料来源：沃建中，申继亮，林崇德. 提高教师课堂教学能力方法的研究. 心理科学，1996(6): 4~6)

(三)教师的教学反思能力

教学反思(teaching reflection)是指教师自觉地将自己的教学实践作为认识对象进行深入的思考与总结，从而优化教学活动，形成自己新的教育思想并改进教学实践。教学反思能力是一个新教师逐渐成长为优秀教师的重要条件之一，只有在教学中不断反思，才能通过反思扬长避短，创造出先进的教学理念，形成自己独特的教学个性，才能逐渐成长为研究型、专家型的教师。

(四)教师的沟通能力

教育基本上是一个沟通的过程，要用言语来传达各种抽象的情感、见解与观念。对教师而言，沟通不仅意味着具有充分的词汇、合乎逻辑的清楚明确的表达方式，而且意味着要针对学生的水平，在各种情境下用学生最能理解的语言来表达思想和观点，同时也要懂得倾听。良好的沟通能力意味着教师常常能预见接收到自己言语信息的学生会有什么反应，意味着教师知道何时停止说话，使学生不厌倦教师的教诲并对教师的谈话有所期待。在教师没有掌握良好的谈话技巧时，倾听也是一种沟通技能。教师应该鼓励学生表达自己的观点、耐心、有兴趣地听他们说，并使学生意识到自己所说的是值得别人仔细聆听的。如果有的学生特别能说，或为了引起别人注意而在班上的讨论中滔滔不绝，以致占用别人的时间，教师应能结束他们的谈话，但同时又能保护他们的自尊心。

三、专家型教师的能力分析

专家型教师(expert teacher)是指那些在教学领域中，具有丰富的组织化了的专门知识，能高效率地解决教学中各种问题，富有职业的敏锐洞察力的教师。

(一)专家型教师的能力特点

专家型教师是教学表现上非常优异的成熟的教师，研究者发现，专家型教师身上具有明显的不同于新手教师或一般教师的特点。

1. 有丰富的组织化的专门知识，并能有效运用

专家与新手之间最基本的差异在于专业知识方面的差异。在专家擅长的领域内，专家不仅比新手拥有更广博的知识，还能比新手更有效地将这些知识灵活地组织起来运用在教学中。舒尔曼(Shulman，1987)研究认为，专家型教师所具备的知识主要包括 7 个方面：①所教学科的知识；②教学方法和理论，适用于各学科的一般教学策略(诸如课堂管理的原理、有效教学、评价等)；③课程材料，以及适用于不同学科和年级的程序性知识；④教特定学科所需要的知识，教某些学生和特定概念的特殊方式；⑤关于学习者的性格特征和文化背景的了解；⑥对学生学习环境的了解，包括了解他们的同伴、小组、班级、学校以及社区；⑦关于教学目标和目的的知识。专家型教师与新手教师在知识积累上的差异，使得他们在课时计划和课堂规则的制定与执行、吸引学生的注意力、教材的呈现、课堂练习、家庭作业的检查以及课后评价等方面都存在显著差异。专家型教师所教的学生和课程具有清晰的知觉，他们能够根据过去的教学经验有效地勾勒出对待优等生和后进生的方案，并且他们为了有效地组织课程和课堂活动，能够补充许多超出课本的、教学计划中缺少的东西。

2. 高效率解决教学领域内问题

在专家擅长的领域里，专家解决问题的效率比新手更高，他们能在短时间内完成更多的工作，或者需要较少的努力。这是因为，在他们广博知识的基础上，能够迅速且只需很少或无需认知努力便可以完成多项活动，还有一个原因就是专家擅长将熟练的技能自动化。某些教育技能的自动化，使得他们能够将节省的资源集中于教学领域高水平的推理和问题解决上。此外，专家型教师善于监控自己的认知执行过程，即在接触问题时他们具有计划性且善于自我观察，时机不成熟时，他们不会进行尝试，而在教学行为进行过程中，他们又能主动对自己的行为做出评价，并随时做出相应的调节。例如，有的教师在教学中，总是提醒自己"这样讲述学生能听懂吗"，并根据自己对这个问题的回答来调整自己的讲课方式、讲课速度等。

3. 善于创造性地解决问题，有很强的洞察力

专家和非专家都运用知识和分析来解决问题，但专家更能创造性地解决问题，他们的解答方法既新颖又恰当，往往能够产生独创的、有洞察力的解决方法。专家型教师在教学中能够鉴别出有助于问题解决的信息，并能够有效地将这些信息联系起来。专家型教师能够通过注意，找出相似性及运用类推来重新对问题加以组织。通过这些过程，专家型教师能对教学中的问题做出新颖而恰当的解决。

知识拓展 12-3

内容知识还是教育知识

深厚的内容知识是教师最需要掌握的技能，还是具体的有关教学法与激励策略的知识更重要？

第一种观点：内容知识对专家型教师更重要。这种观点认为，只有具备所教课程的完备的具体知识，才可能成为专家型教师。这些具体知识使教师可以设计能激发学生并指明学习重点的课程。完备的知识也有助于教师准确地解答学生的疑难问题，并把各种与课程有关的论题清晰地联系起来。内容知识有助于教师设计课堂活动，使学生学会迁移所学的原理。此外，完备的内容知识使教师在学生眼里更像是专家，这有助于营造和保持一种学生尊重教师的知识和权威的氛围。

第二种观点：教学策略方面的知识对专家型教师更为重要。这种观点认为，无论一名教师对所教课程掌握得多好，如果缺乏怎样教学的知识(也叫教学法的知识)，依然不会成为有效的教师。许多某一领域的专家无法给年轻的学生做一次有关其专业的讲座，因为他们不会给初学者讲解其专业的重要性。成功的教学必须有能力抓住学生的注意力，能激励学生学习，并向学生指明该学科的主要观点与主题。成功的教学还需要知道如何使任务既富有挑战性又不令人望而生畏，并且知道如何公平地评价学生的进步。而内容知识则不会给予教师这些方面的帮助。

第三种观点：内容知识与教学知识对专家型教师都很重要。研究表明，不但内容知识和教学法的知识对有效教学作用很大，而且一种结合式的知识(教学法-内容知识)也很重要。如果没有完备的专业知识，任何教师都很难成为真正的专家。同样，如果缺乏教学策略与方法方面的知识，任何教师也很难引导和控制课堂。此外，有关如何讲授特定学科的知识，也就是教学法-内容知识，在教学技能的形成与发展中也至关重要。例如，数学讲授可能需要了解一些用于教数学的特殊策略，而这些策略也许不适用于英语教学，英语教师需要另一套与英语课程有关的特殊策略。因此，专家型教师需要具备上述三种基本知识。

(资料来源：[美]Robert J Sternberg，Wendy M Williams. 教育心理学. 张厚粲，译.
北京：中国轻工业出版社，2003：26)

有学者把专家型教师称为有教学专长的教师，并且认为教师教学专长的发展可以分为新手型、熟手型和专家型。连榕(2004)对新手型、熟手型和专家型教师的心理特征进行了比较，发现在教学策略、成就目标、人格特征上，专家型教师均优于熟手型教师，而熟手型教师又优于新手型教师；在职业承诺和职业倦怠上，专家型教师优于熟手型教师和新手型教师，而熟手型教师和新手型教师不存在差异。研究发现，专家型教师具有普遍的共同特征：①教学策略以课前的计划、课后的评估、反思为核心。专家型教师善于通过教学计划、评估和反思来改进教学，从而产生教学的创新。②具有鲜明的情绪稳定性、理智、注重实际、自信心和批判性强的人格特点。专家型教师能够更好地控制和调节情绪，处理面临的教育教学问题，并进行评估和反思。③对教师职业的情感投入程度高，职业义务感和责任感比较强。专家型教师热爱教师职业，对工作投入，追求自我实现。④良好的师生互动、强烈的成就体验。

(二)专家型教师的培养

专家型教师的培养主要有以下几种方法。

1. 观摩与分析

训练教师的一种有效的方法,是对优秀教师的课堂教学活动进行观摩和分析。存在两种观摩形式:结构化观摩和非结构化观摩。前者是指在观摩前制定详细的观摩计划,确定观察的主要对象、角度及观察的大致程序,也可以进行有组织的分析讨论。非结构化的观摩则没有固定的观摩程序。一般来说,结构化观摩的效果优于非结构化的观摩。有研究对教师的训练结果发现,经过这种训练的教师更能理解学生的想法,教师的课内行为变得更加自然。

2. 微型教学

微型教学是一种通过自己实际进行教学而获得经验,提高教学水平的重要途径。主要指以少数的学生为对象,在较短的时间内(5~20分钟),尝试做小型的课堂教学,然后把这种教学过程摄制成录像,在课后再进行分析。微型教学使得教师可以对自己的教学行为进行更为深入的分析,并增强了改进教学的针对性,因而往往比正规课堂教学的经验更为有效。

3. 教学决策训练

教师的教学过程中包含着一系列的决策行为,通过让教师进行教学决策的训练可以提高教师的教学能力。有人设计了决策训练的程序,事先向接受训练的教师提供有关所教班级的各种信息,包括学业水平、学习风格、班级气氛等,可以印刷资料,也可以是录像。然后让他们观察教学实况录像,从中吸取自己认为重要的成分。在此过程中,指导者一面呈现出更恰当的行为,一面给予说明。通过这种方法,教师可以获得近乎实际上课的经验,而且可以获得指导者的及时解释说明。这种方法不仅可以改善他们的教学行为,而且可以使他们对决策的有效线索更为敏感,而这正是专家型教师的重要特征。

4. 教学反思

通过教学反思训练来提高教师的教学水平是近年来教师心理研究的一个重要课题。反思是教师着眼于自己的活动过程来分析自己做成某种行为、决策以及所产生的结果的过程。教学反思包括:①对于活动的反思,这是个体在行为完成之后对自己的活动、想法和做法的反思;②活动中的反思,这是个体在做出行为的过程中对自己在活动中的表现、自己的想法做法进行反思;③为活动反思,这种反思是以上两种反思的结果,以前述两种反思为基础来指导以后的活动。曼恩则把教学反思划分为教学技术水平的反思、原因分析水平的反思和价值判断水平的反思。反思是每一个个体提高自身能力的前提,教学反思则是每一位教师提高教学能力,从年轻教师向专家型教师转变的基本前提。

5. 行动研究

教师行动研究的特点是:为了行动而研究,对行动进行研究,在行动中研究。教师的行动研究与专家们的研究往往有所区别:①研究问题可以是来自于自己的日常教学经验中的任何问题；②研究途径可以是任何非正式的探索方法，包括做笔记、写日志、谈话记录以及保留学生的作品等；③教师可以形成研究者团体，其中包括与教师或与其他成员之间的正式的网络联系，更重要的是在课堂教学中与学生的联合，比如让学生注意观察课堂教学中的交往方式，通过向父母访谈来了解学生自己的成长经历和经验获得等。教师行动研究是提高教师的教学水平的一个有效途径，它可以提高教师对教学和学习的理解，主动提高自身的教学能力，向专家型教师努力。

四、教师心理对学生的影响

在教学活动系统中，教师是教学心理的主要调控者，既要调控学生又要调控教学过程，所有这些调控都建立在教师对自身心理调控的基础上，因此，有效地利用教师心理调控，可以实现对学生的积极影响。

(一)教师期望对学生的影响

教师期望，也称教学期待，是指教师在理解学生的基础上，对学生未来发展的潜力进行推测，这种推测反映了教师对学生未来发展的深信程度。在心理学的一个著名研究中，罗森塔尔揭示了教师期望与学生成绩的关系(参阅第一章)，即教师期望效应(effect of teacher expectancy)：是指人们基于某种情境的知觉形成的期望或预言，会使该情境产生适应这一期望或预言的效应。教师如果根据对某一学生的了解而形成一定的期望，就会使学生的学习成绩和行为表现符合这一期望的变化。这种教师期望效应可以分为两类：自我应验效应和维持性期望效应。

自我应验效应(self-fulfilling prophecy effect)，即原先错误的期望引起把这个错误的期望变成现实的行为。如果某同学的父亲是著名的文学家，那他的老师很自然地认为这个学生具有成为出色作家的潜力。假设该生文学天赋平平，但这个老师对其满腔热情，表达对其能力的十足信心，鼓励他经常练习，常常对其作业进行额外的批改。结果这种对待使他果真成为了优秀的小作家。但如果教师不特别对待这位学生，结果就不会是这样，这就是自我应验效应。

在维持性期望效应(sustaining expectation effect)下，教师认为学生将维持以前的发展模式。但问题在于，如果教师认可这种模式，教师将很难注意和利用学生潜在能力的发展。如果教师对差生和优等生存在不同期望，这将使他很难关注差生的进步，甚至对差生的进步持怀疑态度，如认为他的进步一定是在别人的帮助下或者作弊得到的，这种期望维持甚至增大了优等生和差生的差距。

大量研究表明，许多教师并没有意识到自己对学生所产生的期望，也没有特意去控制自己的行为，教师的期望正是在这种潜移默化中对学生产生了影响。因此，在教学实践中，教师应该了解教师期望对学生所产生的影响，并有意识地运用教师期望去教育学生，充分发挥教师期望的积极作用。在此过程中，教师应该认真了解每个学生的特点，发现他们的长处，对每个学生都建立起积极的期望；同时教师要不断反省自身的行为和态度，不要因为自己的不公正而延误学生的发展。

(二)教师人格品质对学生的影响

1960 年，黑尔(Heil)等人将教师的人格特征分为烦躁型、高度整合型和胆怯型三种类型。烦躁型的教师在教学中往往表现出烦躁、冲动和自发性的特征，缺乏精心的组织和调控；高度整合型的教师在教学中往往以自控、有条理和目的性为特征；胆怯型的教师则表现为在教学中过于胆怯和焦虑，过于坚守规则，不敢越雷池一步。黑尔等人曾研究这三种教师对不同人格的学生的影响，结果发现，烦躁的教师只对那些奋斗型或顺从型的学生有效果；胆怯型的教师在三类教师中效果最差，只对奋斗型的学生有效。高度整合型的教师则对各种学生都有效，尤其是对于焦虑的和怀有敌意的学生，这类教师具有明显优势。

(三)教师认知风格对学生的影响

教师不同的认知风格对学生的影响不同。

1. 具体型和抽象型

具体型和抽象型是根据个体在进行信息加工过程中所采用概念的水平进行分类的。具体型的个体往往关注事物的细节和直观特征，注重事物特殊性的一面。抽象型的个体则喜欢对事物的特征进行概括，更关注事物的一般特征。1961 年，哈维(Harvey)的研究表明，抽象水平高的教师在教学中灵活应变能力往往更强，专制和惩罚表现较少，这样的教师所教出的学生比那些具体思维水平上的教师教出的学生学习更专心，更积极主动，更有合作精神，因而也更有成就。

2. 场独立型和场依存型

在认知活动中，有的人对客观事物的判断是以自己内部线索为依据，不易受环境的影响，这种认知风格被称为场独立型。而有的人依据外部线索判断客观事物，态度和自我认知受环境影响较大，这种认知风格被称为场依存型。场独立型的教师喜欢运用分析的知觉方式，教学组织结构相对自由宽松。场依存型的教师喜欢笼统的或整体的知觉方式，教学组织结构严谨。以阅读教学为例，场独立型的教师可能会倾向于训练学生对细节的分析，如要求他们理清文章脉络，列出阅读提纲，而往往对文章主题把握的训练不多。场依存型的教师正好相反，他们可能会倾向于训练学生的整体综合能力，如要求他们在分析的基础上解释文章主题。

第二节　教师的评价

教师评价包含社会、学生和教师自我的评价三部分内容，其中社会对教师的评价以教师的职业道德为表现，学生对教师的评价以教师的威信为表现，教师自我的评价以教师的自我效能感为表现。

一、教师职业道德准则

所谓职业道德，是指从事一定职业劳动的人们，在特定的工作和劳动中以其内心信念和特殊社会手段来维系的，以善恶进行评价的心理意识、行为原则和行为规范的总和，它是人们在从事职业的过程中形成的一种内在的、非强制性的约束机制。

(一)教师职业道德的内涵

教师职业道德是从事教学工作的脑力劳动者在教学实践中所应遵循的道德规范，是知识分子职业道德之一。教师职业道德的产生和发展，是同人们教育活动的发展直接相联系的，它对形成教师的职业心理和职业理想，形成教师特有的道德习惯和道德传统，起着重要作用。我国几千年所沉淀下来的教师职业道德中蕴涵了不少优秀的成分，包括热爱教育、终生授徒、有教无类、文行忠信、以身作则、学而不厌、诲人不倦等，它们是教师职业道德形成的文化基础。

(二)中小学教师职业道德规范

教师职业道德规范是教师在教育教学活动中必须遵循的道德行为规范，是指导教师职业活动的基本依据。我国 2008 年修订了中小学教师的职业道德规范，其主要内容如下：

(1) 爱国守法。热爱祖国，热爱人民，拥护中国共产党领导，拥护社会主义。全面贯彻国家教育方针，自觉遵守教育法律法规，依法履行教师职责权利。不得有违背党和国家方针政策的言行。

(2) 爱岗敬业。忠诚于人民教育事业，志存高远，勤恳敬业，甘为人梯，乐于奉献。对工作高度负责，认真备课上课，认真批改作业，认真辅导学生。不得敷衍塞责。

(3) 关爱学生。关心爱护全体学生，尊重学生人格，平等公正对待学生。对学生严慈相济，做学生良师益友。保护学生安全，关心学生健康，维护学生权益。不讽刺、挖苦、歧视学生，不体罚或变相体罚学生。

(4) 教书育人。遵循教育规律，实施素质教育。循循善诱，诲人不倦，因材施教。培养学生良好品行，激发学生创新精神，促进学生全面发展。不以分数作为评价学生的唯一标准。

(5) 为人师表。坚守高尚情操，知荣明耻，严于律己，以身作则。衣着得体，语言规范，举止文明。关心集体，团结协作，尊重同事，尊重家长。作风正派，廉洁奉公。自觉抵制有偿家教，不利用职务之便谋取私利。

(6) 终身学习。崇尚科学精神，树立终身学习理念，拓宽知识视野，更新知识结构。潜心钻研业务，勇于探索创新，不断提高专业素养和教育教学水平。

(三)教师职业态度

职业态度与职业道德是两个相互联系但又彼此不同的概念。良好的职业态度是教师遵循职业道德规范的重要前提。职业态度是指个体对自身职业所持有的比较稳定的内在心理状态，涉及对职业的认知、情感和行为倾向三个成分；而职业道德是从事教师职业的个体应该遵循的道德规范。前者是个体的心理状态，主要受到自身对教师职业的认同、自身价值观的影响，属于自我认识范畴。后者则是一种内在的、非强制性的约束机制，是社会对教师职业的职业期待，属社会评价范畴。但职业态度是影响教师遵循和维护职业道德的重要因素。好的教师应该对责任感和勤奋工作有积极的态度，在对自己进行角色定位的时候不应仅仅局限于所教的课程上，而且应对自己的专业和教师在社会上的地位持积极态度。观察现实生活，发现许多教师在成为教师之前对教师这个职业挺有激情，一旦他们开始教学工作后，就会逐渐降低以学生为中心的热情，更加保守，更加硬心肠。这可能是因为现实情况与他们的理想相差很大，常常有不尽如人意之处。在这种情况下，学会应对应激，保持积极的态度来面对工作，是教师遵循职业道德规范的重要前提。

二、教师威信

人们历来看重"威信"一词。古人云："威信者，天下之结也"，意思是说要把天下人集结起来靠的是威信。在学校教育这个集体性活动中，要把师生凝聚起来，充分发挥教育者的主导作用，同样离不开教师的威信。那么，什么是教师威信？教师威信是如何形成的？需要如何维护？对这些问题的回答就是和谐师生关系、提升教育质量的基本条件。

(一)教师威信的内涵

教师威信(teacher's prestige)是指教师具有那种使学生感到尊严而信服的精神感召力量，即指教师在学生心目中的地位。它是教师人格、能力、学识及教育艺术在学生心理上引起的信服而又崇拜的态度，它是教师在学生心目中的威望和信誉。教师的威信是有效地影响学生的重要条件，是完成教育教学任务的一种推动力量。这种推动表现在三个方面：①学生确信有威信的教师的指导的真实性和正确性，会主动地接受指导；②有威信的教师的表扬或批评能唤起学生相应的情感体验，达到预期的教育效果；③有威信的教师往往成为学生学习的榜样，使教师的示范起到更大的教育效果。教师威信也反映了一种良好的师生关系，是教师成功地扮演教育角色、顺利完成教育使命的重要条件。

知识拓展 12-4

我国高中生心目中有威信教师所具有的条件

我国学者调查了高中生心目中有威信教师所具有的条件，结果发现教师威信形成的主要条件有如下几个。

(1) 思想品质：思想好，对自己要求严格，有道德修养，讲文明，生活正派，言行一致，以身作则，为人师表。

(2) 知识水平：有真才实学，知识丰富，不仅对所教的学科有较广博的知识，而且对其他学科也有较多的了解，一专多长。

(3) 教学能力：教学方法好，口齿清楚，表达力强，讲课生动，讲课富于启发性，教学效果好。

(4) 教育热情：热爱教育事业，关心学生，爱护学生，与学生同甘共苦，师生关系融洽。

(5) 工作态度：尽教师职责，工作认真，要求学生严格，勤勤恳恳，任劳任怨，治学严谨，诲人不倦。

(6) 教育作风：对人和蔼，平易近人，不体罚学生，不偏爱某类学生，处事公正，作风民主，能听取学生的意见，常参与学生活动。

(资料来源：莫雷. 教育心理学. 广州：广东高等教育出版社，2002：522)

(二)教师威信的形成

教师威信的形成取决于许多因素的共同作用,例如,社会对教师的态度、家长对教师的态度、学生对教师及其工作的认识、教师本身的条件等。在这诸多因素中,4个主观因素的作用尤为显著:①具有高尚的思想、良好的道德品质、渊博的知识、高超的教育和教学艺术是教师获得威信的基本条件;②教师的仪表、作风和习惯,是教师获得威信的必要条件;③师生平等交往对教师威信的获得有重要影响;④教师给学生的第一印象对教师威信的获得有较大影响。但这些因素对不同年龄、不同发展水平的学生来说,并不起同等作用。一般说来,教师在小学低年级学生中较容易迅速建立威信,随着年龄的增长,学生对教师的评价能力不断提高,只有那些德、识、才、学兼备的教师,才会在学生中获得较高的威信。

教师威信的形成过程,一般说是由"不自觉威信"向"自觉威信"发展。新教师在学生心目中是有一定吸引力的,是具有一定威信的,但这种威信是短暂的、"不自觉的威信"。随着学生对教师德才方面逐渐了解,师生之间情感的日益加深和融洽,教师的威信就由"不自觉威信"发展成为"自觉威信"了,这才算是真正的威信。当然,教师必须经过不断努力,"不自觉威信"才有可能发展为"自觉威信",否则"不自觉威信"也可能逐渐消失。

(三)教师威信的维护和发展

教师的"自觉威信"形成后,具有一定的稳定性,但稳定是相对的、有条件的,不是一成不变的。因为形成教师威信的主客观条件是处于不断变化之中的,只要某一方面的条件发生了较大的变化,教师的威信就会受到影响。因此,维护和发展已经形成的教师威信也十分重要。教师威信的维护和发展主要包括 4 个方面:①巩固已经获得的威信;②发展不全面的威信为全面的威信,促进低水平的威信不断上新的台阶;③防止威信的下降和丧失;④提高威信的教育影响力。金无足赤,人无完人。一个教师要具有全面的威信其实很困难。教师威信的维护和发展,关键在于教师本身应具有以下几个方面的主要特征。

(1) 教师要有坦荡的胸怀、实事求是的态度。教师并非完人,也会存在这样或那样的缺点或问题,关键在于是否敢于承认自身的不足并及时纠正。教师勇于承认缺点、改正不足,不但不会降低威信,反而会提高自己在学生心目中的威信。

(2) 教师要正确认识、合理运用自己的威信。只有教师对自己的威信有正确的认识,才能将威信和威严区分开来,这是维护教师威信的基本前提。否则,就可能出现教师为了维护威严而不恰当地运用威信,损害学生的自尊心和积极性,削弱学生对教师的依赖和尊崇,导致教师威信的降低。

(3) 不断进取的敬业精神。随着社会要求和教育对象的不断变化,教师也需要不断更新自己的知识、观点,提高自身的科学文化素质,满足学生不断发展变化的需要。教师的不断进取能激起学生的敬佩之情,提高其在学生心目中的地位和威信。

(4) 言行一致,做学生的楷模。教师是学生行为的示范者,一般说来,在学生心目中,教师是有丰富知识的人,是守纪律、讲文明、懂礼貌、有道德的典范。如果一个教师的言谈举止与学生心目中的教师形象不相符,他的威信会降低,反之威信升高。

三、教师自我效能感

人们常常会有疑问：为什么具有同样教育能力水平的教师在同一个教育情境中，会有不同的行为表现和教育效果？为什么同一个教师在不同的情境中完成同样的任务，其表现出的能力水平却会有不同呢？究其原因，就在于教师不同的自我效能感所起的作用。

(一)教学效能感的概念

效能感是指人们对自己进行某一活动能力的主观判断，它影响着一个人的认知和行为。教师在教学活动中也有一定水平的效能感，即教学效能感(teaching efficacy)，一般指教师对于自己影响学生的学习活动和学习结果的能力的一种主观判断。这种判断会影响教师对学生的期待、对学生的指导行为，从而影响教师的工作效率。根据班杜拉的自我效能感理论，教学效能感可分为一般教育效能感和个人教学效能感两个方面。一般教育效能感指教师对教育在学生发展中作用等问题的一般看法和判断，即教师是否认为教育能够克服社会、家庭及学生本身素质对学生的消极影响，有效地促进学生的发展。教师的个人教学效能感指教师认为自己能够有效地指导学生，相信自己具有教好学生的能力。

(二)教学效能感对教师行为的影响

教师的教学效能感是解释教师动机的关键因素，一方面，它影响着教师的教育工作行为，如教师教育工作的积极性、教师对教学工作的努力程度，以及在遇到困难时他们克服困难的坚持程度等。另一方面，1996年，辛涛等人的研究发现，教师的教学效能感通过影响教师行为而对学生自我效能及学习能力与成绩起作用，这说明教学效能感通过影响教师行为而对学生产生影响。在实际教学中，教学效能感对教师行为的影响主要表现在三个方面。

1. 影响教师对教育工作的努力程度

教学效能感高的教师相信自己的教学活动能使学生成才，并会努力工作以达到学生成才的结果。即使在教学中遇到困难也能坚持不懈，勇于向困难挑战。教学效能感低的教师则认为自己对学生的影响明显小于家庭和社会对学生的影响，自己的努力收效不大，并常因此放弃努力。

2. 影响教师教学能力的提高

教学效能感高的教师因为相信自己的教学活动能帮助学生获得更高的成就，他会有意识地不断提高自己的教学效果以便更好地实现帮助学生的目的，在此过程中他会注意总结各方面的经验，不断学习有关的知识，进而实现教学能力的提高。而教学效能感低的教师由于不相信自己的教学活动能对学生产生巨大的影响，便难以做到在教学过程中不断积累、总结和提高。

3. 影响教师在教育工作中的情绪

教学效能感高的教师在教育工作中往往会信心十足、精神饱满、心情愉快，表现出极大的热情，而这些往往会导致教学活动取得良好的教育效果，教育效果越好，教师教育工作的情绪越好，如此便形成了一个良性的循环。而教学效能感低的教师在教育工作中常常因担心自己对学生的影响不足而感到焦虑和恐惧，常常处于烦恼之中，无心教学，以至于不能很好地完成教学工作，越烦恼，教学效果越受到影响，如此便容易形成教学工作与教师情绪之间的恶性循环。

(三)教学效能感的提高

1995 年，俞国良等人的研究表明，随着教学时间的增加，教师的一般教育效能感有降低的趋势，而个人教学效能感则随教龄的增加表现出一种上升的倾向。就一般教育效能感而言，这是由于师范教育的倾向性，师范生从刚毕业的"教育决定论"到逐渐认识到教育并非万能，学生的发展受到多种因素的影响和制约。正是基于这种原因，教师的一般教育效能感随教龄增加而出现下降的趋势。而个人教学效能感的上升，则是其教学经验不断累积和深化的结果。

同时，外部环境因素和教师自身因素也对教师的教学效能感产生影响。外部因素包括社会风气、为教师发展所提供的条件、人际关系等。1994 年，辛涛等人的研究表明，工作发展的条件和学校的客观条件对一般教育效能感具有明显影响。工作发展的条件、学校风气和师生关系对教师的个人教学效能感具有明显的影响。教师的自身因素包括他的价值观及自我概念等。因此，教师教学效能感的提高，可以从社会、学校和个人三个方面入手。首先，从社会层面看，必须树立尊师重教的良好风气。其次，从学校层面看，必须建立一套完整、合理的管理制度和规则并严格加以执行，以及为教师提供进修、培训等均有利于教师发展，有利于教师实现其自身价值。良好的校风建设、提高福利待遇等措施也会对教师的教学效能感产生积极的影响。从教师自身因素来说，首先，要形成科学的教学观，这需要教师不断地学习和掌握教育学与心理学的知识，在教育实践中运用这些知识，通过自身的教育实践验证并发展这些知识。其次，向他人学习，如观摩优秀教师教学，学习其他教师的好经验等，增强教师的自信心；教师要注意对自己的教学进行总结和反思，不断改进自己的教学。

第三节 教师心理健康

近年来随着素质教育的全面实施，要求教师具有健全心理素质的呼声愈加强烈。教师心理健康就是其重要的组成部分。教师的心理健康是指教师能顺利而有效地适应教育环境，正确地对待和处理师生关系并保持良好心境。它是当今教师素质的重要组成部分，是教师进行素质教育的基本保证。教师的心理健康有助于促进学生身体、心理、社会行为的健康、协调发展。相反，教师的心理不健康会直接损害学生的身心健康，影响学生的发展。因此，关注教师的心理健康，注重对教师心理健康的维护，也是当今学校教育的重要任务。

一、中小学教师常见的心理问题

教师也是社会中的一个平凡个体，同从事其他职业的人一样，也有各种各样的需要得不到满足或遇到挫折的时候。许多教师能有效地进行心理调适，使自己的心理健康发展。

但也有部分教师不能良好地适应，或未能进行很好的调适，导致不同程度的心理问题或心理障碍。1993 年，王玲等人的研究表明，教师的心理健康的平均水平低于普通人群。教师常见的心理问题归纳起来主要有角色认同问题、身心不适症状、人际交往障碍和职业倦怠等。

(一)角色认同问题

角色认同是指对教师职业本身的心理认可程度，包括对教师职业的社会地位、未来职业展望、工作负荷、工作环境、工作收入、评估体系、工作成就感的认同程度。教师角色认同问题主要表现为对教师职业认同感差，对教学工作缺乏热情。有调查表明，目前教师角色认同因子阳性症状检出率高达 90%，其中轻度水平占 36.6%，中度水平占 44.6%，重度水平占 8.8%，后两项合计超过半数，说明此问题的严重性。

(二)身心不适症状

有资料表明，躯体化(指心理冲突通过躯体反应表现出来)、强迫症、焦虑和恐惧是当前教师群体中最主要的心理健康障碍。表现为抑郁，精神不振，对学生默然冷淡；焦虑，即对外界担心和过分忧虑，有说不出原因的不安感，无法入睡等；一些人表现为不关心身边的事情，但是对以后可能发生的事却忍不住担忧。在抑郁和焦虑心态中，常常还会出现躯体症状，如失眠、无食欲、咽喉肿痛、腰部酸痛、恶心、心动过速、呼吸困难、头疼、晕眩。

(三)人际交往障碍

教师不健康的身心症状不仅表现在主观体验方面，还渗透到了教师的人际交往中。教师的人际交往障碍主要表现为自我封闭、嫉妒情绪突出、与人交往时容易发生认知偏差等方面。与人交往时容易发生认知偏差，导致对他人的意图和动机作出消极的判断和消极的行为反应。教师人际交往障碍的另一个表现就是在与学生和家长的交往过程中，高高在上，养成了指导与命令的单向沟通模式，听不到学生和家长的真实想法，自然也达不到沟通的目的，总之，教师心理上的压抑、苦闷、失落、疲劳、紧张、枯燥、无成就感、易冲动等主观体验和行为，直接影响到了教师工作和生活的质量。由此引起的教师队伍士气低落、工作效率下降，与同事关系恶化，甚至发生缺勤、离职等情况，也影响到了学校的发展与稳定，使教育效果大打折扣。

(四)职业倦怠

职业倦怠(burnout)又称"职业枯竭"或"工作耗竭"。教师职业倦怠是用来描述教师不能顺利应对工作压力时的一种极端反应，是教师在长时期压力体验下产生的情感、态度和行为的衰竭状态。教学工作本身就是一种应激情境，教师职业与倦怠紧密联系。教师的工作对象是正在成长的个体，他必须付出许多的时间和精力来照顾学生，还要处理纷繁复杂的与教学无关的琐事，同时还要面对家长和社会的各种要求以及现实环境的种种限制，教师本身就处于一个被压力包围的状态下，这种现象很可能损耗教师的工作士气和情绪，因而导致其心身的倦怠。一般认为教师的倦怠有以下三种行为反应。

(1) 情绪耗竭，此阶段的教师表现为疲劳、烦躁、易怒、过敏、情绪紧张，情绪上耗竭的教师常常出现畏惧早晨去上班，形成对学生消极的、玩世不恭的态度。

(2) 去人格化，指刻意在自身和工作对象间保持距离，对工作对象和环境采用冷漠和忽视的态度。去人格化的教师表现为减少接触或拒绝接纳学生；对待学生像对待没有生命的物体一样；用标签式语言来描述个体学生。此外，他们对同事也常常持多疑妄想的态度，对他人过度反应，导致人际关系恶化。

(3) 降低成就感，教师的职业是使学生获得知识，为社会培养有用的人才。教师一旦发现所从事的职业为他们提供较少的反馈时，就不再作出努力了，低成就感，再加上情绪耗竭和性格解体，就会引起机体上的变化，形成习得性无助感。

2003 年，刘晓明的调查研究发现，我国中小学教师的职业倦怠问题虽然没有达到比较严重的程度，但已经开始具有普遍性。我国在职业倦怠的三个因子中，情绪衰竭达到了比较严重的程度，情绪衰竭的程度是教师职业倦怠问题的信号，它预示着职业倦怠问题的存在。

📖 **知识拓展 12-5**

问题教师及表现

我国台湾学者彭驾骝在其从教 40 年及深入基层的调研基础之上，总结出五大问题教师类型。

第一，怨职型。这一类型的教师将神圣的教师职业视为迫不得已的养家糊口的工具，终日埋怨待遇的低下，大叹以我之才只落得为五斗米折腰。在教学方面，经常责骂学生的素质差、班级容量过大、工作繁重、学校行政不公，甚至抱怨政府措施不当，未能使教师的福利得到真正改善。对于自己应该负有的教学职责，从未全心投入，反而责怪校长、班主任。分内工作马虎搪塞，还冷嘲热讽其他教师的认真负责。

第二，自我型。这一类型的教师自我主义膨胀，终日躺在自己过去的丰功伟绩上。在本该传授知识的课堂上浪费学生的宝贵时间，强迫他们听一再反复的故事。这种教师完全活在自己狭窄的天地里，进而出现夜郎自大、目中无人的外在表现。这些教师追求的是别人对他的阿谀奉承，以满足一时的虚荣。

第三，异常型。上述自我型的教师久而久之导致情绪极端不稳定，心理异常。他们往往不能控制自己的喜怒哀乐，因此，或郁郁寡欢或高谈阔论，和学生的关系时好时坏。

第四，暴力型。异常型的教师有时难免流于暴力，同事相处，尖酸刻薄，语多伤人，言语偶或不合，即大声争吵，或大打出手。对学生也常常滥施体罚。

第五，不良型。这种类型的教师主要表现为生活糜烂、行为不检。上课时，对学生大讲社会上的淫秽之事，强行向学生施加负面影响。

(资料来源：宋兴川，等. 心理咨询与心理健康. 海口：南海出版公司，2003：133)

二、影响教师心理健康的因素

现阶段，我国教育体制的改革、教育机制的创新、教育岗位的竞争、新知识新技术的引进等方兴未艾，教师无论在知识经验、教学能力上，还是在心理素质上，都面临巨大的压力。这些压力不仅影响教师自身的工作和生活，还会影响正常的师生关系，甚至会引发教师的心理健康问题。总结对教师心理健康产生影响的因素，主要包括以下几方面。

(一)个体因素

首先，教师的个性特征与心理健康问题有着密切的联系。有缺陷的个性是心理疾病发生的基础，不同程度地影响着教师的心理健康。有的教师自我期望值过高，追求"完美主义"；有的教师常以自我为中心，虚荣心强；有的教师情绪不稳定，性格反复无常，对学生的管理要求不一致，从而使之无所适从。特别是有的教师心胸狭窄，意志脆弱，过于争强好胜、自我封闭等，这样的个性特征在处理问题时就会困难重重，引发心理健康危机。

其次是个人经历。传统教育制度下培养出来的教师，其心理被打上了深深的制度及时代的烙印。传统的教育制度的培养目标是知识型、工兵型的人才，不需要学生有太多的发挥，本应是身心全面健康发展变成了以卷面成绩为唯一价值取向。在这种氛围下，内敛、保守、顺从成为学生普遍的个性心理特征。这样就造成很多学生有不同程度的心理不健全。

(二)工作因素

面对当前竞争激烈的社会，中小学教师在工作中也不可避免地面临着许多的挑战，这些挑战给他们造成了巨大的心理压力。

(1) 教师职业的特殊性造成的角色模糊、角色冲突、角色负荷过重是很多教师感到压力和紧张的根源。社会对教师的期望是教好每一个学生，但是学生作为具有主动性和差异性的发展中的个体，其学业成绩较易衡量，但兴趣、行为、态度和价值观等方面的变化不仅缓慢、难以评价，而且往往与教师的付出不成比例，大部分教师难以证明自己到底取得了什么成就。这很可能导致教师的角色模糊。角色冲突也常常被教师体验到。萨顿(Sut-ton)1984年指出教师角色冲突的两个最主要的来源，一是人们期望教师提供给学生高质量的教育，但教师又缺乏选择自己认为最好的教学方法和教材的自主权；二是教师有维持纪律的责任，但教师又没有足够的权威做到这些。此外，教师的角色负荷过重也应引起人们的重视。目前，班级容量越来越大，每个学生都有自己的需要、兴趣、动机和成就水平，每个家长都希望教师重视他们的"独生子女"。教师要最大限度地满足学生、家长及学校要求又不能表现出烦躁、沮丧等情绪，这不能不造成角色负荷过重。长此以往必然不利于教师的心理健康。

(2) 教师的合群需要和获得支持的需要经常得不到满足。与其他劳动者相比，教师属于一个比较孤立、比较封闭的群体。与社会的联系较少，参与种种决策的机会也很少。教师90%的工作时间是专门与学生在一起的，他们进行反思和与亲朋好友交流的时间较少。因此，教师的合群需要和获得支持的需要经常得不到满足。国外有研究曾发现，教师职业倦怠与教师缺乏社会支持的知觉有很高的相关。可能这也是造成教师心理问题要多于一般人群原因的一个方面。

(3) 教师评价体系存在问题。在目前流行的教师评价模式中，集中反映了评价者主体对教师评价功能的片面理解。大多数评价者把教师评价看成了"评比、评优"，评价变成了给各个教师贴标签，谁是"合格"，谁是"不合格"，谁又是"优秀"……教师评价变成了简单的"鉴定"工作，忽视了教师评价的诊断功能与改进功能，忽视了教师职业的特殊性、创造性、复杂性的特点。对学校竞争及评价机制的"应试色彩"，其实最终落到教师身上，使其不堪重负，所以在实际操作过程中，对教师的评价相对于校长而言有更多的显性指标，而且在评价体系中教师自我评价的权重是非常低的。

(4) 对教师心理素质与心理健康不够重视。从教师的心理素质教育来看，师范教育所开设的课时数有限的心理学课程中，主要是普通心理学和教育心理学方面的理论传授，没有重视对师范生心理素质的教育。教师的职业生涯中也没有相应的心理素质教育。此外，从教师的心理健康来看，社会、教育系统以及教师自身对教师心理健康的重视程度不够，既没有维护教师心理健康的社会支持系统，也缺乏维护教师心理健康的专门教育机构，为教师的心理健康搭建活动的平台。

(三)社会因素

社会因素包括社会公众对教师的舆论、对教师职业价值的认知和社会经济的发展状况等诸多方面。社会心理对教师及教师职业的评价态度直接影响到教师的心理状况。

1. 社会变迁

随着社会的变迁，教师工作的繁重性和复杂性更为突出了。近年来，尽管国家采取行政手段要求给学生"减负"，可是社会、家庭和教育行政部门又要求"减负不减质"。以前不少教师习惯于通过加班加点来保证学生的统考名次，如今这条被禁止，如何保证不减质？教师内心承受的紧张和焦虑是不可名状的，此所谓学生"减负"，教师"增压"。同时，由于形形色色社会不良现象和思潮对学校的冲击，教师工作越来越复杂，工作难度越来越大。

2. 竞争的加剧

竞争上岗，择优录用已成为各类人事制度改革的基本原则，教师行业已不再是铁饭碗。这几年开始实施的"教师资格"制度使中小学教师普遍感受到了工作的压力。部分学校实行的教师"末位淘汰制"，每学年对教师考核一次，考核结果最后一名教师则要到"教育人才市场"去交流，使中小学教师感受到随时可能"下岗"的威胁。

3. 社会发展对教师职业要求日趋提高

在新形势下，教育思想和观念、教学课程和内容、教学方法和手段的日益变革，尤其是基础教育中新课程标准的实施对教师提出了更高要求，使不少教师因感到力不从心而出现焦虑、抑郁、恐怖等心理问题。就拿评定职称来说，有的教师好不容易达到了合格的学历，又要求以发表两篇论文为必要条件，等到论文准备好了，又要求必须具备计算机应用能力的等级证书，接着又必须参加普通话等级测试，如此等等。加之近年来社会舆论对教师职业的某些过高的期待和苛求，使教师产生了很大的心理压力，这种消极情绪长期累积造成的心理蓄势，势必影响心理健康。

4. 社会对教师期望值的增高

特别是随着知识经济时代的到来，人们对教育的期望值越来越高。学生家长对子女期望值的日益提高，直接或间接地对教师造成更大的心理压力，家长希望自己的孩子能得到更好的优质教育，尤其是那些在社会竞争中处于劣势的家长更是如此。另外，随着教育体制改革的深入，家长在子女教育上的投入更为理性化，对投入的回报非常重视。"花多少钱就要获取多少回报"这种心理普遍存在。这就对教师提出了更高的要求，无疑给教师造成了更大心理压力。

三、教师心理健康的自我维护

教师心理健康的维护，需要社会、学校和教师个人三方面的通力配合。社会和学校是引发教师心理健康问题的外部因素，而教师的个人因素是引发心理健康问题的内部因素。要维护教师的心理健康，还应从教师的个人因素入手，通过有效的自我调适，来促进或维护心理健康水平。

(一)有效驾驭压力

教师心理压力过大是教师产生心理问题的主要原因之一，当教师承受职业所带来的各种压力时，身心会随之发生一系列的变化。在教师职业生涯中，各种压力此起彼伏，教师只有学会有效地驾驭压力，才能避免因压力导致心理问题。学会驾驭压力，首先要对压力有明确的认识和接受的态度，充分认识压力及其反应是人人都会体验到的正常心理现象；其次要采取积极的压力应对模式，包括运用认知评估策略、减压策略、自我放松策略等缓解压力；最后，主动寻求社会支持，充分利用社会支持帮助教师应对压力。社会支持(social support)是他人提供的一种资源，包括情感支持、信息支持和物质支持，这种资源可以帮助个体更好地缓解或应对压力带来的伤害。

当个体因压力导致不良情绪已经发生的时候，可以通过一些行为上的改变而改变自己的情绪，也许这些行为是琐碎的，但却是获得良好情绪的有效方法。例如，参加文体活动；改变面部表情，对自己微笑；改变行走姿势，抬头挺胸，昂首阔步；进行肌肉放松训练；整理书桌或衣柜，让一切井井有条；找个朋友尽情地倾诉等。这些行为能宣泄情绪，或转移注意，或产生积极暗示。经常运用，能增强自我对情绪的调控能力。久而久之，这些策略就会成为个体的一种反应机制，积极应对压力。

(二)认识自己，接纳自己

正确认识自己、愉悦地接纳自己是人的心理健康标准之一，也是一个心理健康教师应该具有的特点。认识自我，接纳自我就是要有一个清醒的自我意识，能够正确地评价自我，包括认识自身的优缺点、辩证看待自身的缺点、发挥自己的优势、接纳自身的不足并能不受他人评价的干扰而保持自信。此外，对教师职业的认同与接纳也有助于教师维护心理健康。热爱教育事业、热爱学生、对自己职业角色充分肯定，都可以使教师保持积极的工作态度，积极应对工作中的冲击和挑战，保持愉快舒畅的心情完成教育工作，都有利于增进心理健康。

(三)善于交往，融洽关系

良好的人际关系是教师顺利进行教学工作的保证，教师与其他各行各业的人一样，都生活在一定的人际关系之中。良好的人际关系是教师顺利工作的基础，也是教师心理健康的重要条件之一。成功的教师往往是乐于和学生及他人交往的，特别善于和学生交往的教师，能够使课堂气氛活跃，使学生如沐春风。特别善于和同事交往的教师，能为自己创造一个良好的工作环境,能获得自己所需的人际帮助。良好的工作环境和教学环境,能使教师避开紧张不友好的人际关系带来的心理负担和心理压力。

(四)培养乐观的人生态度

乐观是促进身心健康的一剂良药。积极稳定的情绪、乐观的人生态度是教师心理健康的重要标志,也是促进教师心理健康的重要条件。教师是社会的一分子,所以在生活中,在工作中不免会遇到这样或那样的困难,产生各种心理矛盾;有时还不免会陷入烦恼和忧愁的包围中。如果心理得不到及时的调节、疏通,就可能引起强烈的心理冲突,并在一定条件下引发某些心理疾病。此时只有以乐观的心态来笑对困难,才能有机会重新恢复心理平衡,才能以健康的心态直面人生。

(五)转变教育观念

教育观念是指教师在对教育工作本质理解的基础上所形成的关于教育的观念和理性信念。适应时代的教育理念主要包括教育要面向全体学生、教育要关注学生和谐发展和教育要关注学生可持续发展。与之对应的教师职责也包括三个层面,一是培养学生自学、身心健康、能适应环境、有责任感;二是帮助学生学习好,在相应的考试中得到好成绩;三是促使学生悟出学习的奥妙和方法,学习有兴趣,形成良好习惯。教师要获得教育工作中的成功,获得学生、家长、同行的积极反馈,就要探索日常工作中的问题,学会探索的思维方法和操作方法,积极进行研究,使工作充满挑战性及新鲜感。首先,教师要有进取心。要做就做一个胜任的教师,不断学习,不断进步,教书育人,热心研究。其次,教师要有平常心,做事不急于求成,因势利导,而不刻意强求。这样就可以使教师耐心的工作,冷静地把工作中的挫折看成新的挑战,以健康的心理面对学生、面对教育工作。

(六)避免职业倦怠的消极影响

避免职业倦怠对教师及学生产生的消极影响,提高教师的心理健康水平,可首先从职业倦怠的干预和应对入手。教师要学会合理地预防、应对职业倦怠,维护自己的心理健康。职业倦怠的干预主要有个体干预与组织干预两种途径。

1. 个体干预

个体干预的目的是通过改变个体自身的某些特点来增强适应工作环境的能力。个体干预的主要方法有放松训练、认知压力管理、时间管理、社交训练、压力管理和态度改变等。这就要求教师学会在压力下放松自我,改变认知结构深处对事物曲解的想法,合理有效地管理时间、分配时间,在社交活动中不断调整和完善社交能力,进行合理的饮食和锻炼,保持身体健康。这些都是个体预防职业倦怠的有效措施。

2. 组织干预

职业倦怠是一种"职业病",它同组织的特点、职业的特点关系密切。组织干预的思路是通过削减过度工作时间、降低工作负荷、明确工作任务、积极沟通与反馈、建立有效的社会支持系统来防止和缓解职业枯竭,增进心理健康。

🔑 拓展阅读

成为一名更为合格的教师

作为新教师，如何成为一名更合格的教师，可以从以下方面着手。

(1) 教材的选择与使用。在课堂上使用课程开发专家所提供的标准教材，特别是开头几个星期或开头几个月时更要如此。随着经验的积累，信心的增强，你可以开始改编标准化的教材，并制定自己的教材。一位中学社会研究教师开始使用新的地理教材时，他会经常翻阅与该教材配套的教师手册。他注意到手册上的课程计划几乎集中在毫无意义地熟记地理概念和原理上。于是，他不再使用这些教材，而是自己开展一些能鼓励学生将地理学运用于现实生活情境的课堂活动。

(2) 将你使用的教学策略及其有效性记在日志上。临睡前，新教师可以仔细回想一下自己在教室里的一天。他可以拿起床头柜上的笔和笔记本记下当天课堂上那些行得通和行不通的策略。

(3) 向经验更为丰富的同事征求意见和建议。一位四年级教师教学生学习长除法，可是一个星期之后，学生仍不懂自己该做什么。在教师休息室里，他请教两位教师如何以不同的方法来处理这一问题。

(4) 以正式或非正式的方式继续深造。一位中学科学教师趁旅游来到哥斯达黎加，此次旅游是专为教师准备的。在哥斯达黎加，她将研究热带雨林中的植物、动物和生态。

(5) 自己进行研究以回答有关学生和教学实践有效性的一些问题。一学年来，一位二年级教师每周轮流用三种不同的方法教学生拼写单词。学年末，他将每一种方法的拼写测试分数进行比较，发现其中一种方法的测试分数明显高于其他两种方法。

(6) 教学和其他类复杂技巧一样，需要时间和练习才能掌握。教师要继续尝试自己在专业杂志上看到的新的教学技巧，这样做不仅能使自己增加教学策略，而且更能调整自己的方法以适应不同的学生。

(资料来源：Jeanne Eills Ormrod. 教育心理学. 彭运石，等译. 西安：陕西师范大学出版社，2006：12)

本 章 小 结

教师在教育工作中扮演着重要的角色，教师心理的发生发展也是教育研究的重点内容。本章从现代教学中教师所扮演的角色入手，分析了教师所应具备的能力，总结了教学专长型教师的共同特点及培养模式；探讨了现代社会中教师如何建立威信、提高教学效能感，并在当前研究的基础上针对教师常见的心理问题，提出了维护教师心理健康的对策。以帮助大学生认识和了解教师的方方面面，为未来成为一名优秀的教师而努力。

思考与练习

1. 教师的角色经历了怎样的变化？现代教学中教师都扮演着哪些角色？
2. 结合教学过程分析教师应如何培养自己把握教学过程的能力。

3. 结合本章所学内容，设计一个帮助新手教师成为专家型教师的培养方案。

4. 什么是教师威信？应当如何发挥教育影响力？

5. 如何看待教师存在的心理问题？教师应当如何维护心理健康？

推 荐 阅 读

1. 陈琦，刘儒德. 教育心理学. 北京：高等教育出版社，2005

2. 张向葵. 教育心理学. 北京：中央广播电视大学出版社，2003

3. 冯忠良，等. 教育心理学. 北京：人民教育出版社，2000

4. 莫雷. 教育心理学. 广州：广东高等教育出版社，2002

寂寞并不可怕，可怕的是对一切都没有兴趣。能对人生有热忱，生活才有光亮。青少年的生活充满变化与挑战，沉着应对挑战的积极途径就是维持健康的精神态度。

——题记

第十三章　青少年心理健康与辅导

本章学习目标

➤ 心理健康的概念与标准。
➤ 青少年常见心理问题。
➤ 心理健康教育的原则。
➤ 心理辅导的概念。
➤ 学校心理辅导原则、内容和途径。
➤ 青少年常见心理问题的辅导。

核心概念

心理健康(mental health)　心理辅导(psychological guidance)　心理咨询(psychological consultation)　心理治疗(psychotherapy)　心理障碍(mental disovders)

引导案例

她为什么不爱交往

大学某女生，学习成绩在班上为第一名。但她很自卑，看不起自己，从小就不爱在人前讲话，上大学后更不敢在大众面前发言，跟别人交流时总不能恰当地表达自己，尤其是跟老师或陌生人谈话，总觉得十分局促，举手投足不知如何是好，并且脸红得很厉害。很羡慕别的同学在公共场合能够从容不迫，侃侃而谈。强烈希望改变自己，虽然做过很大的努力，但一直得不到明显改观，内心非常苦恼。从高中到大学很少与异性同学交往，别人评价她是个冷漠、孤傲的人。她从小养成了以自我为中心的习惯，因此，在成长和交往的过程中，朋友越来越少，慢慢地脱离了群体，把自己封闭起来。后来开始反省自己，常自责，觉得都是自己的错。时间一长，发现自己好像已经没有脾气了。不管跟谁发生矛盾，都以为是自己的错，然后深深自责，或者把怨气都闷在心里。总觉得难以与周围的同学建立一种和谐的关系。非常担心毕业后不能适应社会生活。近来更是觉得自己一无是处，极度自卑，没有勇气参加任何活动。你觉得这名女大学生存在哪些心理问题？应该如何对青少年进行心理健康教育？本章将探讨青少年学生心理健康及其辅导问题。

当前我国的教育改革和发展面临的重大任务就是全面实施和推进素质教育，以适应社会发展对人才的需要。素质教育的重要内容之一是培养青少年良好的心理素质，提高青少年的心理健康水平。因为心理素质的发展水平，直接影响着人的整体素质的发展，而心理健康的好坏则影响一个人能否适应社会、能否对社会作出贡献。因此，开展青少年心理健康教育，提供学校心理辅导，培养青少年良好的心理素质和身心健康水平，就成为学校教育的重要任务。

第一节　青少年心理健康教育

当今的素质教育与以往的应试教育不同，它是以全面提高学生各方面的素质为目的，以科学的方法、有效的途径充分开发学生的潜能，使学生主动发展。学校的教育目标不仅在于为学生传授多种知识技能，发展学生的能力和道德品质，更重要的是，应该培养能够面对未来社会的种种挑战、具有良好的适应能力并且坚强、自信、全面发展的学生。所有教育目标的实现都应该以学生的身心健康为前提，尤其是学生的心理健康更为重中之重。因此，全面实施素质教育，提高学生的心理健康水平应贯穿于学校教育的全过程。

一、心理健康的含义与标准

人们对健康概念的认识是随着社会的发展以及人类自身认识的深化而不断丰富的。长期以来，人们把健康理解为躯体没有疾病，没有缺陷，不虚弱等。随着社会文明程度的不断提高，时代又赋予健康新的含义。1948 年，世界卫生组织(WHO)在其《世界卫生组织宣言》中开宗明义地说："健康不仅是没有疾病和虚弱现象，而且是一种个体在生理上、心理上、社会上完全安好的状态。"到了 1989 年，随着认识的发展，世界卫生组织发展了健康定义，认为"健康不仅是指没有疾病，而且包括躯体健康、心理健康、社会适应良好和道德健康"。可见，早期人们对健康的理解是肤浅的，而现在人们已经充分认识到，健康必须包括心理健康、道德健康以及社会适应良好等几个方面，这才是对健康的真正把握。

(一)心理健康的概念

一般认为，心理健康(mental health)是指个体在适应环境的过程中，生理、心理和社会性等方面达到的协调一致并保持一种良好的心理功能的状态。

事实上，心理健康也是一个较为复杂的概念。从这一概念被提出的那一刻起，不同学者关于心理健康的定义问题就存在争议。1946 年，第三届国际心理卫生大会就认为心理健康"是指在身体、智能以及情感上与他人的心理健康不相矛盾的范围内，将个人心境发展成最佳状态。"这一定义，过分突出了个人体验，而且最佳状态的标准也难以掌握。因此，要理解心理健康的概念，首先要理解心理健康也有广义与狭义之分。广义的心理健康是指人能够在社会环境中健康地生活，保持良好的情绪状态，适应社会生活变化节奏，能与人正常交往。狭义的心理健康是指人能够预防心理障碍或异常行为出现。其次，要理解心理健康普遍包含的双层含义，一是没有心理疾病，二是具有一种积极发展的良好状态，没有不健康的心理倾向。总之，心理健康是能被社会接受的心理状态及其外在表现，它能为个体本身带来心理上的自我完善和积极发展。

(二)心理健康的标准

心理健康的标准是衡量人的心理健康状况的尺度。现实情况中，人们经常以不同尺度或规范衡量人的心理健康，例如"他心理不健康，因为他和我们大多数人不一样"，这种说法就是用统计学规范来衡量人心理健康与否。除此之外，人们还可以用生理学规范、价值观规范、社会规范以及心理机能规范来衡量心理健康程度。但总的来说，心理健康标准并没有一个绝对的界限，它随着社会的发展和人们研究的深入而不断变化和发展。

世界心理卫生联合会 1946 年提出的心理健康标准包括 4 个方面，即身体、智力、情绪十分调和；适应环境，人际关系中彼此谦让；有幸福感；在工作职业中，能充分发挥自己的能力，过有效率的生活。这 4 条标准从身心协调、适应性、主观良好感受和活动效率等方面规定了健康人的具体标准，表述简洁，但基本适用。

人本主义心理学家罗杰斯从心理健康者的特点出发，界定了心理健康的标准：能接受一些经验；可时刻保持生活充实；相信自己的机体；有自由感；具有高创造性。这些标准主要是从主体自身出发，概括了自我实现者的特点，因此是一种较为理想且并不全面的心理健康标准。而人本主义心理学家马斯洛提出的心理健康 10 条标准则更为细化和全面。他认为心理健康的标准是：①有足够的自我安全感；②能充分了解自己，并能够恰当估计自己的能力；③生活理想切合实际；④不脱离周围现实环境；⑤能保持人格的完整与和谐；⑥具有从经验中学习的能力；⑦能保持良好的人际关系；⑧能适度地宣泄情绪和控制情绪；⑨在符合社会规范的前提下，能有限度地发挥个性；⑩在不违背社会规范的前提下，能适当地满足个人地基本需求。马斯洛所描绘的心理健康的标准是具有道德理念的标准，而不是以个体无节制、最大化地获取成功为依据，这种建立在社会道德规范基础上的心理健康标准，正是现如今我国许多民众在谈及心理健康时所忽视的问题，这一问题的忽视很容易导致对心理健康标准的曲解，似乎厚颜无耻、不择手段实现个人目标而不感惭愧的人才是真正心理健康的人，如果真是如此，心理健康的人对我们的社会又有何益处？

📖 知识拓展 13-1

心理健康与心理卫生

心理健康(mental health)的概念是由心理卫生(mental hygiene)的概念延伸过来的。心理健康通常是指一种积极的心理状态，心理卫生则是指一切维护心理健康的活动及研究心理健康的学问。

近代心理卫生运动是 20 世纪初美国人比尔斯倡导的。他毕业于耶鲁大学，其兄患癫痫症，他害怕自己也患此病，整日忧心忡忡，精神失常而自杀，得救后被送进了精神病院。住院三年期间，他亲眼目睹了精神病人所遭受的种种冷漠与非人的生活以及社会对精神病人的误解、歧视和偏见，不胜悲愤。出院后他将自己在精神病院的生活与感悟写成《自觉的心》(A Mind That Fond Itself)，于 1908 年 3 月出版。得到美国著名心理学家威廉·詹姆士的高度评价和支持。1908 年 5 月由比尔斯发起，成立了 "康涅狄格州心理卫生协会"，这就是全世界第一个心理卫生组织。发起人除比尔斯外，还有大学教授、医生、心理学家、精神病学家、教会牧师、审判官、律师、社会工作者以及康复的精神病患者及其家属。此协会工作的目标有下列 5 项：①保持心理健康；②防止心理疾病；③提高精神病患者的待遇；④普及关于心理疾病的正确知识；⑤与心理卫生有关的机构合作。其活动的对象已扩展到了整个社会，从而奠定了心理卫生的坚实基础。

经比尔斯和同行们的继续努力，于 1909 年 2 月成立了"美国全国心理卫生委员会"。1917 年全国总会出版的《心理卫生》季刊为科普读物，宣传心理卫生常识，流传很广，影响极大。另外还有各种不定期刊物和小册子，供群众免费阅览。

1930 年 5 月 5 日，在华盛顿召开了第一届国际心理卫生大会，到会的有 53 个国家的 3042 名代表，中国也有代表参加。大会产生了国际心理卫生委员会。它的宗旨是："完全从事于慈善的、科学的、文艺的、教育的活动。尤其关心世界各国人民的心理健康的保持和增进对心理疾病、心理缺陷的研究、治疗和预防以及全人类幸福的增进"。

(资料来源：冯忠良，等. 心理健康教育概述. 中小学心理健康教育，2009，(9)：8)

除此之外，中国台湾学者黄坚厚在 1982 年提出了衡量心理健康的 4 条标准：①乐于工作，能在工作中发挥智慧和能力，以获取成就和满足；②乐于与人交往，能和他人建立良好的关系，与人相处时正面态度多于反面态度；③对自己有适当的了解和悦纳的态度；④能与环境保持良好的接触，并能运用有效的方法解决所遇到的问题。我国学者马建青认为心理健康的标准是：①智力正常；②善于协调控制情绪，心境良好；③具有较强的意志品质；④人际关系和睦；⑤能主动地适应和改造环境；⑥保持人格的完整与健康；⑦心理行为符合年龄特点。

由于我国学者对心理健康的关注是近些年来的事情，因此，在学习、归纳和总结前人提出的心理健康标准基础上，结合我国的情况，西南师大黄希庭教授归纳了 6 条比较通用的心理健康标准，以此来衡量国人的心理健康状况。这 6 条心理健康标准为对现实的真实知觉；情绪上的安全感与自我接纳；自我调控能力；与人建立亲密关系的能力；人格结构的稳定与协调；生活热情与工作效率。

综上所述，关于心理健康的概念与标准的理解，角度有所不同，但基本理念是一致的。因此，有人认为青少年心理健康标准可以概括为以下 9 个方面。

(1) 智力正常。智力正常是一个人正常生活最基本的心理条件，因此也是心理健康最首要的指标。所谓智力正常是指智商在中等水平以上，也就是具有正常感知、记忆和思维能力。这是人们掌握知识、获得技能技巧、从事一切实践活动的基本条件。如果对外界刺激的反应过于敏感或迟滞、知觉出现幻觉、思维出现妄想等，是智力不正常的表现。

(2) 情绪稳定。能始终保持愉快、开朗、自信的心境，具有积极、乐观稳定的情绪，善于从生活中寻求乐趣，对人生及未来充满希望，并能快速调整负性情绪。如果长时间情绪兴奋、激动、抑郁、忧伤，或对刺激无动于衷，或对常人视为无所谓的事情激动万分，都属于不正常现象。

(3) 意志坚定，行为协调。心理健康者在意志方面突出的表现是具有意志的自觉性、自制性、果断性和坚持性。在实践活动中，能果断地采取决定并适时地执行决定，从不优柔寡断或草率从事；遇到挫折和困难不灰心，而是按照既定的目标采取灵活有效的方法，顽强地坚持下去。心理健康者通常想的与做的协调统一，做事往往是有目的、有计划、有措施的。行为上表现为善始善终，有条不紊。对来自周围的各种社会与自然的刺激的反应适中，既不过分敏感，也不迟钝。

(4) 有良好的自我意识。自我意识是一个人对自己的认识，它包括了解自我与接纳自我。了解自我就是自知之明，对自己有客观的评价。一个心理健康的人应能充分了解自己，能正确评价自己，包括了解自己的优点和缺点，了解自己的能力、性格、爱好和情绪特点，并据此来安排自己的生活与工作，不自傲也不自卑；在对自我认识、评价、监督、控制等方面都较为客观，既不狂妄自大、目空一切，也不表现出自暴自弃等不健康心理。

(5) 适应能力强。心理健康的人，应与社会保持良好的接触，认识社会，了解社会，使自己的思想、信念、目标和行动，与现实环境相一致，和社会的进步与发展相协调。能积极主动地适应任何新的环境，体现为"入乡随俗"。不会因为环境的变化而吃不稳、睡不安，甚至影响生活规律和工作效率。

(6) 正视现实，接受现实。心理健康的人能够面对现实，接受现实，并能够积极地适应现实，进一步改造现实，而不是逃避现实；能够客观地认识和评价周围的环境和事物，有切合实际的理想，同时对自己的力量有充分的自信，能妥善处理现实生活中所遇到的各种问题和困难，能最大限度地利用主观和客观条件，力求实现问题的最佳解决。

(7) 人际关系和谐。具有良好的人际关系是心理健康的重要标准，也是维持心理健康的重要条件之一。心理健康的人能够同大多数人建立友好和谐的关系，主动、积极地与他人沟通，乐于助人，同时悦纳他人的帮助，在与人交往中能使对方感到轻松自如。一方面表现出了解他人的认识和情感的需要，了解他人的个性、兴趣和品质，能看到并学习他人的优点，另一方面也乐于接受他人，同时愿意被他人接受，与他人相处时积极的态度总是多于消极的态度。

(8) 心理特征与年龄相符。人的一生包括不同年龄阶段，每一年龄阶段其心理发展都表现出相应的特点，称为心理年龄特征。一个人心理行为的发展，总是随着年龄的增长而发展变化。心理健康的人没有明显的少年老成或过度幼稚等与年龄不相符合的表现，一个人的心理行为严重偏离其年龄特征，则是心理不健康的表现。例如，天真烂漫、活泼好动是童年期学生心理行为特点，而一个成年人也表现出上述行为，就属于心理不正常。

(9) 人格完整。人格是指一个人的整个精神面貌，即具有一定倾向性的心理特征的总和。人格的各种特征不是孤立存在的，而是有机结合成一定联系和关系的整体，对人的行为进行调节和控制。心理健康的人，其人格结构中的气质、能力、性格和理想、信念、世界观等方面平衡发展，人格作为整体能够完整、协调地表现出来；思考问题的方式是合理的，能够与社会相融洽。如果各种成分之间的关系协调，人的行为就是正常的；如果失调，就会造成人格分裂，产生不正常的行为。双重人格或多重人格是人格分裂的表现。一个人的人格一经形成，就具有相对稳定的特点。

二、青少年心理健康的现状

青少年学生正处在身心发展的重要时期，随着生理、心理的发育和发展，竞争压力的增大，特别是当前社会快速发展，成长的生态环境和社会环境日趋复杂，身心健康发展受到的负面影响越来越大，致使青少年学生的心理健康问题更显著和突出。

(一)我国青少年心理健康现状

近年来，大量的研究和调查表明，当前我国青少年学生的心理健康状况不容乐观。需要说明的是，尽管这些调查和统计的数据还不够全面和标准，但是青少年学生日益显露出来的各种心理健康问题，已要求全社会必须给予足够的重视和关注。

中国儿童中心发布的一份题为《中国儿童的生存与发展：数据与分析》的报告显示，中国17岁以下的少年儿童中，至少有3000万人受到各种情绪障碍和行为问题的困扰，5.2%的少年儿童存在明显的躯体化、强迫症状、人际关系敏感、抑郁等心理健康问题。

中国疾病预防控制中心2005年对9015名中小学生(主要年龄为10～14岁)进行了一次调查，发现17.4%的孩子"认真想过自杀"，8.2%的孩子甚至"做过自杀计划"。浙江省一项研究同时发现，70%的中小学生存在焦虑等问题。哈尔滨医科大学对城乡中小学生的调查发现，城市儿童抑郁检出率为19.23%，而农村则高达32.5%。2001年天津社科院"青少年心理障碍实证与教育对策研究"课题组对天津市2000名中学生的心理健康状况的调查结果显示，有心理问题的学生占35.31%，心理问题严重的学生占6.72%。2003年对西部5个省市20个地区的中学生的调查发现，有77.9%的中学生存在各种轻度的不良反应，有5.2%的中学生存在各种明显的心理障碍。上海市精神卫生中心的调查发现，27%的中学生存在心理障碍或患有心理疾病。北师大郑日昌教授等人对全国几个大城市在校学生的调查结果表明，小学生中有心理和行为问题的人数占13%。深圳市中小学生心理健康状况调查表明，中小学生心理问题检出率为13.2%，但如果把心理问题达到临界程度的考虑为需要心理干预的人群，则需要个别心理指导的学生达到32%。郑州市采用《心理健康诊断测验》(MHT)及有关因素调查问卷，对989名中小学生进行测试。结果受试者焦虑倾向检出率为36.80%，其中高焦虑者占5.29%。从已经报道的调查数据来看，我国青少年心理健康现状令人担忧，因此，开展心理健康教育，维护青少年健康已是一项刻不容缓的任务。

📖 知识拓展 13-2

中学生心理健康状况

2001年，由北京师范大学沃建中博士主持的教育部重点课题《中小学生心理素质建构与培养研究》，公布了对当前我国中小学生心理健康状况调查研究的结果。课题组按照国际心理健康标准，分别在北京、河南、重庆、浙江、新疆等5个不同地区抽样选取16472名中小学生进行问卷调查研究。从总体来看，我国中小学生心理健康状况良好，小学生、初中生、高中生心理健康的比例在80%左右，有严重心理行为问题的比例都在5%以下。具体来说，在小学阶段，心理健康的比例达78.9%，存在中度心理和行为问题的比例为16.4%，存在严重心理问题的人数占4.2%；在初中阶段，心理健康的比例达82.9%，存在中度心理和行为问题的比例为14.2%，存在严重心理问题的比例占2.9%；在高中阶段心理健康的比例达82.7%，存在中度心理问题的比例为14.8%，存在严重心理问题的比例占2.5%。研究表明，各地中小学生存在的心理和行为问题体现出年龄阶段性。在心理健康的维度中，小学生存在异常问题较多的依次是人际关系(36.7%)、情绪状态(31.2%)、自我控制(21.3%)、动机(14.3%)、自我概念(11%)和对自己学习能力的评价(8.6%)。初中生存在问题较多的依次是自我控制(32.6%)、情绪状态(24.4%)、对自己学习能力的评价(14.7%)、自我概念(9.9%)、人际关系(9.4%)和动机(9.2%)。高中学生存在问题较多的依次是：自我控制(35%)、情绪状态(23.3%)、对自己学习能力的评价(17.8%)、自我概念(9.3%)、人际关系(9.2%)和动机(6.7%)。研究者还发现，各地中小学生在不同维度上的心理健康水平不同。各地中小学生心理素质既表现出规律性，又存在地区差异。情绪发展存在明显的性别差异、地区差异，各地男生的焦虑、抑郁、敌对、孤独的水平都比女生高，而女生的恐惧感比男生高。在人际关系方面，各地中小学生与教师的关系表现为先升后降的趋势，小学四年级是一个转折点，与父母的关系总体上呈下降的趋势；中小学生与陌生人交往的能力呈逐渐上升的趋势，初中学生的人际关系波动较大，高中学生的人际关系比较稳定。

(资料来源：袁新文. 中小学心理健康必修的一课. 光明日报(教育周刊B1版)，2001年4月12日)

(二)青少年常见的心理问题

青少年时期是个体心理发展的急剧转变时期，也是心理问题的多发期。目前，我国青少年常见的心理健康问题主要包括自卑、嫉妒、多疑、焦虑、抑郁、恐惧、强迫等几个方面。

1. 自卑

自卑是对自己有着不良的观念、不适宜评价以及赋予过低的自我价值并伴随着消极的情绪体验的一种不良心理状态。通俗地说，自卑就是自己瞧不起自己，表现为对自己的能力和品质评价过低，同时可伴有一些特殊的情绪体现，诸如害羞、不安、内疚、忧郁、失望等。自卑的人很难感觉到生活的美好。一个人经常遭到失败和挫折，其自信心就会日益减弱，自卑感就会日益严重。自卑的产生会抹杀掉一个人的自信心，本来有足够的能力去完成学业或工作任务，却因怀疑自己而失败，显得处处不行，处处不如别人。由于自卑影响一个人能力的发挥，所以给人的心理、生活带来的不良影响也很大。

📖 知识拓展 13-3

自卑对生活的影响

1. 学习和工作

自卑者可能有一个表现一致的模式，包括表现不佳，避免接受挑战，或者是严重的完美主义者，由于害怕失败而狂热地工作。自卑的人很难给自己的成就以正确评价，也很难将好结果归因于自己的能力。

2. 人际关系

在与人交往中，自卑的人往往会很痛苦，这是由自己过分的(甚至是有缺陷的)自我意识、对批评过于敏感、过分希望取悦他人，甚至完全脱离与他人的亲密接触而引起的。一些人采取了这样的一种策略，即总是想成为中心人物并且大权独揽，或者总是将别人推向前台，无论是否值得。他们的信念是，如果他们不这么做的话，人们就会忽视他们。

3. 休闲活动

闲暇娱乐的方式也将受到影响。自卑的人会避免参加一些让人评头论足的活动，他们还会认为自己不配得到奖赏，不配参加一些放松和享受活动。

(资料来源：全国少工委办公室、中国心理卫生协会、中国青少年发展服务中心组织编写. 心理健康辅导——个体辅导. 北京：世界图书出版公司，2009：1)

2. 嫉妒

嫉妒的主要特征是在社会交往中，因与他人比较发现自己不如他人而产生的一种忧郁、羞愧、愤怒、怨恨之情。青少年受到家庭、学校及社会不公平待遇时，容易产生嫉妒。嫉妒不仅妨碍社会交往，而且给嫉妒者带来无限的心理痛苦，严重损害他们的身心健康，所以应当自觉对嫉妒进行调节。

3. 多疑

多疑表现为主观臆测、无端猜疑。其主要特征是由主观推测而产生不信任的复杂情感体验。多疑者的表现大多是思想固执，敏感多疑，好嫉妒，整天心事重重，无中生有，不接受批评，易冲动等。他们习惯把周围的一切都解释为不符合实际的阴谋和欺骗，采取一系列频繁过激的阻止、防伪或寻找证据的变态行为，忽视且不相信与他的猜疑不一致的证据和解释，情绪表现极其固执。疑病症是典型的多疑现象，表现为对自身的健康状况或躯体的某一部分功能过分关注。多疑通常和青少年心理冲突和矛盾有很大关系。

4. 焦虑

焦虑是一种以担心、紧张或忧虑为特点的复杂而延续的情绪状态，是与未能满足需要、预料到失败或者面临某种不可控的威胁的心理感受联系在一起的。每个人都有焦虑，只是焦虑程度不同。当焦虑并不引起过多负面反应时，就属于正常范围，而持续时间长、身心反应强烈且无法摆脱时，就是过度焦虑。这里所说的就是对青少年有负面影响的过度焦虑。一般而言，焦虑者的性格大多为胆小怕事，自卑多疑，做事思前想后，犹豫不决，对新事物及新环境不能很快适应。常表现为恐慌和紧张情绪，感到最坏的事即将发生，常坐卧不宁，缺乏安全感，整天提心吊胆，心烦意乱，对外界事物失去兴趣。严重时有恐惧情绪、恐惧预感，对外界刺激易出现惊恐反应，常伴有睡眠障碍和植物神经不稳定现象，如头痛、入睡困难、做噩梦、易惊醒、面色苍白或潮红、胸闷、心跳、易出汗、四肢发冷、手指发麻、手抖，肌肉跳动，眩晕、心悸，胸部有紧压或窒息感，食欲不振、口干，腹部发胀并有灼热感、便秘或腹泻、尿频等。焦虑反应对于个体的影响是全方位的，不仅影响个体及时有效的行为反应，而且影响人际交往和人际关系，甚至影响青少年学生的行为、智力、人格等多方面的发展。过度焦虑发展到极端可能会导致焦虑症，需要进行心理治疗。

5. 抑郁

抑郁是指青少年在日常生活中对不良情境或事件的消极反应，是一种非特定时期的悲伤、不快乐或苦恼的情绪状态。它的主要特征是心境处于低落状态，表现为内心郁闷、孤寂、凄凉和悲哀，时时发出叹息声，闷闷不乐，感到处处不如意，紧张，此类学生一般性格内向。抑郁对青少年身心健康危害较大。长期抑郁不仅会造成大脑皮层的抑制，引起营养紊乱、免疫功能失调，而且对人的行为、智力、健康都有不同程度的损害。长期抑郁可能会导致抑郁症，这是一种心理疾病，这种病人以悲观的情绪、食欲减退、睡眠障碍、活动减缓或激越、内疚感、注意力降低和自杀倾向为特征。抑郁症是危害人类的最严重的心理疾病之一。

6. 恐惧

恐惧是一种由于面临危险而引起的令人不快的情绪。恐惧可以带来紧张、焦虑，至恐慌，而且也会产生各种不良的生理反应。恐惧的表现形式多种多样，这里介绍广场恐惧、社交恐惧和学校恐惧三种。

广场恐惧的主要表现是进入一些特殊环境时就会不自主产生恐惧感，这些场所包括空旷的广场、拥挤的公共场所、封闭的环境等。有广场恐惧的人总是担心在此场所中，会昏倒、发作某种病症、失去控制，而又无法逃离现场。只要处于恐惧环境之中，就出现害怕出事的感觉，不自主想逃避，如若不能实现，就会心慌心跳、呼吸气促、出冷汗、头脑混乱、手足发抖、肌肉抽动，甚至昏厥。但一经离开恐惧环境，即可自行恢复正常。

社交恐惧的主要表现是害怕在公众面前出现，与人交往时会出现紧张和害怕感，不敢与人交谈，甚至对视。如迫不得已的交往会面，会出现面红或心慌心跳、出汗多、发抖等令人不愉快的感觉，明知没必要，却不能自控。无论是对熟人还是陌生人，他们总会想方设法找借口，拒绝参加各类聚会，平时极少与人闲聊和攀谈，甚至不愿主动与人通电话。他们性格偏内向，自幼胆怯，过分注重自己在别人心目中的形象，容易产生自卑情绪。青少年比较容易产生社交恐惧，这是由于他们所处的特殊发展阶段决定的。这一年龄段他们非常渴望交朋友，但又害怕自己不够完美，在人面前丢失面子，而且与人交往时很难客观认识自己，总是感觉不如别人，因此害怕交往。

学校恐惧表现为回避上学，拒绝去学校，同时可能伴有焦虑和其他躯体症状。患有学校恐怖症的孩子会直截了当地拒绝去学校，他们更经常地出现身体上的恐怖症状，包括饮食、睡眠障碍、腹痛、恶心、呕吐、头疼等。只要允许他们不上学，这些症状就会消失。对这类孩子父母和教师要予以特别关注。

7. 强迫

强迫的主要特征表现为不受意志控制的强迫性症状，包括强迫观念和强迫行为，以强迫行为表现得最明显。常见的强迫行为包括洗手、检查门锁、计数等，把其分为强迫性洗涤、强迫性检查和强迫性计数等几类。

强迫性洗涤是以强迫性洗手和清洗自己的衣服、被褥、日常生活用品为特征的强迫行为。这是临床上常见、最典型、症状最鲜明突出的强迫类型。

强迫性检查的患者不断地反复检查门窗、电灯、煤气、空调机、电视机是否关好，信件、文件、学习功课是否准确无误，这是常见的强迫性检查的形式。强迫性怀疑和不安全感是本症状的重要病理心理的驱动原因。

强迫性计数的人会不由自主地去记一切数字，包括电话号码、门牌号码、马路上的汽车牌号、票据文件的数目，甚至钞票的号码等，都可以成为患者特殊注意和计数对象。

目前，青少年的心理问题绝大部分是一般心理问题，而心理问题比较严重、达到心理障碍程度的只是极少数学生。因此，对青少年而言，不要无端对号入座，怀疑自己是心理疾病患者。对于教师而言，一方面要认识到学生的心理健康问题大多数只是程度轻重不同，应避免把学生截然分成心理健康与不健康两部分，另一方面对处于发展中的中小学生容易出现的一些阶段性的比较突出的自然问题，如逆反、任性、偏激等，不能把其归为心理问题。

(三)影响青少年心理健康的因素

青少年心理健康是一个具有相对独立性的极为复杂的动态过程，因而，制约心理健康、造成心理障碍或心理疾病的因素也是极其复杂多样的，既有生物因素的影响，也有家庭教育方式、学校教育、社会环境和自身心理素质的影响，可以归纳为影响青少年心理健康的个体内在因素和环境因素两大类。

1. 影响学生心理健康的内在因素

个体内在因素是个体自身所具有的一种内在的、主观的因素，它是影响学生心理健康的重要因素。青少年正处在不成熟向成熟发展的过程中，生理和心理都在发生急骤的变化，这些变化对他们心理健康必然具有重要影响，尤其是个体的生物遗传因素和自身心理活动因素的影响更大。

1) 生物因素的影响

生物因素对青少年心理健康具有一定影响。研究表明，遗传基因、病菌或病毒感染、脑外伤或化学中毒，以及躯体疾病或生理机能障碍等都对个体心理健康有影响。首先，遗传基因对一个人神经活动过程的作用影响较为明显。一般来说，神经活动强而不平衡的胆汁质的人，容易发怒，易发生冲动性、激惹性方面的心理障碍；神经活动弱、不平衡的抑郁质的人，容易发生孤独、自卑等心理障碍。调查和临床观察还表明，在精神病患者的家族中，患精神发育不全、抽风发作、性情乖戾、躁狂抑郁等神经精神病或异常心理行为表现的人占相当比例。例如，对躁狂抑郁症和精神分裂症患者亲属的患病率调查显示，精神疾病发病率具有明显的血缘关系，血缘关系越近，患病率越高。其次，病菌或病毒感染对心理健康具有影响。临床研究证明，中枢神经系统的传染病，如斑疹伤寒、流行性脑炎等，由于病菌、病毒损害神经组织结构而导致器质性心理障碍或精神失常，它可以阻抑心理的发展，造成智力迟滞或痴呆。再次，脑外伤或化学中毒对心理健康的影响。由于种种原因造成的脑震荡、脑挫伤等都可以导致意识障碍、遗忘症、言语障碍、人格改变等心理障碍；由于有害化学物质侵入人体，毒害中枢神经系统，如酒精中毒、食物中毒、煤气中毒、药物中毒等，也会导致心理障碍或精神失常。最后，严重躯体疾病或生理机能障碍对心理健康也有较大影响。例如，内分泌机能障碍中，甲状腺机能紊乱、机能亢进时，往往出现敏感、暴躁、易怒、情绪冲动、自制力减弱等心理异常表现；肾上腺素分泌过多会引起躁狂症，而肾上腺素分泌不足则可能导致抑郁症。

2) 心理活动因素

个体的心理状态一旦形成，就会影响以后的心理发展和变化。心理活动因素主要包括认知因素、情感因素和个性因素等，它们对青少年心理健康也有较大影响。

认知因素的影响主要表现为认知因素自身的发展和各认知因素之间的关系发展不正常或不协调，它会产生认知的矛盾和冲突，从而导致人的紧张、烦躁和焦虑，久而久之会影响人的心理健康。情感因素对维持身心健康的作用主要表现在两个方面：稳定而积极的正性情绪状态，使人心境愉快、安定，精力充沛，身体舒适有力，有益于心理健康发展；相反，经常波动而消极的负性情绪状态，则往往使人心境压抑、焦虑、精力涣散、失控，身体衰弱无力，长期作用对心理健康会有损害。个性因素对一个人的心理健康影响最大。例如，同样一种生活挫折，对不同个性的人，其影响程度完全不同。有的人可能无法承受或消极应付，从此自暴自弃；有的人则可能接受现实，正视挫折，加倍努力，奋发图强。青春期给中学生带来最初的性生理和性心理的冲突。如女孩子的月经和男孩子的遗精，往往使一些缺乏性知识的中学生产生羞耻感、罪恶感、焦虑、烦恼以至恐慌。中学生的体格发育，如过高、过矮、过胖、过瘦，发育得过早、过迟都会给他们带来心理上的种种反应，对心理健康产生影响。

2. 影响学生心理健康的环境因素

环境包括自然环境和社会环境，其中对人的心理健康产生巨大影响的主要是社会环境，尤其是社会文化因素。

1) 早期教育与家庭环境

对早期教育的研究表明，那些在单调、贫乏环境中成长的儿童，其心理发育将受到阻碍，并且会抑制他们的潜能发展。家庭环境，尤其是父母对子女的态度最为关键。如果个体没有得到父母的细心关怀，而是遭受忽视、抛弃、敌视，他们长大后往往就不信任别人，不信任周围环境，尤其是不信任自己的能力，感受到持续不断的焦虑并产生神经官能症的精神防御症状。如果父母能在儿童早期与之建立良好的关系，尤其是使儿童得到更多的母爱，就会使儿童感受到自己是受重视的，就会发现自己的价值，他们会获得自信，这为他们今后的发展奠定了良好的基础。

2) 日常生活事件

日常生活事件就是人们在日常生活中遇到的各种各样的社会生活变动，它也是预测身体和心理健康的重要标志，尤其是一些生活压力可能成为影响人们心理健康的因素。心理学上所说的压力通常有三个含义：一是客观存在的具有威胁性的刺激，称为压力源；二是指个体对压力事件的反应，称为压力反应；三是由威胁性刺激带来的一种被压迫的主观感受，称为压力感。当压力成为持续的感受时，就称为生活压力。研究中发现，并不是所有压力源都会成为个体的压力感受，压力源的存在并不能必然导致每个人都产生压力感，这里存在着明显的个体差异。关键在于个体如何认知评估这个生活事件。只有当个体确信这个生活事件对他个人的安全有威胁，自己又没有把握能处理此事时，就会产生压力感。如灾难性事件的发生、生活的变化(如亲人去世、转学、职务的升迁、考试等)、日常的困扰(如人际关系不良、工作的不如意等)、心理冲突(如趋避冲突、双趋冲突、双避冲突、多重趋避冲突)等。面对这些压力，如果个体心理承受能力不强就会影响心理健康。

3) 学校教育

学校教育对学生心理健康的影响首先表现在学校的教育思想方面。目前虽然十分强调素质教育，但很多学校仍然片面追求升学率，增加学生的学业负担，加剧竞争气氛，造成学生紧张以至厌学、逃学和对抗情绪，影响了他们的心理健康。其次，教师的心理状态也对学生的心理健康产生重要影响。如教师的烦躁情绪、吹毛求疵、讽刺挖苦、轻率粗鲁、缺乏同情心、悲观消沉等不健全人格会对学生的情绪产生干扰，影响学生的心理健康。教师不正确的教育手段，如经济制裁、体罚和变相体罚等也会扭曲学生的心理，影响他们的心理健康。

前苏联教育家苏霍姆林斯基曾谈到过，一个缺乏教育素养、好吹毛求疵的教师，由于他的惩罚式教育，使一个活泼好动的诚实学生变得抑郁、说谎转而暴怒、绝望。他指出：

有些学生由于没有受到正确的教育，其心理状态已经发展到接近疾病——神经官能症。有些教师对学生大声呵斥，冷嘲热讽，甚至侮辱学生的人格。这些不公正的做法伤害学生的自尊心，使他们敢怒不敢言，于是他们就在内心以各种形式进行积极和消极的反抗。

4) 社会环境

社会环境对青少年心理健康的影响主要表现在社会形态和社会文化等方面。社会形态主要是指社会存在方式，如社会的结构、类型等，构成了人类社会生活的基本框架。人们生活在这个框架中，生活方式、角色适应、思想观点、态度、情感都要受到它的制约和牵动。如目前在市场经济条件下，生活节奏加快、价值观念处在转换过程中、竞争激烈、交通拥挤、环境污染严重、信息多元化和过剩、住宅的封闭化等都给人们带来了许多心理问题。

我国卫生部 1984 年曾做过调查：解放初期严重心理障碍的患病率只为 2%，90 年代上升到 12.69%。可见，社会环境的变化，科学技术的高速发展，物质文明的不断提高，给人们生活带来了许多便利的同时，也给人们带来了问题、困惑、挑战，当人们不能很好地做出适应性调整时，就会产生心理障碍。例如，中学生由于辩证思维相对薄弱，看问题容易片面化、绝对化，情绪易起伏，自我评价不稳定，自我调节能力不强，这一切使青少年都易于在某些因素(如紧张、焦虑、挫折等)的诱发下导致心理障碍。美国心理学家罗森发现，10～15 岁左右的儿童存在明显的需要心理治疗的高峰期，男孩比女孩更为显著。

社会文化是一个人所处的社会关系和文化背景。它涉及社会制度、经济状况、生产水平、民族传统、风俗习惯、伦理道德和教育方式等，它决定着心理现象的产生、发展和变化的方向。可以说，每个人的人格、心理品质、行为方式等都是社会文化的产物，并且体现着一定的社会文化要求。个体如果不能及时针对社会文化的变化做出相应的调整，则容易出现心理问题，严重时甚至产生心理障碍。

总之，从影响青少年心理健康的外在因素看，家庭教育是基础，学校教育是关键，社会教育是保障，只有三方面因素协同努力，才能真正提高青少年心理健康水平。

三、学校心理健康教育

近年来，学校心理健康教育已引起国家的高度重视。从 1999 年至今，党中央、国务院和教育部多次在各种文件中强调中小学心理健康教育的重要性，1999 年 8 月，中国教育部第一次就学校心理健康教育问题专门颁发了《关于加强中小学心理健康教育的若干意见》，对中小学心理健康教育作了具体的要求和规定。2001 年 6 月 14 日颁发的《国务院关于基础教育改革和发展的决定》中又十分明确地强调要"加强中小学生的心理健康教育"，这足以说明对青少年的心理健康教育势在必行。

(一)学校心理健康教育的含义

心理健康教育(mental health education)是根据青少年学生生理、心理发展特点，运用有关心理学的方法和手段，培养学生良好的心理素质，促进学生身心全面和谐发展的教育活动。

心理健康教育是素质教育的重要组成部分，是培养跨世纪高质量人才的重要环节。1998年，《中共中央国务院关于深化教育改革全面推进素质教育的决定》明确指出，心理健康教育的目的是"加强学生的心理健康教育，培养学生坚忍不拔的意志，艰苦奋斗的精神，增强青少年适应社会生活的能力。" 因此，开展青少年心理健康教育是当代学校教育的必然选择。

(二)学校开展心理健康教育的意义

在中小学开展心理健康教育有利于预防心理障碍的发生，保持青少年的心理健康，有利于提高学生的学习效率和生活质量，有利于学生人格的健康发展，有利于学生良好道德品质的形成。

1. 开展心理健康教育有利于学校全面实施素质教育

长期以来，片面追求升学率的应试教育损害了学生的全面发展。为此，当代教育改革以全面推进素质教育为目的，将片面追求升学率转变为全面提高学生素质，这与教育的根本目的是完全一致的。心理健康教育是素质教育的重要组成部分，学生的全面发展应是包括心理健康在内的整体素质的发展。随着我国改革开放的逐步深化和社会关系的日趋复杂，未来社会对人才素质的要求也将更加全面，尤其是对心理素质和心理健康的要求会越来越高。这就要求学校教育必须努力确立现代教育理念，积极改变教育的策略和方法，开展心理健康教育，摆正心理健康教育与德、智、体、美、劳诸方面教育的关系，发挥心理健康教育在实施素质教育中的重要作用，真正促进素质教育目标得以全面实现。

2. 开展心理健康教育有利于学生形成健全人格

心理健康教育对学生健康成长具有重要作用，它是学生健全人格养成的基础。青少年的成长过程，不仅是学习知识、发展智能、增强体质的过程，也是人格的形成和发展的过程。开展心理健康教育，不仅能够帮助学生解决学习困难，改善人际关系，提高思想认识，而且能为他们个性发展和人格健康养成打下坚实基础。学校心理健康教育坚持以人为本，强调尊重、理解和信任学生，能够使学生感受到自身存在的价值，正确面对自己的优点和缺点，科学看待现实和未来，从而更有针对性地确定人生目标，选择自己的成长道路，找准发展方向和社会定位，并学会处理与社会、他人的关系，对学生人格的健康发展具有重要作用。心理健康教育针对学生存在的心理问题，采取科学有效的心理咨询、辅导和训练等方法，提高学生心理素质，培养学生养成良好的行为习惯，从而增强学生相应的社会适应能力。

3. 开展心理健康教育可以促进学生良好道德品质的形成

青少年学生正处在品德形成的重要时期，也是人生观、世界观形成的关键时期，同时也是心理充满矛盾和冲突的时期，心理复杂而多变。开展心理健康教育可丰富学校德育工作的内容，扩展德育的方法，增加德育的途径，有利于培养学生良好的思想道德品质。

4. 开展心理健康教育有利于提高教学效率和教学质量

我们的教育对象是人，学生要接受知识，提高能力，靠被动的学习，效率不高。学生良好的心理素质和心理健康水平的提高有利于知识的获得和学业成绩的提高。如果我们能注意培养学生的兴趣，使其提高自信心、人际交往能力，提高思维能力和学习策略水平，使其真正成为学习的主体，学生才会想学、乐学、会学，教学效率和教学质量才会大大提高。

(三)学校心理健康教育的基本内容与任务

2002 年教育部再次印发的《中小学心理健康教育指导纲要》指出，心理健康教育是提高中小学生心理素质的教育，是实施素质教育的重要内容，并对心理健康教育的指导思想和基本原则、目标与任务、主要内容、途径和方法、组织实施做出了重要说明，为进一步指导和规范中小学心理教育工作提供了重要依据。

1. 心理健康教育的目标

学校的心理健康教育有两个目标，一是发展性目标，即发展学生的个性，提高学生的潜能，使学生保持最佳的心理状态；二是防治性目标，即预防学生的心理障碍，矫正心理偏差，使学生达到心理健康。

学校心理健康教育就是要面向全体学生，围绕发展性目标和防治性目标来开展工作。包括对学生进行心理健康的教育和训练，使学生的个性和潜能得以健康发展并保持最佳的心理状态，预防学生的心理障碍，矫正心理偏差，对有心理障碍的学生进行心理咨询和心理治疗等。中小学校作为执行者，要结合本地区的实际开展心理健康教育，完成心理健康教育的目标和任务。

2. 心理健康教育的任务

中小学心理健康教育的主要任务是面向全体学生，通过课堂教学以及课外辅导等多种形式，减少或消除不利于学生身心健康发展的因素，预防心理疾病，促进学生心理健康发展。在具体操作中又可以分为 4 个方面。

(1) 以成长发展为中心的任务。主要包括学生身心发展；童年期、青春期和青年期的发展目标；促进学生最优化发展等，主要是教育与培养个体形成各种良好的心理素质，以助其学业、事业成功。

(2) 以校园指导为中心的任务。主要是探索学习困难的心理机制和对策；寻找增强学习动机的途径和方式；传授人际交往的原则和技巧；面对重大转折时的环境适应和自我心理调节；升学时的专业选择；就业前的职业定向和准备等。

(3) 以心理卫生为中心的任务。主要包括心理健康的标准；不同时期学生的心理卫生原则和要求；心理挫折、冲突所导致的心理危机及其预防；问题行为的早期发现与预防，吸烟、饮酒等不良习惯对学生的身心危害及其矫正；青春期性心理卫生的原则和对策，中学生早恋的引导等。

(4) 以心理治疗为中心的任务。主要包括儿童行为障碍的成因和矫治；儿童多动症、厌学症、学习困难综合症的表现和治疗；儿童过度焦虑反应、强迫行为的发病机理和治疗；青春期、青年期常见神经症的致病因素和治疗；病态人格、性行为变态的原因和矫治等。

3. 心理健康教育的内容

心理健康教育的内容是十分广泛的，它以向学生传授心理健康知识为主，结合案例教学、活动组织、个体辅导等多种形式，以青少年成长过程中的心理特点、心理问题的知识为重点内容，帮助青少年利用心理健康知识预防、调控心理问题，促进身心健康。具体而言，心理健康教育的内容主要包括青少年发展过程中面临的学习问题、情绪问题、适应问题、人际交往问题和行为问题等，针对这些问题进行针对性的教育活动，帮助青少年预防心理疾病，维护心理健康，促进身心健康发展。

(四)学校心理健康教育的原则

学校心理健康教育的原则是指学校开展心理健康教育工作必须遵循的基本要求。心理健康教育是具有很强的科学性、专业性和技术性的工作，在实际开展过程中，必须采取科学的方法和态度，必须遵循一定的原则。

1. 教育性原则

教育性原则是指教育者在进行心理健康教育的过程中根据具体情况，提出积极中肯的分析，始终注意培养学生积极进取的精神，帮助学生树立正确的世界观、人生观和价值观。心理健康教育是社会精神文明建设的重要组成部分，要充分体现社会精神文明的特征，以及它的时代性和进步性。针对学生在学习、生活、交往中的矛盾冲突所引起的种种心理问题，以及由此而产生的对社会中的人与事的不满言行、错误观点甚至敌对情绪与态度，教育者不应随便附和他们的观点和思想情感，而应该进行实事求是的分析，明辨是非，帮助他们端正看问题的态度，调整看问题的角度，建立积极的思维模式，使学生在发展良好的心理素质和排除各种心理困扰、解除心理症结的过程中，不知不觉地受到辩证唯物主义思想的启迪和社会主义道德观教育。可以说，教育性原则比较鲜明地体现了社会主义学校心理健康教育的特点与要求。

2. 全体性原则

全体性原则是指心理健康教育要面向所有学生。学校的一切教育特别是心理健康教育的计划、组织、实施都要着眼于全体学生的发展，考虑到绝大多数学生的共同需要和普遍存在的问题，以绝大多数直至全体学生的心理健康水平和心理素质的提高为学校心理健康教育的基本立足点和最终目标。确立与强调面向全体学生的心理健康教育原则，是与当前学校心理健康教育的任务、客观条件和学生实际存在的问题及需要密切联系在一起的。学校心理健康教育的主要任务和工作重点，是努力提高全体学生的心理健康水平和心理素质，唯有以全体学生为服务对象，才能实现教育目标。另外，面向全体的原则还基于青少年学生中存在的心理问题带有普遍性，相应地其心理需求也具有共同性，所以心理健康教育可用集体的方式进行。当然，面向全体并不意味着一定要忽视个别，实际工作中，还要考虑在实施这一原则时，具体问题具体对待，使心理健康教育发挥最大效益。

3. 发展性原则

发展性原则是指学校心理健康教育过程中，必须以发展的观点来看待学生，要顺应学生身心发展的特点和规律，以发展为重点，最大限度地促进全体学生的心理健康。坚持发展的观点，就是要对学生、对人性持有正确的认识和信念，认识人的潜能，尊重学生的身心特点，辩证看待学生的缺点和局限，重视教育与发展的关系，对学生的成长和未来持乐观肯定的态度。只有以发展的观点来看待心理健康教育的对象，心理健康教育才有意义和价值。学校心理健康教育同时兼有矫治、预防和发展三种功能，但就整体而言，应该以发展为主，辅以预防和矫治。如果学生心理辅导只是着眼于预防心理问题发生，矫治青少年学生的不良心理和行为，则其目标就显得被动和消极。只有将防治和发展结合起来，以发展为主，才能真正有利于促进青少年心理健康。

4. 差异性原则

差异性原则是指学校心理健康教育要关注和重视学生的个别差异，根据不同学生的不同需要，开展形式多样的、针对性强的心理健康教育活动，以提高学生的心理健康水平。人是有差异的，青少年学生也不例外，他们具有自己的个性特点，拥有不同的社会背景、家庭环境、生活经验和价值观念。学校心理健康教育不是要消除这些特点与差异，相反是要使学生的差异性、独特性最合适而完美地展示出来，也可以说，这是学校心理健康教育的精髓所在。强调差异性，也就是要求心理健康教育同学校教育教学工作一样，因材施教，有的放矢，重视个别差异，根据学生心理发展特点，有针对性地实施教育，使每个学生的心理健康水平得以提高，最终实现全体学生心理素质的提高。

5. 主体性原则

主体性原则是指学校心理健康教育要以学生为主体，所有工作要以学生为出发点，同时要使学生的主体地位得到实实在在的体现，把教师的科学教育与辅导和学生的积极主动参与真正有机结合起来。主体性原则集中而直接地体现了学校心理健康教育的关键特征，主体性原则要求教育者的心理健康教育要充分尊重学生的主体地位，充分发挥学生主体作用。这是因为，首先，心理健康教育的目的在于促进学生成长和发展，而成长和发展从根本上说是一种自觉和主动的过程，如果学生没有主动意识和精神，处在被动的地位，教育就成为一种强制性行为，变得毫无意义。其次，心理健康教育是一种助人与自助的活动，"助人"是手段，让学生"自助"才是目的。只有让学生以主体的身份直接参与这一活动，才能达到自助的目的。另外，青少年时期是学生自我意识、独立性迅速发展的时期，心理健康教育贯彻主体性原则，不仅发挥了学生的主体作用，还使学生追求独立的需要得到满足。

6. 整体性原则

整体性原则是指学校心理健康教育过程中，教育者要运用系统论的观点指导教育工作，注意学生心理活动的有机联系和整体性，对学生的心理问题作全面考察和系统分析，防止和克服教育工作中的片面性。学校心理健康教育追求学生人格的整体性发展，最终达到提高学生心理素质和整体素质的目的。从社会价值取向看，它重视学生德智体美全面发展；从学生自我完善的需求看，它注重学生知、情、意、行几方面协调发展，从系统的观点出发，学校心理健康教育的对象是一个个完整的活生生的人，而人的心理也是一个有机整体。所以，学校心理健康教育工作，绝不能"头痛医头，脚痛医脚"，而应从个体心理的完整性和统一性、个体身心因素与外部环境的制约性及协调性等综合因素出发，全面把握和分析学生心理问题的成因，采用相应的教育与辅导对策。只有这样，才能使学校心理健康教育工作更富有成效，更有意义。

第二节　学校心理辅导

随着中小学生心理问题的日益严重，心理健康教育越发显得迫切，学校心理辅导也日益成为学校实施心理健康教育的主渠道。学校心理辅导活动的开展，对维护学生的心理健康水平、全面提升学生的心理素质具有重要意义。

一、学校心理辅导的含义

学校心理辅导是以提高全体学生的心理素质，促进学生人格的健全发展为主要目标的一种心理健康教育形式，它采用多学科综合的教育方法与技术，帮助学生开发自身潜能，促进学生自身成长和发展。

(一)什么是学校心理辅导

学校心理辅导是指学校辅导教师根据学生生理、心理发展的特点，运用心理学的知识和技能，通过形式多样的辅导活动，帮助学生了解自己、认识环境，克服学习、生活中的问题及情感困扰，增强其社会适应性，充分发挥个人潜能，促进学生身心全面、和谐发展。要理解学校心理辅导的概念，应把握以下几点。

(1) 学校心理辅导要面向全体学生。这就要求学校心理辅导要了解全体学生生理发展和心理活动的一般规律和特点，解决他们心理发展中的共性问题。但同时每个学生又有独特性，因此心理辅导既要关注学生的个别差异，又要因人而异，针对学生不同特点，采取不同措施。

(2) 学校心理辅导以正常学生的发展性辅导为主。学校心理辅导不同于心理治疗，也不同于心理咨询。心理咨询和心理治疗主要针对存在心理问题的学生，而心理辅导的目的在于提高学生心理素质，所以，学校心理辅导面向的是心理正常学生，不是有心理疾病的学生，工作重点应该放在预防心理问题的出现和促进学生潜能的发展上，可以通过团体活动或心理健康讲座，以及开设课程等形式解决学生中存在的共性问题，要"重全体、重预防、重教育"，而不仅仅是针对个别学生的特殊需要。

(3) 心理辅导是一种专业活动，需要专门的知识和技能。心理辅导必须以心理学理论为基础，运用心理辅导的方法、技术和手段，提高学生的心理素质和心理健康水平。因此，心理辅导教师必须接受专业的教育和训练，否则难以完成心理辅导工作。

(二)学校心理辅导的目标

学校心理辅导的终极目标是促进学生健康发展，这与学校心理教育的目标是一致的。学校心理辅导就是为促使学校教育总目标的实现。具体来说，学校心理辅导的目标主要包括 5 个方面。

(1) 培养较强的社会适应能力。面对各种自然环境和社会环境要能做出积极的反应，有初步分辨是非能力。

(2) 具有良好的自我意识。要能悦纳自我，自尊、自爱、自强、自律，能全面客观评价自己，正视自己的长处和短处。

(3) 建立和谐的人际关系。懂得尊重别人，会关心别人，富有同情心，有主动友好、合作、支持等交往态度，初步懂得比较得体的交往礼仪，懂得男女同学应当正常交往，真诚友爱。

(4) 发展自己健全的人格。初步学会自我控制和及时调节自己的消极情绪。有一定的自我约束能力，情感表达比较合适。初步具有抗挫折能力，在困难和逆境中表现出比较坚强的意志力，对现实和人生有积极的态度，诚实、正直、勤奋、不断进取，有责任感，热爱集体，合群；有健康的生活情趣，并努力发展个性和特长。

(5) 促进智力的正常发展。注意力、记忆力、观察力、想象力和思维能力正常发展，有自学能力和自我发展能力。

二、学校心理辅导的内容

根据近些年心理学工作者们大量的调查，我国各级各类学校学生的心理问题虽然存在个别差异，但主要都表现在学习、适应、生活及生涯发展等方面，由于种种主客观因素的影响与制约，学生不可避免地会在这些方面遇到种种挫折，成为学生心理失衡的直接因素。因此，学校心理辅导的内容也集中在学习辅导、生活辅导和生涯辅导等方面。

(一)学习辅导

所谓学习辅导是指辅导人员运用心理学等相关理论和技术，对学生在学习活动中产生的有关问题进行辅导，从而改善学习状况，提高学习成效。总的来说，是帮助学生解决愿不愿学、能不能学、会不会学等问题，愿不愿学是学习的态度与动机问题，能不能学是学习的智能问题，会不会学是学习的方法和策略问题。通过学习辅导，解决学生在学习过程中出现的各种心理困扰，引导学生主动开发自己的学习潜能，培养良好学习心理品德，提高学习效率，顺利完成学习任务。

学习辅导的内容主要包括学习动机辅导、学习方法和策略的辅导、学习行为习惯辅导、学习能力辅导和考试辅导等。

(二)生活辅导

生活辅导，是指辅导人员运用心理学等多种学科的理论和技术，帮助和促进学生人格发展和社会适应的活动。由于生活辅导的主要目标是促进学生健全人格的发展和成长，所以生活辅导有时也被称为人格辅导。人格辅导是学校心理健康教育工作的中心和主要内容，通过生活辅导，促使学生建立合理的生活规范，养成良好的生活习惯、生活情趣和乐观的生活态度，最终培养学生健全的人格，促进社会适应。

生活辅导的内容主要包括生活目标与态度的辅导、社交生活辅导、情绪辅导、休闲辅导、青春期性问题辅导、自我意识辅导等。生活目标与态度的辅导是指导学生形成一套自己认同的有社会价值的生活目标，追求人生意义，追求理想的实现，确立负责任的积极进取而又乐观、旷达的生活态度；社交生活辅导是使学生能正确认识自己，认识他人，学会推己及人，为他人着想，接纳他人，建立正常的人际关系，养成社交活动的兴趣，掌握人际沟通的艺术，敢于表达自己的正当要求和不同意见；情绪辅导是使学生认识人类情绪情感的丰富多样性，掌握控制、表达、宣泄情绪的适当渠道和方式，变消极情感、冲突情感为积极健康的情感；休闲辅导是使学生了解休闲生活的意义，建立正确的休闲观念，增强休闲活动的兴趣，掌握休闲活动的知识与技能，学会安排自己的休闲时间；青春期性问题辅导是帮助学生认识性别差异，了解性成熟过程中的一系列生理变化，建立适当的性别角色，学会同异性进行正常的交往，解决青春期特有的性问题及有关的心理困扰，如初恋、对性问题的过分关注、对异性的偏见以及性发育过程中对自我形象感到自卑等；自我意识辅导是帮助学生学会正确认识和评价自己，获得积极的自我体验，提高自我调控和自我教育的能力。此外，消费辅导、安全辅导、危机辅导、家庭生活辅导、学校团体生活辅导等基本上都可以归入生活辅导范围中。

(三)生涯辅导

"生涯"一词是生活中常见的词。"生"原意为"活着"，"涯"为"边际"，合起来"生涯"就是指"人的一生"的意思。生涯的英文是 career，含义是指古代的战车，后来又引申为道路，即人生发展的道路，又可指人或事物所经历的途径，或指个人一生的发展，也指个人一生中所扮演的系列角色与职位。生涯辅导是指依据一套系统的辅导计划，在辅导人员的协助下，引导个人探究、评判并整合运用相关知识经验而开展的活动。这些知识经验是指对自我的了解，对职业世界及其他的影响因素的了解，对休闲活动对个人生活的影响与重要性的了解，对生涯规划和生涯决定中必须考虑的各种因素的了解，对在工作与休闲中达到成功或自我实现所必须具备的各种条件的了解等。生涯辅导的内容主要包括：

(1) 生涯规划和生涯决策能力的辅导。生涯辅导要协助个体学习如何规划人生，在面对各种抉择情境时，能够明确界定问题，搜集并运用资料，以提高生涯的规划和决策能力。

(2) 了解自我状况和澄清个人价值观的辅导。生涯辅导要协助个体了解自我，不仅要了解个体的能力、能力倾向、兴趣、个性等情况，还要辨析和澄清个人的职业价值、个人生涯发展的状况。不仅要知道职业的事实状况、有关的信息，还应该结合个人的期望和价值倾向。

(3) 升学和就业的辅导。升学和就业是每个人生涯发展所要面对的任务，生涯辅导要协助学生为升学选择专业和就业选择职业做好准备，同时也要帮助学生了解生活中其他各种可能的选择。

(4) 开发自我潜能的辅导。生涯辅导要发现并开发个人的潜能，给予个人充分的机会，以独特的方式去发展和表现他的才能，同时还要协助个人适应快速变迁的社会与职业环境，以达成他的生涯发展目标。

三、学校心理辅导的形式和常用方法

就心理辅导的实践来看，学校心理辅导的主要方式有两种：一是以全体学生为对象的团体咨询与辅导，它以预防辅导为主，着眼点在于发展学生良好的心理素质，维护和促进学生心理健康，帮助学生成长、成才。所以，也叫发展性辅导。二是以少数学生为对象的个别咨询与辅导，它以矫治辅导为主，是一种补救性的辅导与咨询，目的是针对那些有各种心理问题的特殊学生提供专门的心理辅导或矫治，以缓解学生的心理困惑，从而使个人的心理得到健康发展。心理辅导要选择心理健康教育的最佳形式。

(一)学校心理辅导的形式

目前，国内各级各类学校开展心理辅导主要形式有心理健康教育课程，心理辅导活动课，结合班级、团体活动开展心理辅导，在学科教学中渗透心理辅导，个别辅导和小组辅导等多种形式。

1. 开设心理健康教育课程

开设心理卫生课、心理健康教育课或举办有关的知识讲座，向学生传授、普及心理健康知识，可以帮助学生正确认识自己、有效地调控自己的心理和行为，帮助学生掌握心理健康的知识和操作技能，增进心理健康的水平。特别是针对各年级学生特点普遍存在的心理问题，按不同年级有针对性地举办心理健康讲座。通过讲座，使学生能够认识自我，了解自我，正确定位，调整心态，充满自信，以达到正确认识的目的。

2. 开设心理辅导活动课

心理辅导活动课是为开展心理辅导而专门设计的一种活动课程，一般都列入教学计划之中。其特点在于：形式上以学生活动为主，内容选取上充分适合学生的实际需要，活动组织上以教学班为单位，活动课的目的、内容、方法、程序均是有计划、有系统地安排设计的。通过这一途径开展心理辅导的优势，一是在专门组织的活动中可以对学生的认知、情感、态度、行为各方面有目的地施加积极的影响，有利于发挥学生的主动性；二是以教学班为活动单位便于组织管理，且能使班级全体学生在辅导活动中受益；三是将心理辅导列入课程，也使这项工作的开展在人员、时间上有了保证。如何在班级活动中考虑每个学生具体情况，实行个别化对待，则是要认真解决的问题。

3. 结合班级、团体活动开展心理辅导

结合班级、团体活动开展的心理辅导不是把心理辅导作为一门课程单独开出列入课程计划，而是结合班会活动、课外活动、团体活动来进行。例如，新生入学时的"始业辅导"、毕业时的升学就业辅导就属于这一类。其有利的一面是能把心理辅导与班级、团队活动以及学校的其他例行活动结合在一起，便于发挥这几项工作在统一的育人活动中的整体功能。但要注意的是，心理辅导仍须有自身的目标和内容，不要让心理辅导被班级、团队的日常活动所代替而丧失自己的特色。

4. 在学科教学中渗透心理辅导

学习辅导是辅导的重要方面，它主要是结合学科教学来进行的。学习是学生的主导活动，学生大量的心理困扰都产生于学习过程中，理应在教学过程中得到满意解决。要将心理健康的内容融入学科教学之中，通过二者的有机结合，使学生在掌握科学知识的过程中接受心理健康教育。不管什么学科的教学从心理学和教育学的角度来看，都是对学生心理的发展施加影响的过程，在教学中注意挖掘和组织好对学生产生重要影响的学习内容，使其在教学过程中潜移默化地影响学生的心灵，会使学科教学起到事半功倍的教育效果。实际上各科教材中蕴涵有不少适用于心理辅导的内容素材，教学过程中还会经常出现有利于实施心理辅导的教育情境。教师只要细心挖掘、善加利用，一定可收到心理辅导的实效。近年来，已有中学小学教师在语文、数学、思想品德、社会等科目中尝试渗透心理辅导，

取得了一些成功的经验。

5. 个别辅导

个别辅导是辅导教师通过与学生一对一的沟通互动来实现的专业助人活动，比较常用的方式有个别交谈、电话咨询、信函咨询、网络咨询等。有些小学开展的"知心姐姐信箱"活动，就是信函咨询的一种形式。个别辅导是针对个别学生(通常是一些特殊学生，包括资质优异学生、情绪困扰学生、行为偏差学生、家庭处境不利的学生等)所实施的一种比较深入的、持续时间较长的个别辅导方式。它要求广泛地收集资料，客观地分析问题的性质与成因，依据诊断的结果，拟定辅导方案，以协助学生解决问题。由于心理辅导的精髓在于个别化对待，因此可以说个别辅导是一种不可替代的辅导方式。一所学校在开展心理辅导时无论以什么途径为主，如果不与个别辅导相配合，则其辅导工作都是不完整的。

6. 小组辅导

小组辅导也称团体咨询，是一组学生在辅导教师指导下讨论并有效地处理他们面临的共同问题。小组人数少则四五人，多则二十几人。其成员多为同年级、同年龄学生，且有类似的待解决的心理困扰。小组辅导适用条件是：学生有共同的心理问题，且小组成员愿意在团体中探讨他们的问题。一个小组通常要活动 6~8 次，每次时间为 2 课时。小组辅导兼有班级辅导与个别辅导的优点，是一种很有发展潜力的心理辅导方式。

(二)学校心理辅导常用的技术方法

心理辅导技术是指运用心理学的理论知识和技巧，帮助人们消除在工作、学习、生活中因种种因素引起的认知迷茫、情感困惑、意志消沉等各种不良心理状态，改善人际交往，提高求助者主动调节与适应环境能力的方法，从而达到促进其身心健康的目的。下面简要介绍几种常用的心理辅导技术。

1. 松弛训练法

松弛训练法也称放松训练法，它是一种通过训练有意识地控制自身的心理生理活动，降低激活水平，改善机体紊乱功能的心理辅导方法。目的在于改变肌肉紧张，减轻肌肉紧张引起的酸痛，以应付情绪上的紧张、不安、焦虑和愤怒，即通过肌肉的放松，达到精神的放松，以此应付生活中产生的压力。一般来说，该方法是通过紧缩肌肉，深呼吸，释放现在的思想，注意自己的心跳次数等，帮助当事人经历和感受紧张状态和松弛状态，并比较其间的差异。如渐进性放松法，就是在安静的环境中采取舒适放松的坐位或卧位，按指导语或规定的程序，对全身肌肉进行"收缩—放松"的交替练习，每次肌肉收缩 5~10 秒钟，放松 30~40 秒钟。经过反复，使人感觉到什么是紧张，从而提高消除紧张达到松弛的能力。放松训练在学生平时产生紧张和焦虑时即可选用，特别是在考试前，因焦虑和紧张带来的压力，可以通过放松训练来缓解。

2. 系统脱敏法

脱敏，就是脱离、消除过敏的意思。其含义是当学生对某种事物、人和环境产生过分敏感的反应时，辅导员可以在当事人身上发展起一种不相容的反应，使对本来可引起敏感反应的事物或人等不再产生敏感反应。如有的儿童害怕老鼠，看见老鼠就出现极度的恐怖感：惊叫、心跳加速、面色苍白等。对这种过敏反应，可在儿童信赖的人(父母、老师等)陪同下，在边从事愉快的事情的同时，从无关的话题到关于老鼠的话题，从老鼠图片到老鼠玩具，从电视、录音机的老鼠形象到真实的老鼠，从远到近，逐渐接近放有老鼠的笼子，鼓励儿童去看、去接触，多次反复，直至儿童不再过度恐惧老鼠。系统脱敏法一般和松弛训练法结合使用，大致程序如下：进行全身松弛训练，放松身体各部位；建立焦虑刺激强度等级层次，由当事人想象从最恶劣的情境到最轻微焦虑的情境；焦虑刺激想象与松弛训练活动相配合，让学生作肌肉放松，然后想象从焦虑刺激的最轻微等级开始逐步提高，直到最高也不出现焦虑反应为止。若在某一级出现了焦虑紧张，就应退回到较轻的一级，重新进行或暂停。

3. 满灌法

满灌法也叫暴露法、冲击法，就是给予当事人引起强烈焦虑或恐惧的刺激，从而使紧张焦虑或恐惧消失。冲击法一开始时就让当事人进入最使他感到焦虑或恐惧的情境中，或采用想象，或观看电影、录像，或直接进入真实的情境，使当事人经受各种不同形式的焦虑恐惧刺激，同时不允许当事者采取逃避行为。在反复的刺激下，当事人因焦虑恐惧而出现心跳加快、呼吸困难、面色发白、四肢发冷等反应，但当事人最担心的可怕灾难却始终没有发生，这样最后焦虑和恐惧的反应也就相应减轻或消退了。国内外报道的"魔鬼营训练"就是采用此法，以提高训练者的心理素质。使用冲击法时，要确立主要辅导目标，如找出引起当事人恐惧焦虑的人、物、事到底是什么；向辅导者说明此法的目的、意义、过程等，要求高度配合，树立坚定的信心和决心，不允许当事人有回避逃避行为，否则会加重恐怖与焦虑，导致辅导失败；辅导者可采用示范法，必要时和当事人共同训练。为防止意外，必须对当事人的身心状况有充分了解，比如是否有心脏病等。

4. 厌恶疗法

厌恶疗法是指运用惩罚性、厌恶性的刺激，通过直接的或间接的想象，以消除或减少某种适应不良行为的方法。它的一般原理是，把令人厌恶的刺激，如电击、呕吐、语言斥责、想象等，与当事人的某种不良行为相结合，形成一种新的条件反射，以对抗原有的不良行为，进而消除这种不良行为。厌恶法可采用电击、药物、想象等方法。心理辅导常用的方法是运用想象产生厌恶以抑制不良心理与行为。想象厌恶法是将辅导者口头描述的某些厌恶情境与当事人想象中的刺激联系在一起，从而产生厌恶反应，以达到减少或中止某种不良行为的目的。以性心理变态为例，当患者出现不良性冲动时，要他立即闭上双眼，想象眼前站着一个高大警察，或是想象被人当场抓住，在众人面前受到批评指责和羞辱的场面，想象在这种场合又如何身败名裂，无地自容，羞愧难忍，从而达到厌恶此种行为的目的。

事实上，人们有时无意中常会运用厌恶疗法。例如，有的年轻人失恋后因对恋人念念不忘，很痛苦，于是就想对方的坏处或体貌上的缺陷，从而抑制对方对自己的吸引力，摆脱苦闷。运用厌恶法辅导时，为达到足够的刺激强度可使用一些辅助器具或手段。如有强迫观念的当事人，可用橡皮筋套在手腕上进行厌恶训练，当出现某种强迫观念时，就接连拉弹橡皮筋弹打手腕，引起疼感，同时责备或提醒自己不要去想。拉弹次数和强度视强迫观念的出现和消退而定，直到问题消失为止。在使用厌恶法时要注意，因为它是一种惩罚的方法，带有一定的残忍性和非人道的特性，辅导者使用前应征得对方同意。

第三节　青少年常见心理问题辅导

近年来，由于物质生活水平的迅速提高和竞争压力的日趋严重，社会环境的变化日新月异，而家长越来越多的时间忙于工作，加之独生子女的环境因素，儿童和青少年的心理问题越来越引起整个社会的关注。中学生身心发育问题、学习问题、情绪性格和人际关系问题比较突出，给青少年健康成长带来严重困扰，影响他们的学习和生活。要加强中学生常见的心理问题辅导，使他们能够顺利长成。

一、青春期性心理问题的辅导

青春期一般指11、12～17、18岁年龄阶段的青少年，这一时期是生理、心理变化最激烈的时期，人们也把这一时期称为"心理断乳期"。青春期是人生理、心理成熟的重要阶段，个体不仅身体增长快，而且各器官特别是生殖器官的发育逐渐趋向成熟，伴随着他们躯体的迅速发育，心理也在快速发展，心理的矛盾和冲突也日益增多。因此开展青春期心理辅导，对青少年的健康成长与发展具有重要意义。

根据我国的教育目的和青少年的实际，青春期性心理辅导应以性生理知识为起点，性心理指导为特点，性道德教育为重点，全面促进个性发展。

(一)青春期性生理、心理卫生知识辅导

青春期是身心发展的重要阶段，要按照适时、适度的原则，以亲切、严肃的态度，对他们进行性生理和性心理卫生的辅导。性生理辅导主要是使青少年正确认识人类性发育的自然规律，克服在性问题上存在的神秘感和模糊概念。包括了解性器官的解剖结构和功能、人类的生殖生育、青春期性发育的过程及各种变化，如月经、遗精等，消除对性的神秘感以及性发育带来的困惑感，正确对待性自慰问题，预防各种性功能障碍的发生。性心理辅导主要是使青少年正确认识自身性心理的变化、性意识的不同表现，包括自我的关注、对异性的关注与倾慕等，尤其是异性交往问题。性知识教育是素质教育中不可缺少的重要部分，与其他学科知识同等重要，要使青春期学生心理健康发展，必须重视性知识的学习，这是预防青春期性心理问题的第一步。

(二)青春期性道德观念辅导

性心理卫生教育是青少年人格教育的一部分，它既要顺应人的生物学特点，又要适应人的个性化的要求。性道德观念的辅导要帮助学生认识人的性心理和行为的社会性，启发青少年正确处理学习、恋爱和友谊的关系，努力克制自己的性冲动，将主要精力放在人生远大目标的追求上。通过辅导，使青少年学会自尊、自爱，保持独立的人格和尊严，同时也要尊重异性，做到友好、礼貌、诚恳、大方，要警惕各种性的诱惑、性的骚扰和性的侵害，防止性行为变态者的突袭和引诱。可以通过积极参加校内的集体活动获得与异性同学接触的机会，既满足了与异性交往的心理需求，还能结识一些兴趣爱好相近的朋友，有助于性心理健康，也符合性道德标准，尤其要防止不负责任的性行为。

(三)要加强青少年性别角色培养

性别角色培养包括性别角色意识和性别行为模式的培养。性别社会化是个体社会化的重要方面。一定的社会文化对不同性别的社会成员，都有不同的社会角色期待和行为模式标准，要按照不同的性别类型引导青少年寻找健全的性别角色参照，通过正确的性别心理差异和社会角色差异，使青少年逐步形成符合自身性别角色的气质、情感和行为。这样有利于男女同学相互尊重，建立良好的两性交往关系，有利于防止"同性恋"、"易装癖"等性取向异常心理。

(四)学会调节情绪，保持健康性心理

青春期的少男少女情感热烈，丰富而多变，可能因为自己敬仰、崇拜的异性老师的一句批评，情绪就从高峰跌入低谷；也可能因为暗自欣赏的异性同学的一句赞美而有一天的好心情，这是很自然的事情。但情绪波动太大，或者是受人影响，而长时间情绪低落都不利于学习和健康。中学生要快乐无悔地度过青春期，就必须学会观察世界，思考未来，积极进行自我设计，顺应社会发展趋势，尽早树立理想和奋斗目标。胸中有大志，学习进取的动力就足，就不会有过剩的精力去刻意寻求性刺激。对理想的追求能有效转移对生理欲望的渴求，使性需要得到升华。而且，辅导学生掌握一些自我调节的方法也有利于消除青春期的情绪波动，比如利用转移法，如听音乐、散步、参加体育运动、看书等，也可用倾诉法，对自己信赖的朋友倾诉烦恼或写日记等。

二、学习心理问题的辅导

学习是学生的主要任务，许多学生的心理问题来源于学习的挫折、困难和失败。学生学习状况如何，直接影响到学生的身心发展。学习成绩优良的学生在自信心、情绪、成就动机、同伴关系等方面优于学业成绩不良的学生，因此学习辅导是学校心理辅导的重要内容。学习辅导主要解决学生爱不爱学、会不会学、能不能学的问题。爱不爱学，是学生的学习动机问题，会不会学是学习方法和策略问题，能不能学是学习能力和行为习惯问题。因此学习心理问题的辅导就是要解决学生在学习过程中出现的各种心理困扰，引导学生主动开发自己的学习潜能，培养良好学习心理品质，提高学习效率，顺利完成学习任务。

(一)学习动机辅导

学习动机是指引起和维持学生学习的心理动力。教育心理学研究表明，学生学习成绩与学习动机有直接关系，有强烈学习动机的学生学习成绩明显要优于缺乏学习动机的学生。研究还发现，学习的主要动机是由认知的内趋力、自我提高的内趋力和附属内趋力组成的。认知的内驱力是一种以获得知识和解决问题作为学习目标而引起的内驱力，比如想了解和理解要掌握的知识，试图阐明和解决面临的问题等。这种内驱力是指向学习任务本身的一种动机，以理解和掌握知识为目标。自我提高的内驱力是一种因自己的能力或成就赢得相应的地位的需要而引起的内驱力。这种需要从儿童入学时期开始日益显得重要，它既是学生在学习期间力图用学业成绩来取得名次和等级的手段，又是他们未来职业生涯中谋求地位的一种愿望。附属内驱力是指一个人为了保持家长和教师的赞许或认可而表现出来的把

工作做好的一种需要。一般来说，小学阶段富有附属内驱力的学生常常可以在学业上获得较好的成绩。

对于学习动机辅导，教师要针对不同年龄特点的学生采取不同的激励措施，对年龄小的学生教师要更多采取表扬和鼓励的办法激励学生的自信心，充分利用低年级儿童附属内驱力，随着年龄的增长，教师要引导学生对学习本身产生兴趣，使学生在学习中体验到乐趣，激发他们的好奇心，使学生的学习动机由外部动机的驱动变为内部动机的驱动。

(二)学习方法和行为辅导

学习方法和策略的辅导是指导学生在学科学习中逐步掌握阅读的方法、记笔记的方法、检验的方法。掌握集中注意的策略、理解与记忆策略(信息的编码、存储与提取策略)、思维策略、问题解决的策略等，引导学生获得一套适合于个人的独特的学习方法和策略。

学习行为辅导主要解决学习习惯问题。学习习惯是学习态度与学习方法相结合而形成的一种隐性的动力定型。它与学习态度有关，与学习方法紧密相连，是学习态度与学习方法经常化的行为表现，是经过反复训练而养成的学习方式。从心理机制上看，习惯是一种内在的需要，它不需要别人督促和提醒，也不需要自己的意志努力，是一种省时、省力、高效率的自然动作。在学校里可以观察到，那些学习好的学生往往上课注意听讲，课后认真做作业，学习有计划，时间安排有条不紊，及时复习，喜欢课外阅读等，而那些学习成绩差的学生则表现出上课不注意听讲，做小动作，课后不认真做作业，学习无计划，不愿动脑思考等不良的学习习惯。因此对学生进行学习辅导必须对学生的学习行为进行辅导。学习行为辅导主要包括良好学习习惯的养成和不良学习习惯的矫治。不良学习习惯的矫治可从对不良学习习惯危害的充分认识开始，对不良学习习惯的改变和良好行为习惯的培养可以从行为方面进行引导和训练，如采用干预技术、强化技术等，帮助青少年形成良好的学习行为。

(三)学习能力辅导

学习能力辅导是学习辅导的重要内容。对学习落后的学生研究表明，特定的技能和知识缺陷是导致学习能力低下的主要原因。因此，当学生的学习成绩不好时，任课教师应当主动承担起知识上的查缺补漏和学习策略上有效指导的责任。学习能力培养是学校教育教学的重要目标，也应当成为心理辅导的主要课程内容。另外良好学习习惯的养成是学习辅导的重要内容，是解决学生乐学的关键。它不仅直接影响学生的学习效率和学习成绩的提高，而且也可以完善学生的人格。

(四)考试焦虑辅导

焦虑是一种情绪状态，表现为程度轻重不同的紧张、不安、害怕、惊恐等。考试焦虑是指学生对考试情境产生的一种紧张、担忧甚至恐惧的心理反应。每个人偶尔都有考试焦虑，适度的焦虑可以形成一种动力，使自己考前努力学习，在考试中集中精力，从而取得理想成绩。而考试过度焦虑的同学往往产生紧张、忧虑、神经过敏和情绪冲动，从而干扰考试，导致考试失败。多次失败则容易引起怀疑自己的能力，以致烦躁不安、情绪低落，甚至产生行动刻板、记忆受阻、思维呆滞等现象。对于过度考试焦虑需要进行辅导。

过度考试焦虑的主要表现为身体反应和思维阻抑。身体反应方面，在考试之前表现出一些反常的行为，如不想吃东西、失眠、身体紧张、胃痛等，有些人甚至双手发抖、肌肉紧张、心里感到极度恐慌。思维阻抑主要指在考试的时候，考试焦虑的学生大脑好像凝固了一样，不能进行正常的思维，原本学会的知识不能准确回忆，脑子一片空白。有的学生会产生许多对解决问题毫无帮助的莫名其妙的想法，甚至考场中的任何噪音都会引起考试焦虑者的烦恼。

作为教师应该掌握学生的心理，平时注意培养学生对考试增强自信心和自我调控能力。考前动员要把握住分寸，恰到好处地使之形成适当的焦虑，对考试失败后心理失衡者则要作好心理疏导工作。对学生考试焦虑的心理疏导可以从以下几方面入手。

1. 培养学生正视挫折和压力

面临考试时，首先要找到自己的优势，对自己的能力有正确的评估。另外对待挫折和失败也要有正确认识。挫折是人生道路上常会遇到的，是十分正常的。挫折会给人带来打击、痛苦，但也能使人奋起、成熟，从中得到锻炼。挫折可能导致一个人奋发图强，也可能导致一个人丧失斗志。强者之所以为强者，获得巨大成功，关键在于他们在遇到挫折时能战胜自我。可以经常给他们讲古今中外学者从挫折中奋起，不屈不挠，终获成功的故事，以此激励学生，培养他们不回避挫折、正视挫折的能力。

2. 培养学生自信、乐观的性格

研究表明，影响一个人挫折承受力的最重要因素是人的性格特征。一个人的性格影响着他对挫折的态度和适应性。性格开朗、乐观、自信、坚强的人，对挫折的承受力强；性格孤僻、内向、懦弱、心胸狭窄的人，对挫折的承受力低，往往经不起挫折，在挫折到来时不知所措，失去自我调控的能力。因而，平时要注意培养学生自信、乐观的性格。心中感到焦虑时，要会释放，找自己的朋友、亲人倾诉，或者大哭一场也未尝不可。要会转移，听音乐、参加些劳动、去大自然散步，将注意力转向其他事物，以遣散心中的不快。久而久之就能逐渐形成自信、乐观的性格。当然，教师也要创造条件，让考试焦虑的学生尝试一下成功的喜悦，对其给予充分肯定和鼓励，以帮助学生树立自信。

3. 培养学生调整自己目标的能力

俗话说：知人容易知己难，不能正确认识自己，往往就不能确定适度的目标，这是导致考试焦虑的原因之一。因而，培养学生有自知之明，充分了解自我，坦然接受自我，既不过高估计自己，也不自欺欺人，从自己的实际出发，确定适度的目标，这是获得机遇与成功，得以顺利发展的重要前提。偶尔的一次考试失利，一般不能归结为目标不当，而要寻找其他多方面原因。若考试始终达不到预定的目标，教师就应引导学生正确认识自己，确立新的合适的目标。

4. 矫正学生的认知方式

一般而言，人的认识直接影响情绪，错误的或不现实的认识会导致异常的情绪反应，进而产生各种身体和心理病症，如果矫正了认识，就能改善情绪反应并消除焦虑症状。因此，必须让青少年学生对自我和外界事物有正确的认知，并形成合理的认知方式。校正不良认知方式可以让学生检查自己的担忧，将与考试相关的担忧事项列出来，然后教师帮

心
理
学
原
理
与
应
用

助学生对各种担忧进行合理性分析，剔除不合理、不必要的担忧，再从反面作危害性分析，最后让学生自己得出正确的认知。

5. 让学生学会有意识调控自己的情绪，克服焦虑的情绪反应

可以辅导学生学会一些自我调节的方法，包括："深呼吸法"，即让焦虑者通过深呼吸，降低其血压，减慢心跳，从而平静下来；"超觉静坐法"，即让学生通过凝视窗外单调景色以达到一种恍惚的清醒状态，产生精神的大放松；"自我教导法"，即让学生通过内心对话实现自我沟通，以确立正确反应。例如考试前可让学生对自己反复说："我知道我能应付这个考试"，或"考试成绩并不重要，我考前已尽力了，这才是最重要的"等。

三、人际交往问题的辅导

人际交往指在社会活动中，个体运用一定的符号系统与他人交流信息，沟通情感，建立一定的关系的过程。许多学生由于不善于与人进行人际交往，不能与他人进行正常的信息交流和情感沟通，从而产生人际关系障碍。人际交往辅导就是运用有关心理辅导的理论、技术和手段来指导、训练学生的人际交往过程和人际交往活动，以此增进学生人际互动和社会适应，改进人际关系，推动学生人格成长和成熟的过程。人际交往辅导将对满足人际交往需要、增进个人心理健康起到极为重要的作用。此外，人际交往辅导还有助于促进学生行为的规范化，形成良好的班风、校风和社会心理气氛，使学生周围的人际关系处于和谐、稳定、有序的状态中，为其他各方面的辅导和整个学校的教育、教学奠定良好的基础。

(一)自卑心理辅导

自卑心理是个体同他人进行比较，感到自己在某一方面或几方面不如别人或对自己的能力评价过低，从而表现出来的无能、软弱、沮丧、精神不振时的心理不平衡状态。自卑心理一般源于他人对自己的不客观评价和自己对自己的消极暗示，反复的消极暗示可能导致正确的认知功能的丧失，尤其是对于自我意识发展还不健全的初中生(特别是那些性格内向或有生理缺陷的)来说，强烈的自卑心理会成为他们学习乃至生活的最大障碍。

对自卑心理的辅导可以分 4 步进行：首先，了解自卑心理产生的原因，通过深入的沟通，了解自卑青少年的家庭状况、父母的教养方式、成长经历、家长老师的评价、与同学交往状况、异性交往经历等，从中分析影响其自卑的真正原因；其次，通过认知引导，帮助自卑青少年提出消极的预期；再次，帮助自卑青少年提高自我接纳能力，多表扬自己的优点，少关注自己的缺点；最后，帮助自卑青少年改变不良信念，树立信心。针对不同自卑者的问题，有针对性地进行辅导，如对家庭出身感到自卑和异性交往自卑的学生，辅导的方式就要有不同，前者重在改变认知，后者重在交往训练，在训练中改变自卑状态。只有这样才可以取得良好的效果。

📖 引导案例分析

篇首案例中的女学生的心理属于人际交往中的自卑心理。自卑心理是对自己的不客观评价，看不到自己的长处，常常把自己的不足与别人的长处比较，总觉得处处不如人，由此就会越比较越自卑。长期自卑的人容易变得多疑、敏感，神经过敏，自我防御心理强，

344

最后就会自我封闭，拒绝与别人交往，时间长了就会出现心理障碍。要改变人际交往的自卑心理，首先要改变对自己的不正确认知，多看自己的优点和长处，以自己的优点与别人的不足比较就会建立自信。要改变交往中的自卑心理，就要多与同学交往，只有在集体中与同学更多互动，才能锻炼人际交往能力。另外要多练习在众人面前讲话，首先可以在自己熟悉的人面前多练习当众发言，然后范围逐渐扩大，刚开始可能只讲几句，但不要气馁，时间长了慢慢养成了习惯，就会越讲越有自信，直至能够自如地在大众面前讲话。许多学校都设有心理咨询室，可以主动参加学校举办的各种团体活动，在团体活动中能更快地提高自己的交往能力。

(二)恐惧心理辅导

中学生渴望友谊，希望广交朋友，但有些学生一到具体交往或别人主动与自己打交道时，就出现恐惧反应，表现为不敢见人，遇生人面红耳赤，神经处于一种非常紧张的状态。我们把这种恐惧表现称为社交恐惧，它是中学生群体中常见的人际关系障碍，是青少年恐惧的一种比较常见的形式。

针对青少年的社交恐惧进行心理辅导主要可以分 4 步进行，第一步，要澄清问题，即要弄清楚青少年在交往时的恐惧到底来自何方，他们到底怕什么；第二步，帮助社交恐惧的青少年改变对恐惧的态度，如认识恐惧是正常人都有的情绪体验，是可以忍受的，而且运用自身的坚毅与耐心可以面对它等；第三步，运用系统脱敏法、满灌疗法等行为矫治方法对社交恐惧青少年进行行为矫治；第四步，进行交往能力训练，可以先采用模仿学习、角色扮演的形式进行模拟训练，最后再进入正常交往中强化。在这一过程中，不要过于苛求完美，也不要要求自己消除恐惧焦虑感，只要能达到交往、交流的基本要求即可。

(三)孤独心理辅导

有些中学生很少和别人交往，常常一个人背着大家独自活动、寡言少语，他们人际关系疏远和淡化，他们内心感到孤独、郁闷。他们自己不愿投入火热的生活，却又抱怨别人不理解自己，不接纳自己。心理学将这种心理状态称为闭锁心理，同时把因离群索居而产生的一种无依无靠、孤单烦闷的不愉快的情绪体验称为孤独感。

中学生孤独感产生的原因主要有以下两方面：其一是独立意识的增强。中学生处于人生发展由不成熟走向成熟的过渡时期，他们的实践范围逐步扩大，抽象逻辑思维能力迅速加强，于是开始用自己的内心去体验世界，觉得自己长大了，不愿再盲目地依从父母。他们力图摆脱对成人的依赖和追随，但现实又让他们产生不安全感。为了走出这种困境，多数人竭力寻找与同伴的交往。在交往中，有的中学生因同伴关系处理不当而产生一些摩擦，因此，干脆将自己封闭起来，他们害怕增加不安全感，从而转向自我内心的交流。其二是自我意识的发展。青少年智力的发展几近成熟，这有力地促进了其自我意识的发展，他们已基本能正确进行自我观察、自我评价和自我调控。他们常会产生关于自己的许多独特的想法和憧憬，既发现自己心灵中的美，也看到自己心灵中的丑。由于中学生自尊心的增强，个人隐私范围逐渐扩大，往往担心自己的某些方面会被人耻笑，于是便小心谨慎地在心中构筑起一道"城墙"，封锁自己内心的秘密。独立意识是一种向外的力量，自我意识则是一种向内的力量，它们与中学生生理及社会发展的不平衡相互作用，从而导致中学生特有的闭锁心理，并因此而产生出孤独感。

对青少年孤独的心理辅导首先要指导青少年分析孤独产生的原因，包括孤独感产生的时间、引发事件、不愉悦程度等，为消除孤独做好准备；其次，帮助青少年自我认识，找到自己个性中影响人际交往的因素，尤其是导致不良情绪体验的因素，比如过于内向、自视太高或者是自卑等，引导青少年从改变自我因素方面做出努力；最后，鼓励孤独者积极与人交往，参加集体活动，在交往活动中逐渐消除孤独感。

在教育教学中，进行人际问题的辅导还需加强教师在学生人际交往辅导中的作用，发挥教师在人际交往辅导活动过程中的组织、协调和指导者的作用，与学生协商建立适当的活动规则，保证辅导活动所必需的心理氛围、舆论氛围及秩序，以此使活动朝着健康的、有益的、有建设性的方向开展。人际交往辅导还可以渗透在班主任工作、教学过程、教育过程中，通过教师自身的示范效应，对学生建立良好的人际关系起到潜移默化的效果。同时，学校和教师应加强对家长的相应辅导，通过家长影响学生，共同促进学生人际交往的良好发展。

四、情绪问题的心理辅导

每个人都有喜、怒、哀、乐，并伴随着相应的表情和心理体验，这就是人的情绪。这些情绪活动是人对外界事物的一种态度的反映。例如，听到一个好消息时会产生高兴的体验，表情愉快，会笑起来；相反，听到一个坏消息、不幸的消息时，就会产生悲哀、痛苦的体验，会哭起来……这就是人们一般的情绪。情绪会随着外界事物的变化而发生改变，同时，情绪和情感又是以个体的愿望和需要为中介的一种心理活动。当客观事物或情景符合个体的需要和愿望时，就能引起积极的、肯定的情趣和情感；而当客观事物或情景不符合个体的需要和愿望时，就会产生消极、否定的情趣和情感，即通常所说的负性情绪。

(一)情绪问题心理辅导的含义

情绪问题心理辅导是指运用有关心理健康教育的理论和技术，帮助学生认识、接纳和恰当地表达自己的情绪，能有效地沟通并识别他人的情绪，掌握、控制、疏导不良情绪，培养良好情感品质的一种教育活动。负性情绪使人感到不愉快甚至痛苦，同时对行为起抑制或阻碍作用。青少年经常体验到的负性情绪主要有抑郁、焦虑、耻辱、内疚、悔恨、愤怒、悲观等。一旦人们对自己的负性情绪、情感失控，他们将陷入一种继发性的焦虑之中。因此，教师要通过辅导使学生学会释放压力，学会表达、管理、控制自己的情绪。

📖 知识拓展 13-4

ABC 理论

ABC 理论是心理学家艾利斯(A.Ellis)提出的关于情绪障碍的理论，这一理论特别强调认知的重要性。主要观点为：情绪不是由某一诱发事件本身引起的，而是由经历了这一事件的主体对这一事件的解释与评价所引起的。这一理论被称为情绪困扰 ABC 理论。其中，A 指诱发事件(activating event)；B 指个体在遇到诱发后产生的信念(belief)；C 指在特定的条件下，个体的情绪及行为的结果(consequence)。通常人们认为情绪及行为反应是直接由诱发事件引起，即 A 引起 C。但 ABC 理论指出，诱发事件(A)只是引起情绪及行为反应(C)的间接原因，人们对诱发事件所持的信念、看法、解释(B)才是引起人的情绪及行为反应的更直接的原因。如，一个人因为失恋(A)而感到愤怒、自卑、伤心(C)。这是因为他抱有这样的信念(B)：我是最好的，是他主动追求的我，我不可能被抛弃，否则就太丢人了。所以，要改变人的情绪及行为，必须从改变人的认知入手，而不是消除诱发事件。为此，帮助人们消除不良的情绪反应，最迅速、最牢固、最持久、最高雅的技术是促使他们清楚地发现自己不合理的观念与行为及情绪的关系，并教导他们如何主动地、有活力地攻击、驳斥(D)自己的非理性信念(B)，一旦攻击成功，便能产生有效的治疗效果(E)。

(资料来源：全国十二所重点大学联合编写. 心理学基础. 第 2 版. 北京：教育科学出版社，2002：383)

(二)情绪问题心理辅导的方法

由 ABC 理论可以看出，引发人的情绪反应的不是事件，而是人对事件的认知，因此，情绪问题心理辅导就是要通过改变个体对事件的认知，达到调控不良情绪的目的。

(1) 教师要善于观察、发现不良情绪，及时疏导。教师要善于从细微处发现学生的不良情绪，并及时分析原因，找出对策，及时疏导。对学生不良情绪的疏导方面，一定要进入学生的内心世界，了解学生心理的需要，在理解沟通的基础上，引导学生认识自我，鼓励他们完善自我，并愉快地接纳自我，形成良好的情绪。

(2) 教给学生调节和控制的方法，提高学生对情绪的识别与控制能力。在班级工作中，经常利用团队活动、晨会课、班会课，结合学生近期的不良情绪表现，告知学生不良情绪指什么，有什么后果等。同时，要教给学生一些控制不良情绪的方法，比如运动法、转移法、交谈法、大笑疗法、呼吸法、音乐疗法、色彩疗法等，还要注意引导学生自己归纳出控制不良情绪的方法，大家分享，共同提高不良情绪控制能力。

(3) 多关心学生，为学生创设一个和谐的班级环境。一个人有了自信，就能从容应付学习、工作和生活中的挫折，就能勇敢地面对压力和困难。因此，社会、学校、家庭都要充分认识加强学生心理健康教育的重要性，关心、爱护、尊重、信任每一个学生，多给每一个孩子表扬、鼓励，并给予他们创设成功的机会，帮助他们树立自信心，引导他们形成积极、乐观、健康的情绪。

在不良情绪的辅导方面，则要具体考虑每种不良情绪的特殊性，采用更为有效的辅导方法。以抑郁情绪的心理辅导为例，首先，要引导青少年进行认知的改变，包括识别自己的不合理信念、挑战不合理信念到形成合理信念。在具体操作中，通过记情绪困扰日记等方式，找到引发抑郁的不合理信念，引导青少年与不合理信念进行辩驳，形成合理的信念。例如，面对考试失败，不合理信念是，"我完了，干什么都不行。"辩驳是，"一次考试能决定一切吗？我上次考得还挺好呢。"合理信念是，"这次失败是没复习好，只是偶然的事，而且考试失败让我看到了自己的不足，下次好好努力就可以了。"其次，进行行为训练。引导青少年采用宣泄法把不良情绪体验表达出来，同时采用角色扮演技术、自信训练方法帮助具有抑郁情绪的青少年摆脱退缩倾向，积极参加各项活动，努力学会交流，从抑郁情绪中走出来，进而能够身心健康地发展。

🔑 拓展阅读

大学生失恋的情绪宣泄训练

大学生正值青春年少，风华正茂，正是憧憬爱情的年龄。大学生恋爱已成为大学校园里常见的现象。恋爱，就有失恋的可能，努力付出未必一定有回报，因为恋爱是双方的事，而且受多方面因素影响，很难以个人善良美好的主观愿望为转移。一旦遭遇失恋，就应合理疏泄情绪，避免不必要的伤害和过激行为。

首先，要确定自己的情绪反应。许多人在失恋后会体验到痛苦、愤怒、沮丧、孤独等不同的情绪，大学生可以写日记记下自己的感受，确定自己情绪的不良程度，以便选择宣泄的方式。

其次，根据自己的需要和可接受程度选择宣泄方式。大学生失恋后不要一味体验不良情绪，要学会及时疏泄。

如果愿意向人倾诉，那就找一个知心朋友聊聊，诉说可以释放能量。如果向熟人倾诉，担心不能保密，可以去大学的心理咨询室，向心理健康指导教师诉说，不仅可以宣泄，还可以得到一些建议、关怀和安慰。

如果倾诉依然使你怨气未消、愤怒难平，也可以采用直接活动消耗能量，如跑步、拳击、打球、洗衣服、打扫卫生等，也可以结合自己的爱好比如绘画、弹奏乐器甚至写作等，把自己积累的能量全部运用出来。

最后，向名人学习，将自己的情绪升华。

失恋不过是一种人生体验，许多名人也经历过这样的时刻，他们是如何应对的？他们把失恋的痛苦情绪转化成一种力量，把愤怒、压抑、挫折感上升为奋斗的动力，全身心投入到学习、事业中，取得了不凡的成就，这就是升华。"乐圣"贝多芬31岁时爱上了一位少女，不料这时他患上了耳聋症，他所深爱的姑娘离他而去。面对病痛和失恋双重打击，贝多芬坚持从事他热爱的音乐事业，创作了举世闻名的《命运交响乐》。大作家歌德在年轻时经历失恋的痛苦而写出名著《少年维特之烦恼》的故事，大学生都耳熟能详。因此，大学生可以将自己失恋积累的紧张情绪能量以更为积极、更为有益的方式升华，只有这样才能将失恋变成财富，为自己的人生增加绚烂的一笔。

(资料来源：郑红，等. 大学生心理压力及其应对. 哈尔滨：黑龙江教育出版社，2010：266~267)

本 章 小 结

本章简要介绍了心理健康的含义，心理健康的标准，青少年常见的心理问题以及心理健康教育的内容、途径、原则、方法等；介绍了学校心理辅导的主要内容和方法，旨在帮助读者提高对中小学心理健康教育的认识，为学校心理健康教育的开展提供理论指导，也为师范生从事学校教育工作奠定基础。

思考与练习

1. 什么是健康与心理健康？其标准是什么？
2. 学校心理健康教育的目标和任务是什么？
3. 简述学校心理健康教育的方式和途径。
4. 怎样理解学校心理健康教育的原则？

推 荐 阅 读

1. 全国少工委办公室、中国心理卫生协会、中国青少年发展服务中心组织编写. 心理健康辅导——个体辅导世界. 北京：图书出版公司，2009

2. 姜宪明. 大学生心理自我保健. 北京：北京出版社，2001

3. 林崇德，等. 大学生心理健康读本. 北京：教育科学出版社，2005

4. 卢家楣. 心理学基础理论及其教学应用. 上海：上海人民出版社，2001

参 考 文 献

1. [英]吉列安·巴特勒，佛留达·麦克马纳斯. 当代学术入门：心理学. 韩邦凯，译. 沈阳：辽宁教育出版社，2000

2. 李永鑫，王明辉，赵国祥. 当代中国心理学的现状与展望——第11届全国心理学学术会议综述. 河南大学学报(社会科学版) . 2008，48(3)：147～153

3. 燕国材. 中国心理学的过去、现在与未来. 心理学探新，2006，26(3)：7～9

4. 崔丽娟. 心理学是什么. 北京：北京大学出版社，2002

5. 彭聃龄. 普通心理学. 第2版. 北京：北京师范大学出版社，2008

6. 姜宪明. 大学生心理自我保健. 北京：北京出版社，2001

7. 林崇德，申继亮. 大学生心理健康读本. 北京：教育科学出版社，2005

8. 梁宁建. 心理学导论. 上海：上海教育出版社，2006

9. 莫雷. 教育心理学. 广州：广东高等教育出版社，2002

10. 姚本先. 心理学. 第2版. 北京：高等教育出版社，2009

11. 李红. 现代心理学. 修订版. 成都：四川教育出版社，2010

12. 郑雪，易法建，傅荣. 心理学. 北京：高等教育出版社，2004

13. 李越，霍涌泉. 心理学教程. 北京：高等教育出版社，2006

14. 梁宁建. 基础心理学. 北京：高等教育出版社，2004

15. 阳红，吴天武，王呈祥. 心理学新编. 武汉：华中师范大学出版社，2006

16. 韩永昌. 心理学. 修订3版. 上海：华东师范大学出版社，2005

17. 叶奕乾，何存道，梁宁建. 普通心理学. 第2版. 上海：上海华东师范大学出版社，2007

18. 全国十二所重点师范大学联合编写. 心理学基础. 北京：教育科学出版社，2007

19. 陈琦，刘儒德. 教育心理学. 北京：高等教育出版社，2005

20. 黄希庭. 心理学导论. 第2版. 北京：人民教育出版社，2007

21. 卢家楣，魏庆安，李其维. 心理学——基础理论及其教学应用. 上海：上海人民出版社，2001

22. 杨志良. 记忆心理学. 第2版. 上海：华东师范大学出版社，2004

23. 冯忠良，等. 教育心理学. 北京：人民教育出版社，2000

24. 张向葵. 教育心理学. 北京：中央广播电视大学出版社，2003

25. 全国少工委办公室、中国心理卫生协会、中国青少年发展服务中心组织编写. 心理健康辅导基础理论. 北京：世界图书出版公司，2009

26. 蔡笑岳. 心理学. 北京：高等教育出版社，2005

27. 金盛华. 社会心理学. 北京：高等教育出版社，2005

28. 郑红，别晓梅. 大学生心理压力及其应对. 哈尔滨：黑龙江教育出版社，2010

29. [美]墨顿·亨特. 心理学的故事. 李斯，译. 海口：海南出版社，2002

30. [美]威廉·詹姆斯. 心理学原理. 田平，译. 北京：中国城市出版社，2003

31. [美]斯莱文. 教育心理学——理论与实践. 第7版. 姚梅林，等译. 北京：人民邮电出版社，2004

32. [美]斯滕伯格，等. 教育心理学. 张厚粲，译. 北京：中国轻工业出版社，2003

33. [美]Jeanne Eills Ormrod. 教育心理学. 彭运石，彭舜，等译. 西安：陕西师范大学出版社，2002

34. [美]戴维·迈尔斯. 心理学. 第 7 版. 黄希庭, 等译. 北京：人民邮电出版社, 2005

35. [美]Dennis Coon. 心理学导论——思想与行为的认识之路. 第 9 版. 郑刚, 等译. 北京：中国轻工业出版社, 2003

36. [美]理查德·格里格, 菲利普·津巴多. 心理学与生活. 第 16 版. 王垒, 王甦, 等译. 北京：人民邮电出版社, 2003

37. [美]R L Atkinson, 等. 心理学导论. 车文博, 孙名之, 等译. 台北：台湾晓园出版社, 1994

38. [美]华生. 行为主义. 李维, 译. 杭州：浙江教育出版社, 1998

39. 孟昭兰. 普通心理学. 北京：北京大学出版社, 1994

40. 陈琦, 刘儒德. 当代教育心理学. 第 2 版. 北京：北京师范大学出版社, 2007

41. 黄希庭. 心理学导论. 北京：人民教育出版社, 2005

42. 张积家. 普通心理学. 广州：广东高等教育出版社, 2008

43. 傅道春. 情境心理学. 长春：东北师范大学出版社, 1997

44. 程正方, 等. 心理学. 第 4 版. 北京：北京师范大学出版社, 2009

45. 郭秀艳. 实验心理学. 北京：人民教育出版社, 2004

46. 张学民. 实验心理学. 北京：北京师范大学出版社, 2007